Gustav-Adolf Hossenfelder · Re-Ligio der Heilung · Band 2

RE-LIGIO DER HEILUNG

Krankheit –
Angst vor der Wirklichkeit

Band 2

edel
verlag

ESOTERIK

Herausgegeben vom Edel-Verlag

Erstauflage 1999 im Selbstverlag

Vierte ergänzte und überarbeitete Auflage

ISBN 3-925609-15-6

© 2005 Edel-Verlag, Duisburg,
für die deutschsprachige Ausgabe
Alle Druckrechte in deutscher Sprache vorbehalten

Edel-Verlag Duisburg
Mülheimer Straße 97, 47058 Duisburg
Telefon (02 03)33 25 13
Telefax (02 03)33 95 69
e-mail: *info@edelverlag.de*
Internet: *www.edelverlag.de*

Inhaltsverzeichnis

Band 1

Vorwort	9
Einleitung	16
Heilungsbericht einer Patientin	33
Vorgeschichte	34
Auf dem Heilweg	37
Regelungsphasen	39
Die weitere Entwicklung	41
Ermutigungen	42
Die Re-Ligio der Heilung	45
Das Licht des Lebens	76
Der Kosmische Christus	85
Die vier Gesichter Gottes	94
Das Geistige des Lebens	109
Der Geist des Widerstandes	130
Das Geistige Paradies	180
Die Paradies – Sphäre	214
Die Schöpfung – Mensch und Kosmos	236
Die Kosmische Lebensenergie	265
Anmerkungen	299

Band 2

Die Lichträder der Chakren	307
Das Alpha und das Omega	372
Das Licht der Welt	398
Der Zodiak – die Weltuhr Gottes	431
Das Bewußtseins-Paradies	456
Liebe und Sexualität – das Gesetz der Anziehung	491
Das Brot der Liebe	521
Götze Verstand – Sklave der Zeit	535
Zeitenwende	552
Das Kreuz des Lebens	578
Ausklang	603
Stichwortverzeichnis	610

Die Lichträder der Chakren

Das Bewußtsein für die Wirklichkeit des Lebens zu schulen ist äußerst wichtig, da nicht nur die Lebensqualität und Freiheit unseres irdischen Lebens davon abhängen, sondern ebenso unser jenseitiges und die Entwicklung eines zukünftigen. Leben bedeutet immer Wachstum und je weiter sich ein Mensch in seiner geistigen Entwicklung befindet, je höher sein Bewußtsein wird, und je stärker dadurch seine geistig-ethischen Bestrebungen in der Welt werden, um so subtiler werden seine Energieschwingungen zueinander, untereinander und miteinander sein. Dadurch beeinflussen sie dann nicht nur die Chakren, die geistig-ätherischen feinstofflichen Nervenzentren der Nadis und ihre physisch sichtbare Entsprechung in Gestalt und Form der endokrinen Drüsen, sondern wirken ganz bestimmend auf diese ein. In der indischen Geistesphilosophie als Lotus bezeichnet, bewirken sie, indem sie mit ihren Energieströmen unter anderem auch den einzelnen Meridianen folgen, daß sich die Lebensenergien im ganzen Körper harmonisch verteilen und sich diese in einem Kräftespiel von Yin und Yang im Körper zueinander in Beziehung setzten, um so dem ätherischen wie physischen Körper neue Lebenskräfte zuzuführen, die als das „Chi" bekannt sind. Immer ziehen kleine Energieeinheiten ihren Bedarf aus größeren Einheiten, die wiederum aus ihren Ursprungs- oder Mutterfeldern kommen. Das sich ausdehnende männliche Prinzip des Geistes, welches als Yang bezeichnet wird, ist der Gegenpol des Yin, der weiblichen Kraft der Zusammenziehung und Konzentration als das Prinzip des (luziferischen) Widerstandes. Der Begriff Yin und Yang wurde von den alten Chinesen geprägt für die beiden sich ausgleichenden kosmischen Kräfte, die in allen geschaffenen Formen wirksam sind. Ohne diesen ausgleichenden Faktor der beiden „Brüder" von Licht und Dunkelheit, von Christus und Luzifer, wäre der Fortbestand eines Formenlebens unmöglich.

Diese polaren Energieströme von Yin und Yang dienen der Schöpfung zur Formwerdung und Verdichtung von Energiezentren und deren Energieflüssen, welche wiederum die aktive Tätigkeit der Form hervorrufen. Dies drückt sich in der Formnatur des Menschen durch geistige Intelligenz und über die Sinne aus. Das Erwecken solch einzelner Zentren im Körper ist in der indischen Philosophie auch als die ebenso im Westen verbreitete Lehre des Kundalini-Yoga bekannt. Die Kundalini, die zusammengerollte Schlange des Prana, die dynamische Macht und Kraft des Lebens, die im niedersten Nervenplexus des

Wurzelzentrums ihren Sitz hat, ist konzentrierte Lebensenergie, die, wird sie erweckt, das nervliche Leben, Herz und Gefühle wie auch die Sprache, das Sehen, den Willen und ein höheres Wissen als Bewußtsein aktiviert. Kommt es zu einem Einweihungsprozeß, einer sogenannten Weihe, so fließt der Energiestrom der Kundalini über das Gehirn hinaus und vereinigt sich mit dem Kronen-Zentrum und über dieses mit dem göttlichen Bewußtsein allen Seins. Dann lösen sich alle Bindungen und menschlichen Unzulänglichkeiten im Strom der höheren Kraft der Liebe auf, und es bedarf nicht mehr der Füße um sich fortzubewegen, nein, dann fliegen wir ohne Flügel schwerelos im wahren Sein.

Über den Ätherleib und seine geistigen sieben Zentren wird auch der gesamte Stoffwechsel kontrolliert, vor allem durch das Kehlzentrum und die ihm physisch als ätherische Verdichtung angeschlossene Schilddrüse, also die Gesamtheit der Lebensvorgänge, bei denen der Organismus Stoffe, wie z.B. Aufbau- und Energiestoffe von außen aufnimmt, sie in seinem Inneren chemisch umsetzt und andere Stoffe als Abbauprodukte und Sekrete nach außen wieder abgibt. Der Ätherleib, er wurde vielfach genannt, ist ein Lichtkörper, ein geistiges Gegenstück unseres physischen Leibes, der aus unendlich vielen Lichtfasern, den Nadis, besteht. Diese Nadis sind haarfeine Kraftfibrillen und Energieströme, die in ständiger Aktivität und Bewegung sind. Dort, wo sich solche Lichtfasern kreuzen, entstehen die kleineren oder auch größeren Energiezentren als Chakren (Lichträder), welche auch als Lotos bezeichnet werden und ebenso die subtilen Ganglien-Zentren als kreisrunde Licht-Wirbel bilden. Dort, wo sich solche Lichtströme und Energiefasern besonders stark aktivieren, als Nadis verschmelzen und sich kreuzen, wie am Kopfscheitel und dann weiter entlang der Wirbelsäule nach unten bis zu deren Ende, dem Steiß, befinden sich die sogenannten Hauptzentren des Kopf-, Ajna-, Kehl-, Herz- und Solarplexus-Zentrums, sowie das Sakral- und Wurzel-Zentrum an der Basis der Wirbelsäule. Sie werden auch als Geisteskräfte bezeichnet, da sie für die geistige Entwicklung und den gesamten menschlichen Evolutionsprozeß von allergrößter Bedeutung sind. Es gibt deren sechs, die innerhalb des Körpers liegen, und eines als das Kronen-Zentrum, welches als siebtes außerhalb über dem Kopf des Scheitels verankert ist.

An diese Zentren ist das *endokrine Drüsensystem* angeschlossen als deren physische Entsprechung und Verdichtung, sowie fünf weitere ätherische Zentren mit reinen Nervengeflechten, die eng mit diesen verbunden gehen. Des

Weiteren, einundzwanzig kleinere, neunundvierzig noch kleinere und viele Hunderte ganz kleiner solcher Zentren als winzig kleine Energiewirbel, von denen es über tausend als sogenannte Meridianpunkte gibt, die sich über die Haut des ganzen Körpers verteilen. Die einundzwanzig kleineren Zentren liegen jeweils hinter den Ohren, den Augen, zwei sind mit den Keimdrüsen verbunden, eines mit dem Vagusnerv, je eines liegt über der Brust und eines in der Nähe der Schlüsselbeine, je eines in den Handflächen, eines in der Nähe der Leber, eines nahe des Solar-Plexus, welches mit dem Magen in Verbindung steht, eines liegt direkt dort und zwei sind mit der Milz verbunden, je eines in den Kniekehlen und den beiden Fußsohlen. Jedes einzelne dieser Zentren hat die verschiedensten Aufgabenbereiche zu erfüllen und verfügt über energetische Abstufungen, die einem Zustand der Transformation recht ähnlich sind und diesem wohl entsprechen, da die starken siebenfachen Strahlen aus dem Kosmos, die durch diese Zentren in den Körper einfließen, hier auf eine für irdische Verhältnisse erträgliche Stufe reduziert und und transformiert werden – von über einer Milliarde Elektronenvolt bis hin auf das für molekulare Bindung geltende Niveau von einem Bruchteil eines Elektronenvolts (siehe Kapitel „Das Licht der Welt"), – der Mensch ist, ohne es zu wissen, ein wandelndes Atomkraftwerk.

Diese Zentren spiegeln in ihrer mikrokosmischen Verdichtung die *sieben* makrokosmischen ausstrahlenden Kräfte und Lebensenergien der sieben Engel vor Gottes Thron wider, jene Lichtenergien, die allem Leben Formung schenken: Gott der Eine teilte sich zunächst in zwei und dann drei Hauptströme, aus denen alles Leben, dessen Qualität und jegliche Erscheinungsformen hervorgingen als das kosmische Prinzip von Wille, Liebe und Intelligenz. Die Drei teilte sich ihrerseits in die Vier, die vier heiligen Äther, in die „Vier Gesichter Gottes", und die Drei und die Vier bildeten wiederum zusammen sieben Ströme als Lichtenergie, die sieben heiligen Sephiroth (die Engel vor Gottes Thron), aus denen sich weitere neunundvierzig Gruppen von Energieströmen aufbauten. In der Zahl Neunundvierzig steckt die Dreizehn (49 = 4 plus 9 = 13), was zugleich der Jüngerschar mit Christus als dem Dreizehnten entspricht. Auf dieser Offenbarung ist das ganze sichtbare All aufgebaut, denn die Zahl Dreizehn trägt in sich wiederum die Zahl Vier (13 = 1 plus 3 = 4), was zum einen auf das heilige Quadrat der Schöpfung hinweist, auf den Thron Gottes und zugleich auf das Prinzip der vierten Welt, das der körperlichen Formenwelten. Die sieben Kraftströme oder Lichtenergien bilden jene großen Wesen, die als die geistige Hierarchie innerhalb des Sonnensystems tätig sind und als die sogenannten „Schöpfergötter" jene ätherische Substanz durch das Potenzieren allerfeinster materieller Schwingungsfelder schufen, deren sie für die Neuschöpfungen bedurften und aus denen, als ein „Abbild" des himmlischen Menschen, auch die Menschheit in ihrer Erscheinung geformt und geschaffen wurde, wie ebenso alles, was nun da ist – siehe auch Kapitel „Die Schöpfung – Mensch und Kosmos". Jeder Mensch ist mit *einer* dieser Strahlenqualitäten verbunden, die die sieben kosmischen Bewußtseinsstufen hervorbringen und innerhalb dieser noch einmal siebenerlei Arten unterschiedlicher Ebenen.

Das bedeutet vom Gesichtspunkt einer Evolution für den Menschen, daß dieser in wachsenden Stufen von sieben Bewußtseins- und Entwicklungskategorien eingeteilt wird: Ein Mensch der Kategorie 1 lebt noch vorrangig aus dem Steißbein-Zentrum und damit aus den niederen psychischen wie physischen Bewegungsimpulsen seiner Instinkte; ein Mensch der Kategorie 2 lebt vor allem noch aus dem Sakral-Zentrum seiner emotionalen und sexuellen Begierdenatur und deren physischer Funktionen; ein Mensch der Kategorie 3 ist schon weiterentwickelt und lebt aus dem Sonnengeflecht seiner Gefühlsimpulse und deren Begierdeanhaftungen mit beginnender Denkfunktion; ein Mensch der Kategorie 4 lebt bereits im spirituellen Bewußtseinwandel und damit vorrangig aus dem Kehl-Zentrum seines schöpferischen Bewußtseins und Wirkens aktiver Intelligenz und wird von den Kräften und Energien gesteuert, die sowohl aus den *unteren* als auch den *oberen* Zentren kommen; ein Mensch der Kategoerie 5 lebt als fortgeschrittener spiritueller Mensch bereits aus dem Ajna-Zentrum seines mentalen Selbst-Bewußtseins und deren höherer Gefühlsfunktionen; ein Mensch der Kategoerie 6 lebt als spiritueller Geistesschüler aus dem Herz-Zentrum bereits seine Seelenkraft als Empfindungsbewußtsein von Liebe und Weisheit, und der erlöste Mensch 7 lebt dann als aufgestiegener Meister die Vollkommenheit seiner objektiven geistigen Willenskraft und Weisheit über die höheren Denkfunktionen eines Seelenbewußtsein über das Kronenzentrum.

Die Menschen der Kategorie 1, 2 und 3 sind jene Durchschnittsmenschen, die noch in einer Art Bewußtseinsschlaf liegen und ihr Leben damit zubringen, daß sie träumen *wach* zu sein, da sie die eigenen Vorstellungen, Überzeugungen, Bedürfnisse und Wünsche, wie auch die ihrer Umgebung, für sich reflektierend auf- und wahrnehmen und deshalb für die Wahrheit halten. Es sind jene Menschen, die ihre Lebensaktivitäten im wesentlichen aus den drei Zentren *unterhalb* des Zwerchfells ziehen und daher zumeist noch völlig von äußeren, vor allem auch materiellen Einflüssen beherrscht werden, ohne es zu merken. Die jeweils unterschiedliche Erscheinung der Kategorie Mensch ist also durch die Eigenart des Strahles seines individuellen Seelen-Bewußtseins bedingt und bestimmt, zu dem er jeweils gehört, doch immer auch durch die anderen mitgeformt. Jeder Mensch steht im Wirkungsbereich einer solchen siebenfachen ätherischen Kraftausstrahlung, und ein jeder wird durch *einen* dieser sieben Seelenstrahlen ins Dasein gerufen, die seine Wesensäußerung mit all seinen individuellen Eigenheiten bestimmen und durch das Licht dieser verdichteten Lebensessenz zugleich leiten – auch in einer ganzheitlichen Betrachtung von Körper, Seele und Geist. Das ist der Grund für die sich wiederholenden Inkarnationen als ein System des Wachstumsprozesses.

Es gäbe allein ein ganzes Buch, um sich in das Thema der geistigen Zentren weiter und ausführlicher zu vertiefen. Doch so wichtig und essentiell es auch ist, so werden wir uns im Rahmen der gestellten Aufgabe auf das Wesentliche besinnen müssen, allein schon aufgrund der Komplexität und des Umfanges dieser Thematik. Zudem gibt es gerade zu den Chakren genügend und reichlich Literatur, wie insbesondere bei A.A.Baily „Esoterisches Heilen", die das große Werk des Tibetanischen Meisters Djwahl Khul übersetzte, aus dem hier so wesentliche Erkenntnisse mit eingeflossen sind. Doch scheint es mir sinnvoll und richtig, vor allem für einen besseren Überblick und das Verständnis eines ganzheitlichen Zusammenhanges von Körper, Seele und Geist, das Thema der sieben großen Zentren (Chakren) mit ihren einzelnen individuellen Aufgaben und wesentlichen Grundprinzipien, wie deren körperlichen Verflechtungen, in diesem Buch nicht fehlen zu lassen. Allein schon aus dem Grunde, um dem Leser diese nicht ganz einfache Thematik wenigstens in ihren Grundzügen zu vermitteln, einerseits nach der esoterischen Lehre, wie sie vielen bereits bekannt ist, wie auch nach den Aussagen der Geistigen Welt durch Emanuel, sowie aufgrund eigener Erfahrungen, die in der Arbeit als ein von der Geistigen Welt be- und gerufener Heiler über viele Jahre gewonnen wurden.

Das Kronen-Zentrum
oder der „tausendblättrige Lotos"

Das erste Zentrum ist das sogenannte Haupt- oder Kronen-Zentrum, das Scheitelchakra, welches als höchstes und damit göttliches Zentrum der tausendblättrige Lotos genannt wird. Es ist das Symbol des Atma, das Herz-Zentrum des universellen Bewußtseins und wird in der indischen Weisheitslehre auch Sahasrara oder das Brahmarandhara genannt, von dem alle anderen Kräfte der Zentren ausgehen und beeinflußt werden. Es entspricht nach der Esoterischen Lehre der zentralen Geistessonne und dem Shamballah-Zentrum im physischen Körper und ist das Organ oder Medium des Vaters, des ersten göttlichen Aspektes. Dieses Zentrum ist damit der erste Strahl des Universalbewußtseins mit dem Ausdruck von *geistigem* Willen und Macht. In seinem positiven höheren Aspekt zeigt es sich durch Opferbereitschaft und Hingabe des Ich-Bewußtseins an das Göttliche, doch in seinem niederen, negativen Aspekt erscheint es als *Selbstmitleid* oder aber als das „dramatische Ich", welches die Disposition für die gefürchteten *Krebserkrankungen* und viele andere psychische wie physische Probleme erzeugt, da das Glaubensbewußtsein, welches diesem Zentrum eigen ist, auf alle weiteren Zentren des Körpers mit seiner energetischen Kraft Einfluß ausübt. Dieses Zentrum regiert das höhere *mentale* Bewußtseinsprinzip der Geistseele und wird daher auch häufig mit dem *Denkprinzip* des Gehirns verwechselt, doch ist das Gehirn nur ein *Speicherbewußtsein* und Vermittler für die Ideen zwischen dem ersten, dem Kronen- und dem zweiten, dem Stirn-Zentrum, welches die mentalen Aktivitäten der individuellen Persön-lichkeit regelt.

Das Kronen-Zentrum entspricht dem „elektrischen Feuer" des Geistes und hat seinen Sitz am Scheitel *über* dem Kopf. Es zeigt sich in seiner physischen Ausdrucksform in der Verdichtung der Zirbeldrüse (Pinealis) im Kopf, über die ebenso die Wahrnehmung des *Lichtes* im Körper geregelt wird. So, wie das Wasserprinzip als chemisch-elementares Lebensfeld insbesondere auf die *Ätherkräfte* einwirkt, so wirkt sich das magnetische Geistfeld als „elektrisches Feuer" insbesondere auf die *astralen* Kräfte aus, warum es heißt, daß der Mensch, der seinen geistigen (vor allem sexuellen) Begierden folgt, in dem Feuer dieser Begierden verbrennt; wird dagegen der Körper mißbraucht, so entwickelt sich das Verhängnis durch das Wasser, denn es wurde in bezug auf die Formnatur gesündigt, in dem er dann untergeht. Das Kronen-Chakra lebt vor allem zum Wurzel-Zentrum an der Basis der Wirbelsäule, dem physischen Bewußtsein und Sitz der Kundalini-Energie, eine enge Beziehung, welches bis in das Unterbewußtsein reicht und seinen Ausdruck im Willen zum Sein, dem Selbsterhaltungstrieb findet.

Die Pinealis-Drüse (Zirbeldrüse), die das „Auge der Götter" oder das „dritte Auge" genannt wird, hat ihren äußeren Sitz in der Mitte der Stirn zwischen den Augen über der Nasenwurzel. Da sie direkte Verbindungen zu den Ohren und den Augen hat, hört und sieht sie bei entsprechender Entwicklung und steuert so das Hellhören und Hellsehen über das *Zentrum der Hypophyse,* welches mit der Pinealis-Drüse korrespondiert. Jedoch mangelndes geistiges Bewußtsein und ein Mißbrauch der Gedankenkraft, welche als Schwingung in Resonanz zur Pinealis-Drüse steht, vor allem zu stark ausgerichtetes *materielles* Denken, wirken sich ebenfalls über die Ohren und Augen aus, dann jedoch in Form einer negativen Funktionsstörung durch Ohrenschmerzen oder entzündete Augen. Die Pinealis-Drüse ist vor allem die *Glaubensdrüse,* der Sitz der Glaubenskraft, als ein Ausdruck innerer Glaubensbejahung, und damit einer der wichtigsten Konzentrationspunkte für die irdische, seelische und *geistige Entwicklung* des Menschen überhaupt, warum es auch heißt: „Alles ist dem möglich, der Glauben hat!" Erinnern wir uns der Worte Christi, der sagte: „Nach eurem *Glauben* wird euch gegeben!" Deshalb stehen diese Drüse und das Zentrum auch für den Aspekt der *Geistigen Heilung,* da der geistige Glaube den ganzen Menschen mit der Seelenenergie und dem Geist der Liebe durchflutet, ja, durchlichtet und so in ihm die lebendige Lebenskraft erzeugt, die *jeder* Heilung vorausgeht! Diese Drüse, steht der Mensch in einem festen, glaubenden Vertrauen, scheidet Gehirnessenzen und Schwingungen aus, die das Geist-Seelen-Potential im einzelnen aktivieren, ihn gleichsam mit Gott, dem Christus-Bewußtsein und seinen geistigen Helfern und Boten in Berührung bringen.

Schon René Descartes (1596–1650), französischer Philosoph und Mathematiker, wies in seiner Abhandlung „Vom Menschen" auf die Zirbeldrüse als eine Schlüsselstelle zwischen Körper und Geist hin, wonach diese durch die Seele in Schwingung versetzt wird und dadurch deren Regungen an den Körper übermittelt werden. Und wie es in der modernen Biophotonenforschung heißt, „...war die Zirbeldrüse ursprünglich ein vollwertiges Lichtsinnesorgan. Heute weiß man, daß es in ihr zwei Zelltypen gibt, die auf verschiedene Weise auf Licht ansprechen. Der eine reagiert nur auf Helligkeitsunterschiede; er wird durch Licht gehemmt, durch Dunkelheit aktiviert. Eine zweite Zellart reagiert hingegen unterschiedlich auf Licht verschiedener Wellenlängen, also auf die *Farben* des Lichts."[22] Und nur durch eine hohe geistige Schwingung, nur in einem glaubenden Vertrauen, kann wirkliche Heilung durch dieses Organ überhaupt zustande kommen, entsteht die Basis und Wirkung einer solchen.

---
[22] *Bischof, Marco „Biophotonen – das Licht in unseren Zellen", 1995 by Zweitausendeins, Frankfurt/M., S. 145*

Doch geistiger Glauben und Gedanken sind so unterschiedlich wie das Kronen- und das Stirn-Zentrum selbst, denn es liegt oft nur an einer fehlgeleiteten Gedankenkraft und deren Mißbrauch, daß das Versprechen der Liebe: „Bittet, so wird euch gegeben" nicht in Erfüllung ging, wofür dann wieder Gott verantwortlich gemacht wird, der Seine Versprechungen nicht hält, und, so heißt es dann, daß ja alles gar keinen Sinn hat. Doch nicht eine solche skeptische oder von vornherein mißtrauische Glaubensbejahung, also eine in halbherziger Form, führt zu den gewünschten Ergebnissen; solche werden nur auf der Grundlage eines überzeugten Denkens erzielt, was wiederum den lebendigen Glauben stärkt. Erst der wahre Glauben bringt die Heilung, da er das Heilsekret und die Schwingungsenergien der Pinealis aktiviert. Der Kranke muß *Glauben* haben, das innere Vertrauen, daß ihm Gott, der eigene Vater im Himmel, durch die geistige Kraft der Liebe Heilung schenkt, daß der Schöpfer, der die Liebe ist, ihn niemals verlassen wird, ihn nie im Stich läßt, wenn er in einem tiefen inneren Vertrauen zu ihm steht. Was immer auch geschieht: „Dein Wille geschehe an mir" ist die Grundlage für alle Kraft, für alle Heilung an Körper, Seele und Geist!

Bei negativer, destruktiver Gedankenkraft und Gefühlsschwingung entsteht eine negative Schwingungsfrequenz und Ausstrahlung der Pinealis-Drüse und dadurch des ganzen Kronen-Zentrums, was sich wiederum auf alle anderen Zentren auswirkt und diese ungünstig beeinflußt. Das Kronen-Zentrum steht mit dem Wurzel-Zentrum und den niederen astralen Energien des Unterbewußtseins in ständiger Verbindung, wodurch das „dramatische Ich", entsteht, aus dem die seelischen, psychischen und körperlichen Krankheiten resultieren wie z.B. auch die *Depression* als ein Ausdruck inneren Glaubensmangels, oder die gefürchteten und entsetzlichen *Krebserkrankungen.* Warum? Die Pinealis-Drüse regelt das Licht im Körper über die sieben Zentren und damit entsprechend auch in den sieben Regionen des Körpers und dessen Zellstruktur, die von den Drüsen individuell beherrscht werden.

Eine Krebszelle entsteht aus einem Mangel an geistiger Ich-Identität, aus einem verdunkelten seelischen Bewußtsein bezüglich der Wirklichkeit. Sie erhält dadurch zu wenig Licht, nicht das der Sonne, sondern das des Geistes (siehe dazu auch Kapitel „Das Licht der Welt"). Ja, selbstverständlich spielen auch die Umweltbelastungen und die äußeren Herausforderungen des Lebens, die immer stärker werden und dadurch ebenso das Immunsystem stören, eine nicht unerhebliche Rolle bei diesem Krankheitsgeschehen. Aber diese äußeren Belastungen sind nur *ein* Umstand, die inneren *seelischen* jedoch ein ganz anderer, denn diese bilden die *wahren* Ursachen für die verschiedenen Krebserkrankungen. Denn wenn der Mensch mit Gott, mit sich und seiner Umwelt, mit dem Leben auf dieser Erde in Harmonie steht, so wird er kaum an Krebs erkranken. Eine Krebserkrankung offenbart so gut wie immer eine mangelnde Flexibilität und Unsicherheit dem Leben gegenüber, selbst dann, wenn ein solcher Mensch, wie es sich häufig zeigt, nach außen hin fröhlich und beweglich erscheint. Doch innerlich fühlt er sich eingeengt, verbittert, gekränkt, beleidigt und/oder vom Leben enttäuscht. Ein solcher Mensch hat Angst, sich selbst und seine eigenen Bedürfnisse zu leben, sich solche einzugestehen, und geht daher in einer inneren Starre und Unbeweglichkeit dem Leben gegenüber, anstatt sich mutig von alten Glaubensmustern, Gewohnheiten und Abhängigkeiten zu lösen, die ihm scheinbare Sicherheit bieten. Doch dort wo der Mensch nicht die Kraft und Einsicht hat, den Weg der Liebe über die Freude zu gehen, dort geht er ihn über die Erkenntnis, über das Leid, um über einen solchen Läuterungsprozeß seine Entscheidung *für* oder *gegen* Gott zu treffen.

Wir sind immer *selbst* verantwortlich, für welchen Weg wir uns entscheiden, welchen wir für uns wählen. Der geistige Glaube berührt über Schwingungsfrequenzen die Pinealis, die wiederum Licht und Farbe, also *Leben* in uns erzeugt oder dieses durch mangelnden Glauben entzieht, wodurch nicht nur eine Verdunkelung des Bewußtseins, der „geistige Tod", eintritt, sondern auch der Zelltod, dem der physische meist schnell folgt. Deutsche Mediziner haben Hinweise gefunden, wie die Entstehung von Tumoren durch die Psyche beeinflußt werden „könnte". Sie entdeckten, daß die *Gewebswucherungen* neben eigenen Blutgefäßen auch über einen *Anschluß an das vegetative Nervensystem* verfügen. Es wurden in den Tumoren feinste Nervenfasern nachgewiesen, die bei Krebsoperationen bisher noch nie bemerkt wurden. Die Medizin wacht auf, denn sie erkennt: „Das Tumorwachstum „scheint" in irgendeiner Weise vegetativ gesteuert zu werden!" Nicht scheint, sondern es *wird*! Eine Krebs-Zelle beginnt, so wie der macht- und ratlose Mensch im Leben auch, innerlich in ihrer Hilflosigkeit zu „explodieren", zu wuchern, um die innere Orientierungslosigkeit und Dunkelheit der Hemmung durch aggressive Überaktivität zu überdecken.

Hinter jeder Wut und Aggression steht immer Hilflosigkeit, und in einem gewissen Sinne bedeutet diese Krankheit daher eine Zellauflösung durch ein „aggressives Auffressen" seiner selbst, und je nach dem, welches Organ vom

Krebs befallen wird, zeigt sich hier das nicht bewältigte Lebensthema. Denn immer hängt die Krebserkrankung mit einem nicht erkannten Schattenaspekt des Seelen-Bewußtseins zusammen, welcher nicht neutralisiert, also erlöst werden konnte. Eine Krebserkrankung ist kein Zufall oder ein böses Schicksal, ein trauriges, ja, doch entstanden aus mangelnder Liebe zu sich selbst.

Ein großer Schmelztiegel für die Entstehung aller Arten von Krebs ist vor allem der Solar-Plexus, das emotionale Tor für unterdrückte, gehemmte und daher zumeist unbewußte astrale Kräfte, wie die der unterdrückten Wut und Verbitterung, des Ärgers, Neides und der Enttäuschung, wie auch der Ängste, die auf den Menschen einstürmen, doch nicht bewältigt wurden. Hier entstehen viele Karzinome, wie der gefürchtete Pankreas-Tumor, der Leber-, Magen, Darm- und Unterleibskrebs. Eine Ursache für den Schilddrüsenkrebs zeigt sich, neben destruktiven mentalen Aktivitäten, vor allem in der häufig zu findenden Unterdrückung des Geschlechtslebens aufgrund eines falsch verstandenen Zölibats und daher einer *gehemmten,* nicht gelebten, aber *gedanklich-emotionalen Sexualität,* da das Sakral-Zentrum, welches die Geschlechtsfunktionen steuert, eng mit dem Hals-Zentrum, und hier der Carotis-Drüse, in Verbindung steht.

Eine solche gehemmte und daher unterdrückte Sexualität ist auch zugleich eine große Quelle für Tumore im Bereich der Geschlechtsorgane, wie z.B. dem Prostata, Hoden- oder Gebärmutterkrebs. Alle emotionalen (astralen) Gefühls-Impulse, die ein erhöhtes Streßgeschehen, vor allem Dauerstreß, auslösen, wie Aufregung, Angst (vor Nähe), Ärger und Kummer, die also an die Nieren gehen, können zu Tumoren in diesen führen, doch ebenso die Lungen befallen, da davon Betroffene unversöhnt mit sich und der äußeren Welt gehen, sich mit dieser nicht austauschen können, denn über die Luft und die Lunge wird die intensivste Berührung mit der äußeren Welt erfahren. Eine Zunahme des Lungenkrebses kann also nicht *allein* einem erhöhten Zigarettenkonsum zugeschrieben werden, doch erhöht das Rauchen ganz erheblich die Disposition für Bronchial- oder Lungenkarzinome – so gut wie 80% aller hier Krebs-Erkrankten sind starke Raucher. Geht es um Magenkrebs, so konnte das äußere Leben, welches zu schwer und daher „im Magen lag", nicht richtig verdaut und verarbeitet werden. Bei Darmkrebs liegt es an den (materiellen) Anhaftungen an die Welt, an der Schwäche, sich an Menschen oder Dinge zu binden, diese aus Angst vor Verlust nicht loslassen zu können, und Knochenkrebs zeigt sich als tiefer Selbstwerteinbruch.

Der zunehmende Brustkrebs ist Ausdruck gehemmter weiblicher Gefühle, die (unbewußte) Neigung, das eigene Selbst der Weiblichkeit zu vernachlässigen oder abzulehnen und damit auch Ausdruck unserer Zeit, die Entfremdung vom Seelen-Selbst. Es werden die eigenen weiblichen Bedürfnisse einer inneren Ur-Geborgenheit nicht mehr erfahren und/oder zugelassen, und so fehlt es an innerer Wärme, Zärtlichkeit und Fürsorge zu sich selbst. Häufig sind solche Frauen zu hart und zu streng mit sich, stellen zu harte Anforderungen und mentale Disziplinen in den Vordergrund, um dadurch „ihren Mann" zu stehen, anstatt die astralen Bedürfnisse ihrer eigenen Empfindungsnatur als Frau zu leben, diese zu nähren, denn die Brust ist Ausdruck ihrer Weiblichkeit, aus der Nahrung, Leben und Fürsorge kommen. Aber da die Nahrung und Fürsorge als *Eigenliebe* für sich fehlt, so wird versucht, über *andere* zu erhalten, was man sich selbst nicht geben kann. Da jedoch Liebe gesucht und gebraucht wird, werden nun Familienangehörige oder auch andere „Opfer" und bisweilen gar Institutionen an die *erste* Stelle gestellt, die jetzt mütterlich „genährt" und übereifrig versorgt wie auch umsorgt werden, in der irrigen Hoffnung, auf diese Weise eine Rückerstattung der sich selbst nicht zugestandenen Nahrung zu erhalten durch entsprechende Anerkennung von außen. Da das jedoch nur selten der Fall ist, ja im Gegenteil, zumeist Ablehnung gegenüber einer solchen falsch verstandenen, da überfürsorglichen und letztlich „egoistischen Liebe" kommt, führt das in die Ohnmacht eigener Enttäuschung, in Verärgerung, Wut und zusätzliche Isolation, was wiederum den inneren Lebensfluß hemmt, da man nicht bekommen hat, was man sich wünschte. Es entsteht ein energetisches Sogkreismuster als Stau, der sich in diesem Organ des gebenden Lebens „verknotet". Ist die rechte Brust befallen, so konnte die gesuchte Liebe als Zuwendung nicht angenommen werden, ist es die linke Brust, so fiel es schwer eine solche abzugeben.

Ein Krebskranker ist zumeist äußerst empfindsam und der Liebe bedürftig, er sucht sie ständig und sehnt sich nach Zuwendung und Freude, aber lebt nicht deren Echo, sondern ist häufig hart und streng im Umgang mit sich selbst. Das führt in die Verbitterung unbewußter Aggressionen eigener emotionaler Enge, dies zu weiteren Emotionen bis in die Aversion eigenen Unvermögens. Dieses Verhalten baut eine zunehmende Selbstkritik bis in die Kritiksucht gegenüber anderen auf, da ein solcher Mensch sich mißverstanden und einsam fühlt, er zieht sich in sich immer mehr zurück. Zunehmende Einsamkeit und Isolation führen dann in die Resignation innerer Verhärtung sich selbst und dem Leben gegenüber. Der Krebskranke möchte zwar in Geborgenheit, Freiheit und

Offenheit sein vorgestelltes Leben der Liebe leben, wie andere auch, doch hat er zugleich Angst davor aufgrund einer Gefühlshemmung der inneren Wunschnatur, er traut sich nicht, und so „frißt" nun die eigene unterdrückte Aggression das vorgestellte, aber nicht gelebte Leben über eine Überaktivität der Zellen auf.

Diese Überaktivität der Zellen durch die Zurückhaltung unausgelebter, gehemmter Energie ist immer eine dunkle Quelle für *jeglichen* Krebs und hängt ganz eindeutig mit den jeweiligen Zentren zusammen. Wer nur ein wenig Bereitschaft für eine neue Sichtweise der Problematik der Krebserkrankung mitbringt, der *kann* einfach solche unmißverständlichen Zusammenhänge nicht mehr ignorieren, denn Krebs ist vor allem ein geistiges Problem, welches sich ins Organische metamorphosiert. Es wird Zeit, vor allem für die Medizin, die wahren Hintergründe für diese so schlimme und zu Recht gefürchtete Krankheit zu erkennen, um endlich aufzudecken, daß Krebs keine rein *körperliche* Problematik im eigentlichen Sinne ist, sondern in *erster* Linie eine *geistig-seelisch* bedingte. Es geht darum, die einfache Tatsache zu erkennen, daß die jeweils betroffenen Zellstrukturen in den Tumorbereichen, die eng mit den endokrinen Drüsen und über diese mit den feinstofflichen Zentren verbunden sind, eine große energetische Tätigkeit[22] in diesen Bezirken aufweisen, wie es sich auch deutlich in der geistigen Heilung offenbart, und dies nicht nur aufgrund einer Überaktivität des Zentrums selbst, sondern vor allem infolge der Wirksamkeit einer seelischen Unterdrückung, die durch einen gedanklichen Hemmungsprozeß geistiger Verdunkelung selbst auferlegt wurde; es fließen die Seelenenergien verstärkt, um Licht in die geistige und auch körperliche Verdunkelung zu bringen, wodurch zugleich eine energetische Überaktivität in diesen Bereichen stattfindet.

Solange Harmonie zwischen der Seele und der Persönlichkeit gegeben ist und eine solche herrscht, ist Gesundheit die Folge. Wird die Seele jedoch von dem Pfad ihrer Bestimmung durch (nicht ausgelebte) weltliche Begierden oder durch zu starke Beeinflussung anderer Menschen abgebracht, durch ein zu starkes Sich-Richten nach anderen, dann entstehen Konflikte aufgrund innerer Reibung, der Widersprüchlichkeit von Wunsch und Wirklichkeit, von Wollen und Nicht-Können. Der Mensch wird dann gelebt, anstatt sich selbst zu leben, da er Angst davor hat, was „man" über ihn denkt, sagt und meint. Hier entste-

---

[22] *Baily, Alice A., „Esoterisches Heilen", S.264*

hen die gedanklichen, die inneren Knoten, die sich nun als Krebsgeschehen äußerlich zeigen und durch geistige Umwandlung wieder aufzulösen sind.

Hier zeigt sich die *Geistige Heilung* als eine wunderbare Möglichkeit der Hilfe, da durch eine unmittelbare Führung der geistigen Welt die Krebserkrankung, so wie jede andere Erkrankung ebenso, in die Auf- und Erlösung geführt werden kann, doch nur, wenn der davon Betroffene Einsicht und Vertrauen lebt. Die Einsicht, daß er sich aufgrund seiner bisherigen egozentrischen und abstrakten vorstellungsgebundenen Ich-Gestaltung immer mehr vom Strom des Lebens abgeschnitten hat, sich damit von seiner geistig-seelischen Führung trennte, doch mit den verheerenden Folgen einer inneren Vereinsamung und Verödung durch Abweichung von immanenten Lebensgesetzen, die er dafür eintauschte. „Wenn ihr hervorbringt, was in euch ist, so wird euch dieses retten; bringt ihr aber nicht hervor, was in euch ist, so wird euch dies zerstören." Solche Menschen müssen lernen, ihre enttäuschte und daher gekränkte emotional-kindliche Haltung über die Welt und ihre Mitmenschen abzulegen, da diese auf einer geistigen Bewußtseinsschwäche beruht, welche die Angst vor der Wirklichkeit und Realität eines geistig-seelischen Lebens und deren Abirrungen aufzeigt. Sie müssen vor allem lernen, mutig den eigenen Deckmantel ihrer wahren Gefühle abzulegen, die Angst vor Enttäuschung wie die Angst zu enttäuschen – aus der Angst vor Liebesentzug oder auch wirtschaftlichem Verlust. So ist der Krebs nur die letzte Phase einer viel *tiefer* liegenden (unbewußten) Störung der inneren Ordnung durch geistiges Fehlverhalten; eine Lektion, die, wird sie nicht als solche erkannt und angenommen, zur Schicksalsfrage der individuellen Persönlichkeit wird. Eine Lektion für Selbstbetrug als Läuterungsprozeß, die dem Betroffenen helfen soll, den in sich zerbrochenen Ring menschlicher Gemeinschaft wieder durch Selbstannahme und Liebe zum Ganzen zusammenzufügen, um die sich vom Lebensfluß getrennt fühlende Seele wieder mit der Einheit des Lebens zu verbinden. Es sind vor allem die aus einer unbewußten Ebene kommenden schwelenden tief verletzten Gefühle, die sich so *hemmend* auf ein lebendiges *eigenes* ursprüngliches Erleben auswirken und dann durch eine äußere konkrete Konfliktsituation, durch ein falsches Wort, durch Trennung, Tod, Verlust (auch wirtschaftlichem) oder andere Anlässe in diese gefürchtete Krankheit führen.

Findet der Krebskranke in seiner Versagenssituation und daher tiefen Lebensresignation nicht mehr in die erkennende geistig-seelische Reifung einer Steigerung des eigenen Seelenlebens, so ist die Folge, daß der Astralkörper übermächtig und unbeherrscht seine Aktivitäten anstatt nach außen, so wie es sein soll, also durch ein angenommenes, freudiges gelebtes Leben, nun immer mehr nach innen lenkt, wodurch der physische Organismus und die befallene Region der betroffenen Zellstruktur sich zunehmend verdunkelt, da die Kraft der Seele diesen Teil energetisch über den Ätherkörper nicht mehr genügend versorgen und durchlichten kann – es kommt zur Zellwucherung, was sich als Tumor äußert. Nun wird zutiefst die Schicksalsfrage der individuellen Persönlichkeit berührt und damit seine weitere Zukunft. Beginnt es in ihm zu dämmern, daß „der Krebs" als sicht- und fühlbare Verhärtung im eigentlichen Sinne etwas „Nichtdingliches" ist, was lediglich als mentale Bewußtseinsverhärtung hinter diesem steht, so wird er diese auch auflösen und neutralisieren können, da er aus seinem Tiefschlaf erwacht und begreift, daß nicht die äußere Welt an seinem Elend schuld ist, sondern auf einer tieferen noch unbewußten Schattenebene in ihm selbst noch etwas zu erlösen und zu überwinden gilt. Erkennt und akzeptiert er das rechtzeitig ohne Angst, geht mit Gottvertrauen dem Ruf und der dringenden Mahnung der Seele zur Umwandlung bisher zurückgehaltener, ungelebter Lebensenergien nach, so kann auch der Heilungsprozeß der Versöhnung mit dem Leben, die Überwindung der Absonderung und Trennung von diesem, beginnen – aber erst dann. Doch fehlt diese Einsicht, wird auf der rein physischen Ebene der Tumor behandelt anstelle der seelischen Störungen, die hinter diesem liegen, so wird an dem Wesen der Krankheit und des Menschen vorbeibehandelt und der „Sünde Sold" bezahlt – dort geht er ihn über die Erkenntnis des Leidens, um über einen solchen Läuterungsprozeß den Weg in die Erlösung zu finden.

Alles Leben sucht den Weg zurück zur Einheit, hin zu Gott, und die Seele hat und kennt nur dieses eine Ziel – Erlösung. Der Mensch, der Gott für sich als ganzen Lebenssinn erkannt hat, der wird den Weg der Erlösung über die Sorglosigkeit und Freude gehen, da er der Welt Offenheit und Gott gegenüber Hingabe lebt. Wird der Weg der Erlösung nicht über die *Freude* erreicht, so wird er über das *Leid* gefunden. Ein Mensch, der aufgrund mangelnder innerer Einsicht im Widerstand gegenüber dem Leben steht, welches Ausdruck Gottes ist, da es ihm an Demut oder an Beugsamkeit fehlt, der lebt nicht *für* sondern *gegen* Gott. Er lebt dann nicht im Ein- und Gleichklang mit der Schöpfung, denn nicht umsonst ist der Mensch auf der Erde geboren, ist hier sein Platz, da er durch ein Handeln in Liebe in dieser sich selbst finden soll. Dies wird jedoch nicht durch Widerstand gegen das Leben oder auch Weltflucht erreicht, sondern durch ein Zupacken, Annehmen und Akzeptieren der Welt. Hingabe an Gott und das Akeptzieren der Welt halten den Menschen im Gleichgewicht der Kräfte, da er ein Kind von Himmel *und* Erde ist. Realitätsflucht gegenüber der Wirklichkeit führt nur in innere Zerrissenheit, in ein ständiges Gekränkt- und über die Welt Beleidigtsein, in die (ängstliche) Absonderung der Krankheit und Depression. Will der Mensch also nicht die Erkenntnis der Wahrheit für sich leben, will er sich dem Unabänderlichen gegenüber nicht beugen und bescheiden werden, so wählt er (unbewußt) für sich den Erlösungsweg des Leidens. Erst wenn seine Hände in absoluter Hilflosigkeit gebunden oder leer sind, er auf nichts mehr zurückgreifen oder sich in der äußeren Welt festhalten kann, wenn er an der „Wand steht" und sagt „Ich weiß nicht weiter", erst *dann* wird er Gott suchen und sich Ihm beugen, wird in die Erkenntnis eintreten, daß Gott sein Leben ist. Dann weicht auf einmal alle Angst – Liebe, Vertrauen, wie auch die Sorglosigkeit wahrer Freude treten dann in sein Leben ein.

Krebs ist der Aufruf zur Liebe und Achtung für sich selbst und andere, der Ruf, sich aus den Dogmen, Glaubensmustern und Illusionen einer falschen Ich-Bezogenheit und Welt-Betrachtung zu lösen – ein letzter Weckruf der Seele. Immer folgt die Energie den Gedanken, und als Folge wird dadurch eine immer größere Anzahl von Atomen und Zellen geradezu magnetisch angezogen wie auch zusammengezogen, welche die vibrierenden negativen inneren Kräfte der heute so stark zunehmenden Tumore und Krebsarten erzeugen. Vor allem eine unangebrachte angelernte Schuld und Angst aufgrund einer von der Kirche geprägten Zölibatslehre, die einige immer noch fälschlich für den schnellsten Weg in den Himmel halten, bringt unnötiges Elend durch die Unterdrückung eines natürlichen sexuellen Begehrens. Anstatt im Himmel landen sie dabei in der (selbsterzeugten) Hölle, da, wie sie meinen, Sexualität böse, also Sünde sei; doch völlig normale Bedürfnisse des Lebens können nicht einfach ohne Folgen unterdrückt werden. Werden sie unterdrückt, so haften dennoch die Gedanken daran, deren Energien ihrer Ausrichtung folgen, was wiederum zu den ungelösten inneren und damit äußeren Verknotungen führt – zum Krebs.

Wir können in der Sexualität Unterdrückung und damit Frustration leben, doch je gelöster und *entspannter* wir durch das Leben gehen, umso höher wird die Ansprache und Resonanz an das Leben sein. So viele leben in den Gedanken und den Vorstellungen, sich zurücknehmen zu müssen oder sich reduzieren zu können. Doch sollten wir immer daran denken, Gott ist Fülle, und die, die in wahrhafter Liebe zu Ihm stehen, sie sollen diese Fülle leben und keine Angst und damit negative Energien in ihren Herzen bewegen. Dazu gehört auch die Freude des Austauschens weiblicher und männlicher Energien, doch nicht in den Begierden unnatürlicher Ausschweifungen. Wir sollen diese mit Verstand und Anstand leben. Die Sexuallehre der Angst und Unterdrückung, die die großen Kirchen predigten und immer noch predigen, entfesselte jedoch, wie das bei Verboten so üblich ist, geradezu solche Unmäßigkeiten, wie es überall zu sehen und zu erfahren ist, um sich aus dieser Unterdrückun zu befreien, was jedoch so nicht der richtige Weg ist und sein kann (siehe dazu das Kapitel „Das Brot der Liebe"). Die *falsch* verstandene Zölibatslehre und Unterdrückung des Geschlechtslebens und aller Gedanken daran (die kaum zu unterdrücken sind) hängt sehr eng mit dem Bild der Zeugung Jesu zusammen, der „Jungfrauengeburt", dem von der Kirche gemachten Vorstellungsbild eines Keuschheitsprinzips, wonach die menschliche Zeugung, und daraus ableitend der Geschlechtsakt, etwas „Minderwertiges", also vor Gott Sünde, und damit böse und unmoralisch sei. Doch die Lehre der sogenannten „Jungfrauengeburt Marias", der Mutter Jesu, die ohne Erbsünde gewesen sein soll, ist so, wie die Kirche sie darstellt, unbedingt zu berichtigen. Und so heißt es denn auch aus der Geistigen Welt: „Diese Lehre ist richtig! Aber nicht aus dem Grunde richtig, den die bisherige Kirche dafür angibt. Die Sünde des Abfalls, die alle anderen irdischen Wesen belastet, hatte Maria nicht auf sich. Von dieser Erbsünde war sie frei. Aber ganz unrichtig ist die Lehre der katholischen Kirche, daß Maria als Mensch frei von jeder, auch der geringsten Sünde gewesen sei. Kein Mensch ist ohne das, was ihr menschliche Sünde nennt und was nichts gemein hat mit der Sünde, von der Christus die Welt erlösen sollte – nämlich der Sünde der Absonderung von Gott. Dies ist die eigentliche Sünde! Alles andere ist ein menschliches Straucheln, von dem ebenso Maria nicht frei war. Trotzdem blieb sie ihrem Gott treu, wie ja auch Mose, jener hohe Geist des Himmels Gott treu blieb, obschon er mehr als einmal als Mensch zum Straucheln kam und zur Strafe dafür nicht in das Gelobte Land einziehen durfte. Und auch darin irrt die katholische Kirche, daß Maria nach der Zeugung und der Geburt Jesu noch immer *Jungfrau* gewesen sein soll. Ebensowenig wie jede *andere* Jungfrau nach der Empfängnis und Geburt eines Kindes noch Jungfrau ist, ebensowenig war es Maria. Nur *bevor* sie Jesus empfing, war sie Jungfrau. Der Erlöser sollte nicht von einer Mutter geboren werden, die vorher schon einmal geboren oder empfangen hatte. Das ist der Sinn der Worte bei Matthäus: ‚Siehe die »Jungfrau« wird empfangen und einen Sohn haben.'

Ich weiß, daß euch kleinen Menschen diese Wahrheit – und es *ist* die Wahrheit – viel zu menschlich erscheint und zu sehr den Naturgesetzen entsprechend. Sie ist euch nicht wunderbar und geheimnisvoll genug. Die menschliche Zeugung erscheint vielen als etwas Niedriges, und sie möchten Gott gewissermaßen einen Vorwurf daraus machen, daß er so etwas überhaupt in seine Schöpfung eingeführt hat. Gott ist euch nicht keusch genug. – Oh, ihr elenden Menschen, die ihr die herrlichsten Gesetze der Allmacht und Weisheit Gottes, wie sie bei der Zeugung, dem Werden und der Geburt eines Kindes hervortreten, so minderwertig beurteilt. Christus, dem höchstgeschaffenen Geist, war es nicht zu minderwertig, nach dem ewig gültigen Gesetz der Zeugung seine menschliche Hülle zu bilden, um unter euch zu wohnen, leiden und sterben zu können. Wenn euch die Wahrheit seiner menschlichen Zeugung nicht wunderbar genug ist, Ihm ist das alles wunderbar, was nach den heiligen Gesetzen Seines himmlischen Vaters geschieht..."*[23]*

Aus diesen Worten der Geistigen Welt wird deutlich, wie tief die Verflechtungen und Spaltungen allein aus der Unterdrückung und Angst vor der Sexualität im Unterbewußtsein wirksam sind und vor allem die christliche Welt beeinflussen – auch heute noch. So meint z.B. selbst der frühere Bischof der österreichischen Diözese, Bischof Stecher, im Dezember 1997, der Vatikan habe das Image der Barmherzigkeit verloren und sich das der harten Herrschaft zugelegt, was zwar richtig erkannt, doch falsch formuliert ist. Denn „Image" heißt „getünchte Barmherzigkeit", was mit „übertünchter harter Herrschaft" gleichzusetzen wäre, woraus zu folgern ist, daß wirkliche Liebe und Barmherzigkeit in der Kirche nicht vorhanden waren, da die Kirche den suchenden, gläubigen Seelen nie wahre Liebe schenkte, sondern in ihrem unredlichen Anspruch auf Unfehlbarkeit nur Macht und Unterdrückung, vor allem Angst hervorbrachte. Bischof Stecher bestätigt das, wenn er sagt, daß die Tendenz, menschliche Ordnungen und Traditionen höher zu werten als den göttlichen Auftrag, das eigentlich Erschütternde an manchen Entscheidungen unserer Kirche sei. Auch das Zölibat müsse überdacht werden. Wie mutig sind diese Worte, wie offen der hier gezeigte Reformwille aus Erkenntnis – ein weiterer Schritt in das neue Zeitalter der Liebe und Wahrheit, das nun folgt und dem sich ebenso die Kirche nicht mehr länger entziehen kann und auch nicht darf, will sie ihren „Auftrag" zu einem guten Ende bringen.

---

[23] *Greber, Johannes* „Der Verkehr mit der Geisterwelt Gottes", J.G.Memorial Foundation, USA, 1960, S. 313

Kehren wir zurück zum Thema der geistigen Zentren. Die Pinealis-Drüse regelt das Licht im Körper, wie aufgezeigt. Die geistige Schwingung dieses so wichtigen Kronen-Zentrums besteht in der farblichen Zuordnung aus der Art aller Spektralfarben, die in diesem Zentrum aufgebaut und vorhanden sind, aber im wesentlichen schwingt es in einem Blau-Violett mit gold-gelbem Licht bei entsprechender höherer Aktivität des Geistes. Dieses Zentrum übertrifft an Ausstrahlungskraft und Glanz alle anderen und vibriert in einer für menschliche Begriffe unfaßlichen Schwingung und wird als letztes aktiviert. Das Erwecken dieses Zentrums geschieht zumeist nach Öffnung der Kundalini-Energie, da der geistige Aspekt dieses Zentrums als *Organ der Synthese* vor allem in der *Integration* von Geist und Materie liegt, wobei sich bei einer solchen Verbindung die Kundalini-Energie als Lebensenergie mit der schöpferischen Energie des Geistes vereint. Wird dieses Ziel erreicht, so offenbart sich die dritte Kraft der Seele als Christusbewußtsein. Ein solcher Mensch, z.B. der Meister oder Eingeweihte, hat dann alle drei Aspekte von Körper, Seele und Geist in sich vereinigt und wird dadurch aus dem Dualitätsprinzip der Materie entlassen und in die Geheimnisse der Welt und deren Ordnung eingeweiht – er ist frei.

Diese Freiheit bringt ihn auch über die nun erreichte Seelen-Natur als aufgestiegener Meister mit dem großen „Rat von Shamballah" in Berührung und ebenso mit Christus selbst. Denn im Eingeweihten haben sich die Energien des Willens und geistigen Bewußtseins des Vaterprinzips mit der göttlichen Schöpferkraft des Mutterprinzips vereinigt, womit die Synthese der göttlichen Aspekte hergestellt ist und die Seele in Erscheinung tritt. Im Kronen-Zentrum finden wir also die geistigen Prinzipien mit ihrer Bewußtseins- und Glaubenskraft, dem Geist-Seelen-Aspekt, dem geistigen Hellhören und Hellsehen, wie auch der wahren *Geistigen Heilung*, die ebenso mit der Medialität verbunden geht, wobei berücksichtigt werden sollte, daß Medialität und Hellsehen, wie zudem die Hellsichtigkeit, verschiedene Aspekte sind.

Medialität zeigt sich in vielfacher Form und kann ebenso das Hellsehen und Hellhören mit einschließen bei aktivem Seelenbewußtsein, da dieses einen direkten Zugang zu den höheren Bewußtseinsebenen hat, doch ist solches selten anzutreffen. Sprechen wir von Medien, so sind im allgemeinen jene Menschen gemeint, welche ihr persönliches „Ich" (mind) ganz oder teilweise zurückziehen, um Raum für einen durch sie sprechenden Geist zu geben. Es sind die sogenannten Voll- oder Halbtrance-Medien, doch auch hier gibt es unterschiedliche Entwicklungsstufen und nicht *jedes* Medium ist automatisch zugleich ebenfalls und unbedingt „spirituell", wie oft fälschlich angenommen wird, wenn es sich einem Geistwesen, welches sich des Mediums lediglich bedient, als Werkzeug überläßt. Ein solches Medium (z.B. als Volltrance-Medium), weiß dann nicht, welche Durchsagen oder Durchgaben gegeben wurden/werden und trägt dadurch nur indirekt für die gemachten Aussagen eine Verantwortung, da es sich für solche benutzen läßt. So können Durchsagen der guten wie auch der bösen Geisterwelt durch das Medium fließen oder sich vermischen, ohne daß das Medium persönlich davon Kenntnis hat. Halbwahrheiten sind schlimmer als Lügen, da sie schwerer zu durchschauen sind, und daher ist immer bei solchen Durchsagen eine gewisse Achtsamkeit und Vorsicht angeraten, abgesehen davon, daß viele Medien lediglich die Energien der Wünsche und Bedürfnisse der Besucher unbewußt aufnehmen und diese dann als „Botschaft" der Geistigen Welt zurückgeben. Doch der in seiner vollen Medialität Erwachte, der direkt mit seinem Hohen Selbst in Kontakt Stehende, wie zum Beispiel der aufgestiegene Meister oder Eingeweihte, der sein Wissen also aus der direkten Schau bezieht, dieser steht in voller Verantwortung für das von ihm Gesagte und in welchem Rahmen er es weitergibt.

Eine solche direkte Schau wird durch das Kronen-Zentrum in einem Zusammenhang mit der umgekehrten Stellung der Blüte, dem Lotos, der mit seinem Stengel zum Himmel hinaufweist, symbolisch aufgezeigt. Es ist das Symbol der sogenannten Antahkarana-Brücke, welche als das innere Instrument der bewußten Mentalität (Medialität) bezeichnet wird, die die niederen mit den höheren Energien verbindet und dadurch den Eingeweihten mit der Bruderschaft der Meister, den „Kindern des Löwen", und der geistigen Hierarchie von „Shamballah" verbindet, dem geistigen Zentrum der Welt. Was ist nun unter niederen und höheren Energien zu verstehen? Das Solar-Plexum ist die Stelle, in der sich Erde und Wasser begegnen und die Energien der physischen Welt sich mit denen der astralen vermischen und verbinden. Daher ist die Erde das Symbol des materiellen Lebens und das Wasser das der astralen Gefühle, der emotionellen Natur. Der Solar-Plexus, Sonnengeflecht oder auch das abdominale Gehirn genannt, ist für den heutigen Durchschnittsmenschen mit seinen noch unausgelebten Gefühlsimpulsen und materiellen Begierdeanhaftungen im allgemeinen noch das Zentrum seines Persönlichkeitslebens, welches ihn leitet und beherrscht. Es sind noch die Energien seiner niederen Natur unterhalb des Zwerchfells, welche sein materielles Leben lenken und über die er noch keine Selbstbestimmung erlangt hat, wodurch ein geistiges

Leben, auch bei allem persönlichen Wollen, noch nicht zu verwirklichen ist. Erst wenn sich das Element der Luft als Symbol der Seele und des höheren Lebens (des Christusprinzips) oberhalb des Zwerchfells machtvoll auszuwirken beginnt, wodurch sich die Persönlichkeit entfaltet, erst dann wird, wie es nach der Esoterische Lehre heißt, die Persönlichkeit in den „Himmel hinaufgehoben", beginnt sich das geistige Leben zu entfalten durch ein spirituelles Denken. Denken entsteht auf der physischen Ebene durch das Gehirn, welches zum einen durch sein Speicherbewußtsein für die Eindrücke des irdischen Lebens empfänglich ist und diese aufnimmt, zum anderen durch die Eindrücke und Impulse der Seele aus den höheren Ebenen eines mentalen Lebens. Die Seele offenbart sich auf der irdischen Ebene im Gehirn über eine sogenannte Mentalsubstanz, welche nach dem alten System der Inder „citta", genannt wird, um die Absichten der Seele in den dazu nötigen Gedankenformen zu erschaffen. So wird nun auch verständlich, warum das Kronen-Zentrum in dem Zusammenhang der umgekehrten Stellung der Blüte symbolisch mit dem Blütenstengel nach oben, zum „Himmel" weist – es versinnbildlicht die Seele.

Die sogenannte *Antahkarana* offenbart sich nach der esoterischen Lehre als ein Verbindungskanal zwischen Seele und physischem Gehirn, welche die Verschmelzung und Umwandlung der Sinne in ein zusammenwirkendes Ganzes von Geist und Persönlichkeit bewirkt, in die eines erwachten wahren Geistesmenschen. Nach der indischen Lehre (Aurobindo, „Die Synthese des Yoga"), wird die Mentalsubstanz der Antahkarana in vier Aktivitäten eingeteilt: 1. in „citta", den Stoff des zugrundeliegenden *mentalen* Bewußtseins des Herzens, in das gefühlsmäßige Empfindungsbewußtsein des *seelischen* Wesens; 2. in „manas", in das Sinnenmental im Unterschied zur Vernunft (buddhi) und zugleich das Grundbewußtsein und Wesen dessen, was als Sinn, als „sechster Sinn", bezeichnet wird; 3. in „buddhi", die freie göttliche und spirituelle Intelligenz mit ihrer Macht des Wissens und Willens, welche über die seelische Struktur der citta weit hinausreicht. Gemeint ist die Denk- und Willens-Macht des höheren Geistes, der sich in seiner niederen Entsprechung in der mentalen Aktivität der Persönlichkeit widerspiegelt und 4. in ahamkâra oder ahambuddhi, die Ich-Idee, als die Ichhaftigkeit des Egos bis hin zum niederen krassen Egoismus, also das Ich-Empfinden der Absonderung in ihrem ganzen Verblendungswahn.

Im Zusammenhang mit der Antahkarana und dem Kronen-Zentrum zeigt sich ein weiterer interessanter Aspekt, nämlich das der „Krone", welche das „kosmische Feuer", den Heiligenschein des Erleuchteten, nicht nur symbolisiert, sondern auch sichtbar darstellt. Im Kapitel „Das Geistige des Lebens" wird über den „Thron im Himmel" gesprochen, und dort heißt es: „Rings um den Thron standen vierundzwanzig andere Throne. Auf ihnen sah ich vierundzwanzig Älteste sitzen. Sie waren in weiße Gewänder gekleidet und hatten goldene Kronen auf dem Haupte..., die sie immer wieder vor dem Throne Gottes niederwarfen"! Auch in diesem, dem hier besprochenen Kronen-Zentrum, tritt diese alte christliche Symbolik der heiligen Sprache wieder in Erscheinung, doch hier nun nicht mehr als Symbolik, sondern als irdische Realität. In dem geistig hochentwickelten Menschen strahlt das Scheitel- bzw. Kronen-Chakra einen Glanz und ein helles, goldenes Licht mit einem entsprechenden Strahlenkranz als eine Art Krone aus, die das ganze Haupt umleuchtet. Die Bilder hoher Eingeweihter und auch der Heiligen werden nicht umsonst überall mit einem Heiligenschein abgebildet als der wahren göttlichen „Krone", die es im Leben zu erringen gilt. So trägt z.B. der Buddha in allen Abbildungen symbolisch eine Erhebung auf dem Haupt, als sichtbaren Ausdruck des Erleuchteten Meisters und Göttlichen Avatars.

Die „Krone des Lebens" zu erringen bedeutet, daß der Mensch alles das, was er für sich errungen hat, also alle materiellen Güter und geistigen Kräfte, wie auch z.B. die geistigen Heilkräfte, die aus ihm herausströmen, zu Gottes Füßen niederzulegen hat, da alles das, was der Mensch glaubt als sein Eigentum für sich in Anspruch nehmen zu können, in Wirklichkeit nur eine Leihgabe Seiner Liebe ist, da sie aus Ihm kam und daher auch zu Ihm zurückzukehren hat. Dieses „Niederlegen" zu Gottes Füßen von allem, was man geworden ist und hat, ist der Dank und die Freude der Erkenntnis des Ganzen, die Freude in Seinem Dienste stehen zu dürfen und für Sein Werk gebraucht zu werden zur Erlösung der Welt. Und ein solcher Mensch kann seine geistigen Kräfte (das Symbol der goldenen Krone) immer und immer wieder „niederwerfen", so wie die 24 Ältesten, sich also der Welt verschenken, das Licht der Liebe herniederbringen (niederwerfen) zu den Menschen, denn die geistige Kraft, die er dadurch vergibt und ausstreut in der Welt, die aus seinem Inneren des Christus-Bewußtseins kommt, ist wie ein lebendiger Strom, der sich immer und immer wieder aufs Neue bildet.

Die Bibel sagt: „Die Liebe Gottes wird weithin ausgegossen" – gemeint ist, sie wird in das Bewußtsein der menschlichen Herzen heruntergebracht, um jene Synthese und Einheitlichkeit in der Welt des Denkens herbeizuführen, die es ermöglicht, die Menschheit in die Einheit der universellen Ordnung zurükkzuführen. Wesentlich für einen solchen Neuanfang ist dabei die Entfaltung des Herz-Zentrums, denn wie ein Mensch in seinem Herzen denkt, so ist er! Und nun, im Wassermannzeitalter, dem Beginn einer neuen Weltordnung, sind alle Menschen aufgerufen, in den göttlichen Strom der Liebe endgültig einzutreten, um mitzuhelfen, die Entwicklung der Welt voranzutreiben – in eine neue Zeit, mit neuen Menschen und Gedanken.

Bevor wir zum zweiten, dem Ajna- oder Stirnchakra kommen, noch eine kurze Erklärung über das geistige Zentrum Shamballah, von dem verschiedentlich die Sprache war, da es in einer direkten geistigen Entsprechung zum Kronen-Zentrum lebt. Shamballah ist ein heiliger Ort, und es gibt aus gutem Grund so gut wie keine Informationen darüber. Es herrscht mehr oder weniger ein großes Stillschweigen über dieses legendenumwobene planetarisch-ätherische Zentrum der Welt. Wenig ist bekannt, und es gibt auch so gut wie keine Hinweise und nur wenig Literatur über diesen ungewöhnlichen, geheimnisvollen und rätselhaften Ort, der in der Wüste Gobi liegen soll und bereits in den allerältesten universalen Erkenntnissen schon immer eine große Rolle spielte.

Es heißt, daß seine Ausbreitung vor achtzehn Millionen Jahren begann. Das Zentrum dieses Gebietes besteht also seit Ur-Zeiten und wird seit dem Anfang der Menschheit als das „Heilige Land der Söhne Gottes" verschiedentlich genannt und angedeutet. Nach der Geistigen Welt, wie auch den Rosenkreuzern und den okkulten esoterischen Lehren, ist Shamballah ein Ort der (aufgestiegenen) Meister und der geistigen Hierarchie, also göttlicher Wesenheiten der Devas, jener Engel, die, einer übermenschlichen Evolution angehörend, einst, vor Ur-Zeiten, von anderen geistigen Reichen und Planeten kamen, um in unsere Erden-Evolution einzugreifen. Ihre Inkarnation in die „Finsternis der Welt" war für den Evolutionsgang der Menschheit, für ihre weitere Entwicklung von allergrößter Bedeutung, denn sie brachte den Evolutionssprung vom Tiermenschen zum Menschen unserer Zeit, der sich nun als Mensch in der Lichtspirale einer geistigen Evolution zum geistigen Menschen immer weiter aufwärts entwickelt. Es waren die „Quanten-Götter" aus der Hierarchie der zodiakalen Gottheiten, die das „lebendige Feuer" des Geistes brachten, welches nötig war, um dem damaligen noch unentwickelten Verstand Selbstwahrnehmung und Selbstbewußtsein zu geben (Siehe auch Kapitel „Die Schöpfung – Mensch und Kosmos"). Diese Söhne Gottes handelten im Auftrage des Christus und befruchteten das Gehirn über das Licht der Seele, sie gaben jenen Funken des Denkens in den Tiermenschen, welcher die Voraussetzung für seine mentale Entwicklung erst schuf, und aus der sich dann in Zeitabläufen von Äonen durch ständige Belebung das Denkvermögen des heutigen Menschen entwickelte.

Von Shamballah, dem Zentrum der Welt und dem Sitz der Universellen Bruderschaft, gingen und gehen alle metaphysischen Impulse zur ständigen Regeneration und Erneuerung der Welt hervor, und dies bereits seit einer Zeit lange vor der prälemurischen Kultur, wie es heißt. Dieser ätherische Ort ist die geistige Kontaktstelle und der Brennpunkt, aus dem die sieben kosmischen Strahlen über Abstufungen zu einer irdischen Spannung herabtransformiert werden, welche irdischen Verhältnissen, also dem geltenden Niveau von molekularen Bindungen, zuträglich sind. Von diesem planetarischen Zentrum aus gehen alle Beeinflussungen und Ausstrahlungen hervor, welche die Menschheit in ihrer Entwicklung stützen, also jene geistigen Kräfte, die die Welt tragen und erhalten. Denn diese göttlichen Wesenheiten und Meister als die „Söhne von Wille und Yoga" kennen alle kosmischen Geheimnisse und somit auch die Geheimnisse der irdischen Natur. Und diese Geheimnisse halten sie für jene bereit, die wahren Willens sind, sich dem geistigen Wege im Dienst des Ganzen und Einen anzuschließen, bereit sind, den Weg der Selbstvergessenheit zu gehen, um das erneute Kommen Christi in der Welt vorzubereiten. Denn Ich-Auflösung ist die Voraussetzung, um das eigene Selbst zu erkennen, welches eins mit dem All-Selbst ist, dem großen Ganzen, was nur erreicht werden kann durch die Bereitschaft, das persönliche Ich-Sein dem Nicht-Sein zu opfern.

Niemand hat Zutritt nach Shamballah, dem „Herzen der Welt", in dem sich die „Söhne des Löwen" lagern, und es ist auch unmöglich, eine Verbindung mit diesem Ort aufzunehmen. Es sei denn, man hat den „Schlüssel", also ein bestimmtes Wort, welches die sieben geheimen Türen nach Shamballah öffnet und die dann dem Schlüsselträger Zutritt gewähren. Diese Türen sind ganz verhüllt angedeutet, doch unschwer ist zu erkennen, daß die sieben unterirdischen Gänge eine direkte Entsprechung zu den sieben Haupt-Zentren der Chakren leben, die, stehen sie alle in Harmonie zueinander, als letzten Akt die Kundalini erwecken und über die Antahkarana den Schlüssel zur Tür der geistigen Freiheit schenken. Zum Weg der Ich-Auflösung heißt es nach den Rosenkreuzern, daß der Mensch lernen muß, auf seine niedere Ich-Natur zu verzichten, um die ganze Dynamik des Ich zum Schweigen zu bringen, um aus dem vielfältigen Ich zum einfältigen Menschen zu gelangen. Man muß also in den unschuldigen Zustand der „Einfältigkeit" des Geistes zurückkehren, muß als das Resultat eines solchen Auflösungsprozesses einfach werden wie ein Kind.

Man muß im Glauben werden wie ein Kind. Dieser Glaube in seiner wertvollsten Eigenschaft ist die Grundlage für das Wirken von sogenannten „Wundern", für das Heilen von Kranken und die Heilung der Krankheit selbst, ja für die Erlösung allen Übels dieser Welt. Zugleich macht es deutlich, warum wir in unserem Glauben „gleich kleinen Kindern" werden müssen, und dies nach Seinen Worten: „Wahrlich, ich sage euch – es sei denn, daß ihr euch umkehrt und werdet wie die Kinder, so werdet ihr nicht in das Himmelreich kommen." – „Wenn ihr nicht werdet wie die Kinder" bedeutet also, wenn wir nicht erkennen und einsehen, daß wir *ganz* und *gar* von Gott abhängig sind, so können wir die wirkliche Macht unseres eigenen Christus-Bewußtseins in seiner wahren Beziehung zu Gott nicht erkennen. Diese Seine Worte heißen nicht, wie viele mißverstehend glauben, daß wir nun als Erwachsene in einen infantilen, kindischen Zustand von falschem Vertrauen flüchten, dabei unser geistiges Bewußtsein vergessen oder dies mit Unwissenheit und dem Verlust der Persönlichkeit einhergehen soll. Nein, eine solche Kindschaft bedeutet vor allem, daß wir unseren überstrapazierten Verstand, bisher sehr einseitig ausgerichtet, seiner eigentlichen Funktion wieder zuführen, daß wir unseren Verstand endlich wieder durch ein inneres Erkennen zum Werkzeug des Herzens machen, und nicht durch ein äußeres Vergewissern von Sehen erst zum Glauben kommen wollen, sondern durch inneres Erkennen und Vertrauen der ewigen Wahrheit und Liebe folgen sollen. Also mit Vertrauen durch Glauben, damit wir nicht weiter der irreführenden Versuchung und dadurch abschüssigen Ebene des Verstandes verfallen. Denn: „Führe uns nicht in Versuchung" bedeutet nichts anderes, als daß wir unsere Irrtümer und Fehler erkennen und entscheiden, sie aufzugeben, um Christus die Führung zu überlassen. Seinem, nicht unserem (Eigen-) Willen sollen wir folgen, denn erst die Kindschaft erbt den Herrn, wie es so schön heißt.

Und in der Tat, ein Mensch, der sich Gott *ganz* anvertraut hat, ist von dunklen astralen Kräften nicht mehr zu erreichen, er wird von diesen abgeschirmt, denn er steht unter einem großen Schutz, gleich einem reinen Kinde, an welchem sich die dunklen Mächte vergeblich abmühen. Ein solcher Mensch, der sich Christus ganz überläßt, ist wie der Nachfolger Johannes: Er tritt zurück in Selbstvergessenheit und überläßt dem die Führung, der da sagt: „Siehe Ich mache alles neu!" Erst dann ist der Mensch im wahren Herzen der Welt erblüht und erhält Zugang nach Shamballah, in die Stadt der Götter und wird zum Schlüsselträger für diesen heiligen Ort, und dann vermag die ganze Hölle ihm nichts mehr anzutun. Das Wort, welches die Türen öffnet, heißt ....! Der Weg dorthin hat also etwas mit dem absolut vertrauenden Glauben eines kleinen Kindes zu tun, mit dem „Ja Herr, Dein Wille geschehe", da es das Sein in seiner ganzen Fülle bedeutet. Dieses Ja muß irgendwann gesprochen werden, von uns und von dem, der in uns auferstehen soll. Erst dann werden wir zu wahren Kindern Gottes, denen die Tür nach Shamballah geöffnet wird, erreichen diesen Ort. Klopfen wir dort (symbolisch) an und wird gefragt, wer draußen steht, so darf es nicht (nach einem alten spirituellen Gleichnis) heißen: Ich bin es! Sondern es muß heißen, wird diese Frage gestellt: Du bist es!

Die göttlichen „Kinder des Löwen" sind die *einfach* Gebliebenen oder Gewordenen, es sind die geistig Erwachten und Meister; einzeln, in sich eins und damit einfach! Darunter wird eine gewisse geistige Entwicklungsstufe der Gesegneten verstanden. Und die Geistige Welt sagt: „Wir sind bereits ‚einzeln', einfach geworden (in der Einheit des Lebens), ihr dagegen seid noch das Produkt eures Falls, seid noch nicht ‚einzeln'. Aber auch das wird noch kommen als aufstrebende Persönlichkeiten, die sich auf dem Wege zur Vollkommenheit befinden." Manches gäbe es noch zu Shamballah zu sagen, doch gilt es, sich wie in allem auch hier zu beschränken, aber folgendes sei noch angemerkt: Unsere heiligen Schwestern und Brüder von Shamballah sind *überall* auf der Welt zu finden und bemühen sich um die Erlösung der Menschheit, doch wirken sie meist völlig unerkannt. Sie sind es, die Stillen und Bescheidenen, die der leidenden Menschheit zur Seite stehen und die versichern, daß es eine Neue Welt mit neuen Menschen in nicht zu ferner Zukunft geben wird. Neue und fortgeschrittene Seelen bringen bereits Licht auf Erden und deren dunkle Zeit; es sind Seelen, die sich als Indigo-Kinder zu erkennen geben. Doch diese reifen Seelen gehen auch als Kinder nicht angepaßt an die Alte Welt, sie *funktionieren* nicht wie sie sollen und sind dieser daher fremd, werden nicht erkannt als solche und somit häufig auch zurückgewiesen, doch sind sie weit entwickelt durch ihre im Kopfzentrum enthaltene geistige Bewußtseins- und Entwicklungskraft, die nun auch verstärkt in die allgemeine Menschheit fließt und diese fördern wird, so wird versichert.

So kann und wird sich das Wissen von Shamballah zu gegebener Zeit auf die ganze Menschheit übertragen, wodurch, wird dies erreicht, Raum und Zeit, Entfernung und Grenzen entfallen, einfach dahinschwinden, und dann sind wir frei – einfach geworden. Das ist das erhabene Ziel, welches sich zur Zeit viele kaum vorstellen können, doch es wird so sein, weil Gott der Schöpfer es so will. Alle wahren Weisheitslehren offenbaren es, wie auch, daß unser menschlicher, vom Geist abgesonderter und damit isolierter Zustand nur ein notwendiges Stadium auf dem Weg zurück in die Seligkeit ist – der kurze Gang durch die „Schule Welt".

Schon immer gingen wir den Weg der göttlichen Anbindung und Anknüpfung oder stehen vor diesem Ziel, doch wir verlängern diesen Weg ins Ungewisse durch den falschen Glauben an ein (Schein-)Leben, an dem wir hängen, so als ob dieses alles sei und das einzige wäre. Es wird nicht erfaßt, daß wir alle nur einen Traum von „Leben" träumen und allein in diesem Leid, Schmerz und Enttäuschung ausfechten – einen Kampf gegen uns selbst, voll der Maya eigener Illusion, Verblendung und Verstrickung. Wir wähnen uns isoliert und einsam, ja empören uns über diese böse Welt, doch zugleich suchen wir deren Glanz und Glimmer, die Lust in dieser. Wir haben Angst vor der Wahrheit, die wir suchen und wollen sie nicht haben, doch zugleich wollen wir heilig sein und werden. Denn statt der Wahrheit zu folgen, denken wir insgeheim: „Lieber Gott, bitte nicht gleich und jetzt, lieber noch ein wenig träumen", anstatt der Wahrheit mutig nachzufolgen. Doch so können unsere Alpträume nie ein Ende finden und wird die Wahrheit nicht erreicht, so wird sie nur verpackt und zugedeckt. Wir laufen vor uns selber fort durch hektische Betriebsamkeit, durch ein Suchen in der äußeren Welt, durch ein Träumen von sogenanntem Glück und Erfolg und betrügen uns mit Sex und Geld, doch ist das der Weg nach Nirgendwo.

Wir fliehen vor der Liebe, dem unbekannten Neuen, aus Angst vor uns selbst, vor der Einsamkeit vermeintlich dunkler Leere, und die Wirklichkeit des Erwachens scheint uns schlimmer als der Schmerz der Welt; wir wollen frei sein und binden uns an selbstgemachte Götzen. Wir suchen die Gemeinsamkeit der Liebe und zerreiben uns zugleich an dieser. Wir haben Angst vor gegenseitiger Kontrolle und erfreuen uns an unserer Macht, anstatt einander in Freiheit zu entlassen, um zu akzeptieren wie wir sind, ja wir wundern uns über Leid und Schmerz als ganz natürliche Folgen. Wir leben ein ewiges Hoffen, Wünschen und Wollen an den Nächsten, um dann herauszufinden, daß auch *dieser* ebenso Wünsche, Wollen und Hoffnungen hat. Wir leben ein Absehen von der Realität des Lebens, um nicht hinsehen zu müssen. Doch wollen wir Krankheit, Leid und Schmerz entkommen, um Frieden, Freude und Freiheit zu erfahren, so müssen wir aus unserem Traum der Illusionen erwachen und den Weg der Wahrheit über die Erkenntnis gehen, müssen unser Wollen auf das Wollen der Liebe, auf Gott ausrichten, um das innere Heil zu finden. Erst wenn der Schleifungsprozeß des Lebens durchlaufen ist, nicht nur des Lebens, in dem wir stehen, erst dann beginnt der Vorbereitungsweg für ein neues. Die von uns gemachten Götzen müssen fallen, denn was voll ist, muß leer sein, um neu gefüllt zu werden. Und jene, die den Weg vorausgingen, die Meister und Gesegneten, sie ermuntern uns aus eigener Erfahrung, fröhlich den Weg zu gehen. Nicht als Knecht in gebückter Haltung, nein, aufrecht, mutig und mit einem starken Herzen in der Akzeptanz des Lebens, denn erst durch eine solche beginnt der Vorbereitungsweg auf das wahre Ziel. Erst dann kommt die Phase des Alleingehens, die Phase der Ablösung und letzte Hingabe auf der Basis des Vertrauens.

Denn je klarer das Erkennen des Weges wird, um so stärker wird zugleich der Wille zum Vorwärtsschreiten, um so leichter die Ablösung von der Welt durch ständiges Abwägen und Zurücklassen von dem, was wir als Ballast nicht mehr brauchen, um in das selbstgemachte Geschenk der Freiheit und grenzenloser Freude zu gehen. Wer sein absolutes Ja für Christus gesprochen hat, der wird durch so viele Spannungen, Diskrepanzen und Läuterungsprozesse geführt, welche ihn bis an die Grenze der Erträglichkeit bringen, doch dadurch lösen sich langsam alle weltlichen Anhaftungen und Bindungen aus den Verblendungen und Täuschungen auf, es wird ein Ende der Täuschung erreicht. Bei aller Liebe zu dem Einen ist dennoch der Weg in das Licht am Anfang ein harter und schmerzlicher Prozeß der Illusionsauflösung, von dem alle, die den Weg gehen oder gingen, nicht verschont geblieben sind, und von dem auch der Autor sehr wohl zu berichten weiß. Wir können nicht ermessen, wie schwach wir in unserem Kern sein können und sind, also immer noch fallen können. Doch der Eine versteht die Zweifel, die Sorgen und Ängste, die uns auf dem Wege begleiten. Denn durch das Loslassen der Welt scheint der Weg in das Licht mit anfänglicher Trostlosigkeit gepflastert, und es entstehen Depressionen durch einen inneren Widerstand. Zudem wähnen wir uns total isoliert und allein auf unserem Wege, ja geradezu zerrissen in einem Zustand des bedrückenden Gefühls, weder in der Welt noch im Himmel zu sein. Doch wollen wir in das Licht, so wird die Aufgabe der weltlichen Begierden und

Anhaftungen gefordert als ein Tausch der Welt für das Licht, so soll und muß es sein.

Und je näher wir dem Licht kommen, um so größer erscheint die Dunkelheit der Einsamkeit, was viele veranlaßt den Weg aufzugeben, um sich der Trostlosigkeit einer solchen inneren „Wüste" und deren Prüfungen zu entziehen. Doch halten wir aus, gehen dennoch weiter, so kommen wir auf unserem steinigen Wege als Ausgleich zu Oasen des Friedens, der Ruhe, Freude und Geborgenheit. Wir werden gestützt und von der Kraft des Einen liebevoll getragen und wissen dann, wir stehen unter *Seinem* Schutz. Es beginnen sich die Früchte der Treue zu zeigen durch den Strom der Liebe, der durch uns fließt, und alle Ängste lösen sich wie ein Nebel auf.

Eine zunehmende Lichtung hält Einzug im Herzen, die dunklen Schatten der Verblendung verlieren sich, und was sich dann offenbart, das ist das große wärmende Licht. Der oft sehr einsame Weg der Loslösung in verwandelnde Erkenntnis ist nötig, und haben wir den Mut, ihn zu gehen ohne die Welt zu flüchten, dann zeigt sich, daß letztendlich *alles* in dieser Welt ohne Bedeutung ist, wodurch die Gier nach sogenanntem Leben wie nach materiellen Dingen und ebenso die Angst vor deren Verlust vergeht. Was bleibt, ist tiefe unendliche Dankbarkeit für die neu erhaltene Fülle, die Freude eines inneren Friedens in der Freiheit und Ungebundenheit eines neuen Seins: „Wir haben dich gerufen, mein Kind, und du bist dem Rufe gefolgt. Dein Ja, es hat dich in die Abhängigkeit geführt, es hat dich mit deinem Herrn vereint. Du wirst in die Ruhe deines Herzens eingehen. Du mein Kind, Du wirst unser Weggefährte sein und Du wirst unsere Werke tun. Deine Beschwerden sind eine ganz natürliche Folge, denn du wirst auf eine andere Frequenz umgestellt. Freue dich darüber, denn du weißt, was geschieht. Und wenn es abgeschlossen ist, wenn du eingestellt bist, dann wirst du merken, wie hellhörig du geworden bist. Nach innen gehst du, deine Ohren werden nach außen abgeschlossen und nach innen geweitet, und du wirst *hören,* was deine *Hände* fühlen. Mache dir keine Sorgen, mein Kind, es ist eine Korrektur, die wir vornehmen. Du ziehst dich zurück in deine Mitte, an den Ort, wo die Begegnung zwischen dir und dem Höchsten stattfindet. Und wenn diese Begegnung ist, dann darf nichts von außen mehr stören, denn es ist eine Stunde der Weihe. Eine Stunde, in der es kein Außen mehr gibt." (Emanuel) Ist die Zeitreife der Weihe gekommen, so versinken wir in Seinem Licht, einem Licht, welches nicht zu beschreiben ist. Doch selbst dann sind wir noch kein wahrer Eingeweihter oder auch Meister, aber *ein* Knoten unter Millionen anderen, die das Licht-Netz der Welt zusammenhalten, vielleicht als ein gerufener Heiler, der in Seinem Strom nie endender Liebe arbeitet, im Dienst am Ganzen. Der Weg in die endgültige Freiheit, er ist ein unendlicher, denn sind die Prüfungen auf der Erde gelöst, so kehren wir noch lange nicht in die Ewigkeit ein, nein, ein neuer Abschnitt des Weges wird sein.

Das Stirn- oder Ajna-Zentrum

Dieses zweite Zentrum liegt zwischen den Augenbrauen in Verbindung mit zwei sogenannten geistigen Nebenzentren in der Stirn und wird deshalb auch Stirn-Zentrum des mentalen Bewußtseins genannt und ist in der indischen Weisheitslehre als ajnachakra bekannt. Bewußtsein ist ein gebündelter Strom von zusammengesetzten Ideen, Erfahrungen, Wahrnehmungen, Empfindungen, Reflektionen und Erinnerungen als die „elektrische Flamme mentaler Aktivitäten", wie es die Esoterische Lehre nennt, die sich miteinander zu der Erfahrung eines (illusionären) selbst-seienden Ich-Bewußtseins verbinden und so die Erfahrung eines eigenen Seins als das Selbst-Bewußtsein des Menschen erschaffen. Alle Erfahrungen in der *Zeit* sind nur die *Erinnerungen* unserer mentalen Energien, geboren aus den vorstellungsgebundenen Gedanken. Es sind die ständig fließenden gedanklichen Ströme in dem unendlichen Bewußtseinsmeer der Äther-Substanz des Akasha, dem ewig Seienden, als eine sich selbst be- und abgrenzende Bewegung der Individualität in diesem ewigen Raum-Zeit-Kontinuum der Mentalebene. Um die selbst geschaffenen Trennungen aufzuheben, versucht der Geist, die ihm gegebenen Funktionen des mentalen Bewußtseins für sich zu nutzen, wobei z.B. die (Aufgabe) der Erinnerung nur eine dieser Fähigkeiten ist. Im eigentlichen Sinne ist die Erinnerung nur ein Prozeß des sich selbst beobachtenden und reflektierenden Ich-Bewußtseins, welches die inneren Bewegungen eines solchen Stromes gedanklicher Aktivitäten in den Zeitabfolgen ihres Vorkommens oder deren Wiederholung miteinander vergleicht und/oder verknüpft, so daß sie durch die Vernunft (des Willens) in einen Prozeß der Selbstäußerung und Selbsterfahrung geführt werden können. Der persönliche Ich-Sinn als der eigentliche Wesenskern, um den sich eine koordinierende Mentalsubstanz als Mittelpunkt konzentriert, ist jedoch kein Ergebnis der Erinnerung, wird auch nicht durch Erinnerung gebildet, sondern ist das individuelle Instrument des Eigenbewußtseins der persönlichen Identität, die sich als „Selbst" erlebte innere Einheit der Person. Das Ich-Gefühl als Wesenskern, als mentale Bewußtseinssubstanz, bleibt immer erhalten. Der Mensch bleibt immer derselbe, auch bei allen Wandlungen der Personalität vom Kleinkind bis zum Greis. Die Erinnerung hilft dem Ich nur, die zusammenhanglosen Erfahrungen zu bündeln.

Und als ein solches *Bündelzentrum* ist das Ajna-Zentrum zugleich das Zentrum des Bewußtseins der Persönlichkeit, also des mentalen Willens, des Verstandes und Intellekts und geht mit diesem verbunden als Vorstellungsvermögen, Einbildungs-, Wunsch- und Suggestionskraft wie auch als Konzentrations- und Denkkraft. Das Stirn-Zentrum entspricht nach der Esoterischen Lehre der physischen Sonne und ist bei entsprechender Entwicklung Ausdrucksform geistiger Integration des Menschen, zunächst als Persönlichkeit, dann als Jünger und später als Eingeweihter. Das Ajna-Zentrum ist kein Lotos wie die anderen Zentren, sondern offenbart sich in zwei Blütenblättern, die jeweils wiederum in 48 kleinere aufgeteilt sind und so insgesamt 96 Blätter bilden als die Anzahl der Ausstrahlungen ihrer Primärkraft, wie es das Esoterische Heilen aufzeigt. Die Farben setzen sich aus einem gelblich-vermischten Rosa-Weiß des einen Blütenblattes und den Farben eines vermischten Lila-Indigo-Blau des anderen Blattes zusammen. Es lebt seinen Ausdruck als geistig-ätherisches Zentrum in der physischen Verdichtung der *Hypophyse* (Hirnanhangdrüse), der sogenannten Meisterdrüse, die alle anderen Drüsen beeinflußt, und ist zugleich mit der Zirbeldrüse (Pinealis) des ersten Kronen-Zentrums auf das engste verbunden. Das Erwachen des Ajna-Zentrums ist vor allem eine Folge der Entwicklung der Persönlichkeit bis zur Stufe geistiger Integration und ist jener wichtige, regulierende Punkt im Kopf, durch den sich der dialektische Mensch in seiner zweifachen Natur in der Schöpfung der drei Welten (mental, astral, physis) offenbart. In einem gewissen Sinne ist der Mensch nichts anderes als eine individuelle Zusammensetzung dieser mentalen, astralen und physischen Kräfte und ihrer Gewohnheiten, die durch ihre beherrschenden Ideen und Begehrlichkeiten in Gedankenverbindungen zusammengehalten werden. Denn hier verschmelzen bei richtiger Entwicklung der Persönlichkeit die mentalen Energien mit den schöpferischen Energien des Kehlzentrums und den *verfeinerten* Energieströmen des Verlangens der Triebkräfte aus den unteren Zentren wie auch mit denen der wahren Liebe des Herzens.

Eine Fehlentwicklung der Persönlichkeit kann daher zu ernsthaften körperlichen Störungen führen, wie z.B. der Augen und der Ohren, zu Kopfschmerzen und Migräne. Doch ebenfalls zu verschiedenen Arten der *Neuritis,* also zu akuten oder chronischen Nervenentzündungen wie z.B. der *Neuritis multiplex* = *Polyneuritis,* oder auch der *Neuritis optica* = der Entzündung des Sehnervs, bis hin zu entsprechend entzündlichen, degenerativen Verän-derungen des davon betroffenen Gewebes. Auch Ausfallserscheinungen durch partielle Lähmungen, wie auch zahlreiche Erkrankungen der Hypophyse selbst können sich zeigen mit allen daraus dann zwangsläufig resultierenden, nachfolgenden psychischen und physischen Störungen, die mit dieser wichtigen, alle weiteren Zentren (deshalb Meisterdrüse) regulierenden Hirnanhangdrüse zusammenhängen.

Das Ajna-Zentrum ist geradezu das physische Zentralorgan des Ätherleibes im Gebiet des *Nervensystems,* welches durch die *Hypophyse* bestimmend beeinflußt wird und dadurch mit dem Gesamtorganismus eng verbunden ist. Krankheit entsteht aus dem an das Nervensystem gebundene Denken, da dieses Zentrum auch zugleich das Organ und die Schaltstelle für die mentalen Energien der aktiven Intelligenz ist. Es regiert das dynamische Bewußtsein des Willens, Verstandes und Intellekts der Persönlichkeit mit seinen Visionen und Gestaltungen, somit die Kraft des Vorstellungsvermögens, also der Imagination, die insbesondere durch dieses Zentrum aktiviert werden kann. In einem Zusammenwirken von Zirbeldrüse und Hypophyse werden aus den ätherischen Kräften auch die Gedächtnisvorstellungen gebildet, und es können, in der Verbindung mit der Kraft des Glaubens, der bei entsprechender innerer Willensenergie und Vorstellungskraft aktiviert wird, beide Kräfte miteinander vereint werden, so daß sie dadurch eine Kraftwoge an Energie auslösen, die wahrhaft „Berge versetzen kann". Dies im positiven wie negativen Sinne, wie schon der große Arzt Paracelsus (1493–1541), der „Luther der Medizin", aufführte, der meinte, daß eine falsche Vorstellung die Ursache von Krankheit sei und der Glaube an Gott oft die Heilung derselben. Wollen wir also eine wirkliche Heilung erreichen, so müssen wir die Kraft des Glaubens in Verbindung mit der Kraft der Vorstellung als Suggestion einsetzen.

So wie das Kopfzentrum mit dem Zentrum an der Basis der Wirbelsäule in enger Verbindung steht, so besteht auch ein enger Zusammenhang über den schöpferischen Lebensfaden zwischen dem Ajna-Zentrum und der Persönlichkeit des Menschen und ebenso mit dem Kehlzentrum, dem dritten Haupt-Zentrum der schöpferischen Aktivitäten und Tätigkeiten. Verbinden sich Ajna- und Kehl-Zentrum in einem harmonischen Wechselspiel, so bewirkt dies ein schöpferisches und harmonisches Leben, wodurch die göttlichen

Energien in sichtbarer Form zum Ausdruck gebracht werden können, wie z.B. im wahren Dienst am Nächsten, der Malerei und Kunst oder im Schreiben von Büchern, etc. In derselben Weise führt solch ein aktives Wirken zwischen Kopf- und Basiszentrum durch das Strömen des „elektrischen Feuers" der Kundalini-Energien zur Manifestation des göttlichen *Willens* im Menschen. Eine weitere Verbindung besteht zum Sakral-Zentrum und seinen sexuellen Energien, die bei einem Hemmungs- oder Stauungsprozeß das Kehl-Zentrum, wie ebenso das Ajna-Zentrum, stark beeinflussen können. Störungen des Kopfes, wie *Migräne* oder Entzündungen der *Stirn- und Nasennebenhöhlen,* resultieren dann recht häufig aus einem solchen Hemmungsprozeß des Sakral-Zentrums. Doch können solche Entzündungen ebensogut aus einer Erschöpfung und Überforderung durch nicht bewältigte, von außen kommende Einflüsse entstehen, man „entzündet" sich an der äußeren Welt aufgrund einer inneren Reibung mit dieser. Da Nase und Ohren durch innere Gänge miteinander in Verbindung stehen und eine Einheit bilden, kommt es häufig auch zugleich zu einer *Ohrenentzündung* durch Verstopfung oder Vereiterung dieser Gänge und/oder es entsteht eine *Erkältung* im Kopf. Der davon Betroffene kann die Welt oder sein Gegenüber nicht mehr riechen und will nichts mehr hören – er hat von allem die Nase voll. Er hat sich von der äußeren Welt abgeschnitten, da er die Frustrationen seiner Emotionen nicht hat ausleben oder neutralisieren können, er konnte sie nicht abfließe lassen, was nun durch die Nase geschieht. Mangelnde Aufrichtigkeit und Selbstbetrug oder auch zu große Disziplin führen häufig in eine überfordernde Anstrengung, es wird sich an den selbstauferlegten Zwängen übernommen, und so entsteht ein Einbruch oder gar Zusammenbruch des Systems und seiner Zentren.

Das Kehl- oder Hals-Zentrum

Das Kehl-Zentrum, in der indischen Weisheitslehre auch visuddha genannt, liegt an der vorderen Seite des Halses und aktiviert jenes Bewußtsein, das dem Ausdruck und den Bewegungen nach außen hin dient; also dem Denken, Fühlen und Sprechen – hier ganz besonders durch das schöpferische Wort, welches zum Beispiel zur Unterstützung der Schwingungsenergien des Lichtes in der *Geistigen Heilung* eingesetzt wird. Das Wort aktiviert die Energiesubstanz Licht, wodurch das atomare Muster des Körpers schneller mit diesem verschmilzt, Moleküle und Zellstrukturen in höhere Schwingung geraten. Wort und Licht sind die alchemistischen Schlüssel in der Geistigen Heilung. Am

Anfang war das Wort: „Es werde ...", dann folgte das Licht – es war der erste Schritt eines göttlichen und damit schöpferischen Wirkens im Schöpfungsprozeß der Welt, das Fiat, der Befehl: „Es geschehe!" – der Ausdruck erster göttlicher Unterweisung und Verfügung, und Christus lehrte die Kinder Gottes: „Gehet hin und tut desgleichen!"

Das Kehl-Zentrum ist im Bereich des Nackens mit der Medulla oblongata, dem verlängerten Rückenmark (Abschnitt des Zentralnervensystems zwischen Medulla spinalis und Gehirn), welche das Rückenmark beherrscht, eng verbunden, wobei die Carotis-Drüse mit eingeschlossen ist. In einer positiven Entwicklung der Persönlichkeit bringt das Zentrum Selbstverwirklichung, Freude und geistige Aktivität – alles sind Seelenkräfte – hervor, und kann auch als Energie des Vollbringens bezeichnet werden, da die geistige Kraft für die Tat, für das Handeln in der Welt, aus diesem Zentrum kommt. Die Medulla oblongata ist ein Organ, das je nach Stimulierung, also Ärger oder Freude, eine Nervenflüssigkeit absondert, welche das gesamte Nervensystem überschwemmt und anregt, somit vor allem auch die Sinnesorgane, was sich in einem äußeren Strahlen der ganzen Persönlichkeit spiegelt, oder aber, bei Ärger, Wut und anderen negativen Emotionen, als Ausdruck von Kontrollverlust aufgrund mangelnden Bewußtseins, ein regelrechtes „Schäumen" im buchstäblichen Sinne hervorbringt, nicht allein im Äußerlichen, sondern vor allem eben durch die Medulla oblongata im Inneren ihrer Nervenflüssigkeit. Der Mensch wird im wahrsten Sinne „überschäumend" vor Freude oder Wut, gerät völlig außer sich, ist nicht mehr in seiner Mitte. Hierdurch entstehen viele Krankheiten der Sinnesorgane und Nerven, die zu Scheidewegen der Prüfung werden: Warum lasse ich mich herausfordern? Warum reagiere ich so? Was bringt mir die Reaktion der Wut?

Das Zentrum schwingt, dies ist, wie auch bei den anderen Zentren, mehr symbolisch zu verstehen, in sechzehn Blütenblättern, doch zugleich auch der Wahrheit entsprechend, denn es sind vibrierende geometrische Lichtgebilde, welche sich hier aus Lichtpartikeln zu Blütenmustern formen und sich daher ähnlich wie Blüten zeigen. Die Farbe dieses Zentrums zeigt sich dem sehenden Auge allgemein in einem gemischten Hellblau-Silber, was auch den Eindruck der Farbe Grau vermittelt. Es lebt seinen Ausdruck in der physischen Verdichtung der *Schilddrüse* und den *Nebenschilddrüsen*. Viele pathologische Störungen, wie z.B. der *Schilddrüsen-Krebs,* sind den, hier dann negativen, Aktivitäten des Kehlzentrums zuzuschreiben, da dieses Zentrum einen maßgeblichen Einfluß auf den Bereich der Schilddrüse selbst, wie auch auf den der Nebenschilddrüsen, ausübt. Die Schilddrüse erzeugt das Hormon Thyroxin, wozu sie Jod (essenzielles Spurenelement für Mensch und Tier) braucht, um dieses bilden zu können. Bei Jodmangel zeigt sich als Folge häufig eine *Kropfbildung* aufgrund einer Schilddrüsenüberfunktion, welche sich aus einer Überaktivität hormonproduzierender Zellen entwickelt. Wird zu wenig Thyroxin gebildet, so entsteht eine Schilddrüsenunterfunktion, die sich zumeist über eine Antriebsarmut und/oder häufig auch in einer Gewichtszunahme des Körpers zeigt. Diese so wichtige Drüse hat diverse Stoffwechselaufgaben zu erfüllen, und ist ihre Funktion gestört, so ist zugleich die Gesamtheit der biochemischen Vorgänge betroffen. Die Drüse wandelt Nahrung in Energie um, hat einen wichtigen Einfluß auf das geistige wie auch körperliche Wachstum, auf Herz und Kreislauf und ebenso, leider viel zu wenig beachtet, auch auf die Sexualität. Werden solche Energien zu stark aktiviert, z.B. aufgrund gehemmter, nicht gelebter (aber gedanklich-emotionaler) Sexualität, so kann sich *Hyperthyreoidismus,* also eine Überfunktion der Schilddrüse einstellen mit all den schwierigen Begleiterscheinungen, wie die der *Basedow-Erkrankung* und ihren gefährlichen Folgen für Herz und Stoffwechsel.

Jegliche Hemmung oder gewaltsame Enthaltsamkeit bezüglich der Sexualität, aufgrund falsch verstandener Moral, oder auch einfach nur aufgrund mangelnder Gelegenheit (z.B. Ehelosigkeit), stimulieren dieses Zentrum besonders über den Sakral-Bereich, und hier sind es vor allem die nichtgelebten, die nichtverwirklichten Vorstellungen, die gewünschten, aber nicht *gelebten* Gedanken in dieser Hinsicht, die dann zu Blockaden führen, also zu Hemmungen, die einen starken Reiz auf das Kehl-Zentrum ausüben, dieses überreizen, was sich dann auf die Schilddrüsen überträgt. Wird jedoch das Zentrum für schöpferische Zwecke benutzt, also für Kunst, Musik, Literatur oder auch aktiven Liebesdienst am Nächsten, wie z.B. in der Geistigen Heilung, so können die festgehaltenen Energien abgeleitet werden und dadurch eine fruchtbare schöpferische Verwendung finden.

Das Kehl-Zentrum symbolisiert, wie sich zeigte, den dritten Aspekt der Intelligenz und ist daher direkt mit dem Heiligen Geist verbunden. Dies verdeutlicht, wie eng dieses Zentrum mit den anderen Kopfzentren verwoben ist, und daraus ableitend, daß nicht nur eine energetische, sondern außerdem eine enge physiologische Beziehung zwischen Schilddrüse und Zirbeldrüse sowie den Nebenschilddrüsen und den beiden Lappen der Hypophyse bestehen muß, ja daß das gesamte Gebiet der Kehle und des Kopfes zu einem Energiesystem gehören (wie es sich auch zeigt), da sich die Energien dieser wichtigen Drüsen im Entwicklungsprozeß eines geistigen Aufstiegs gemeinsam in Tätigkeit entfalten und in einer Vereinigung voll wirksam werden. Dann nämlich, wenn die schöpferischen Energiesubstanzen, die durch das Kehl-Zentrum, seine Sprachwerkzeuge und die Lungen fließen, zum Ausdruck kommen und sich dadurch das Leben oder die Seele selbst in der Kraft des Kehl-Zentrums offenbart – durch den Atem oder das Wort. Der Atem ist das Leben, und über den Atem fließt das schöpferische Wort. Ohne Atem kein Leben, da über ihn die lebenserhaltenden Prana-Energien in den Organismus fließen. Solche Substanz-Energien reichen durch den Lotos des Kehlzentrums bis weit über die Schultern und ebenfalls tief in Teilbereiche der beiden Lungen; sie beeinflussen ebenso die Ohren und schließen die Medulla oblongata wie auch die Carotis-Drüse mit ein, die, wie es das Esoterische Heilen aufzeigt, mit der Schilddrüse enger verbunden ist als mit der Hypophyse und der Zirbeldrüse, doch auch eine wechselseitige und ursächliche Verbindung mit dem Sexual-Chakra und dessen Energien aufweist.

Das Kehl- oder Hals-Zentrum ist der Sitz der *Schwingungsenergien* im physischen Körper und das Organ für die Verteilung schöpferischer Energien bei einer erreichten höheren geistigen Evolutionsstufe. Die nach außen gerichteten mentalen Impulse von Denken, Fühlen, Sprechen werden als Schwingung in den Hals, die Stimmbänder, in die Zunge und Mandeln geleitet und verteilen sich von hier in alle anderen Zentren, wodurch der ganze Körper von diesen Energien beeinflußt wird. Hier zeigt sich deutlich, wie wichtig harmonische Gedanken, und vor allem die Worte sind, die wir als Schwingungsenergie durch Sprechen aktivieren. Das gesprochene Wort (wie ebenso der Gedanke) wirkt sich über die *Stimmbänder* und *Zunge* aus. Diese Schwingungsenergie ist immer unserem Geist und Willen gehorsam. Menschen, die unter Disharmonie in diesem Bereich leiden, erleben häufig Leid und Krankheit, wie z.B. Struma, Kropf, Halsverdickung oder Tumore, da sie zu ständiger Beschwerde, Kritik, Härte und/oder Verleumdungssucht neigen.

Drei Zentren sind es, die eine große Wirkung haben und zugleich die geistige Entwicklungsstufe des Menschen bestimmen und aufzeigen, da sie eng miteinander zusammenhängen: zum einen das Sakral-Zentrum des noch geistig unentwickelten Menschen, welches mit seinen rückwirkenden Energien auf das Kehl-Zentrum einwirkt; zum anderen das Kehl-Zentrum selbst, welches, ist es aktiviert, auf den höher entwickelten Menschen hinweist; und dann das Ajna- oder Stirn-Zentrum, das Stadium des geistigen Jüngers oder gar Eingeweihten, der diese Energien in die Integration geführt hat. Geist, Seele und Physis sind dann kraftvoll und wirksam im Kopf konzentriert. Diese Zentren mit Energieansammlungen bestimmen wesentlich den physischen und psychischen Gesamtorganismus. Das Ajna-Zentrum tritt erst in schöpferische Funktion, wenn die niederen Aktivitäten des Sakral-Zentrums nach oben verlagert werden, also wenn die Antahkarana, von der gesprochen wurde, die niederen mit den höheren Energien verbindet und die sexuellen Energien durch Umwandlung tatkräftig in einem schöpferischen Leben auch durch das Kehl-Zentrum zum Ausdruck kommen. So ist der Hals mit seinem Kehl-Zentrum ein wichtiges Verbindungsglied von den unteren zu den oberen Zentren, sozusagen eine „Brücke mit zwei Schildwachen", den Schilddrüsen, denn es verbindet den Kopf mit dem zweifachen Rumpf. Zweifach, da dieser aus den höheren und den niederen Energien besteht, aus dem, was über und unter dem Zwerchfell liegt. Zwischen dem oberen und unteren Menschen offenbart sich das *Kreuz der Mitte* als das Symbol des „zwei-geteilten" Menschen, der sich durch eine Vereinigung dieser Energien, durch die Kreuzigung seiner niederen animalischen Natur, zu überwinden und dadurch selbst zu erlösen hat.

Das Herz-Zentrum

Das Herz-Zentrum, auch Herz-Lotos oder in der indischen Weisheitslehre anahata genannt, entspricht der geistigen Quelle von Licht und Liebe, hinter dem sich das Seelische verbirgt, das Gefühl oder Empfindungsbewußtsein der seelischen Natur: „Wie ein Mensch in seinem Herzen denkt, so ist er!" Das Fühlen des Herzens wird oft mit mentalem Denken verwechselt, doch die Fähigkeit, im „Herzen zu denken", ist dem Vermögen des Menschen zu verdanken, seine niederen Energien der Wunsch- und Begierdennatur aus den unteren Zentren in die höheren Ebenen über den Solar-Plexus zu verlagern, indem er durch *Erkenntnis* Begierde in Liebe umwandelt. Das Zentrum reagiert und empfindet über die Energieausstrahlungen der Liebe und schwingt in der Seelen-Sonne des Lebens. Es liegt hinter den Schulterblättern, findet jedoch seine physische Entsprechung in der *Thymus-Drüse* des vorderen Brust- und Herzbereiches und ist äußerst wichtig für das *Immunsystem* des Körpers, doch beeinflußt es auch das lymphatische System. Es schwingt in zwölf Blütenblättern und zeigt sich in der Farbe eines gemischten Gelbgold-Rosarot. Das Herz-

Zentrum manifestiert die Geisteskraft der Liebe, die ihren Ausdruck in der *Seelenkraft* des Menschen findet. Alle Gefühle, Gedanken, alles Wollen und Tun geisteskräftiger Liebe rufen ätherische und biochemische Reaktionen und dadurch positive, aufbauende Veränderungen im Gesamtgefüge hervor; aus dem Herz-Zentrum entspringt die Harmonie des Lebens. Der aktive Liebesdienst, also tätige Liebe durch ein entsprechendes Handeln in und für die Welt, ist Lebens- und Heilungsenergie, welche nicht nur das Herz, sondern den ganzen Menschen stärkend beeinflußt.

Die Thymus-Drüse, welche hinter dem Brustbein liegt, ist ein drüsenartiges Gebilde, welches sich nach der Geschlechtsreife zurückbildet, und ist somit eine Hormondrüse mit stark zeitlich akzentuierter Aufgabe, da sie vor allem die (kindliche) physische Entwicklung über den Ätherleib steuert. Sie nimmt Einfluß auf den Stoffwechsel und ebenso auf das (geistige) Wachstum. Mit zunehmendem Alter beginnt diese Drüse langsam zu schrumpfen. Alle Organe, wie auch der physische Leib selbst, müssen erst durch den Ätherkörper gebildet werden, damit die geistigen Impulse der höheren Wesensglieder, hier vor allem die des Astralleibes, über die ätherischen Energiezentren und deren Energieflüsse zur aktiven Tätigkeit der Form eingreifen können. So lebt diese Drüse eine direkte Beziehung zum *Ätherleib,* um diesen fest in den physischen Organismus einzugliedern und dient damit ganz wesentlich dem körperlichen Aufbau wie auch seiner Entfaltung. Alles das, was den Ätherkörper in seiner Energiestruktur negativ beeinflußt, wie Schock, Streß, Wut, aber ebenso die Verabreichung von Medikamenten oder ionisierende (z.B. Röntgen-) Strahlen, führen zum Abbau oder zur Funktionshemmung dieses wichtigen Organs durch Atrophie.

Desweiteren hat diese Drüse eine große Aufgabe für die Entwicklung der zellulären Immunität zu leisten, da sie im Körper die Bildung von Antikörpern gegen viele Antigene (z.B. Bakterien und die von ihnen ausgehenden Toxine) bewirkt. Ja, es darf wohl mit Recht gesagt werden, daß diese unscheinbare Drüse die wohl wichtigsten Aufgaben im Immunsystem zu erfüllen hat, und so steht sie – hier ist die Verknüpfung der Zentren zu erkennen – auch eng mit den Keimdrüsen, also dem Sakral-Zentrum, in Wechselwirkung. Ebenfalls wird der Aufbau des gesamten *lymphatischen* Systems von dieser mehr unauffälligen Drüse gesteuert und mitbestimmt und ist daher für dieses System von größter Wichtigkeit. Noch ist der Thymus vom Verständnis seiner wichtigen Regulationsfunktionen, auch was das Zusammenspiel zwischen Ätherkörper und Astralleib angeht, nicht ausreichend erkannt worden, wie leider überhaupt die Zusammenhänge der so wichtigen feinstofflich-ätherischen Zentren und deren Verbindung mit einzelnen Körperregionen und deren Störungen. Vor allem die bisher so wenig durchschaute Verbindung zwischen Zirbel- und Thymus-Drüse sowie die zwischen diesen beiden und den an der Basis der Wirbelsäule liegenden Energie-Zentren sollte mehr Beachtung finden. Sind es doch jene Energien, die, über eine *Schlüsselfunktion des Herzens,* auch die Funktion des *Vagusnervs,* den Hauptnerv des parasympathischen Systems, berühren und dessen Steuerungsarbeit, wodurch sich so mancher Spannungszustand einer *Hypertonie* als gesteigerte Muskelanspannung, einem *erhöhten Blutdruck* oder einem solchen im Bereich der Augen erklären ließe. Denn die Anspannungen und dadurch zunehmenden Unausgeglichenheiten, welche die Menschen im beginnenden neuen Zeitalter zunehmend stärker erfassen, werden auch den *Vagusnerv* spürbar in Erscheinung treten lassen. Das Herz-Zentrum, welches sich bei vielen Menschen auf ihrem Weg zur Liebe hin zu öffnen beginnt, übt sowohl auf den Vagusnerv, der das *Nervensystem* reguliert, wie auch auf das *autonome Nervensystem* wichtige erhöhte Licht- und Lebensimpulse aus, die bald überall zu fühlen und zu erfahren sein werden. Die Störungen aus den davon innervierten Organbereichen zeigen sich schon jetzt zunehmend in vielen Verstimmungen jeglicher Art – denn über das *Herz* offenbaren sich die umzuwandelnden Kräfte dieser Zeit.

Beim normal entwickelten Menschen fließt die Seelenenergie direkt in das Zentrum des Herzens und von hier in das *Sonnengeflecht* des Solar-Plexus, wodurch die gesamte Tätigkeit des unteren Bereiches wahrgenommen bzw. aktiviert wird. Durch die Anregung der seelischen Lebenskräfte, die aus dem Herzen fließen, werden Blutstrom, Organtätigkeit, Stoffwechsel und der Wärmehaushalt des Körpers über die Nerven geregelt, und bei seelischer Hemmung ist hier die Ursache für diverse physische Stauungen und ebenso psychische Störungen im Herzbereich zu finden. Vom Herzen aus wird die Verwandlung der Seelenenergie in Lebensenergie angeregt, wodurch es zu harmonischer oder disharmonischer Organtätigkeit kommt. Das Herz ist das eigentliche *Wärmeorgan* des Körpers, und die harmonischen Herz- und Lungenbewegungen verbinden den Rhythmus aller inneren Organe miteinander, da alle durch das sympathische Nervensystem miteinander verbunden sind. Über das Herz-Zentrum wird das Ich-Gefühl durch Begegnung mit der Welt entwickelt und eine Heilung des Herzens geschieht nur durch *Annahme* der Welt und *nicht* durch eine Weltflucht. Denn erst im Alltag, in einem *gelebten* Leben beginnen die Seelenkräfte über die ätherischen Kraftausstrahlungen des Blutes zu reifen, was dann überhaupt erst in ein weltnahes und lebendiges Denken führt.

Und letztlich, als das Organ der *Verschmelzung* mit seiner stark magnetischen Wirkungskraft, führt die Energie des Herzens die Kräfte von Wille (Kopf-Zentrum), Liebe (Herz-Zentrum) und Denken (Kehl-Zentrum) in die geistige Einheit eines allumfassenden Bewußtseins. Hierdurch entsteht aus dem Erkennen des Verstandes der Wille zur Verwirklichung, also die Handlung als Tat, die wiederum zu einem geistig entwickelten Leben der Liebeskraft führt und ein gutes Gewissen hinterläßt. Denn das Gewissen, welches schlägt, schlägt nicht im Kopf, sondern im Herzen, wie es zu Recht im Volksmund heißt, regt sich dort, denn es sind die durch das Herz bewegten Gedanken der Seele, die sich über das Herz offenbaren. Der allseits bekannte Ausdruck, es „schlägt das Gewissen", deutet allein schon auf das Herz als das Organ des Lebens hin, welches den Menschen zum einen in Einklang mit den Gesetzen der materiellen Welt, zum anderen mit denen der geistigen Welt bringen möchte, also in die Synthese beider Kräfte.

So wie Gott der Mittelpunkt, das makrokosmische Herz des Lebens ist, so zeigt sich das Herz-Zentrum im Menschen als der Mittelpunkt des kleinen, des mikrokosmischen Reiches. Im Zentrum des Blutes, dem Herzen, in dem sich alle Sterne dieser Welt vereinen, zeigt sich die Quelle des Lebens als geistige Sonne, die bestrebt ist, zwischen innen und außen, unten und oben ihr wärmendes Licht der Liebe über Verstand und Gefühl auszugießen. Im Herzen entfaltet sich die Kraft der Liebe über das Gefühl und in einer verknüpfenden Beziehung zu den Lungen über den Verstand, und „alles hat im Leber-Galle-System", so nach Husemann/Wolff („Das Bild des Menschen als Grundlage der Heilkunst"), „seine Wurzeln". Im Herzen bewegter Ärger, die Resonanz astraler Energien, also Wut, Zorn und schlummernder innerer Haß, anhaltender Groll, Streit, wie auch Leid und anhaltender Kummer, doch auch eigene oder gegen andere ausgerichtete Härte können zu diversen Störungen von organ- und psycho-neurotischer Symptomatik führen, bis hin zu akuten Herzkrankheiten. Mit „Härte" ist nicht allein die „Hartherzigkeit", die innere Gefühls- und Empfindungslosigkeit des Herzens als ein Ausdruck innerer Verarmung und seelischer Erstarrung, der sogenannten „Versteinerung" gemeint, als Ausdruck oft tiefster verdrängter seelischer Angst und Verzweiflung, auch zuweilen hervorgerufen aus einem verdrängten Versündigungswahn, sondern eine innere Härte im Zusammenhang mit *krankhaften* Selbstvorwürfen einer Übergewissenhaftigkeit mit allen verhärtenden Zeichen als Ich-Verkrampfung. Alles solches wird mehr oder weniger hervorgerufen durch mentale Verirrung, durch verdrängte Gefühle der Schuld und einen daraus hervorquellenden, elementaren Drang nach Selbstzerstörung. Die sich aus der Angst eines verdunkelten Bewußtseins entwickelnde Härte, der *Gefühlspanzer* als ein Mantel des Schutzes, führen zu Verkrampfungen der Herzkranzgefäße, das Herz zieht sich vor Angst zusammen, wodurch *Angina-pectoris-Anfälle* und daraus die Symptome weiterer organischer Störungen und Erkrankungen entstehen, die zum *Herzinfarkt* führen können. Auch physische und psychische Überbelastung durch das Fehlen eines echten Sinninhalts, häufig durch das starke Streben eines äußeren Erfolgs- und Geltungsdranges verdeckt und oft mit Zeitnot und/oder Existenzängsten verbunden, führen in die Anspannung und eine Erschöpfung des Herzens. Solche Störungen sind immer eine Botschaft aus uns selbst, ein Hilfeschrei, doch endlich den Sinn des Daseins zu erkennen, denn der Rhythmus, die innere geistige Ordnung, wurde im Zentral-Organ des Lebens, dem Herzen, gestört – der betroffene Mensch ist, dies buchstäblich, aus dem inneren Ur-Rhythmus, aus dem Atem der Liebe gefallen.

Durch das eigene, selbst verursachte Aufbürden solch negativer Persönlichkeitskräfte, den Disharmonien der Lieblosigkeit, wird das physische Herz wie auch das ätherische Herz-Zentrum im Thymus-Bereich in übermäßiger Weise strapaziert. Es wird gehemmt, eingeengt oder angeregt, in disharmonische Tätigkeit versetzt, wodurch die Seelenenergien das Herz nicht lichten und die Energien zum Bewußtseins-Zentrum des Kopfes anheben können. So fließen sie, fehlgeleitet, nun nach unten, um sich mit den niederen Energien zu verbinden, wo sie dann für die *selbstsüchtigen* Zwecke des Ego mißbraucht werden können. Dies führt zu einem Energieleben, durch welches vorrangig die Triebkräfte der inneren Wunschnatur angeheizt werden, die dann so lange zum Ausdruck kommen, meist verbunden mit schmerzhaften Lebenserfahrungen, bis der Mensch daraus für sich Erkenntnis gewinnt. Die verschiedenen Energiearten, die dabei eine Rolle spielen, die in magnetischer Beziehung zueinander oder gegeneinander stehen und den Kraftaspekt der Wunschnatur zum beherrschenden Faktor im Energiehaushalt des Menschen werden lassen, führen zu inneren organischen Reibungen, die wiederum Energieverlust bewirken. Nichts kostet mehr Kraft als Emotionen, und die so entstehende Minderversorgung der Organe als Folge dieser Unterversorgung verursacht dann Organschäden – der Mensch wird krank.

Erwacht der Mensch aus seinem selbstsüchtigen, eigenwilligen Tiefschlaf, so erwacht auch das Herz-Zentrum zu aktiver, lebendiger Tätigkeit. Selbstsucht ist vor allem Ausdruck der bisher im Solar-Plexus aktivierten Kräfte einer niederen Wunsch- und Begierdennatur, der *Astralkräfte* eines vorrangig emotionellen Lebens, welches noch keine Umwandlung erfuhr. Doch werden diese Kräfte durch Umwandlung angehoben und dem Herzen untergeordnet, so wird die *Seelenenergie* wirksam und führt zu einer Erweiterung des Bewußtseins, die das „Besonderssein", das trennende Gefühl der Selbstsucht – und dadurch viele Krankheiten – immer mehr auflöst.

Der Weg der Erkenntnis heißt: *Selbstvergessenheit durch Hinwendung zum Ganzen,* wodurch der innere Freiraum an Einsicht wächst, daß die eigenen Träume zum Götzendienst an sich selbst wurden. Durch eine solche Einsicht und Erkenntnis der eigenen Natur entsteht die Weisheit, Wahrheit zu erfassen, das Vermögen, Recht und Unrecht voneinander zu scheiden. Dadurch wiederum wächst die Kraft und Fähigkeit, das bisherige egozentrische Persönlichkeitsbewußtsein in ein Gruppenbewußtsein umzulenken. Es wächst das Bedürfnis nach Dienst am Ganzen durch aufkeimende Gefühle der Erkenntnis und Liebe, der Erkenntnis, daß das Ganze die Summe aller Teile ist, keiner für sich auf Dauer *allein* leben kann. So rückt zunehmend der Wunsch nach Gemeinsamkeit, nach (wahrem) selbstlosem Dienst in den Vordergrund, anstatt nur an sich selbst zu denken. Dienst entsteht aus der Erkenntnis inneren Wachstums, und ein solcher Dienst, also für das Wohl der anderen zu leben, kann daher nicht gelehrt werden. Wahrer Dienst ist weder durch Theorie noch durch Willensbestrebungen möglich; denn Toleranz, Geduld und Weitherzigkeit sind Kräfte der *entwickelten* Seelennatur und damit des Seins, ein Ausdruck dafür, daß die Seele beginnt, die Herrschaft über die Persönlichkeit zu manifestieren. Denn Dienst ist ein *Drang* der sich entwickelnden Seele und geht allem weiteren geistigen Streben voraus, geboren aus der Klarheit eines mentalen Seh- und Stehvermögens, der Fähigkeit eines starken Willens, in sich Bestimmtheit und Ruhe zu entfalten. Es ist die Kraft der Seelen-Sonne, die ein solcher Wille in sich trägt; der Dienst eines erkennenden und liebenden Herzens, um anderen auf ihrem Wege zur Seite zu stehen, sie aufzuheitern oder ihnen auf schwerem Wege weiter Mut zu machen. Somit wird Dienst am Nächsten zu einer Lebensäußerung aus einem inneren Antrieb, und bricht diese Kraft hervor, so tritt der Mensch *freiwillig* in den schöpferischen Dienst der Liebe, in das Licht der Erkenntnis und gehört dann zu denen, die den Weg des Herrn vorbereiten helfen.

Der Impuls zu geben, ja sich der Welt zu verschenken, als ein Gesetz des Sich-Opferns, gehört zum Gesetz der Liebe am Nächsten, doch ist es kein Opfer, sondern eben ein innerer Drang. Es ist das Weltgesetz, in ihm liegt das Geheimnis der Vergebung der Sünden, jedoch nicht aus dem Impuls egoistischer Ziele, der Denkweise persönlicher Erlösungsbestrebungen heraus oder aufgrund selbstauferlegter Schuldgefühle. Das Gesetz der Liebe ist das der Einheit, um die Menschheit zu erretten, ihr Erlösung und Befreiung zu schenken, denn Gott kann sich nur über liebende Herzen der Welt verschenken. Doch *diese* Lehre Jesu, als die Lehre von der *Wahrheit des Herzens,* wurde, wie so vieles andere auch, falsch ausgelegt, sie fiel der Illusion und Verblendung einer ganzen Menschheit zum Opfer. Die Moral ist auf allen Gebieten zutiefst abgesunken und sinkt immer weiter. Dies ist der Grund für die spürbaren Einbrüche der Natur und den nun zu erwartenden Kollaps der Erde, die schon lange nicht mehr im Gleichgewicht der Naturkräfte steht, bedingt durch einen unbeschreiblichen Egoismus und Raubbau menschlicher Vergewaltigung, der mangelnden Liebe zu unserem *Allernächsten,* zu Bruder-Schwester Natur! Natürlich gilt dies *nicht* für alle Menschen, doch diejenigen, die erwachen oder bereits erwacht sind, sie bräuchten Zeit, die es wohl nicht mehr gibt. Der Weg zurück in das Licht, auch für die Erde, ist ein langsamer Weg. Das Erwachen einzelner allein oder auch von Gruppen hat die Welt noch nicht verändert. Erst durch das Erwachen der Liebe in den Herzen der Menschheit für diese unsere Erde, die uns trägt, ernährt und hält, wird das volle Leben ausgegossen, denn, wie es einst der hl. Augustinus ausdrückte: „Wir erkennen so viel, wie wir lieben!"

Das Solar-Plexus-Zentrum

Der Solar-Plexus, das Nabel-Zentrum, in der indischen Philosophie manipura genannt, regiert das „vitale Leben des Feuers", wie es heißt, und wird deshalb als Sonnengeflecht bezeichnet. In Verbindung mit einem Nebenzentrum und dem Nervengeflecht, dem Hara-Zentrum, wird es ebenso als seelischer Mittelpunkt, als eine Widerspiegelung des Herz-Zentrums, als „Herz der Sonne" bezeichnet, als das „Herz der Mitte". Das Solar-Plexus-Zentrum schwingt in zehn Blütenblättern und einer zumeist sehr gemischten Farbschattierung von Violett, Rot und Grün, doch zeigt sich auch, bei zunehmender Klarheit, ein Gelb, welches dann stärker zum Tragen kommt. Es lebt seinen äußeren physischen Ausdruck in der Verdichtung der Bauchspeicheldrüse (Pankreas), welche für den Magen eine große Bedeutung hat. Das Pankreas ist für die Entwicklung des Menschen und seine geistige Entfaltung von außergewöhnlicher Bedeutung, denn über dieses Organ drückt er seine Stellung zur Welt aus. Diese Drüse ist eine Art übergeordnete Stoffwechselzentrale mit einer ihr eigenen Intelligenz, welche vor allem den Ich-Aufbau im Menschen über den Gesamtstoffwechsel regelt. Hier zeigt sich das Erscheinungsbild der *Zuckerkrankheit* in einer Beziehung zum Stoffwechsel, welcher beim Diabetiker gestört ist, da er das körpereigene Glykogen (energiereiches Kohlehydrat in fast allen Körperzellen) aufgrund eines Glykogenmangels in der Leber nicht erhält, verwerten und/oder umwandeln kann. Denn als Zentraldrüse des Stoffwechsels lebt das Pankreas eine sehr enge Beziehung zur Leber als *dem* Zentralorgan des Aufbaustoffwechsels. Bei Erkrankungen des Pankreas zeigt sich immer ein mangelndes geistiges Ich-Bewußtsein, eine mangelnde Harmonie mit der Natur und der Umwelt, eine Absonderung aus dem Ganzen aufgrund innerer Abgrenzungstendenzen. Es fehlt einem solchen Menschen an der „Süße des Lebens" vor allem durch ein falsch verstandenes Pflichtgefühl, wodurch das Leben zu ernst genommen wird. Dabei wird auch das Nervensystem betroffen, so daß es zu degenerativen Prozessen einer diabetischen *Neuropathie* oder auch zur *Retinopathie* der Augen kommen kann.

Doch das Leben soll auch Freude bringen und Spaß, es soll *lustvoll* gelebt werden. Das Leben ist für den Menschen da und nicht der Mensch für das Leben. Menschen mit *Diabetes* oder *Pankreas-Krebs* stehen häufig unter großen inneren Zwängen, unter einem großen emotionalen Druck. Es können sehr liebenswerte Menschen sein, doch leben sie häufig eine Fassade, ein äußeres (falsches) Bild von sich selbst, welches sie sich nicht eingestehen wollen, nicht um andere zu betrügen, sondern um die innere Not nicht formulieren zu müssen, die inneren Enttäuschungen und Verletzungen, die zu inneren Zwängen einer Abwehrhaltung als Fassade und dadurch zu einer Art „Fesselungs-Diabetes" werden. Fühlen wir uns vom Leben betrogen, werden die Defizite an Lebenslust und -freude zu groß, so hört die Bauchspeicheldrüse auf zu arbeiten, sie kann die „Süße des Lebens" nicht mehr aufnehmen. Es ist nicht von ungefähr, daß vor allem Menschen in exponierten und zumeist verantwortungsvollen Positionen erkranken. Häufig entsteht der *Pankreas-Krebs* nach psychischen Traumatas oder sich wiederholenden tiefgreifenden emotionalen Aufregungen, also aus Konfliktsituationen, die sich nicht entladen konnten aufgrund innerer Hemmungen.

Aufgrund seiner astralen Intelligenz, der Lage im Bereich des Abdomens (Bauch) und der Größe dieses Nervengeflechts, wird der Solar-Plexus zuweilen als „abdominales Gehirn" bezeichnet. Es ist die größte Sammel- und Verteilungsstelle für alle Zentren unterhalb des Zwerchfells und das Zentrum mit der stärksten „separatistischen Tendenz", wie es heißt, neben dem Ajna-Zentrum (Verstand), welches ebenso auf die Persönlichkeitskräfte reagiert. Dieses Zentrum unterhält eine unmittelbare, direkte Beziehung zur Astralebene und ist somit Empfänger aller *emotionellen* Reaktionen und Begierdenimpulse, wodurch es zur inneren Triebfeder im Leben der noch unentwickelten Persönlichkeit wird. Dieses Zentrum zeigt sich als Erzeuger unzähliger Schwierigkeiten im Leben und vieler Krankheiten und der meisten Beschwerden, die mit dem *Magen* und der *Leber* zusammenhängen; diese, und vor allem der *Krebs* in seinen vielfältigen Erscheinungen, haben ihre Ursache hier. Das Zentrum wirkt wie eine Art „Spiegelreflex" auf die Schwingungen der Gedanken und Gefühle, und die Rückwirkungen, die Reaktionen der Außenwelt als Spiegel des eigenen Inneren, bleiben nie aus. Eigene negative Gefühle und Gedanken, auf andere projiziert, kehren – sehr belastend – an den Aussender oft postwendend zurück. Meist wird dies mit sehr viel Unverständnis und Ärger honoriert, und es werden dadurch Emotionen als innere Energiebewegungen (emotion = Bewegung) aufgebaut, die sich sowohl körperlich als auch psychisch auswirken, da dieses Zentrum eine enge Verbindung zu den Energiekräften im Kopf wie auch im Herzen unterhält. Hier sind dann diverse Organe betroffen, wie insbesondere z.B. die *Nieren,* der *Magen,* der *Darmbereich* und die *Galle.* Vor allem Leber und Galle werden über das Blut durch die negativen Energieausstrahlungen destruktiver Gedanken und Gefühle nicht nur angeregt, sondern stark in Mitleidenschaft gezogen. Je nachdem wie die Persönlichkeitskräfte sich im Solar-Plexus auswirken, wie diese durch den Körper geleitet werden, so werden auch entsprechend die Organe des Körpers beeinflußt. Jedem negativen Gedanken und/oder Gefühl folgt *zwingend* Energie, welche sich durch Manifestation verfestigt und Lebensenergien blockiert. Jegliche Krankheit entsteht durch das an das *Nervensystem* gebundene Denken und Fühlen. Gedanken der Mißgunst, des Hasses oder Neides, der Angst und Wut, doch auch die einer unnötigen Sorgenmacherei, wirken sich verheerend *über* die Nerven auf den Körper und Gemütszustand aus.

Das Solar-Plexus-Zentrum hat vor allem eine Bedeutung für den Durchschnittsmenschen, da es ihn noch immer ganz wesentlich beherrscht oder bestimmend beeinflußt. Dieses Zentrum, so die Esoterische Lehre, wurde bereits zu Zeiten von Atlantis in eine hohe Entwicklung geführt und in voller Funktion entfaltet. In unserer Zeit wird nun das Kehl-Zentrum zusehends erweckt, wodurch die Energien des Herz-Zentrums verstärkt in den Kopfbereich einfließen, indem zugleich die niederen Energien des Solar-Plexus angehoben werden (sollen), denn sowohl das Herz-, wie das Ajna- als auch das Solar-Plexus-Zentrum stehen in einem engen Bezug zueinander. Der Solar-Plexus zeigt sich (wie auch das Herz) als ein Spiegel im Ausdruck der Persönlichkeit, als dessen zentrale und treibende Kraft im Leben. Auch das Denkvermögen, in seinen höheren mentalen Aspekten, beginnt hier durch das Einströmen der Energien über das Kehl-Zentrum verstärkt wirksam zu werden. Der Solar-Plexus ist das Instrument des Astralleibes nach außen in die Welt, der Plexus des Verlangens und der Begierden, aus dem die emotionellen Energien strömen, die, werden sie nicht recht beherrscht und in Liebe umgewandelt, zu äußerst schwierigen Lebenssituationen führen können. So soll und muß die Beherrschung dieses Zentrums durch eine Kontrolle der Begierde- und Wunschnatur zu einem wesentlichen Ziel des Lebens werden.

Ein jeder muß die Bedeutung dieses Zentrums für seine persönliche Entwicklung bewußt erkennen, will er nicht weiter mit Leid, Schmerz und Krankheit konfrontiert werden. Nicht allein um die spirituelle Entwicklung geht es, sondern vor allem um ein freudiges und beschwerdefreies Leben im Alltag. Es müssen die Gärungen der Emotionen und deren Erregungen zusehends abgebaut werden, um dadurch ein harmonisches Leben aufzubauen, das einer inneren Ordnung, da Gott diese Ordnung in den Menschen legte. Disharmonie bedeutet immer, daß diese gottgewollte Ordnung durch die Geistseele gestört wurde, denn Ordnung nimmt im Inneren des Menschen ihren Anfang, die sich erst *dann* auch nach außen offenbart. Diese Ordnung wirkt sich zum einen nach außen durch das Gemeinschaftsgefühl, die Harmonie unter den Menschen aus, zum anderen in einem inneren Frieden und der Gelassenheit des Geistes, welche beide heutzutage zutiefst gestört sind. Ordnung und Harmonie sind nicht von außen erlernbar, da Ordnung der Ausdruck eines inneren harmonischen Gefühls ist. Äußere Ordnung wird zumeist nur über Zwang, eigenen, oder den anderer, erreicht und führt deshalb zu Spannungen, zu inneren und/oder äußeren, zu oft schweren Konflikten. Denn jeder Zwang ist satanisch, ob eigener, selbstauferlegter, wie auch die Unterdrückung anderer. Durch Zwang und Unterdrückung wird ein von Gott gegebenes fundamentales *Gesetz der Freiheit* verletzt. Das muß in den Abgrund zwangsauferlegter *eigener* Beschneidung von Freiheit führen und dort enden. Freiheitsentzug, in welcher Form auch immer, entsteht aus dem Mißbrauch geistiger Ordnung, dem Zentralpunkt göttlicher Schöpfung. Hierfür steht das Hara-Zentrum (wörtlich „Bauch"), welches mit dem Solar-Plexus, dem „Herz der Mitte", in dem sich Himmel und Erde verbinden, verbunden ist. Das „Herz der Mitte", als die Erdmitte des Menschen, wie es nach Graf Dürkheim („Hara – Die Erdmitte des Menschen") heißt, steht für den Menschen als das „Kind von Himmel und Erde", für seine göttliche Freiheit. Die Harmonie des Lebens, als das Herz der Mitte, wird immer dann mißbraucht, beziehungsweise negativ beeinflußt, wenn die Begierden und das Verlangen der Wunschnatur sich melden, also selbstsüchtiges, unrechtes Begehren dieses Zentrum beherrschen. Begierdevolle Gedanken, die den Solar-Plexus in seinen Bedürfnissen unterstützen, solche Energieansammlungen stimulieren, können schlimme Folgen nach sich ziehen. Dann werden die Lebensenergien abwärts geleitet, wovon auch bereits erhöhte Kräfte betroffen sind, die geradezu magnetisch mit nach unten gezogen werden, um den niederen Zielen des Egos zu dienen.

Die einst starke Persönlichkeit, geführt durch ihre erreichte geistig-spirituelle Entwicklung, versinkt dann wieder in ein verdunkeltes Bewußtsein als Folge des sehnsüchtigen Verlangens der Wunsch- und Begierdennatur. Das Thema als solches bleibt immer das gleiche: das Niedere muß sterben, damit das Höhere sich zum Herz der Mitte entwickeln kann. Diese Lektion, zumeist mit sehr viel Leid und Kummer verbunden, ist jedoch für einen jeden zu lernen, bis sich der Einzelne und die Menschheit aus dem Formleben der physischen Vorstellungen selbst erlöst. Nach den Weisheitslehren der „Vier edlen Wahrheiten" in der buddhistischen Philosophie heißt es, daß die Existenz in der Erscheinungswelt von Leid und Schmerz nicht zu trennen ist, da die Ursache allen Leidens das Verlangen nach einem Dasein in der äußeren Welt ist und daß alle Leiden ein Ende nehmen, wenn das Verlangen, in einer äußeren Welt zu leben, erlischt. Das ist der Weg, um das Leiden zu beenden. Wie dringend notwendig eine Veränderung des Lebens durch die innere Loslösung aus der Begierdennatur ist, um sich aus den irdischen Verhaftungen des Lebens zu befreien, lehrte Christus uns durch die Lehre der Wahrheit des Herzens; Sein Aufruf „Liebe deinen Nächsten, wie dich selbst" war der Aufruf zu einem Leben des Dienens und der Selbsthingabe, der Selbstvergessenheit und der Liebe zu allen Wesen, da nur auf diesem Wege die Gedanken von den eigenen Bedürfnissen nach Befriedigung erlöst werden – durch die Hinwendung zum Nächsten aber ein *Heilmittel* innerer Reinigung werden. Heilen ist das Sich-in-Einklang-Bringen mit einer höheren Ordnung, die auch im Menschen innere Harmonie bewirkt. Ein Mensch, der sein geistiges Leben vernachlässigt, muß auf die Dauer krank werden, doch eine spirituelle Lebenshaltung läßt den Menschen schnell gesunden. Ein Mensch, der den spirituellen Weg geht, der geht ihn nicht mit *verklärten* Augen, sondern mit einem *offenen* Herzen und einem *klaren* Verstande.

Durch die innere Unruhe der starken Überreizungen eines äußeren Alltagslebens, vor allem während der jetzigen Zeitenwende, erweist sich der Solar-Plexus in einem ganz besonderen Maße als eine Quelle astraler Störungen. Das ist der Grund für die überhandnehmenden Krankheiten und nervösen Anspannungen, die von einer erhöhten Überreizung und Stimulierung des Plexus herrühren. Viele Erkrankungen basieren auf mangelnden Abwehrkräften, da die Überreizung des Plexus zugleich das Immunsystem des Körpers lähmt. Angst, Wut, Ärger und Aufregung bewirken die Art von Schwierigkeiten, die sich als *Magenleiden, Galle-* und *Leberleiden* wie auch in diversen Darmerkrankungen manifestieren. Doch vor allem ist dieses Zentrum eine der *stärksten Ursachen für Krebs,* was sich eindeutig auf die damit zusammenhängenden Energiestauungen des Solar-Plexus zurückführen läßt, einer entstehenden Konzentrierung lokaler Energie- und Blutanhäufung, die mit den Schwierigkeiten der Lebensaktivitäten zusammenhängt, um diese in Einklang zu führen: „Diese Kongestation hat eine äußerst intensive Fernwirkung. Schwierigkeiten, die infolge der Erweckung des Herz- und des Sonnengeflechts-Zentrums auftreten (die beide eng miteinander verbunden sind und bei Mystikern lange Zeit hindurch aufeinander einwirken), beeinflussen auch den Blutstrom sehr stark. Diese Zentren hängen mit dem Lebensprinzip zusammen, das ständig auf den Wellen des Verlangens getragen wird (wie die alten Schriften es ausdrücken). Wenn dieses Prinzip sich nicht voll auswirken kann – sei es, daß ihm keine volle Entwicklung ermöglicht wird oder daß andere Ursachen vorliegen –, so führt dies überall da, wo das Zellgewebe schwach ist, zu krebsartigen Wucherungen."[24]

Vor allen anderen Organen zeigen sich besonders im Magen zumeist die ersten Störungen, wenn Disharmonien seelischer und emotioneller Art vorhanden sind. Uneinsichtige, unnachgiebige Besserwisser und ewige Querulanten, die nur ihre Meinung gelten lassen, daran *festhalten,* leiden zumeist unter *Magen- und Darmbeschwerden.* Die Rückwirkungen bleiben auch hier

---

[24] *Baily, Alice A. „Eine Abhandlung über die sieben Strahlen", Band II., Verlag:Association Lucis Trust, Genf, 1990, S. 579*

nicht aus, wie zu sehen oder dann schmerzhaft zu erfahren ist. Diese psychischen Besonderheiten von Eigensinn, Rechthaberei und sogenannter Dickköpfigkeit erzeugen ihre Wirkung, und dies steht zugleich in einem engen Zusammenhang mit einer gewissen Starrheit des Leberstoffwechsels in einem Kreislauf der Rückkoppelung zwischen Psyche und Körper und Körper und Psyche. Die substanzbildenden Prozesse in der Leber spielen sich zwar aufgrund dieses Resonanzgeschehens vor allem über das Blut im Leber-Galle-System ab, doch ist hier ebenso deutlich eine tiefe Wechselwirkung zu anderen Organen wie den Nieren, dem Herzen und zum gesamten abdominalen Bereich festzustellen. Durch eine ständige negative Beurteilung anderer Menschen (aus einer mangelnden Liebe zu sich selbst) wird der ganze Organismus langsam, aber sicher mit den Energien eines verdunkelten Bewußtseins durchwebt, wodurch nicht nur das Blut vergiftet wird, sondern mit ihm außerdem insbesondere die Leber und der Gallestrom, der dadurch dunkler oder, wie es auch heißt, „schwarz" wird.

Hier zeigt sich deutlich das Einwirken der lichten und der dunklen Kräfte in den menschlichen Organismus. Die geistigen lichten und die erdgebundenen dunklen Kräfte, die das Bewußtsein heben oder sinken lassen, sind beide im Mikrokosmos Mensch vorhanden als Ausdruck beider Gewalten, die ihn bewegen und auch formen, je nachdem, welchen er sich zuwendet. Es ist der Lichtstoffwechsel, der alles innerlich reguliert und durchdringt, anhebt und lichtet oder innerlich verdunkelt und hemmt. Es heißt zwar, medizinisch gesehen, daß die Leber den Schleim der gelbgrünen oder dunklen Galle im Blute bilde, auch der „schwarzen Galle", doch ist dies, wie zu erkennen ist, nicht nur allein physisch, sondern sogar psychisch zu verstehen, denn „dann ist der ganze Organismus mehr von Finsternis durchwebt, und der Gallestrom wird dunkler (schwarz). Die Gallenfarbstoffe sind das organische Gegenbild zu dem Eisen-Licht-Prozeß. Die Gallenflüssigkeit enthält in sich praktisch kein Eisen, was ja im Blut verbleibt, sondern dessen Negativ, die Gallenfarbstoffe."[25] Hier offenbart sich die Organbezogenheit zu einem lichten oder verfinsterten Bewußtsein, ein zur-Erscheinung-Bringen des Geistes im Organismus. Bauchspeicheldrüse, Magen und Leber werden mit den as-tralen Seelen-Energien, die ja eigentlich geistiger Natur sind, versorgt und in Harmonie gehalten. Doch bei einem Stauungs- und Hemmungsprozeß wird die Leber geradezu mit negativen Energieschüben überschwemmt, die einer mangeln-

---

[25] Husemann, Friedrich; Wolff Otto „Das Bild des Menschen als Grundlage der Heilkunst", Band III., Verlag freies Geistesleben GmbH, Stuttgart, 1986, S. 26

den Einsicht und einer daraus mangelnden Beherrschung der Wunsch- und Begierdennatur entspringen, dem Begehren an die Welt. Nicht aus dem Körper selbst entsteht Krankheit – natürlich gibt es gewisse persönliche Dispositionen für besondere Anfälligkeiten –, sondern als Resultat und Ausdruck der geistig verirrten Persönlichkeit, aufgrund mangelnder innerer Harmonie mit sich und der Welt.

Dies gilt ebenso für alle Leber- und Gallenerkrankungen und den daraus erwachsenden Folgeerscheinungen von Magen- und Darmproblemen. Gerade hier spielen seelische Einflüsse eine wesentliche, ja die entscheidende Rolle. Es ist hinreichend bekannt, daß Emotionen aller Art wie Ärger, Wut und Aufregungen auf dieses System stärksten Einfluß ausüben. Dadurch kommt es zu Bilirubinschüben (Bilirubin ist ein toxisches Abbauprodukt des Blutes in der Leber und wird über die Galle ausgeschieden), die wiederum schlechte Laune, Pessimismus bis hin zu Depression auslösen können. Ist ein Abreagieren der Emotionen nicht möglich, so kommt es automatisch zur Stauung solcher Energien, woraus sich dann wiederum der seelische Ärger verstärkt, der sich zu unkontrollierten Wutausbrüchen steigern kann. Dem Menschen läuft im wahrsten Sinne des Wortes die „Galle über"!

Kann diese Energie der Wut nicht nach außen abgegeben werden, so wird nun anstatt die Außenwelt die Innenwelt des Organismus als *Ersatz* angegriffen, und der Mensch, der innerlich „giftet", vergiftet nicht nur das Blut, sondern ebenso die Leber als Blutorgan infolge innerer Stauung statt Ausscheidung solcher zerstörerischer Kräfte. Tiefe seelische Verbitterung wie auch Selbstvorwürfe und Selbstzerfleischung sind die Folge, aus denen zudem die sogenannten Autoaggressions-Krankheiten entstehen. Hier finden sich die Ursachen für mancherlei schwerste Erkrankungen dieser Organe und deren Folgeerscheinungen, wie z.B. im Darmbereich bis hin zum Krebs. Eine rückgestaute Galle verläßt mit ihrem aufgenommenen hochtoxischen Bilirubin die Leber und tritt von hier aus in den Darmbereich über, wobei die Gallensäuren mit ihren spezifischen Reizen eine große Rolle als ein die Gallenabsonderung förderndes Choleretikum spielen, welches normalerweise zu einer Lösung der Leberstauung führt. Bei einer zu starken Gallebildung werden jedoch die inneren Aktivitäten der Wut und der organischen Selbstzerstörung noch gesteigert, oder, werden sie nach außen abgelassen, führt das zu völlig unkontrollierten, selbstzerstörerischen Handlungen durch Jähzorn. Wut- oder (extreme) Jähzornanfälle haben immer etwas mit einer Einengung, einer zu starken

Pressung durch zu hohe Erwartungshaltungen (meist der Eltern) in der Kindheit zu tun. Ein solcher Mensch verschafft sich „Luft" über den Jähzorn aufgrund seiner innerlich gefühlten Enge und Unzufriedenheit und seines mangelnden Selbstwertes wegen. Er kann sich selber helfen, wenn er sich dieser seiner Situation bewußt wird.

Es macht wenig Sinn, und ist auch nicht gewollt, weitere Störungen und Krankheiten als Folge von Emotionen im Solar-Plexus aufzuzeigen. Die Medizin informiert hier reichlich. Doch sei als eine schlichte Tatsache am Rande bemerkt, daß es nicht der physische Körper ist, der zuerst „krank" wird, aus dem sich alle anderen, wie auch psychischen Probleme ergeben, sondern daß hinter jeder Störung und Krankheit *immer* zunächst ein seelisch-geistiger Prozeß steht, der *dann* erst in die sogenannte Krankheit führt, in die Zerstörung des physischen grob-stofflichen „Mantels" als das letzte „Kleid" der feinstofflichen Ebenen. Es zeigt sich, daß selbst die exogenen Einflüsse, auf die so mancherlei geschoben wird und die sicherlich auch ihren Beitrag leisten, letztendlich ebenso ihre Ursache in einem endogenen Prozeß des Menschen finden, im persönlichen „Ich", welches in seiner Entwicklung nicht genügend erstarkt ist, und daß die äußeren Prozesse nur die *Resonanz* auf diese innere Schwäche bilden.

Krankheit entsteht über den feinstofflichen Ätherkörper und wird von hier auf den physischen übertragen. Es sind die feinstofflichen Körper, und hier insbesondere der Astral- und Ätherleib mit ihrem Einwirken auf die grobstofflichen Strukturen, die von grundlegender Bedeutung für die Gesunderhaltung sind. Das innere Wollen beruht auf einem Geschehen des Stoffwechsels, das Denken auf dem Nervensystem und das Fühlen auf dem rhythmischen Gesetz des Herzens und seiner Ausstrahlungskraft, wie es nach Husemann und Wolff heißt. Leber und Galle sind ein Organsystem im Verbund mit dem Solar-Plexus, welches die Verwirklichung der vorgestellten Tat ermöglicht, das *materielle* Umsetzen der vorgenommenen *Ideen*. Kommt es aus innerer Schwäche zu einem geistigen Willensdefekt, so kann daraus eine organische Willenshemmung entstehen, die sich von der Willensschwäche insofern unterscheidet, als die Schwäche *mentaler* und die Hemmung *organischer* Natur ist.

Die Erkenntnis der Leber als das physische „Willensorgan" ist von entscheidender Bedeutung, denn am Beispiel des Alkoholikers kann die Zerstörungskraft des mangelnden Willens aus innerer organischer Hemmung aufgezeigt werden. Der unkontrollierte, abhängige Trinker hat, wie es bei Husemann und Wolff aufgezeigt wird, zuwenig mentale Kraft als geistigen „Ich-Faktor", da dieser, schon vorher wenig ausgebildet, durch Alkoholkonsum zusätzlich geschwächt wurde, wodurch auch das ganze ätherische Lebensfeld gestört ist und die Kräfte des Ätherleibes im Organismus, hier besonders in der Leber, nicht mehr richtig wirksam werden können. Die subtilen Kräfte des Äthers durchdringen einfach den physischen Organismus nicht mehr richtig, wodurch die Leber nicht durchorganisiert wird und der astrale Aspekt der Willenshemmung entsteht. Insbesondere der Alkohol zeigt sich wie eine mentale „Eigenbesetzung", da er ein sehr starkes *astrales Gegen-Ich* gegenüber den geistigen Willensenergien aufbaut – er lähmt die Geisteskräfte im wahrsten Sinne des Wortes. Das Ich *will* zwar, aber es *kann* nicht wollen, da durch die Lähmung der eigenen Willenskraft diese nicht mehr eingesetzt und durchgesetzt werden kann. Und in vielen Fällen kommt zur Eigenbesetzung des Alkoholproblems noch eine zusätzliche Besetzung astraler Fremdbeherrschung durch negative Besetzer oder Seelen hinzu, die sich geradezu auf solche Opfer stürzen, um sich ihrer für die eigenen Zwecke der Alkoholsucht zu bedienen. Eine Beherrschung der inneren Wunsch- und Begierdennatur tut also not, eine Beherrschung des zerstörerischen Verlangens und Handelns, aber ebenso zugleich damit verbunden die Erkenntnis von Hemmung und Unterdrückung der Gefühle, die z.B. im Alkohol „ertränkt" oder einfach „runtergeschluckt" werden, um so den Schmerz nicht mehr zu fühlen.

Es gibt keine Rezepte der Erlösung, und hier vermag die *Geistige Heilung* zwar wahre „Wunder" zu bewirken, doch müssen die Erkenntnis und der *innere* Wille vorhanden sein, sich überhaupt helfen lassen zu *wollen*. Die alten mentalen Gewohnheiten des Intellekts mit seinen Stör- und Zerstörungstendenzen müssen erkannt und von neuen inneren Impulsen abgelöst werden. Wie hier, so gilt dies auch anderswo, was nichts anderes bedeutet, als daß altes Gedankengut „entrümpelt" werden muß. Das Herz ist der Ort der Liebe und lebt den Ausdruck der Seele, darum braucht es Ordnung, Ruhe und Frieden, um frei von altem Gedankengut atmen zu können. Doch wird dem Herzen keinen Moment Ruhe gegeben, ständig sind wir in Tätigkeit, bei Tag und bei Nacht, alles geschieht in größter Eile und Hast. Doch wird nicht endlich Besinnung gelebt und damit sich selbst mehr Achtung und Zuwendung, so werden wir krank. Herz und Gemüt müssen zumindest zeitweilig von äußeren erregenden Gegebenheiten abgeschirmt und dadurch leer gemacht werden, um ein passives, empfängliches Stadium für die innere Welt der Seele und des Geistes zu erreichen. Es müssen die Gedanken nach innen gelenkt werden, anstatt – wie bisher – auf den scheinbaren Glanz eines äußeren Lebens, um die inneren Gefühlsbindungen und Verstrickungen in sich zu erkennen, zu erfühlen.

Dies kann bei entsprechender Konzentration und auch Meditation erreicht werden. Konzentration (lat. von „con" = zusammen und „centrare" = zentrieren) bedeutet in diesem Zusammenhang, sich auf einen inneren *Brennpunkt* zu versenken, den man sich gedanklich imaginiert, wie z.B. eine Rose, die innerlich betrachtet wird, oder ähnliches, so daß wir nicht mehr durch die äußerlich umherschweifenden Gedanken abgelenkt werden. Der hierdurch nach kurzer Zeit zu erreichende innere Friede und die Harmonie lichten nicht nur das Bewußtsein, sondern sie wirken sich auch sehr wohltuend auf den *ganzen* Organismus aus. Das dadurch verstärkt einströmende Licht reinigt den physischen Leib, hier vor allem die lebenswichtigen Organe von Milz, Leber, Magen und Darm, kräftigt auch die Nerven und stabilisiert diese vorbeugend. Durch diesen geistigen Integrationsprozeß vermag überdies die weltliche Persönlichkeit mit stärkerer Willenskraft den Alltag zu bewältigen, und die geistige Entwicklung wird sehr beschleunigt.

Das Sakral-Zentrum

Das Sakral-Zentrum, in der indischen Terminologie auch svadhisthana genannt, ist das Unterleibszentrum mit Sitz im unteren Teil der Lendengegend und beherrscht das Geschlechtsleben. Es schwingt in sechs Blütenblättern, und das Schwingungsfeld zeigt sich zumeist in der Farbe des Purpurrot bis hin zum Orange. Das Sakral-Zentrum wird als sogenanntes „Aktivzentrum" angesehen und regiert und beherrscht vor allem die *Vitalität* und den *Geschlechtstrieb,* die *zweitstärkste* Lebenskraft im Menschen mit den Aspekten der Sexualität, der Immunstärke, wie auch der niederen Instinkte und physischen Funktionen. Es lebt seine physische Entsprechung in den *Keimdrüsen* der Geschlechtsorgane, den Geschlechtsdrüsen, welche zusammengefaßt als Hoden (Testis) oder Eierstöcke (Ovarien) bezeichnet werden. Hoden und Ovarien entstehen beide embryologisch in der Gegend der Nieren und wandern erst im Laufe der Entwicklung hinunter in das Becken, wie die Biologie uns lehrt. Die Geschlechtsdrüsen selbst stellen daher eine Weiterentwicklung der aus dem Neben-Nierensystem veranlagten inneren Aktivitäten dar, aus denen dann über die Geschlechtsdrüsen das männlich-weibliche Prinzip nach außen als Genitalsystem aufgebaut wird: Der Ausdruck eines entwicklungs-

geschichtlichen Vorganges der Herausbildung männlicher und weiblicher Polarität aus der Einheit der geistigen Ur-Form, in der sich Mann und Frau zwar als Geschlechter nach außen getrennt zeigen, doch in Wirklichkeit *innerlich* eins sind. Aus dieser äußerlichen Getrenntheit erwächst der mächtige Impuls nach innerer Verschmelzung und daher das Bedürfnis nach (äußerer) Vereinigung, welcher als der sogenannte Geschlechtstrieb bekannt ist.
Der Geschlechtstrieb, der Urtrieb des Menschen, entspringt dem inneren Bedürfnis nach Einheit und Liebe, und in diesem zeigt sich zugleich das göttliche Gesetz der Anziehung durch Liebe in einem ewigen Drang nach Einheit; auf der physischen Ebene durch das so häufig mißverstandene Verlangen, die scheinbar verlorene Einheit durch eine äußere Vereinigung, durch ein Einssein von Mann und Frau, wieder zu erfahren. Auch hier, wie in vielen anderen Bereichen ebenso, hat der Mensch jedoch die Geschlechtsfunktion seinen persönlichen Begierden untergeordnet und damit eine immaterielle göttliche Idee umgekehrt und diese in ein materielles Begehren verwandelt, sie zu persönlichen Zwecken in einer ausufernden irdischen Sexualität mißbraucht. Dadurch wurde die Sakralenergie in die *falsche* Richtung gelenkt, woraus so unendlich viele sowohl psychische wie auch physische Schwierigkeiten erwachsen sind.

Die Sexualität hat dem Menschen viel Verwirrung, Sklaverei und Krankheit beschert, ihn in die Irre geführt, und ganze Zivilisationen sind durch Mißbrauch dieser Kraft zu *Fall* gekommen. So zerstörte sich, nach den okkulten Weisheitslehren, die lemurische Rasse, die erste Wurzelrasse der Menschheit, praktisch selbst, da sie das Sakral-Zentrum mißbrauchte, welches in dieser Zeit zu voller Funktion erblühte, das aktivste und alles beherrschende Zentrum war. Ebenso zeigte sich auch in der atlantischen Rasse eine ähnliche Problematik der Begierdennatur, welche im Mißbrauch der Geschlechtsfunktion lag. Wie es in der heutigen Welt damit aussieht, braucht nicht betont zu werden, doch erhebt sich daraus – es geht nicht um moralische Aspekte – die Frage nach dem Umgang mit dieser so viele Menschen oft quälenden Lebensenergie. Denn die sexuelle Energie ist ja Teil der Lebenskraft, die, unabhängig von der Form, den Erdenergien selbst innewohnt, und daher als dynamisch-schöpferische Kraft – daher Aktivzentrum –, den Polaritätsbereich der ganzen Schöpfung durchzieht. Was immer der Mensch auch macht oder schafft, wird und ist von diesen Energien beeinflußt.
Nach der Esoterischen Lehre entspricht dieses Zentrum der physischen Sonne, der Quelle allen irdischen Lebens, und steht daher in sehr engem

Bezug zur Materie. Es steht mit zwei weiteren Zentren in enger Verbindung, die, ebenso mit dieser vitalen Erdenergie verbunden, durch dieses Zentrum ein Kräfte-Dreieck bilden. Hier vor allem mit der Milz, dem Organ des Prana, der physischen Lebenskraft und Energie, die von der Sonne kommt, zum anderen mit dem Wurzelzentrum an der Basis der Wirbelsäule, dem Zentrum für den Selbsterhaltungstrieb im Menschen, dem Willen zum Sein, dem monadischen Aspekt, welcher auch mit den Nebennieren in Verbindung steht. Nieren und Genitalsystem bilden eine funktionelle Einheit, sind beide symmetrisch im Organismus veranlagt, was auf die Ur-Einheit dieser Systeme hinweist, auf das einstige androgyne Ur-Bildnis des Menschen, welches weder weiblich noch männlich ist, da es in der Geistigen Welt keine Geschlechtsorgane gibt, diese dort nicht gebraucht werden.

Die Milz, ein Neben-Zentrum, die neben der Leber an der *Willensbildung geistiger Zielrichtung* beteiligt ist, steht in engster Beziehung zum Sakral- und Wurzel-Zentrum, und alle drei *zusammen* bilden ein unteres, sehr kraftvolles Energie-Potential. Dieses lebt in der Widerspiegelung eines höheren Energie-Feldes einen direkten Bezug mit dem Kopf-Zentrum: dem Kehl-Zentrum mit der Carotis (eiförmige Nerven-Drüse an der Carotis-Arterie mit Bezug zum Sakral-Zentrum) und ebenso den Schilddrüsen (mit Bezug zu den Sprechorganen, dem Bronchialsystem und den Lungen), welche mit dem unteren Sakral-Zentrum (Keimdrüsen, Ovarien) Verbindung haben; wie auch dem Ajna-Zentrum mit der Hypophyse (Augen, Ohren, Nase) welches einen Bezug zum unteren Milz-Zentrum hat; der Zirbeldrüse (Gehirn), welche eine Entsprechung zum Basis- oder Wurzel- Zentrum (Nebennieren) lebt, wie es sich in der Esoterischen Lehre zeigt. Die Milz ist das *wichtigste* Organ der Lebenskraft und eng verbunden mit dem Körper der Erde. Durch die Milz fließt die Lebenskraft des Prana, welche zusammen mit der Sexualenergie dafür verantwortlich ist, daß, wie es heißt, *Inkarnationen auf der Erde* überhaupt erst möglich werden. Vor allem ist die Geisteskraft des Prana für die Gesundheit, Vitalität und ebenso für den geistigen Fortschritt von essentieller Bedeutung, denn nicht umsonst sind Geschlechts- und Lebenserhaltungstrieb so stark angelegte Lebenskräfte. Da die Prana-Kräfte tief in den Organismus hineinwirken, ist vor allem ein harmonisches Gleichgewicht von Leber und Milz für das *Seelenleben* von größter Bedeutung, da die Milz mit der Leber zusammen die Grundlage für die Kraft des Enthusiasmus, für die Lebensfreude, das Wollen der Gedanken und Gefühle bildet, wodurch die Gemütsbewegungen harmonisch gesteuert werden.

Störungen der Milz wie der Leber können zu schweren *Depressionen,* zu seelischer Verdunkelung bis hin zur Erstarrung führen. Das Esoterische Heilen wie auch die Geisteswissenschaft zeigen auf, daß durch die Milz eine Verbindung zwischen dem Lebensprinzip des Herz-Zentrums und dem System des Bewußtseins im Kopf hergestellt wird, so daß alle materiellen Organe und die atomische Substanz des physischen Körpers unter- und miteinander verbunden sind. Es kommt also nicht von ungefähr, wenn die Milz als ein ganz *besonderes* Organ herausgestellt wird und deshalb in der *Geistigen Heilung* eine besondere Beachtung findet. Die Erfolge bei der Behandlung solcher Störungen des Energiehaushaltes erklären dies. Das Zusammenspiel von Leber (Stoffwechselorgan) und Milz (Blutspeicher) wird über den Energiehaushalt geregelt, und hier ist das Blut als Träger der Lebenskraft – das Blut ist das Leben – wiederum von besonderer Bedeutung. Denn die geistig-seelische Kraft des Lebens wirkt sich vor allem über das ätherische Herz-Zentrum aus und dann auf das *organische* Herz selbst. Doch der Körper ist kein Prinzip, worauf auch in der okkulten Lehre von H.P.Blavatsky („Die Geheimlehre") hingewiesen wird, sondern atomische Materie, die durch die ätherische Substanz des Ätherkörpers unter Kontrolle der Seelenkräfte *zusammengehalten* wird. Der Körper selbst hat kein eigenes Leben, sondern besteht aus Energie-Einheiten, wie die übrige Natur ebenso, und lebt deshalb eng verbunden mit den Erdenenergien des Planeten, der nicht ohne schwerste Folgen für die Menschheit weiter über den Raubbau der Natur zerstört werden darf. Die Milz, Zentralorgan und Brennpunkt der (von der Form unabhängigen) Energien und Lebenskräfte im Körper, ist deshalb das *wichtigste* Organ für die Energieaufnahme wie -verteilung des Prana, in der das Leben wohnt.

Die Menschen haben sich daran gewöhnt, die Lebenskräfte, zu denen insbesondere die sexuellen Energien gehören, zu mißbrauchen, sie nur physisch als Lust oder materielle Befriedigung zu erleben. Dadurch wurde er diesen wichtigen Energien gegenüber, die ihn eigentlich an- und erheben sollen, ihn auf eine viel höhere Ebene der physischen Existenz zu bringen vermögen, zunehmend gefühlloser. Viele Störungen und Erkrankungen, sowohl von Psyche als auch Physis, stehen in einem direkten Zusammenhang mit diesem Zentrum und seinen Energien. Denn die Sexualität beeinflußt nicht nur sehr stark das Zellen- und Organleben, sondern vor allem das *Atomleben* des Körpers. Je mehr und je größere Mengen an Lichtenergie die Atome in den Gesamtkreislauf des atomaren Lichtwesens Mensch einbringen, um so besser ist es um seine Gesundheit und Abwehrkräfte bestellt.

In diesem Zusammenhang ist das Problem der *Immunschwäche* zu sehen, welches aus einem Mißbrauch sexueller Energien weltweit entstanden ist. Wird diese schöpferische Energie vergeudet, erschöpft sie den Körper und läßt auch den Menschen geistig erschöpft und unbefriedigt zurück. Bei einem extremen Mißbrauch führt dies zu Krankheit. *Aids* (Acquired Immune Deficiency Syndrome), aus einem allgemeinen Mißbrauch dieser Energie entstanden, dürfte erst der Anfang noch größerer Auswirkungen sein, die in Richtung Degeneration auf die Menschheit zukommen, so die Geistige Welt, wenn sie sich nicht rechtzeitig besinnt und sich von einem Mißbrauch dieser Kräfte abwendet. Es ist vor allem die brisante Mischung, welche aus der Verbindung von Samen und Darmschleimen beim Analverkehr entsteht, welches in die Virulenz und dadurch in die schweren Störungen des Immunsystems führen. Je mehr Mißbrauch mit sexueller Energie getrieben wird, um so weniger körperliche Abwehrkräfte und Energien, besonders aber die der Lichtenergien aus den Atomkernen, bleiben für die geistige Entwicklung übrig. Durch Esoterisches Heilen offenbart sich diese Problematik, da das Sakral-Zentrum jenes Zentrum ist, durch welches das gesamte Problem der Dualität ge- und erlöst werden muß, und dies vor allem über das Bewußtsein des Denkbereiches. Über das Bewußtsein der Erkenntnis müssen die physischen Reaktionen freiwillig unter Kontrolle gebracht werden, sodaß die Absichten des Willens und nicht mehr, wie bisher, die der niederen Begierdennatur bestimmend einwirken, also nicht mehr die niederen Triebe, wie auch die der Sexualität, die zur Immunschwäche führen, maßlos ausgelebt werden. Denn durch sexuellen Mißbrauch wird das, was wir als Persönlichkeit bezeichnen, in ihrem geistigen Entwicklungsprozeß und Fortschritt behindert; also das, was sich aus jenen subtilen Energien und dualen Wirkungskräften von Sakral-Zentrum und Ajna-Zentrum aufgebaut hat, was als persönliches Bewußtsein daraus hervorgeht.

Der Mensch besteht aus Atomen, die sich über Moleküle zu Zellen formen und den Körper bilden. In jedem winzigen Atom schwingt das Licht der Lebensenergie, und auch der Zellkern trägt ein solches Licht in sich, welches in Verbindung mit allen anderen Atomen und Zellen steht. Der Mensch ist in Wirklichkeit ein nukleares, ein atomares Lichtwesen, und die Energien des Sakral-Zentrums bestimmen sehr stark das gesamte Zellen- und damit ebenso das Organleben. Es ist für die Gesundheit essentiell wichtig, daß diese Energien des Lebens *bewußt* durch den Verstand (Ajna-Zentrum) gelenkt werden, da sie auf die Gedanken reagieren. Doch ebenso ist eine Unterdrückung dieser Kräfte widernatürlich, und *beides* ist letztlich Mißbrauch gegen die natürlichen gottgegebenen Gesetze des Lebens und wirkt sich entsprechend aus.

Der Mensch darf sich nicht durch den Götzen Sex *abhängig* machen, indem er sich zu sehr mit dem Körper identifiziert, wodurch er zum Sklaven seiner eigenen geschlechtlichen Regungen und Triebe wird. Die sexuelle Energie muß durch die Gedanken kontrolliert und *nicht* unterdrückt werden, also durch Verstandeskontrolle aufgrund innerer Einsicht; sonst wird das Natürliche, das Gesunde, zu krankhafter Ausschweifung. Wird andererseits die Lebensenergie durch Unterdrückung gehemmt, so daß der natürliche Lebensstrom nicht mehr fließen kann, sich staut, so werden die Gedanken nur zusätzlich angeregt. Die Zellen, durch den Energiestau und die Gedanken einerseits überreizt, andererseits blockiert, beginnen dann durch *Überreizung* ebenfalls krank zu werden. Wird die Blockade nicht aufgelöst, so entsteht aufgrund mangelnder Energie ein Gewebstod, und die Zellen des betreffenden Organs sterben ab – das Vorstadium geschwächter Gesundheit, organischer Veränderung und des zellulären Verfalls, dem der Tod folgt, denn Tod ist nichts anderes als die Zurückziehung von Licht-Energie. Statt geistiger Entwicklung kommt das Verderben, denn es wurde durch den Schöpfer die Möglichkeit der geistigen Entwicklung in und durch die Sexualkraft gelegt, die als vitale Lebenskraft mit dem geistigen Bewußtsein gekoppelt ist, wodurch die geistige Entwicklung gefördert wird, mit der jedoch, gegen den Willen des Schöpfers, sehr viel Mißbrauch getrieben wird. Es geht nicht um ein *Verbot* der Sexualität, sondern um das *Gebot,* diese Lebensenergie nicht zu mißbrauchen! Unter wahrer Keuschheit ist nicht die Enthaltung von Sexualität zu verstehen. Keuschheit ist in erster Linie eine rein geistige Eigenschaft und keine körperliche – die *Gedanken* erzeugen die Energien der Lust und aktivieren dann dieses Zentrum! Auch in der Erfüllung der Geschlechtsfunktion kann die Keuschheit voll erhalten werden, so die Geistige Welt, wird die *Reinheit* der Gedanken bewahrt.

Nicht umsonst spricht die göttliche Weisheitslehre seit Ur-Zeiten davon, daß es Begehren, Zorn und Leidenschaft sind, die uns verschlingen und, wie auch die Sinnesobjekte, deshalb in den Feuern der Selbstüberwindung geopfert werden sollen; daß der Unwissende, der keinen Glauben hat, zugrunde geht, es für ihn weder in dieser, noch in der jenseitigen Welt irgendeine wahre Glükkseligkeit gibt; daß die Form nur der Schleier ist, der unsere Göttlichkeit verhüllt und daß der ein glücklicher Mensch ist, der, bevor er seinen Körper aufgibt, dem Ansturm von Begierden widersteht, denn er verweilt dort, wo Licht und Leben sind – in Christus. So endet alle Illusion, wie es nach der Bhagavadgita heißt. Wachstum geht Hand in Hand mit innerem Seelengewahrsein. Das Hauptproblem besteht darin, die emotionale Begierdennatur zu beherrschen, die Schlange der Versuchung zu durchschauen, um die dunklen Wolken von Chaos und Elend auf dem Schlachtfeld des Lebens zu lichten, um die Seelenkräfte in ihrem wahren Glanz erscheinen zu lassen, um sie dadurch zur Schlange der Weisheit, also zu einer Regenbogenschlange werden zu lassen, als ein Licht, welches immer im Menschen vorhanden war, aber nun, da er es endlich erkennt, für ihn bedeutsam und machtvoll wird, als das Licht des Lebens – welches ihn nun nicht nur berührt, sondern nun ebenso führt.

Das Basis- oder Wurzel-Zentrum

Das Basis- oder Wurzel-Zentrum, in der indischen Philosophie muladhara genannt, ist das Zentrum des physischen Bewußtseins und beherrscht das physische Leben bis hinab in das Unterbewußtsein. Es wird auch als das Erd-Zentrum bezeichnet, welches seinen Sitz im untersten Teil der Seele hat. Es befindet sich an der Basis der Wirbelsäule und unterstützt alle anderen Zentren. Die Kundalinikraft, das „Schlangenfeuer", hat in diesem Zentrum ihren Sitz. Es ist das Zentrum des Lebens in seiner ganzen Urkraft, das Zentrum der geistigen Monade als Lebensenergie – der Wille zum Sein, der durch den Selbsterhaltungstrieb, die *stärkste* Kraft im Menschen, zum Ausdruck kommt. Über die Wirbelsäule ist das Wurzel-Zentrum mit dem Kronen-Zentrum eng verbunden, desgleichen mit der Milz wie auch einem weiteren Neben-Zentrum als Nervengeflecht, welches sich dicht bei den Ausscheidungsorganen am Ende der Wirbelsäule befindet.

Das Wurzel-Zentrum schwingt in vier Blütenblättern einer gemischten Farbe von Rot bis Orange, welches dem Typus der Lebensenergie und Vitalität entspricht, welche aus der Milz in das Wurzel-Zentrum fließt, wie das Esoterische Heilen aufzeigt. Es lebt seinen äußeren physischen Ausdruck über die *Nebennieren,* und seine Kraft liegt auf drei Ebenen. Physisch: als vitale Kraft und Stärke; psychisch: als Mut, Dynamik und Ausdauer; geistig: als Beharrungsvermögen, dem Widerstehen negativer Einflüsse sowie in der Ausdauer geistiger Aktivitäten. Zusammen bilden sich Kraft und Stärke als das Vermögen, selbst unter härtesten, schwierigsten Bedingungen körperlich, seelisch und geistig durchzuhalten. Bei Gefahr- und Streßsituationen werden über die Adrenalindrüsen große Kraftreserven über dieses Zentrum mobilisiert. Das Adrenalin, Hormon des Nebennierenmarks, mobilisiert dann vor allem den Stoffwechsel und steigert den Grundumsatz, den Blutzuckerspiegel und sorgt auch für eine vermehrte Durchblutung der Muskulatur und der Herzkranzgefäße. Das Zentrum wird vor allem durch das *Gesetz des Seins* beherrscht und gelenkt und wird zur Vollendung gebracht, wenn Geist und Materie, Leben und Form sich begegnen. Dann öffnet sich das Zentrum der Kundalini-Energie, das Wurzel-Zentrum, und die dort zusammengerollte „Schlange Gottes" steigt über den sogenannten dreifachen Faden von Astralis (Ida), Pinalis (Pingala) und den inneren Wirbelsäulenkanal (Sushumna) zum Kopf des Kronen-Zentrums hoch, wodurch sich Geist und Persönlichkeit „vermählen", wie es heißt, und die zusammengerollte alte Schlange der Versuchung eine Umwandlung erfährt, indem sie zur Schlange der Weisheit, bzw. zum „Drachen des lebendigen Lichtes", oder auch, wie es in der Bibel heißt, zum „brennenden Busch" wird.

Bevor die drei Feuer der Kundalini endgültig erweckt und emporgehoben werden können, muß die sogenannte „Antahkarana-Brücke" zwischen Wurzel- und Kronen-Zentrum erbaut und müssen alle ätherischen Zentren der Chakren geweckt sein. Der Ätherleib stellt die *Grundlage* für den physischen Körper dar, und in ihm, dem Ätherleib, liegen die sieben Zentren, die Brennpunkte für die energetische Aufnahme und Verteilung der Lebensenergien. Diese werden über den Ätherkörper mit Hilfe der geistigen Zentren dem physischen Leib als die Kräfte der Persönlichkeit übermittelt, wodurch der physische Leib erst zur Aktivität angespornt wird und eine physische Tätigkeit durch den Ätherleib überhaupt erst zustande kommt. Der physische Leib, wie es bereits angeklungen ist, ist kein Prinzip, denn nicht er bestimmt, sondern er *wird* bestimmt – *durch* den Ätherleib. Die physische Beschaffenheit des Körpers hängt ganz wesentlich von den ihn bestimmenden Energien der Seele oder der Persönlichkeit ab. Wirken im Körper die höheren Energien der Seele in einem ungetrübten Wechselspiel der Kräfte, so besteht Vitalität, Gesundheit und aktive Tatkraft. Wirken jedoch die niederen astralen Kräfte der Persönlichkeit und deren Gefühlsnatur als Bildekräfte, so führt das häufig in die Katastrophe, in Krankheit, Elend und Tod. Erst in einer bewußten *Synthese* von Persönlichkeit und Seele, die zusammen das „Haus des Körpers" aufbauen, um dieses im

Licht der höheren Bildekräfte zu halten, kann wahre Gesundheit sein.

Eine gesunde Psyche läßt jede Krankheit verschwinden, denn Erkenntnis der Wahrheit macht nicht nur frei, sondern vor allem heil! Solches wird verständlich und nachvollziehbar, wenn berücksichtigt wird, daß Patienten zumeist nicht an körperlichen, sondern vor allem (bis zu 80%) an *psychosomatischen* Beschwerden leiden. Solche Beschwerden sind der Ausdruck von *Angst* und innerer *Zerrissenheit,* einer in sich *disharmonischen* Persönlichkeit. Dies ist auch ein Zeichen der Zeit, da die Menschen zwar besonders jetzt zur Zeitenwende herausgefordert sind und werden, doch zugleich an einem Mangel von Selbstbewußtheit und Stärke leiden. Es fehlen die körperliche, seelische und geistige Ausdauer und innere Kraft, dem äußeren Druck der Welt zu widerstehen, was mit der Entwicklung der Zentren in einem engen Zusammenhang steht. Hier insbesondere mit dem geistigen Glaubens-Zentrum am Scheitel des Kopfes und dem physischen Kraft-Zentrum mit seiner Stärke des Seins, am Ende der Wirbelsäule, welche beide über das Rückgrat und die Antahkarana in einer Wechselbeziehung zueinander stehen. Die geistige Kraft des Glaubens kann sich nicht recht mit der Kraft der physischen Stärke verbinden. Dadurch entsteht eine seelische Labilität, wodurch wiederum niederen Energien mehr oder weniger freie Hand gelassen wird und die Trieb- und Begierdekräfte der niederen Wunschnatur ihr *Werk der Vernichtung* als Krankheitsprozesse im Körper vornehmen können.

Das ist eine ganz einfache Regel, da die geistigen Kräfte auf allen Ebenen eine Wirkmacht bilden, die *aufbauend* oder *vernichtend* für den Körper sind, und dieser, da ohne Eigeninitiative, sich den jeweils vorherrschenden Kräften gegenüber beugt – auch den Kräften der *eigenen* Vernichtung. Besonders astral-mental schwache Menschen sind hier gefährdet, und es gilt deshalb, die Kräfte des Wurzel-Zentrums und des angeschlossenen *Nierensystems* durch Gebet und Meditation zu unterstützen und zu festigen. Gerade hier hat die *Geistige Heilung* ihre Domäne, ist unersetzlich, um Seele und Körper Licht zu bringen, um Kraft und Energie wieder aufzubauen. Denn die Geistige Heilung wirkt mit ihren subtilen, heilenden Kräften tief in molekulare, ja bis in feinstoffliche atomare und ätherische Ebenen hinein, wie auch tief in (für keinen Arzt und Psychologen erreichbare) diagnostische Bereiche des Unterbewußtseins der Seele.
Die *Nebennieren* formen sozusagen die physische Verdichtung des Wurzel-Zentrums – Nieren und Nebennieren bilden dabei eine funktionelle Einheit; und

es ist vor allem der Astralleib, der in einem dynamischen Prozeß zwischen diesem System und dem damit verbundenen Organismus, vor allem im oberen Bereich des Menschen, wirksam ist, wie sich auch beim *Asthma* zeigt. Einerseits ist die Niere ein typisches Stoffwechselorgan, doch zeigt sich ebenso unverkennbar eine enge Verflechtung zum *Nervensystem,* dem Sympathikus, und daraus ableitend ist zu erkennen, wie sehr gerade das Nierensystem auf mentale oder astrale Impulse reagiert. Niere und Nebenniere haben zusammengehörende Aufgaben, so daß sie nicht *getrennt* behandelt werden können. Die Hormone des Nebennierenmarks, so auch das Adrenalin, welche als Botenstoffe über die Nerven die Impulse in den Stoffwechsel weiterleiten, lassen die große Dynamik des Astralleibes erkennen, wenn er bei emotioneller Erregung, Gefahr, Angst oder einem entsprechenden Schock über das *Nervensystem* wirksam wird. Es kommt zu Prozessen, die über den Weg des Hypothalamus (Sitz vegetativer Regulationszentren im Zwischenhirn) und des sympathischen Nervensystems bis in das *Nebennierenmark* reichen und hier dann wirksam werden, wodurch es zur Ausschüttung von Adrenalin und Noradrenalin kommt, mit allen Begleiterscheinungen größerer Aktivität, einer erhöhten Mobilisierung der Körperreserven und Kräfte, einem erhöhten Reaktionsvermögen, erhöhtem Blutdruck usw. Die im Volksmund gebräuchliche Redewendung, daß Aufregung, Ärger, Angst und Kummer und dergleichen, also *astrale* Impulse, „an die Nieren gehen", zeigt den Wahrheitsgehalt dieser alten Volksweisheit auf. Ein Schock, der nicht aufzufangen ist, kann zum Tode führen, da es zu einer Schokkniere kommt, die Nerven dieser Erregung nicht mehr standhalten. Besonders gefährlich zeigt sich der Dauerstreß, da hier die Folgen nicht unmittelbar auftreten, sondern schleichend sind, wodurch es zu einer *psychogen* bedingten chronischen *Nierenschädigung* kommen kann oder zu Schlimmerem.

Die Rolle des Nieren-Systems im Organismus auch in einem engen Zusammenhang mit dem *Atemorganismus* zu sehen, ist sicherlich für viele noch recht ungewöhnlich, doch zeigt sich ein solcher Zusammenhang z.B. beim *Asthma,* denn die Beschwerden sind hier nicht direkt organisch in der Lunge bzw. den Bronchien zu suchen, wie vielfach angenommen wird, sondern sind Ausdruck einer *seelischen Störung,* welche sich auf das *Nieren-System* auswirkt und über Lunge und Bronchien bemerkbar macht. Beim Asthma treffen Stoffwechsel- und Nervensystem unvermittelt zusammen, und es zeigt sich: „Asthma ist eine funktionelle Erkrankung des Nierensystems,

---

[26] *Husemann, Friedrich; Wolff Otto „Das Bild des Menschen als Grundlage der Heilkunst",* Band III., S. 203

die Lunge ist das Erfolgsorgan."[26] Der davon betroffene Mensch kann innerlich nicht loslassen aus Schutzbedürfnissen des eigenen Ich, aus der Angst vor *Vereinnahmung* von außen. Die Ursachen sind nicht nur in der Erziehung zu suchen, sie reichen oft bis weit in vergangene Leben zurück, jedoch auch in pränatale, also vorgeburtliche Zeiten, wie es sich immer wieder in der *Geistigen Heilung* zeigt.

Über den Stoffwechsel, als ein innerer Ausscheidungsstau emotionalen Charakters, wirkt sich auch die lästige Transpiration der Haut aus (auch die Haut ist ein Atmungsorgan) und ist durch die über die Lungen ausgeschiedenen Schlacken oft mit einem sehr intensiven Ausatmungsprozeß aus dem Mund verbunden. Die Niere, obwohl „Wasser" ausscheidend, ist jedoch im eigentlichen Sinne ein Organ des Astralleibes (der Gefühle), wodurch die Verbindung zum Luftorganismus, der enge Zusammenhang mit der Atemfunktion, wie auch zum Nerven-Sinnessystem, durchaus erklärbar wird. Doch wollen wir uns hier nicht mit der Pathologie der Nieren beschäftigen, sondern erkennen, wie sehr die Wechselwirkungen der Energien von Seele und Körper sich über die Zentren aufbauen und auswirken. Denn es sind diese Energien, die auch die *emotionalen Muster* formen, die sich dann, selbst durch einen inneren Prozeß der Eigenerkenntnis, nur sehr zäh und langsam wieder in einen ganzheitlichen und freien Energiefluß zurückführen lassen – hier hilft besonders die Geistige Heilung.

Neben dem Milz-Zentrum gibt es ein weiteres *Nebenzentrum,* das, wie schon erwähnt, mit dem Sakral-Zentrum eng verbunden ist. Es wird auch als sogenanntes „Steißbein-Zentrum" definiert und liegt dicht bei den Ausscheidungsorganen, also ebenfalls am Ende der Wirbelsäule, und regt den Ausscheidungsprozeß der im Körper enthaltenen physischen und psychischen Abfallprodukte an. Mentaler und astraler „Müll" sind die Folgen von negativem Denken und Fühlen, doch auch Ausdruck von Habsucht. Mit dem physischen Müll der Ausscheidungsprodukte werden zugleich auch die Abfallstoffe der Seele ausgeschieden. Menschen, die sehr stark mit der Materie verhaftet sind, diese aus Angst nicht loslassen können, sich in der Materie festkrallen, mit starken emotionalen Ängsten behaftet sind, leiden häufig im Bereich des *Darmes* unter diversen Schwierigkeiten, wie z.B. unter *Dick- und Dünndarmentzündungen*, Verstopfung, wie auch unter *Hämorrhoiden* und vielen weiteren Beschwerden, wie Ausscheidungsschwierigkeiten, Blähungen, *Durchfall* usw. bis hin zur *Zuckerkrankheit* als ein Mangel an wahrer Lebensfreude. Die

Ursache liegt vielfach in der Habsucht (nicht *nur* einer materiellen), die nicht loslassen und abgeben kann, da sie alles für sich behalten will. Solche Menschen leben zwar eine „gefüllte Hand", doch sind sie zumeist auch sehr *einsam* durch ihre gelebte innere Enge. Durch ein Abgeben der Fülle wäre zwar etwas weniger da, doch dafür wäre Austausch und das Du mit den anderen, es wäre ein Geben und Nehmen, sodaß sich auf diese Weise die Hände wieder füllen würden. Doch wollen wir auch hier nicht weiter auf die pathogenen Ursachen, die mit dem Leber-, Galle- und Nierensystem, wie auch dem Pankreas zusammenhängen, näher eingehen – es ergäbe eine ganze „Fundgrube".

Alle genannten Symptome sind letztlich, und das ist hier wichtig, wiederum auf einen fehlgeleiteten Bewußtseinsprozeß zurückzuführen, der einen geistigen *Ausscheidungsstau* verursacht, welcher sich körperlich manifestiert. Der in sich selbst zerrissene, disharmonische und nur auf sich selbst bezogene, also ängstliche und egozentrische Mensch, hat seine geistigen inneren Freiräume des Denkens und Fühlens mit derart viel emotionalem und materiellem Ballast angefüllt, daß, wenn es nicht mehr weitergeht, sich ein „Not-Ventil" der Entleerung öffnet, was gewöhnlich über den Prozeß der Krankheit geschieht. Kommt der Mensch dann *immer* noch nicht auf andere Gedanken, erkennt er nicht, daß seine liebgewordenen Gewohnheiten und jahrzehntealten Denkmuster der Grund für die Erkrankung sind, so wird er sich zwangsläufig in weiteres gesundheitliches Elend stürzen, dann schadet oder tötet er sich im Grunde selbst. Schuld an diesem sich dann ergebenden Dilemma ist nicht Gott, die Welt oder das Schicksal, wie er meint, sondern ausschließlich das eigene Ego, welches blockierend alles hemmt, was der Mensch an geistigen und seelischen Freiräumen zum wahren Leben braucht. Die Erkenntnis, daß die Organe der Leber, Niere, Lunge und das Herz enge Beziehungen zu den Elementen und den Wesensgliedern des ganzen Menschen haben, daß das Wollen auf dem Stoffwechselsystem beruht und damit insbesondere durch das Leber-Galle-System beeinflußt wird, da durch dieses Organ vorwiegend der Wille zur Verwirklichung der Tat erfolgt, ist schon fast eine esoterische „Binsenwahrheit".

Ein hemmender Wille ist oft die Ursache für die allerschwersten Disharmonien, die sich seelisch, körperlich und dann auch entsprechend auf die geistigen Zentren auswirken. Die Evolution der Seele kennt keinen Stillstand, und der Mensch muß lernen, auf Gewohntes und dadurch „Liebgewordenes" zu verzichten – vor allem auf altes, *überholtes* Denken und Fühlen. Er muß lernen „loszulassen", was heißt, Altes und Überholtes *stehenzulassen,* um sich *neue* Freiräume für eine geistige Entwicklung zu schaffen. Doch die Voraussetzung für solch ein Loslassen sind zunächst innere Erkenntnis, die Einsicht und das Bewußtwerden, daß eine Veränderung zweckmäßig ist, daß es nur ein Voranschreiten gibt, wenn Altes gelöst und aufgegeben wird, damit Neues entstehen kann.

Einleitend zum Wurzel-Zentrum hieß es, daß dieses das Zentrum des physischen Bewußtseins sei, welches das physische Leben bis in das Unterbewußtsein beherrscht. Versuchen wir, zu einem besseren Verstehen nach den gegebenen Erkenntnissen die Begriffe *unterbewußt, bewußt und überbewußt* in ihren verschiedenen Bedeutungsinhalten zu definieren: Verstand als physisches und Geist als spirituelles Bewußtsein sind zwei verschiedene Ebenen der Existenz; in ihrem Ausdruck als Wesensart stehen sie spiegelverkehrt, und damit diametral entgegengesetzt zueinander. Denn spirituelles Bewußtsein ist überbewußt: göttlich-geistig, unbegrenzt – daher unendlich. Physisches Bewußtsein ist (selbst-)bewußt: irdisch-menschlich, daher begrenzt – endlich; doch selbst-bewußt nur dann, wenn Bewußtsein sich selbst realisiert als das, was und wer es ist. Also nicht jenes Bewußtsein, das sich vornehmlich als Persönlichkeit, als Eigenvorstellung nach außen hin zeigt, für den äußeren Betrachter so oder so darstellt, so sein möchte oder so zu sein scheint. Zum menschlichen Bewußtsein gehören die drei Prinzipien von mentalem Verstand, vitaler Lebensenergie und physischem Körper, als ein in der Zeit und Form begrenztes Leben, das, wie es heißt, eigentlich Tod ist, nach Leben strebt, um in Ewigkeit zu sein. Zum Überbewußtsein gehören die Bewußtseins-Prinzipien des allumfassenden, unendlichen Bewußtseins, der Intuition und Inspiration eines geistigen Wissens aus dem eigenen höheren Selbst, also jene geistigen Kräfte und Kenntnisse, die zwar als Entwicklungspotential zur Verfügung stehen, die jedoch in sich noch nicht erkannt oder entwickelt wurden und daher im allgemeinen noch nicht greifbar sind als die inneren Seelenkräfte von Weisheit, Liebe und geistigem Bewußtsein.

Der Begriff *Unterbewußtsein* kennzeichnet das gesamte *Instinktleben* des Menschen, alle ererbten Neigungen und angeborenen Veranlagungen, also alle erworbenen und angesammelten charakteristischen Eigenschaften, die auch aus vergangenen Leben stammen können und häufig im Unterbewußtsein brachliegen, bis sie durch Situationen und äußere Umstände wieder hervorbrechen. Ferner gehören alle unausgesprochenen Wünsche und Triebe dazu, die den Menschen zu (auch unbewußten) Handlungen antreiben, und schließlich die unterdrückten und unerkannten Begierden, die vorhanden, aber nicht *wirklich* erfaßt oder umgesetzt sind. Das Unterbewußte gleicht einem tiefen „schlammigen Wasser", aus dem beinahe alle in der Vergangenheit vergessenen Erlebnisse hervorgeholt werden können. Oft sind es auch die Erinnerungen, die solche Erlebnisse wieder aus diesem Wasserschlamm hervorholen und durch das Ego (welches nie vergißt) so lange aufgewühlt werden, bis der Verstand in diesem eigenen Schlamm dunkler Erinnerungen in der *Depression* versinkt oder zum überschäumenden (weil unterdrückten) Siedekessel der Wut wird, was sehr viel Leid und Unheil anzurichten vermag. Alle Entwicklungen, vom Unterbewußtsein zum direkt Bewußten bis hin zum Überbewußten sind langsame Schritte von Entwicklungsstufen, die durch Aufbaukrisen führen, welche mit Schmerz, Leid, Krankheit und manchmal auch mit dem Tode einhergehen. Der Mensch, von Unwissenheit geprägt, kann immer nur Bruchstücke und Teilaspekte des Ganzen für sich verstehen und nachvollziehen, warum er auch „Meister der Vielfalt" oder der „Trennung und Zerteilung" genannt wird; dabei bestrebt, den schwierigen Versuch zu unternehmen, das selbst Zerteilte wieder wie ein Puzzle zusammenzusetzen, in dem ewigen Bemühen, Nichterkanntes zu vereinen. Schweigt die Vorstellung der Gedanken, so wird es licht und hell, öffnet sich die bereits offene Türe; hinter dem, was durch die Gedanken der Vorstellung scheinbar verschleiert war, zeigt sich das Licht, das ewig da war, da es ewiges, unsterbliches Leben ist.

Das Alpha und das Omega

Tritt das göttlich-schöpferische Leben aus seiner Dunkelheit, der Zeit- und Raumlosigkeit eines in sich ruhenden, dimensionslosen Ur-Zustandes (symbolisiert durch die Nichtzahl 0) in die geistige, feinstoffliche und dreidimensionale stoffliche Welt der Materie, so offenbart es sich zunächst in der Eins, Zwei und Drei – der göttlichen *Triade*. Diese Dreiheit als die Dreieinigkeit von Vater, Sohn und Heiliger Geist, vervollständigt sich, seine drei Aspekte dennoch behaltend, in der Zahl *Vier,* der sogenannten Tetraktys, dem heiligen Schöpfungsquadrat, welches auch als Tetragrammaton bekannt ist (siehe Kapitel „Die vier Gesichter Gottes"). Geformt wird diese Quadratur aus den vier *heiligen Äthern* der sogenannten Ur-Geschaffenen oder Ursprünglichen, den allerhöchsten Wesenheiten nach Christus im ganzen Kosmos, welche aus der unmittelbaren Gottes-Ausstrahlung hervorgegangen sind. Die Tetraktys bildet die göttliche Lichtquadratur des Kreises durch die Vereinigung von Kreis, Triade und Quadratur und versinnbildlicht damit als Brennpunkt des Lebens die stärkste (magische) Kraft aller ihr nachfolgenden geometrischen Figuren, aus denen sich das ganze Universum aufbaut und formt innerhalb des Akasha, des göttlichen Ur-Äthers allen Seins. Die Schöpfung ist in der sichtbaren Natur geometrisiert, aus Punkten, Linien, Dreiecken, Vierecken, Würfeln und schließlich Kugeln entstanden, als ein ihr innewohnendes Gesetz. Diese Lichtquadratur, als die „Herrlichkeit des Herrn" noch im wesenlosen und daher unmanifestierten Sein, wird auch als der sogenannte „Thron Gottes" bezeichnet und ist das erweiterte Gesicht des ewig Einen in der Vier. Diese erste heilige Quadratur ist der Ausgangspunkt des gesamten Schöpfungskreises(-kreisens) und damit aller Bewegung als dem ewig göttlichen Gesetz des Wandels und Werdens – der Kraft, hinauszugreifen zur Erschaffung und Erhaltung des Universums und der Welt, welche sich immer in der Vier dieser Quadratur offenbart – angetrieben und erhalten durch die direkte Kraft des Lichtes, der Liebe und Weisheit aus dem wesenlosen Kern des Christus. Von dieser heiligen Quadratur aus beginnt das Licht sich dann über die zweite Quadratur der Erzengel zu spiegeln und in einer Art kreisender Bewegung von elliptischer Form in einen für menschliche Begriffe unvorstellbaren großen dunklen Raum zu fließen, in das Universum, um dieses zu formen und das Leben zu bringen.

Auf der heiligen, universellen göttlichen Wissenschaft der Geometrie und

Zahlen ist das ganze Mysterium des Lebens aufgebaut und auf deren Strukturierung ebenso die für den Menschen nicht sichtbaren, göttlichen Wesenheiten als geistige Hierarchien, wie deren Ebenen und Dimensionen. So ergeben z.B. die Drei der Triade und die Vier der Quadratur die Sieben, die Anzahl der heiligen Geister als Ur-Geschaffene, die sich in der inneren und dann spiegelverkehrt in der äußeren Welt in verschiedenen Abstufungen und Ordnungen manifestieren. Nach der Okkulten Lehre werden die sogenannten Kumâras die Vier genannt, obwohl sie in Wirklichkeit sieben an der Zahl sind, die sieben Engel vor Gottes Thron, die in der Welt des Unendlichen wirken, wie auch in Zeit und Raum, „weil Sanaka, Sananda, Sanâtana und Sanat-Kumâra die wichtigsten Vaidhâtra (ein von ihren Vorfahren abgeleiteter Name) sind und dem „vierfachen Mysterium" entstammen." – „Die 4, in den okkulten Zahlzeichen durch die Tetraktis dargestellt, dem heiligen oder vollkommenen Quadrat, ist in den Mysterien aller Völker und Rassen eine heilige Zahl. Sie hat die gleiche Bedeutung im Brahmanischen, im Buddhismus, in der Kabbala und in den ägyptischen, chaldäischen und anderen Zahlensystemen."[27]

Alle Zahlen sind von tiefer, geistig-kosmischer Bedeutung und aus dem Licht, dem Ursprung der Schöpfung, als eine numerische Emanation Gottes, einer all-umfassenden, göttlichen, universellen Geometrie und Mathematik hervorgegangen. Dabei spielt die Sieben eine ganz besondere Rolle im Aufbau der geometrischen Kosmologie. In der Mathematik gibt die Ludolfsche Zahl (π = 3,1415) das Verhältnis von Kreisumfang zu Kreisdurchmesser an. Als Berechnung so dargestellt, daß das Verhältnis des Durchmessers eines Kreises zu seinem Umfang gleich 1: 3,1415 oder der Wert von Pi ist, wie dieses Verhältnis genannt wird. Und ebenso zeigt sich die zahlenmäßige Hierarchie der schöpferischen Elohim in ihren verschiedenen Größenordnungen in der repräsentativen Zahl von 31415, wie es die Okkulte Lehre enthüllt, was zugleich die Zahl des Kreises ist, welcher die Ewigkeit, wie auch den Raum der Endlichkeit offenbart – das Weltenei. Die Drei, die Eins, die Vier, die Eins und die Fünf ergeben in ihrer Quersumme die Zahl Vierzehn, also zweimal die Sieben, und dies bedeutet sieben innen und sieben außen, die innere und die äußere Welt.

Die *innere* Welt ist die geistige Welt der Ur-Schöpfung, die *äußere* Welt die der materiellen Schöpfung. Alle Schöpfung entstand aus dem göttlichen Ur-

---
[27] Blavatsky, Helena Petrowna „Die Geheimlehre", Adyar Verlag, Graz, 1984, S. 71

Licht, dem Ausgangspunkt allen Seins. Gott sprach das „Fiat lux", das Wort ertönt – das Wort ist Licht. Das Licht ist Leben, und Leben ist Gott: Das Unsichtbare wurde sichtbar, und es entstand die Schöpfung als Ausdehnung des göttlichen Lichtes als das Eine Leben, welches sich aus sich *selbst* heraus entfaltete. Das Unsichtbare Gottes wird symbolisch mit einem grenzenlosen Kreis (der Nichtzahl 0) und einem darin enthaltenen zentralen *Punkt* dargestellt – das Zentrumslose zentriert sich um ein Zentrum – als Ausdruck des unveränderlichen Einen, dem Grenzenlosen und Vater aller Schöpfung. Die Nichtzahl 0, die keiner Berechnung unterzogen werden kann, da sie dimensionslos und nicht zu definieren ist, ist daher Sinnbild der dunklen Ewigkeit eines noch nicht offenbarten göttlichen Seins. Erst durch das „Es werde..." der göttlichen Offenbarung tritt das Ur-Licht als das Licht des Lebens, symbolisiert durch die Zahl 1, als Ein(s)heit in Erscheinung, in der bereits alle anderen Zahlen verborgen liegen, wie auch ebenso der Beginn einer heiligen göttlichen Geometrie. Gott als Vater-Mutter ist Alles in Allem, und so ist auch als geistig-ätherische Existenz Seiner Gedanken bereits das ganz Universum in diesem enthalten, alle seine Teile wie auch alles Erschaffene. Da die Eins als Einheit nicht teilbar ist, sich nicht dividieren oder multiplizieren läßt, doch die Beschaffenheit in sich trägt, additionsfähig zu sein, kann sich nur über das Abbild eines Duplikats, als Addition, eine zweite Einheit bilden. Eine solche entsteht durch Teilung, als Spiegelung oder Reflexion des Ur-Lichtes, wodurch ein zweiter Punkt erscheint – die göttliche Duade als gespiegelte Potentialität des Vaters, die Bewußtseinseinheit des Christus als das Licht der Welt mit der Zahl 2. Durch die Spiegelung von 1 zu 2 und 2 zu 1 entsteht ein Schwingungsfeld, aus dem sich reflektierend weitere Lichtpunkte als Bewußtseinseinheiten zu einer Linie ausdehnen mit dem Prinzip der Unendlichkeit, doch durch Selbstbegrenzung, als das Alpha und Omega, zu einem Durchmesser als Linie eingegrenzt werden. Der Logos als Weltschöpfungskraft begrenzt sich in der Endlichkeit Seiner Schöpfung selbst.

Der Punkt befruchtet die Linie, und diese vertritt in der Welt des Seins die stoffliche Natur als das *weibliche Prinzip* der Schöpfung. In der Linie offenbart sich die erhabene, unbefleckte Göttliche Mutter, die durch diese Begrenzung die erste Form einer mathematischen Linie gebiert. Aus der weiblichen Form Gottes (der Elohim) wurde die vielschichtige Welt erschaffen, denn die Linie ist die erste Form, die alle weiteren geometrischen Strukturen in einem ewigen Jetzt verbindet. Es gibt keine Vergangenheit, Gegenwart oder Zukunft, da alles nur die Reihenfolge von Gedanken und Bewußtseinszuständen ist, und es gilt, den Polaritätsgedanken einer getrennten Welt zu überwinden. Die mathematische Linie trennt nur den Teil, den wir Zukunft nennen, von dem Teil, an den wir uns als Vergangenheit erinnern oder diese als solche erfahren. Nur das Ich, das Ego, erlebt die Zeit als Abfolge – linear. Zeit ist eine Illusion, die nur aufgrund einer verzögerten Wahrnehmung durch die Bewußtseinstäuschung eines verdichteten Schwingungszustandes entsteht. Nur das Leben im Jetzt, im unmittelbaren Augenblick, ermöglicht den wunderbaren zeitlosen Zustand der Erleuchtung, den Zustand des Seins im Punkt, im Schnittpunkt des Kreuzes. Doch dazu bedarf es der absoluten Hingabe an den Einen, an die Quelle des Lebens, mit der wir in Wahrheit Einheit leben.

Gott ist alles, denn trennt sich der Sohn aus der Einheit, dann wird der „Sohn zum Vater", dem Schöpfer der Welt, doch wirkt Gott dann *dreifach* als einer im Sohn, wodurch wiederum der Sohn den Vater offenbart: 1. als die göttliche Allmacht, ewig seiend. 2. als das Licht des Lebens und der Liebe durch das Licht der Welt, der Weltenseele und 3. als die stoffliche Bekleidung des Geistes über den Äther, durch das weibliche Prinzip der Schöpfung, als die Große Mutter des Lebens durch den Heiligen Geist. Und alles wirkt aus Gott, in Gott und für Gott. Damit wirkt er nicht durch, sondern in dem Sohne als Ausdruck Seiner Liebe in und für die ganze Schöpfung.

Alle Schöpfung offenbart sich in Punkten, Linien, Dreiecken, Vierecken, Kreisen, doch vor allem in einem mystischen Raum als Würfel, der in sich die Zahl sieben trägt, die ebenso mit der Zahl des Kreises verbunden ist, wie sich zeigte. Der Würfel dient als Grundform zum Aufbau *aller* Materie und ihrer körperlichen Erscheinungswelten. Hier haben wir sechs offenbare, begrenzende Flächen mit einem siebten Faktor, dem nicht offenbarten, dem inneren Raum: „....sieben innen, sieben außen...!" „Innen sieben" weist auf das *geistige* Reich der sieben lichten Sephiroth hin, die in ihrer Gesamtheit die numerische Emanation der Zahlen von 1,2,3,4,5,6,7,8,9 ergeben, über die bereits im Kapitel „Der Geist des Widerstandes" gesprochen wurde, und „sieben außen..." auf das äußere Universum und ebenso auf den siebenfach gewordenen (inneren) Menschen, den vollendeten himmlischen Menschen. Aus dem Würfel, als Grundform des Aufbaus aller Materie, bauen sich nicht nur die verschiedensten *Kristalle* mit all ihren Varianten auf, sondern ebenso etliche andere geometrische Gebilde, wie z.B. die Kugelform. Die Kugel, geometrisch gesehen ein Kreis, das Symbol der Unendlichkeit als die Schlange, die sich in den Schwanz beißt, wird auch das „Seil der Engel" genannt, das „Seil", das die Erscheinungswelt der Endlichkeit von der Unendlichkeit Seines ewigen Reiches abgrenzt, die der Mensch mit seinem im allgemeinen begrenzten Bewußtsein nicht zu erfassen vermag, da das dreifache Ur-Prinzip des Göttlichen hinter den Schleiern eines wesenlosen Seins verborgen liegt. Hieraus folgt, daß das Unendliche das Endliche bestimmt, und nicht umgekehrt. Es ist die Kraft der formgebenden, unbefleckten Göttlichen Mutter, die als Gestaltgeberin allen Seins erst Sichtbares erschafft. Dies gilt sowohl für die Ur-Materie des göttlichen Äthers wie auch für die verdichtete Materie und ihre Manifestationen.

Fast wäre man versucht zu sagen, Gott *ist* Mathematik, wenn die tiefe Weisheit der göttlichen Schöpfungskraft sich in dieser Formebene offenbart, wäre da nicht zugleich das göttlich Numinose, das Unaussprechliche, das Unbegreifliche, welches *nur* mit dem Herzen zu erfassen ist und innerlich zutiefst berührt ob einer solchen Vielfalt und Unbegreiflichkeit Seines Wirkens und Schaffens. Versuchen wir, aus den geschenkten Offenbarungen und mit Hilfe der Weisheitslehren göttlicher Meister auch für uns ein wenig mehr Klarheit in das Bewußtsein dieses Mysteriums zu bringen, indem wir aus ihren Lehren für uns ein Quäntchen an Weisheit schöpfen.

Gott offenbart sich im Sohn, im Christus, als das Licht der Welt und zugleich in diesem Ausgangspunkt als das ewige Auge, welches alles sieht, als das *Alpha und das Omega* – das Erste und das Letzte, der Anfang und das Ende allen Seins. Er ist das ICH BIN, der ICH BIN, das Undefinierbare, Unerkennbare als das Absolute allen Seins, die Unsterblichkeit und der Tod, als das Sein und Nicht-Sein. In diesem Alpha, dem Licht-Punkt Seiner Offenbarung, liegt der *Beginn* allen Lebens und dessen Ende, wie auch der Ausgang einer vollkommenen *Geometrie und Mathematik,* die sich zugleich als göttliches Bewußtsein und Schöpfungskraft in allen Formebenen offenbart, bis hinein in die Schöpfung unserer Welt, denn *alles* in der Schöpfung ist geometrisiert als ein Gesetz der Natur, entstanden aus Licht- und Klangwellen und deren Intervallen, aus dem „Zeugerton" des Einen, dem Ton und OM-Klang der Welt. Das, was als sogenannte Ebenen oder kosmische Dimensionen bezeichnet wird, ist nichts anderes als unterschiedliche Lichtschwingungen, Sinuswellen mit ihrem elektro-magnetischen Spektrum. Alles ist mit allem durch Licht, Klang, Ton, Schall, also Schwingung verbunden, und die gesamte Schöpfung ist ein gewaltiger Akkord. Die Geometrie und die Welt der Zahlen, die die Welt in ihrem Innersten ordnen, formen und erhalten, sind die Töne und der

Rhythmus einer all-umfassenden harmonischen Sphärenmusik und ihre in Zahlenverhältnisse umgewandelten Intervalle.

Wenn das Ur-Licht, der Ausgangspunkt allen Seins, als eine aus sich selbst heraustretende Kraft Gottes sich selbst offenbarend als das Licht des Lebens zu wirken beginnt, so entsteht eine Bewußtseinseinheit. Diese dehnt sich aus, indem sie aus sich heraus weitere Bewußtseinseinheiten bildet, die, einmal in Bewegung gesetzt, sich als *Teilchen* oder *Wellen* fortsetzen und dadurch ein *Raum-Zeit-Kontinuum* aufbauen, ein lückenloses, aus vielen Teilchen der Bewußtseinseinheiten entstehendes, fortlaufendes, *geometrisches* Gebilde, welches sich in *sieben* Prozeßstadien über eine projektive Geometrie in Raum und Zeit ausdehnt – in das Universum der Schöpfung.

Alle Schöpfung entsteht und entstand aus dem sich ausdehnenden, kreativen Funken des göttlichen Lichtimpulses und seiner Vereinigung mit der göttlichen Ursubstanz des Lebens, der Mutterformkraft. Sei es in Form substanzieller Kernteilchen, den Energieaktivitäten und Verdichtungsprozessen von Atomen bis hin zu molekularen Bindungsprozessen oder auch durch den Aufbau organischer Substanzen, die die Grundlage für Leben bilden. Überall stellt die Natur ihre Wechselbeziehungen zwischen geometrischen Formen und zusammengefügten Elementen her, wodurch es niemals Ruhe in solchen Bewegungsprozessen gibt oder gar einen Stillstand. Der Kosmos ist ein atmendes Wesen wie auch der Planet, auf dem wir leben. Alles lebt, bewegt und verändert sich und das, was wie Ruhe aussieht, ist nur ein scheinbarer Stillstand. In Wirklichkeit gibt es eine ständige Veränderung von einer Form zur anderen, wobei sich die Substanz der Form zugleich mitverändert. Ein Prozeß, der einem tieferen Zweck dient und der daher kein Zufall ist, denn das Unendliche zeigt sich in seiner Wirkung im Endlichen, und somit sind in Gottes Gesetzmäßigkeiten Zufälle ausgeschlossen. Das Geheimnis des göttlichen Lebensliedes ist nur über die Liebe des Herzens als ein allumfassendes Bewußtsein zu erkennen.

Somit beruhen Mathematik und Geometrie der weltlichen Ordnung, wie sie sich in der Wissenschaft zeigen, nur auf der Basis des Göttlich-Unendlichen und Seiner Offenbarung im Endlichen. Es sind die bewußten, intelligenten Kräfte in der Natur, über die wir das Unergründliche erkennen können als etwas für uns Unfaßbares, welchem durch Geometrie und Mathematik erst eine gewisse begreifbare Ordnung und Gesetzmäßigkeit zugeordnet werden kann, da sich das Grenzenlose im Endlichen der Materie, im physikalischen Universum begrenzt. So nimmt auch der Mensch über die Mathematik und Geometrie am Göttlichen teil, um sich an Seiner ewigen Wahrheit und Schönheit zu erfreuen, wenn er sie für sich entdeckt. Und es ist nicht nur die Unermeßlichkeit des Firmaments mit seinem nächtlichen Sternenhimmel, die sich dem Seelenbewußtsein als etwas so unbegreifbar Großartiges eindrucksvoll offenbart, nein, es ist mehr. Es ist das unsichtbare Band der Liebe, welches mit diesem verbindet, eine Art Nabelschnur zum Weltengeist. Die gefühlte, unentrinnbare Gesetzmäßigkeit der allumfassenden Ordnung, welche aus einem schöpferischen Urgrund kommt und als Seelenbewußtsein im Herzen spürbar ist, ist in der Seele tief eingegraben als ein auch für die menschliche Natur unmittelbarer Bestandteil. Es ist das innere Firmament des Seelenbewußtseins mit seinen gleichermaßen geheimnisvollen Kräften und Gesetzen. Der Weg nach Hause wird durch den Sternenhimmel offenbar, denn Mensch und Kosmos, wie auch alles andere, sind auf das engste miteinander verbunden. Mag der grübelnde Verstand hier zuweilen auch streiken, es nicht glauben wollen, ungeachtet dessen zieht der nächtlich glitzernde Sternenhimmel einfach in den Bann und spricht dafür um so mehr mit unserem Herzen.

Alle Mathematik- und Geometriegesetze haben in dem göttlichen Ordnungsprinzip ihre Wurzeln. Pythagoras, wie auch 200 Jahre später Platon, haben daraus dann ableitend ihre mathematischen und geometrischen symbolischen Prinzipien aufgebaut, die noch heute ihre Gültigkeit für die Welt besitzen. Die Naturgesetze sind auf geometrischen Formen und mathematischen Grundlagen aufgebaut. Und der große Mathematiker Mathesius sagt, daß, je tiefer er in die göttliche Mathematik des Lebens eindrang, um so mehr kam er zu der unerschütterlich wachsenden Überzeugung und Sicherheit: „Die reine Mathematik kann in ihren Gedankengängen nur dann begrifflich gesichert verstanden werden, wenn sie von Anfang an unter den Begriff des mathematischen Unendlichen gestellt wird, das nichts anderes ist als ein Ausdruck des religiös Unendlichen. Gott ist Wirklichkeit! Es ist *unwissenschaftlich,* diese Wirklichkeit nicht anzuerkennen! Denn in der Mathematik ist das Göttliche unbezweifelbar in der Wirklichkeit des Menschen erschienen: Der denkende Mensch darf am Göttlichen teilnehmen, obwohl er die Unendlichkeit und Vollkommenheit dieses Göttlichen nicht erfassen und obwohl er Gottes Wege in ihren Einzelheiten nicht immer mit menschlicher Klugheit begreifen kann. Sein Vertrauen wird auch dann unbedingt bleiben, wenn ihn sein Verstand im

Dunkeln läßt – Religion und Mathematik sind nur verschiedene Ausdrucksformen derselben göttlichen Exaktheit."[28]
Und in der Tat, göttliche Mathematik und Geometrie sind von einer solch umfassenden Tiefe, Schönheit und auch makellosen Klarheit, wir brauchen nur einen Schneekristall anzuschauen als kristallisiertes Wasser mit seinen hexagonalen Mustern. Es kann einem wahrlich schwindelig werden bei einem solchen Mysterium, einer solchen Welt des Wunders, wie sie sich in der Raum- und Zahlenwelt Gottes zeigt. Aus dieser abgeleitet entstand dann die Welt der höheren Mathematik wissenschaftlicher Prägung, mit der wir uns hier jedoch nicht überfordern wollen. Sie zu verstehen und nachzuvollziehen, in die Welt der Formen und Zahlen als einer höheren Mathematik tiefer einzudringen, dazu bedarf es eines ganz besonderen Genius. Überlassen wir es daher besser den dazu wahrhaft Berufenen und wenden uns lieber demütig der Quelle aller Wahrheit und Schönheit selbst zu, ihrem Ausgangspunkt, um das Bewußtsein für die Grundformen des Lebens zu öffnen. Bereits hier wird sich zeigen, daß wahre Spiritualität mehr bedeutet als nur eine romantische, religiöse Gefühlsschwärmerei (moderner, esoterischer Prägung), sondern mit einer sehr nüchternen Komponente und Betrachtung aller Dinge einhergeht. Auch hier haben die Worte Jesu „Die Wahrheit wird euch frei machen" als Akt der Erkenntnis ihre besondere Berechtigung. Doch Mathematik und Geometrie allein, selbst in ihrer höchsten Vollendung, reichen bei weitem nicht aus, das erkennende Bewußtsein eines liebenden Herzens zu ersetzen. Gottes Sein und das Universum sind viel geheimnisvoller und wunderbarer, um allein mit solchen Mitteln erfaßbar zu sein.

Vor allem aber dürfen die heilige Mathematik und Geometrie nicht in einer Begriffsverwirrung mit der neuen, der sogenannten „Naturwissenschaft" verwechselt werden, dem neuen Götzen des Menschen. Diese versucht über die Gen-Forschung eine DNS-Manipulation, wie auch über das „therapeutische Klonen" etwas zu tun (sich wissenschaftlich anzueignen), was dem Menschen kosmisch von seiner Entwicklung her nicht zusteht. Alle großen Kulturen zerbrachen auf dem Höhepunkt ihrer Epochen an der eigenen Dekadenz, und es zeigt sich, daß am Ende einer solchen Periode das Klonen von Menschen immer wieder versucht wurde. Doch Klonen fällt unter den Begriff des Götzendienstes und damit unter den Begriff der Schwarzen Magie, was nichts anderes bedeutet als den unrechten und doch bewußten Gebrauch von schöp-

---
[28] *Mathesius „Weg zu Gott"*, Rascher Verlag Zürich und Stuttgart, 1959, Vorwort u. S. 272

ferischer Energie. Genau das macht die Wissenschaft der Gen-Forschung. Es wird versucht, mit vorgeschobenen Gründen der Humanität – wie in vielen anderen wissenschaftlichen Bereichen des Lebens – wichtige Elemente des biologischen Bauplanes nach eigenem Gutdünken umzuformen, zu verändern und dadurch neue Lebensformen entstehen zu lassen, die von der Schöpfung Gottes so nie vorgesehen waren und sind. Das ist nicht nur ein unglaublicher Frevel an der Natur, sondern eine offene Herausforderung an Gott, die Er nicht unbeantwortet lassen wird. Die sogenannte Gentechnik wird der Menschheit nicht zum Segen gereichen, sondern zu ihrem Untergang beitragen, denn mit jedem Eingriff in die Natur der Gene entstehen Veränderungen, die das gesamte Leben der Erde betreffen und damit verändern, denn alles ist miteinander vernetzt. Durch die Unachtsamkeit und teilweise unglaubliche Hybris einzelner Wissenschaftler, die ihre eigenen Schöpfungen neben die Schöpfungen Gottes stellen, ja Gottes Schöpfungen verbessern wollen, entstehen durch Gentechnologie Schäden allergrößten Ausmaßes. Hier wird in die *Grundgesetze des Lebens* eingegriffen, und viele glauben immer noch, daß der Menschheit damit ein Gefallen getan wird, ja diese diabolische Technologie auch noch zu fördern sei.

Die Wahrheit ist, daß durch die Züchtung völlig neuer Tierarten und Pflanzen ein Vakuum im göttlichen *Verbundsystem des Lebens* entsteht, da die von Menschenverstand und -hand geklonten Pflanzen, Tiere und nun auch schon Menschen, nicht mehr die Gedanken Gottes und Seiner Schöpfung in sich tragen, diese nicht widerspiegeln und daher dem göttlichen Lebenssystem nicht zugeordnet werden können. Geklonte Pflanzen, Tiere und Menschen sind dadurch unbeseelt im Sinne von lebendigem (geistigem) Licht, es gibt keine spirituelle Kapazität, kein Prosperieren mehr für die Evolution des Lichtes. Hier zeigt sich das ganze Elend solcher von Menschhand geschaffenen Pflanzen und Kreaturen, deren Seelenkräfte in dunklen Gefilden vor sich hindämmern. Gentechnik, so die Geistige Welt, belastet auch die Umwelt in unvorstellbarem Maße. Wenn die Menschheit, vor allem die Verantwortlichen in Politik, Wissenschaft und Medizin, nicht ganz blind ist, so weiß sie auch, wohin dies durch eine Kettenreaktion letztendlich führen muß.

Die Auswirkungen, also der Preis, den wir alle für diese unverantwortlichen Genmanipulationen zu bezahlen haben, wird sehr hoch sein. Ähnlich hoch wie die der Atombombenversuche, vor allem auch der unterirdischen, die einen unglaublichen Schaden anrichten. Nicht nur, daß deren vernichtende

Schwingungen noch Wochen nach der Explosion im Erdinnern weiter wirken, nein, es entstehen irreparable Schäden an den Erdplatten durch deren Verschieben und Aufreißen, was sich in weiteren verheerenden Vulkanausbrüchen und furchtbaren Erdbeben zeigen wird, von der Verseuchung der Meere ganz zu schweigen, insbesondere der Mittelmeere. Der Preis, den wir alle zahlen, zeigt sich bereits in einer dramatischen (Klima-)Veränderung unserer globalen Systeme und den damit weltweit verbundenen Wetterverhältnissen, wie auch in einer zunehmenden Vernichtung ganzer Ökosysteme. Ebenso entstehen ätherische Schäden am globalen Gitternetz, die zu Veränderungen der Stimmungen und geistigen Verfassung der Menschen führen, da die Schwingungen dieses so wichtigen Feldes immer stärker in Disharmonie geraten durch die so grausame Vergewaltigung unserer Mutter Erde. Auch die „Löcher im Himmel" nehmen zu, wodurch die Strahlungsenergie der Ionosphäre die Atmosphäre verändert, die für das Leben auf der Erde lebenswichtig ist. Alles das geschieht seit geraumer Zeit, geschieht jetzt. Wir zerstören unseren Lebensraum und damit uns selbst. Sowohl bei den Atombombenversuchen wie auch in der Genmanipulation entstehen unvorhersehbare *Kettenreaktionen,* die alles in die Sogwirkung einer negativen Spirale ziehen, die zur Vernichtung eines Großteils der Menschheit in fast absehbarer Zeit führen kann und auch wird, tritt keine Änderung ein.

Und was die Genmanipulation angeht, ein Blick in die Tierwelt zeigt von welchen Fabelwesen die Gentechniker träumen. Schon vor Jahren haben Genforscher damit begonnen, Teile des menschlichen Erbgutes in das Genom von Tieren einzubauen und die Beschreibungen von Fabelwesen „halb Mensch, halb Tier" aus der Antike waren keine Fabel, sondern Wirklichkeit. Bereits in Atlantis wurde an der Schöpfung Gottes manipuliert und zwar unter ebenso unvorstellbaren (auch seelischen) Schmerzen solcher Kreaturen, die jetzt durch die Gentechnik wiederbelebt werden (sollen). Es werden Tiermenschen entstehen, die mit Teilen des menschlichen Erbgutes geklont werden, um dadurch zu lebenden „Organbanken" zu werden, und es werden Kreuzungen mit verschiedenen Menschen und Tieren versucht oder mit Tieren und Pflanzen, denn der menschlichen Hybris und Phantasie sind keine Grenzen gesetzt. Vor allem soll der unsterbliche „Supermensch" mit allen nach menschlicher Vorstellung erdenklichen „Vorzügen" entstehen (das Bild einer solchen wahnsinnigen Vorstellung wurde bereits veröffentlicht), und die Wissenschaft wird keine Skrupel kennen, um es zu verwirklichen, ja sie ergötzt sich bereits heute stolz an ihren (Fehl-)Schöpfungen und merkt gar nicht, daß sie eifrig bemüht ist, wie anderswo auch, am Untergang der Menschheit mitzuwirken.

Beim Klonen versucht der Mensch unrechtmäßig, seine durch die Seele vorgegebene, gute oder schlechte Leiblichkeit über das Erbgut der DNS zu manipulieren. Es wird versucht, durch einen solchen Eingriff in der Basensequenz der DNS die von der Seele für dieses Leben sehr *bewußt* vorgegebene individuelle Zellfunktion zu verändern, um dadurch das Leben „gesünder" oder gar „unsterblich" zu machen. Das bedeutet eindeutig das Verwechseln von Ebenen, von Wirklichkeit und Illusion und, daß in dieser selbstgemachten Finsternis versucht wird, die eigene Vorstellung von „Wahrheit" in die Erlösung zu führen, menschlichen Größenwahn und Illusion zur Wahrheit zu machen. Krankheit, Leid und Schmerz werden jedoch nicht durch den irrtümlichen Glauben aufgehoben, durch eine künstlich veränderte Geninformation der geistig-seelischen Arbeit an sich selbst und damit der Wirklichkeit entrinnen zu können. Weder das Klonen noch Arzneimittel können den Geist und die Seele des Menschen erreichen, geschweige denn heilen – nur geistiges Bewußtsein, und da werden wir wohl noch eine Weile auf die Erlösung warten müssen. Warum wird überhaupt geklont? Es ist das Ego der Menschen, die solches tun, um sich an ihren „Schöpfungen" selbst zu befriedigen und auch, um das Ego der Menschheit zu bedienen. Doch das wird der Menschheit nicht zum Segen gereichen, im Gegenteil, es wird sich eine unglaubliche Brutalität und Härte in der Menschheit ausbreiten allein aus Gründen von Auswahlkriterien und einem Ausleseprozeß von unwertem und wertvollem Leben (der ja bereits begonnen hat), also einer Aussonderung von Menschen mit sogenannten (Erb-)Krankheiten oder sonstigen Schäden und solchen, die „gesund" sind. Ähnliches hatten wir bereits, doch wird die Zukunft alles schon Dagewesene bei weitem überbieten, wird einer solchen Entwicklung nicht schnellstens Einhalt geboten.

Die Wissenschaft Gottes zeigt sich in der Natur, während die „Naturwissenschaften" dabei sind, diese zu zerstören, wie es die Atom- und Genforschung deutlich erkennbar, fühlbar und augenscheinlich vorführen. Wie es überhaupt mit dem lieben Gott in der modernen Wissenschaft steht, von einigen rühmlichen Ausnahmen abgesehen, zeigt sich äußerst betrüblich. Denn hier wird mehr oder weniger (meist mehr) ohne Einschränkungen anerkannt, daß die Naturwissenschaften innerhalb ihres „wissenschaftlichen Aufbaus" die göttliche Wissenschaft vom Ursprung allen Seins, dem Wesen und der Wahrheit

Gottes, bemüht sind zu meiden. Die Geisteswissenschaft wird nicht anerkannt, da, wie es heißt, auf diese „kein Verlaß" ist, eine „exakte" Wissenschaft darauf nicht aufzubauen ist, eine solche somit selbstverständlich nicht zur „wahren" Wissenschaft gehört. Die Frage, ob es ein Lehrbuch der reinen Mathematik gibt, in dem von Gott die Rede ist, dürfte sich erübrigen. Mit gutem Grund. Die „exakte Wissenschaft" ist und bleibt gottfrei. Gentechnologie und Computertechnik ersetzen Gott und stehen für einen neuen, einen selbstgemachten Gott, dem nun Götzendienst geleistet wird. Die Computertechnologie überzubewerten, so hilfreich sie auch sein mag, in ihr so etwas wie einen „neuen Gott" zu sehen, ist nichts anderes als einen konstruierten Götzen anzubeten. Auf dem Weg zu Gott, den die Wissenschaft nicht sucht, ist die Menschheit damit nicht, doch auf dem besten Weg in den Abgrund. Es wäre dumm abzustreiten, daß die Wissenschaft und ebenso die Medizin, wie insbesondere die Physik, unendlich viel Gutes für die Menschheit und ihre Entwicklung erreicht und beigetragen haben, um den Weg in eine bessere Welt zu erleichtern. Und auch ich sage hier meinen tiefen Dank, da wir alle daraus unseren (ebenso egoistischen) Gewinn gezogen haben. Doch nun sollte das Maß nicht überzogen und nicht vergessen werden, daß das Zeitalter unserer modernen, technisierten Welt, die der Menschheit viel Befreiung schenkte, durch Mißbrauch göttlicher Kräfte zu deren Untergang führt. Es sollte daran gedacht werden, daß eine solche Befreiung nur aufgrund der heiligen göttlichen Mathematik und Geometrie zustande kam, die bereits vor der Wissenschaft bestand als das ewige Wissen der Welt, aus dem die Wissenschaft ihr bisher bescheidenes, doch zugleich möglicherweise auch schon die Welt vernichtendes Wissen schöpfte. Und es sollte weiter bedacht werden, daß selbst der modernste und leistungsfähigste Computer sich gegenüber dem Wissen des Geistes und seiner Fähigkeiten als recht altertümlich erweisen wird. Denn ebensowenig wie eine Brille das Augenlicht ersetzen kann, ebensowenig werden Computer das *schöpferische* Schaffen des Geistes ersetzen können.

Kehren wir zum Ur-Licht und damit zur Zahl Eins zurück, der Krone aller Zahlen mit dem ihr zugeordneten Namen Eheieh (2.Moses, 3:4), was auch ICH BIN bedeutet und damit auf den Einen hinweist, der alles in sich beinhaltet, da Er die eine Existenz des Lebens ist. Diese Zahl versinnbildlicht die Einheit, in der bereits alle Zahlen und ebenso die heilige Geometrie Gottes enthalten sind, welche sich von innen nach außen in sogenannten Dimensionen oder Ebenen manifestiert. In der Offenbarung des Lichtes, als das Alpha und das Omega – „Ich bin der Anfang und das Ende" –, hervorgegangen aus der großen dunklen Leere, trägt die *Eins* bereits alle Schlüsselmerkmale der sich ausweitenden Schöpfung in sich: Die Dualität der *Zwei,* das Prinzip der kosmischen Weisheit und Liebe, das von der Eins reflektierte Kraftfeld des göttlichen Vaters, welches mit der Großen Mutter in Einheit ist; ebenso das Formprinzip der stofflichen Schöpfung, welches sich in der Linie offenbart und damit auch die *Drei* hervorbringt als Ausdruck der Großen Kosmischen Mutter, die ebenbürtig mit der Zahl Zwei verbunden ist, der weiblichen Kraft in der Schöpfung durch das Prinzip des Heiligen Geistes in der Bekundung kosmischer Intelligenz und allerhöchsten Verstehens. Und auch das Prinzip der Vierten Welt, das der körperlichen Formenwelten und der materiellen Objekte, welche sich einst wieder in der Einheit allen Seins auflösen, geht ebenso aus der Eins hervor. Denn Gott der All-Eine hat Ganzes geschaffen, und nicht nur einen Teil davon. Die für uns sichtbaren Formwelten sind nur die schwingenden Oktaven im Einklang mit den Schönheiten der höheren, einer Ur-Schöpfung, welche bis in die Welt der niederen hineinschwingen. Wir sind mit der Ur-Quelle des Lebens auf das engste verbunden, es gibt keine *wirkliche* Trennung in ein Diesseits oder Jenseits. Das, was als Trennung empfunden wird, entsteht nur aufgrund einer Bewußtseinsspaltung, ist nur die dunkle Ausstülpung vorstellungsgebundener Gedanken – in Form gebrachte Energie.

Es hat sich gezeigt, wie durch den Bewegungsablauf der Schöpfungsentwicklung aus dem ersten Lichtpunkt der göttlichen Offenbarung, dem Licht des Lebens, die Dualität der Schöpfung und damit das Licht der Welt entsteht, die göttliche Dualität der Zweiheit. Wirkt die Kraft des Lebens weiter, erfolgt automatisch eine Ausdehnung des Lichtes durch Bewegung, aus der sich Bewußtseinseinheiten als Reflexion zu einer Linie bilden, die sich dann in einem dynamischen Prozeß der Ausstrahlung in alle sechs Himmelsrichtungen als Möglichkeit projiziert, also nach oben, unten, vorn, hinten, links und nach rechts, bis sich das ganze Universum in einer heiligen, projektiven, kosmischen Geometrie entfaltet. Aus dem Punkt, der ohne Dimension ist, entsteht die Linie als *erste Dimension,* aus dieser ein gleichseitiges Dreieck, welches sich über ein Viereck als Quadrat mit einer inneren Fläche als *zweite Dimension* vervollständigt als Schlüsselmerkmal der zweidimensionalen Welt, der Zahl 5. Aus dem Quadrat entwickelt sich ein Würfel mit einem inneren Raum als *dritte Dimension,* aus dem sich die Kugel formt. Aus dieser bilden sich dann weitere Formen von Körpern als materielle Objekte.

Das Dreieck ist dabei die einfachste aller geometrischen Figuren, doch zugleich die *einzige,* auf welche alle Flächen reduziert werden können, da jedes Vieleck in Dreiecke eingeteilt werden kann. Das heilige Quadrat, mit der Zahl Vier ist durch die Vereinigung von *Kreis, Dreieck* und *Quadrat* die *wichtigste* geometrische Figur. Denn das Quadrat steht nicht nur in einem engen Bezug zur Vierheit *aller* Dinge, da es den Thron Gottes trägt, sondern es stellt über die vier heiligen Äther die Kräfte in den vier körperlichen Formenwelten (Mineral, Pflanze, Tier, Mensch). Die Vier der Quadratur ist das Symbol für die Erde, denn sie wirkt in der materiellen Welt über die Elemente von Feuer, Wasser und Luft. Durch das innere Flächenmaß (der Zahl Fünf) wird Stabilität im Quadrat ausgedrückt, da die Fläche durch vier gleiche Seitenteile gleichmäßig begrenzt und dadurch gehalten wird. In ihr ist jedoch noch kein vollkommenes Gleichgewicht enthalten, ein solches entsteht im Endeffekt erst durch zwei gleichseitige Dreiecke, durch zwei Pyramiden mit jeweils drei Seiten als Tetraeder, die sich zu räumlichen Figuren aus der Fläche entfalten und mit ihren Gundflächen aneinander liegen. Diese Tetraeder zeigen sich im Würfel.

Der Würfel ist die Grundform als Aufbau aller Materie, denn in diesem haben sich sechs Quadrate gebildet: vier Seitenteile, ein Ober- und ein Unterteil. Diese begrenzen den Würfel innen mit seinem Kubikinhalt als Raum, dem siebten Faktor und zugleich dem Schlüsselmerkmal der dreidimen-sionalen Welt, mit der Zahl 7. Aus dem Würfel bauen sich nicht nur die verschiedensten Kristalle mit ihren tausenden daraus entstehenden Varianten auf, sondern auch eine Anzahl von weiteren Formen. Es sind die sogenannten konvexen (erhabenen, nach außen gewölbten) Polyeder (Vielflächner, von Vielecken begrenzte Körper), mit ganz anderen Gesetzen als denen des Würfelprinzips. Diese konvexen Polyeder – ich bitte den Leser für eine bessere Vorstellung, sich diese Gebilde und Figuren in einem Geometriebuch anzuschauen –, die von kongruenten (deckungsgleichen) regelmäßigen Vielecken begrenzt werden und in deren Ecken sich die gleiche Anzahl Kanten trifft, sind bei gleichseitigen Dreiecken: Tetraeder (4 Flächen, 6 Kanten und 4 Ecken), Oktaeder (8 Flächen, 12 Kanten und 6 Ecken), Ikosaeder (20 Flächen, 30 Kanten und 12 Ecken). Und es gibt einen Körper, der von Quadraten begrenzt wird und schon als Würfel vorgestellt wurde, der sich Hexaeder nennt (6 Flächen, 12 Kanten und 8 Ecken) und einen weiteren, dessen Begrenzungsflächen regelmäßige Fünfecke sind, das Dodekaeder oder auch Pentagondodekaeder (12 Flächen, 30 Kanten und 20 Ecken).

Da bei drei zusammenstoßenden regelmäßigen Sechsecken die Winkelsumme schon 360 Grad beträgt, kann es also nur fünf solcher, wie es heißt, *platonischer Körper* geben. Den Namen erhielten sie von Platon, obwohl Pythagoras diese Körper schon 200 Jahre früher kannte und sie regelmäßige Körper nannte. Regelmäßige Kristallformen können sich nur aus Dreiecken, Vierecken und Fünfecken bilden. Diese fünf Körper repräsentieren zugleich die fünf Elemente Äther, Feuer, Wasser, Luft und Erde. Fassen wir noch einmal zusammen: Aus Dreiecken entstehen das Tetraeder (dem Feuer zugeordnet), der Oktaeder (der Luft) und das Ikosaeder (dem Wasser). Aus Vierecken entsteht nur der Würfel (der Erde) und aus Fünfecken nur das Pentagondodekaeder (welches dem heiligen Äther zugeordnet wird). Eine Form, die sich in der Natur recht häufig findet, doch schwer zu beschreiben ist, sollte der Ordnung halber nicht vergessen werden. Es ist der Torus, ein „krapfenförmiger" Körper mit einer wulstartigen Ringfläche und einem Loch in der Mitte. Entstanden ist der Torus durch eine außergewöhnliche Anordnung geometrischer Gebilde und entspricht in gewisser Weise dem Diagramm eines Magnetfeldes. Der Torus demonstriert, so nach seinem Entdecker Arthur Young, daß etwas verbunden und zugleich von ihm getrennt sein kann. Hier zeigt sich eine Analogie zum Universum, denn auch in diesem offenbart sich zusehends, daß es keine wirkliche Trennung gibt, da alles mit allem verbunden ist, ähnlich dem eigenen Selbst, welches scheinbar von Gott getrennt ist, doch zugleich immer eins mit dem ewig Einen ist und bleibt.

Als besonders interessant zeigt sich hier das Tetraeder, dessen Form aus vier gleichen Dreiecken eine räumliche Figur bildet als Pyramide mit nur drei Seiten. Dieses Tetraeder ist die Verkörperung von Harmonie und Gleichgewicht. Warum? Die Materie der dreidimensionalen Welt baut sich in der Würfelform auf, aber sie verbirgt in sich das göttliche Gleichgewicht der Kräfte, da sich im Würfel zwei mit ihren Grundflächen aneinanderliegende Tetraeder befinden, die zueinander genaue Spiegelbilder sind. Sie bilden das innerste Gesetz der stofflichen, der für uns erkennbaren Welt, da sie, aneinanderliegend, die zwei Pole aufbauen, die die ganze Schöpfung im Gleichgewicht halten als das Gesetz des Geistes, welches Leben ist und sich im göttlichen Inhalt des einen Tetraeders und im anderen Tetraeder als das Gesetz des materiellen Widerstandes im Naturgesetz offenbart. Jeder ihrer jeweiligen Eckpunkte liegt in einer Ecke des Würfels, und dies gleich weit vom anderen entfernt, und so besteht folglich in keinem Tetraeder eine Spannung, sondern immer eine innere Harmonie. Dagegen liegen die äußeren diagonalen

Eckpunkte des Würfels und ebenso die seiner sechs viereckigen Quadrate in verschiedenen Entfernungen zueinander entfernt, wodurch unüberbrückbare Spannungen hergestellt werden, die die Welt in Unruhe, Veränderung und Bewegung halten.

Das Gesetz des Geistes ist Ausdehnung, Geben, Wärme. Das Gesetz der Materie ist Zusammenziehung, Abkühlung und Erstarrung. Die ganze Schöpfung beruht auf diesem göttlichen *Gleichgewicht* der Kräfte und wirkt so durch alle Formen als ihr innerstes Gesetz; so auch bis in die Kristallisation der Materie. Die das Tetraeder bildenden Dreiecke sind mit den verbindenden Flächen der Ecken des Würfels identisch. Ebenso hat auch der Mensch in seinem Inneren eine Berührungsfläche mit dem göttlichen Selbst, da der menschliche Körper als ein Mikrokosmos im Makrokosmos sich als ein Metermaß, als ein *holographisches* Abbild des Universums erweist, da sich ausgehend vom Körper und seinen Energiefeldern alles geometrisch messen und bestimmen läßt. Das berühmt gewordene Werk Leonardo da Vincis zeigt dies so deutlich auf. Es ist nicht nur ein „Bild", sondern es offenbart das universelle Maß und trägt das menschliche Geheimnis des Lebens in sich. Es liegen bisher noch ungelüftete Überraschungen über das geometrisierte Bildnis des Menschen versteckt und unerkannt in diesem genialen, wundervollen Werk. In dieser Zeichnung, ein Mann mit ausgestreckten Armen und gespreizten Beinen, wird ersichtlich, wie sich der menschliche Körper in einer kosmischen Geometrie aus geometrischen Figuren (Kreis, Linie, Rechteck, Würfel, Kugel) entfaltet, so, wie auch die ganze Schöpfung. Und eben deshalb kann er sein eigenes göttliches Wesen auch nur in seinem eigenen Inneren erfahren und finden, in seinem ihm inhärenten Lichtkörper, nie aber, indem er seine Aufmerksamkeit nach außen richtet. Macht er das, so wird er, entsprechend dem göttlichen Gesetz – denn auch der Mensch ist ein Teil der heiligen göttlichen Geometrie – in weitere kristalline Seelengitter hineingezwungen, bis er nach vielen Leiden und Schmerzen, nach endlosen Wiedergeburten sich endlich erkennt als das, was er in Wirklichkeit ist – Licht.

Fassen wir zusammen: Gott offenbart sich in der dreidimensionalen Welt der Materie über den Würfel siebenfach, denn mit dem Würfel haben wir vier Dimensionen: 0, 1, 2 und 3, die mit 4 geometrischen Figuren (Punkt, Linie, Quadrat und Würfel) gekoppelt sind. 0 = der Punkt ohne Dimension, der die Potentialität des Göttlichen ausdrückt, 1 = die Linie als Bindungsprinzip, welches die erste Dimension offenbart, der Anfang, das Ende und der Zwischenraum zwischen diesen beiden, 2 = die Fläche des Vierecks als Formprinzip mit ihrer zweiten Dimension, und 3 = der Körper des Würfels als räumliches Materieprinzip als dritte Dimension, aus der sich die 4 = die vierte Dimension der körperlichen Formenwelten offenbart.

Scheinbar reine Geometrie, doch diese mehr abstrakten, geometrischen Dinge führen uns in die Erkenntnis einer damit zusammenhängenden Verknüpfung von Dimensionen und zeigen Ähnlichkeit mit den Schlüsselmerkmalen der ersten vier Hauptstadien (Reiche) auf, welche diese besitzen. Wie die Physik nach Arthur Young („Der kreative Kosmos") zeigt, steht die Entwicklung der göttlichen Geometrie in einem engen Zusammenhang mit den Hauptstadien der Entwicklungs-Evolution, da die Anzahl der Dimensionen der Anzahl der Beschränkungsgrade entspricht: 0 = Licht, 1 = Teilchen, Protonen, Elektronen, Neutrinos und 2 = Atome und 3 = Moleküle. Ebenfalls zeigen sich deutlich Zusammenhänge zwischem dem Punkt des göttlichen Offenbarungslichtes und dem Merkmal Potentialität, der Linie und dem Merkmal Bindung, der Ebene (Fläche) und dem Merkmal Form, deren Darstellung zwei Dimensionen erfordert, sowie dem Körper des Würfels und den materiellen Objekten, die Form und Substanz kombinieren. Auch das Periodensystem der Elemente, das die Atome nach ihrem Aufbau ordnet, wie die Naturwissenschaft aufzeigt, hat sieben Reihen. Es gibt sieben Ordnungen, nach denen sich die Moleküle kombinieren und auch sieben Postulate der projektiven Geometrie, die den Symmetrieregeln gehorchen, wie auch sieben Prozeßstadien in der Evolution mit sieben Schlüsselmerkmalen. Im Kapitel „Das Licht der Welt" vermag sich der Leser im Zusammenhang mit der Verankerung der planetarischen Äther und dem Verdichtungsprozeß des Lichtes auf eine sehr anschauliche Weise ein erweitertes und anderes Bild solcher Zusammenhänge machen.

Werden die vier Dreiecke der dreiseitigen Pyramide des im ersten Würfel verborgenen Tetraeders, der das geistige Prinzip ausstrahlt, zu einer Fläche ausgebreitet, so entsteht ein einziges, gleichseitiges Dreieck, als die symbolische Darstellung des kosmischen Willens, der kosmischen Liebe und der kosmischen Gerechtigkeit, und dieses Dreieck zeigt mit der Spitze nach unten. Wird der zweite Tetraeder, der den ersten spiegelt, ebenso ausgebreitet, so entsteht ebenfalls solch ein flächiges, gleichseitiges Dreieck, als das Symbol der Dreiheit im Menschen als dem „fleischgewordenen Geist", d.h. den drei Ansichten des Ego, welche durch die drei höheren Zentren (Kopf-, Ajna- und Kehlzentrum) im Menschen symbolisiert werden (siehe das „Kreuz des Lebens"), doch zeigt dieses Dreieck mit der Spitze nach oben. Wenn sich beide vereinen, so entstehen zwei in sich verschlungene Dreiecke als sechszackiger Stern, die die Einheit von Himmel und Erde symbolisieren. In dieser Einheit begegnen sich Gott und der Mensch in der „chymischen Hochzeit".

Wenden wir uns einem weiteren Mysterium des Würfels zu. In diesem finden wir nicht nur die beiden ineinanderliegenden Tetraeder, die einander genaue Spiegelbilder sind, sondern auch die Form einer vierseitigen Pyramide. Die vier Seiten der Grundfläche symbolisieren die zweite Quadratur der zodiakalen Gottheit, der Erzengel Michael, Gabriel, Raphael und Uriel. Die vier Dreiecke der Pyramide, die sich zu einer Spitze vereinen und jeweils die drei Aspekte ihrer Ur-Quelle in sich tragen, haben die Wirkung einer zwölffachen (drei mal vier) Ausstrahlung, die zwölf kollektive archetypische Grundstrukturen bilden – Zwölf ist das Symbol der Jünger –, die sich im ganzen Universum vollkommen gleich offenbaren: 12 = 1 plus 2 = 3 = Trinität. Die Spitze der Pyramide symbolisiert den Christus mit der Zahl 13 = 1 plus 3 = 4 auch als Hindeutung auf das göttliche Tetragrammaton (Tetraktys). Auf dieser zwölffachen Ausstrahlung ist das ganze sichtbare All aufgebaut, und diese zwölf Kräfte bilden zusammen ein intensiv strahlendes Licht, welches mit dem Wort Himmel oder auch Christus bezeichnet wird. Ebenso baut sich auf dieser zwölffachen Ausstrahlungskraft das makrokosmische Tierkreiszeichen des Zodiak auf, das Himmelsgewölbe, aus dem sich das mikrokosmische Tierkreiszeichen der Astrologie des Menschen ergibt. Nichts bleibt in Gottes Schöpfung dem Zufall überlassen, alles ist miteinander verzahnt wie ein Uhrwerk.

Das göttliche Dreieck, welches sich im Menschlichen als die drei Ansichten des Ego widerspiegelt, zeigt sich jedoch noch in einer weiteren Variante. Ein anderer Ausdruck verbindet sich mit dem Bild der zwei ineinander verschlungenen Dreiecke: der sechszackige Stern der Kabbalisten und das Hexagramm der Kabbala als ein symbolischer Ausdruck der Einheit und Vollkommenheit; es wird zum Symbol der Fruchtbarkeit, wenn männliche und weibliche Kräfte sich vermischen. Das Hexagramm ist ein Symbol aus der jüdisch-esoterischen magischen Zahlen- und Buchstabenlehre, der sogenannten Kabbala, über die bereits im Kapitel „Das geistige Paradies" gesprochen wurde. Das Symbol des Hexagramms bezeichnet und versinnbildlicht den Makrokosmos, während das dazugehörige Pentagramm, als Ausdruck des Mikrokosmos, seine Bedeutung in der Lehre der Kabbala findet. Die Geheimlehre der Kabbala – die, wie es heißt, nur mündlich überliefert wurde – jene mehrere Jahrtausende alte Philosophie von der Bedeutung der Buchstaben und Namen, die mit der Parallelwelt der Zahlen verschlüsselt ist, begründet sich darauf, daß jeder Buchstabe mit einer Zahl und jede Zahl mit einem Buchstaben verbunden ist. Namen und Worte sind in ihren Schwingungen entweder heilend oder zerstörend, wohltuend oder vergiftend, entsprechend den Buchstaben, aus denen sie zusammengesetzt sind oder der Frequenzen von Sprache und Klang, die ihre Wirkung ausstrahlen. Zahlen, Buchstaben und Worte sind selbständige Wesenheiten mit einer individuellen Kraft und Energieausstrahlung, also mit gestaltbauender Kraft und damit einer ihnen innewohnenden Magie, wie auch schon Platon und die alten Pythagoräer wußten.

Jede Zahl, jeder Buchstabe hat seine magische Bedeutung und seinen Daseinsgrund, ist Ausdruck göttlicher Energie und als individualisiertes Leben das „fleischgewordene Wort", welches sich nicht nur im Menschen, sondern in der ganzen Materie offenbart. Vor allem Vokale zeigen ihre magische Wirkung mit oft ganz explosiven Kräften. Jedem Namen, jedem Buchstaben und jeder Zahl (auch Geburtszahl) wohnt eine Energie inne, die es dem, der es vermag, ermöglicht, das Wesen eines Menschen und auch das daraus zu ziehende Lern- und Lebensziel zu erkennen, ja nicht nur das, sondern das Wesen aller Dinge zu erfassen und in einen richtigen Zusammenhang zu stellen. Es besteht – und wir beginnen hier die Zusammenhänge bereits immer tiefer zu begreifen – eine weise göttliche Ordnung in allem Geschehen. Die Symbolik und die Welt der Magie der Zahlen und Buchstaben, sei es nun der Zweig der Numerologie oder auch der Stamm der Kabbala selbst, zeigen auf: Gott hat alles nach Zahl, Rhythmus und Maß eingeteilt. Denn: „Am Anfang war das Wort..." – und die Zahl Eins, der Anfang allen Seins, in dem bereits alles andere (auch die Zahlen und Buchstaben) verborgen liegt. Und es heißt, daß Gott selbst der Verkünder dieser Lehren gewesen sei, und eine ausgewählte Engelschar darin unterwies, um sie den gottgefälligsten und reinsten Menschenkindern weiterzugeben, um ihnen eine *schnellere* Rückkehr in das Licht zu erleichtern.

Seit Urbeginn der Zeit lebt der Mensch mit solchen magischen Kräften, mit Weißer und/oder Schwarzer Magie, die beide der Macht der Wort-, Zahlen- und Bildmagie entstammen. Solche magischen Energien als lichte oder dunklen Kräfte begleiten den Menschen häufig unbewußt, umfangen ihn geradezu ein ganzes Leben lang. Wann immer dem Menschen das Mystische der Magie begegnet, so wird er, gewollt oder nicht, von ihr berührt und bewegt, erhoben (in der Weißen) oder aber angegriffen und herabgezogen (in der Schwarzen Magie). Wahre Schwarzmagier gibt es nur sehr wenige und erscheinen sie als solche, so sind es zumeist durch Machtbestrebungen verirrte Seelen, dunkle Egos, die sich aufgrund von Machtbedürfnissen und falschen Ich-Bestrebungen in ihren finsteren Absichten verirrten, sich darin festgefahren haben. Nur Ich-Besessene haben es nötig, Schwarzmagier zu sein, um sich auf diesem Wege etwas zu beschaffen. Es sind die Kräfte der Gedanken, die helfen sollen, persönliche Wünsche und Bedürfnisse über das Manipulieren geistiger Energien zu erreichen. Immer sind es die Gedanken, die in die Magie selbstsüchtiger Zwecke (ver-)führen, aus denen dann die Schwarze Magie wie auch deren Gebiete erst zur Wirkung kommt. Doch bewußte Imagination als dunkle Magie wird zum Bumerang für den, der mit solchen Mitteln versucht zu manipulieren, um etwas zu erhalten, auf diese Weise dennoch zu bekommen, was ihm das Schicksal nicht gewähren will.

Schwarze Magie als solche existiert im Licht der ewigen Wahrheit nicht, sondern sie erscheint erst durch die höhere Kraft astraler Gedanken als eine dunkle Verzerrung des Lichtes und wird so in das Zentrum des Lebens gerückt. Vor allem und in erster Linie sind es die finsteren, astralen Mächte, die *hinter* derartigen Gedanken stehen und durch solche astralen Wirbel magischer Aktionen niedere Gedankengänge aktivieren und davon Betroffene in die Dunkelheit verführen. So werden vor allem schwache und Ich-süchtige Menschen zu Opfern gemacht, die sich in ihrer Eitelkeit aufgrund eines mangelnden Selbstwertgefühls zu schwarz-magischen Praktiken hingezogen fühlen, um sich auf diese Weise durch eine so scheinbar erlangte Macht und Kraft aufzuwerten. Sie werden angeblich von dunklen Kräften zu „Magiern" gemacht, jedoch in Wirklichkeit nur irregeführt und gehen daher so gut wie immer den Weg ins Verderben, denn auszusteigen ist hier äußerst schwer. Hieraus entsteht auch die dunkle Kraft der sexuellen Magie mit all ihren Begierden und Perversionen, wie auch viele andere Formen menschlicher Abartigkeiten. Die Art der Motive bestimmt die Aktivitäten finsterer Kräfte, wie ebenso die der lichten, doch hier dann positiv in der heilenden Kraft der Weißen Magie, wie z.B. in der Geistigen Heilung. Jeder Heiler ist zugleich auch Magier, weil er Schöpfer ist. Sich der Macht der Weißen Magie bewußt zu sein, bedeutet immer, eine große Verantwortung zu übernehmen. Immer bestimmt das *Motiv der Gedanken*, ob jemand den Zauberweg dunkler Magie oder den lichten

Königsweg des Herzens geht. Die Art der Imagination und Tätigkeit sondert in Weiße oder Schwarze Magie.

Gesundheit, Krankheit, Elend oder Glück, alles sind nur Formen von Gedankenmagie, denn immer ist der Gedanke, die höchste Geisteskraft im Menschen, der alleinige Wundertäter jeglicher Magie. Magie ist grundsätzlich ein bewußtes Umgehen mit bereits vorhandenen Energiefeldern, erschaffen von Vorgängern und/oder Gleichgesinnten, in die sich jemand nur „einzuklinken" braucht, um dadurch vermehrte Kraft zu erhalten – dunkle oder lichte. Magie, Zauberei und Hexerei, alles wurde aus gedankengebundenen Energien erschaffen, denn alles Gute und Böse entsteht daraus. Energiefelder sind lebendige Elementale, durchaus real, und das, was ernährt wird über die Kraft der Gedanken und auch der Gefühle, wird zur Realität. Es sind nur wenige, die sich wahrhaft zur Schwarzen Magie hingezogen fühlen und zumeist sind es dann auch keine Magier, sondern eher die Opfer ihrer eigenen Gedanken; kleine „Teufelsbündler" mit ein paar magischen Formeln und Worten der Macht, hervorgeholt aus dunklen astralen Gedankenströmen. Doch das ist nicht *wahre* Magie, es zeigt nur auf, wie materialistisch, ehrgeizig und lieblos solche verführten Seelen in ihren niederen Bedürfnissen sind.

Für Goethe war die Magie ein „unfaßbarer Dämon", egal, ob gut oder böse, denn die Magie beider ist immer vorhanden, zwingt hinab in die Tiefe oder zieht hoch hinauf in das Licht. Fällt jedoch das Göttliche wahrer, magischer Verschwörung und damit egoistischen und/oder dunklen astralen Kräften in die Hände, dies z.B. durch Mißbrauch göttlicher Energie, so zeigt sich wahrlich der Schwarz-Magier als ein magischer Meister der Verderbnis solch dunkler Kräfte. Magie ist keine Einbildung und doch aus ihr entstanden, denn Magie ist Bildekraft und Bindekraft zugleich. Bild heißt lateinisch „Imago" und Einbildung „Imagination"; Wort, Bild und Zahl sind die sichtbaren Zeichen, Symbole und Signaturen unsichtbarer, aber sehr wirkungsvoller Bildekräfte. Sie alle sind mehr oder weniger auf okkulter Praxis (Geheimwissenschaft) aufgebaut und beruhen daher sowohl auf der Zahl-, Wort- wie auch Bildmagie. Die Magie des inneren Bildes als Vorstellung beruht auf der „Imagination", welche wir in uns selbst erzeugen, uns durch unsere vorstellungsgebundenen Gedanken machen – jedem Gedanken folgt Energie – oder mit denen wir uns verbinden und damit Resonanz leben als Ein-*Bild*-ung, indem wir uns ein Bild von etwas machen. Nach T.Pakraduny zeigt sich noch eine andere Variante: Wird der Wortstamm der I-*mag*-ination anagrammatisch verändert, also das *mag* darin umgedreht, so erhalten wir aus *mag* das *gam,* welches aus dem griechischen „Gamos" abgeleitet ist und „Verbindung", „Ehe" oder auch „Zeugung" bedeutet. Mono-*gam*-ie ist das Zusammenleben mit nur einem Partner im Gegensatz zur Poly-*gam*-ie, und so liegt auch in dem Begriff *mag* die Wurzel der „*Mag*-ie" enthalten.[29] Magie ist in den meisten Fällen reine Ein-*bild*-ung, ein Bild, welches wir in uns selbst erzeugen, also hausgemachte Wirklichkeit, die uns leitet oder verleitet, je nachdem, welcher Kraft der Gedanken*vor*stellungen wir folgen. Der Mensch als „fleischgewordener Geist" entspringt ebenfalls der Kraft solcher Imagination, vorstellungsgewordener Wirklichkeit, der Bilde- und Bindekraft der eigenen Wunschnatur. Hier zeigt sich die Kraft der Magie recht deutlich als ein folgenschwerer Eingriff solcher Ein-*bild*-ung in die reine Natur des Geistes. Nach dem „Ebenbilde Gottes" geschaffen hat sich der Mensch von Seinem göttlichen Ebenbild geistig abgespalten, ein Bildnis von sich selbst gemacht. Nun kann und will er sich von diesem „Selbstbildnis" nicht mehr trennen, da er es für die Wirklichkeit hält.

Magie (Okkultismus) und Mystik werden häufig verwechselt oder in einen „Topf" geworfen. Doch beide unterscheiden sich grundlegend voneinander sowohl auf ihrem Weg zu Gott, als auch in den Mitteln der Zielsetzung. Der Mystiker verzichtet mehr oder weniger auf alle rationalen „Beweise" einer nüchternen Wirklichkeit Gottes und versucht in der Conjunctio, der inneren Herzensvereinigung, in einem Aufgehen der Seele in Gott die eigene Verwirklichung als Krone des Lebens für sich zu erreichen. Er versucht, in starkem Glauben, in der bedingungslosen Liebe zu Gott, das allerhöchste Ziel des Menschen für sich zu erringen, und es ist allein diese Glaubenskraft, die ihn zu innerem Wissen führen soll, die ihn trägt, antreibt und erfüllt. Auch die Magie (Okkultismus) sieht in einer solchen angestrebten Vereinigung ihr höchstes Ziel, doch versucht sie diesen Weg über die Gnosis (Erkenntnis) zu erreichen. Der Okkultist versucht, das Selbst über die Kraft der Weltenseele zu erreichen, also über ein gelebtes Leben, durch irdisches Wissen, als Selbsterkenntnis im Hier und Jetzt und zugleich auch im Jenseitigen durch Hingabe an das Göttliche, also mit Hilfe der göttlichen Magie in einem metaphysischen Leben. Beide Wege bedürfen der größten inneren Reinheit ihrer Motive, denn für beide gibt es auf dem Weg in das Licht reichlich Gefahren. Die größte Gefahr für den Mystiker ist, sich in seinen emotionalen, den gefühlsmäßig

---

[29] Pakraduny, T. *„Die Welt der geheimen Mächte"* , Verlag R.Löwit GmbH, Wiesbaden, S. 723, 724

ausgerichteten, spirituellen Mystifikationen zu verirren und so das Heil der Seele einzubüßen. Der okkulte Magier läuft Gefahr, daß aus der praktizierten, göttlich Weißen Magie durch mißbrauchte geistige Macht Schwarze Magie entsteht und sich dadurch dunkle Kraft über ihn wölbt und sich seiner bemächtigt. Gibt er nicht acht, so entsteht aus der Weißen Magie die Magie der Verderbnis, zuweilen gar eine diabolische Dämonie, wie es sich so oft in der esoterischen Szene zeigt.

Hier offenbaren sich die lichte und dunkle Seite der Schlangenkraft mit ihren zwei Gesichtern: die Schlange der Weisheit einer Göttlichen Magie, oder entartet zum bösartigen Reptil geworden, die einer Schwarzen Magie, die Welt mit ihrem Gift verseuchend. Der Mystiker sollte nicht nur allein seinen Gefühlen folgen, aus dem Wunsch nach Verschmelzung mit dem geliebten Einen, mit Christus, sondern er sollte auch zu der Erkenntnis kommen, daß das, was er liebt und anstrebt, bereits eins mit ihm ist. Er muß die bisherige mystische Schau der Dualität von Empfindung und Erkenntnis in den zwei Polen des Seins in sich zur Einheit verschmelzen. Der Magier oder Okkultist wiederum muß lernen, die Erfahrungen des Mystikers mit einzubeziehen, sich die Liebe des Herzens anzueignen, um beides, Wissen und Herzempfinden in einer Synthese zu verbinden, denn dann, so die Esoterische Lehre, wird der Mystiker zum Magier (Okkultisten) und dieser zum Mystiker. So gehen beide den Weg der Weisheit und Liebe, den wahren Weg zu Gott.

Seit Anbeginn der Menschheit, zu allen Zeiten, herrschte Magie, und auch heute übt sie ihre Macht aus, doch der „aufgeklärte, moderne Mensch" merkt es nicht oder er will es nicht merken. Vor allem das Ritual der Sexual-Magie mit ihren sowohl körperlichen als auch seelischen Komponenten zeigt sich für viele als fast unwiderstehlich. Der Mensch verfällt vor allem den Symbolen – wie es sich überall zeigt –, zu denen auch die Magie der Sexualität gehört, sei es auf dem Gebiet der Leiblichkeit oder auch der Seele. Eine Kombination von beiden führt fast in die Unwiderstehlichkeit einer solchen Verzauberung. Schon bei den sogenannten „primitiven Völkern" galt die Sexualität als ein Ritual der Macht und/oder als Erlösungs- und Fruchtbarkeitsmagie. Daran hat sich bis heute nur wenig geändert, demselben Vorgang wird nur ein neuer, ein moderner Name gegeben, wie z.B. Therapie, Aufklärung oder Selbstfindung, was sich zuweilen in einer merkwürdigen Verschmelzung religiöser mit sexualmagischen Praktiken (z.B. im Tantra) zeigt, die häufig, vor allem in der Esoterik, zu finden sind. Hier vermischen sich Wahrheit und Illusion, was zuweilen recht gefährlich werden kann, da solche Kombinationen aus Unkenntnis der Wirklichkeit entstanden. Es wird geistige Einheit gesucht über die Kraft der Sexual-Magie, im Tantra oft als vorgeschobenes Ziel, auch hinsichtlich einer gewünschten Übereinstimmung zwischenmenschlicher Beziehungen, doch da der Körper nur ein Symbol der Trennung einer solchen gesuchten Einheit darstellt, wird diese durch Sexual-Magie nicht erreicht, da Symbole sich nicht vereinen, sondern nur eine Vereinigung in der Trennung erreichen können. Überall ist die Magie der Geschlechter, die Magie der Sexualität zu finden, die es wiederum durch Magie zu überwinden gilt. In der Zahlenlehre, sogar in der Mathematik und Geometrie, wie auch in allem anderen, zeigt sich die Magie des Männlich-Weiblichen als eine geradezu magisch-magnetische Sogkraft. Auch hier gibt es eine solche Anziehung, da die ungeraden Zahlen als *männlich* und die geraden als *weiblich* gelten. In der heiligen Geometrie finden wir diese ebenso, da jede gerade Linie als männlich, jede Kurve oder gekrümmte Linie als weibliches Symbol gilt. Unsere Welt ist eine Welt voller Magie, da sie auf dem Glauben beruht, daß die Wirklichkeit veränderbar wäre, würde nur nach bestimmten magischen Regeln (Wünschen) und Gesetzen (magischen Gedanken) vorgegangen. Magie entsteht vor allem aus dem Bedürfnis nach weltlicher Macht und Anerkennung oder aus dem Bedürfnis nach Erlösung, dem Wunsch nach Einheit. Wahre Magie, wie die der Zahlenlehre oder die Weiße Magie der Geistigen Heilung, ist ein Geschenk Gottes an Seine Kinder, um die Welt der Maya, die Trennung, mit Seinen magischen Mitteln zu überwinden.

In den christlichen Religionen, wie in allen anderen Weltreligionen ebenso, haben sich magische Rituale und Symbole bis heute erhalten. Ob Maibaum (zum 1. Mai aufgestellt, einst gedacht zur Erlangung der Fruchtbarkeit von Frauen und Feldern), Weihnachtsbaum oder auch das Osterei, alle sind Ausdruck einer heute mehr oder weniger bewußten Ur-Magie. Der Weihnachtsbaum, aufgestellt zum Christfest, ist in Wirklichkeit das Symbol des kosmischen Lebensbaumes, dem wir als dem sphärischen oder kabbalistischen Baum des Lebens auch in der Zahlenlehre begegnen. Dieser Lebensbaum symbolisiert die Ganzheit von Himmel und Erde, die Einheit des Lebens durch Überwindung der Welt, und es verwundert nicht, daß der Name Jesus kabbalistisch mit seinem Schlüsselwort die Bedeutung erhält: Sieg über sich und andere! Das Osterei offenbart sich als symbolisches Weltenei, welches die Wiedergeburt im Geiste, die Erneuerung des göttlichen Weltgeistes in der Materie darstellt. Und gehen wir in besonders orthodoxe und christlich geprägte Gebiete, so erleben wir hier immer noch die magische Praxis zum Dreikönigstag, wenn symbolisch die Schriftzeichen C + M + B an die Türen oder Türrahmen gemalt werden. Auch hierin verbirgt sich eine uralte Fruchtbarkeitsmagie, das alchimistische, magische Symbol der Vereinigung von Himmel und Erde, von männlich und weiblich, in der sogenannten „Conjunctio", dem „C"; der göttlichen Mutter allen Lebens, der Erde als dem „M" (Mutter-Mater); und dem Vater, als dem geistigen Prinzip, was dem „B" (Baba-Vater) entspricht. Magie zeigt sich überall, und in gewisser Weise sind wir *alle* Magier, ohne es meist selbst zu wissen. Die Welt der Wort-, Zahlen- und Bildmagie zeigt dies in der „Hexerei" eines magischen Alltags allzudeutlich auf. Das „Hexeneinmaleins" wurde von Goethe im Faust offenbart, und Jakob Böhme (1575), der erleuchtete Schuster aus Görlitz, meinte dies, als er von der Gotteben-bild-lichkeit sprach, daß der innere, der geistliche Mensch ein Bild (der Magie) des geformten Wortes Gottes sei. Auch das Hexeneinmaleins von Goethe bezieht sich auf das innere Wesen, das „innere Bild" des Menschen, welches sich durch die Zahlenlehre nach außen zeigt:[30] „Du mußt verstehn! Aus eins mach zehn, und zwei laß gehn und drei mach gleich – so bist du reich! Verlier die vier! Aus fünf und sechs – so sagt die Hex – mach sieben und acht: Dann ist's vollbracht. Und neun ist eins und zehn ist keins. Das ist das Hexeneinmaleins!"

Aus eins mach zehn:	1 Gott und 0 Nichts	= 10 =	die Welt, Maya;
und zwei laß gehen:	1 + 1 =	2 =	Polarität (Eros), Dualität (Karma);
und drei mach gleich:	1 + 2 =	3 =	Ego, die Dreieinheit, Sattwa;
verlier die vier:	1 + 3 =	4 =	niedere Quaternität, die Physis;
aus fünf:	1 + 4 =	5 =	Kunst (und Schöpferkraft);
und sechs:	1 + 5 =	6 =	Opfer;
mach sieben und acht:	1 + 6 =	7 =	Erleuchtung, Liebe, Weisheit;
so ist's vollbracht:	1 + 7 =	8 =	Erlösung;
und neun ist eins:	1 + 8 =	9 =	Nirwana, Freiheit;
und zehn ist keins:	1 + 9 =	10 =	Vergänglichkeit, Alles und Nichts.

Die Vollkommenheit Gottes ist eins in drei und drei in eins. Zugleich beinhaltet die Drei den noch unerlösten Zustand des Menschen als die Dreiheit des Lebens, welche in die göttliche Einheit zurückzuführen ist, als der einzig wirkliche, der wahre Sinn des Lebens. Der ewige Aufruf: „Mensch, erkenne

---

[30] Pakraduny,T., *„Die Welt der geheimen Mächte"*, Verlag R. Löwit GmbH, Wiesbaden, S. 751

dich selbst" ist der Weckruf zur geistigen Freiheit unseres Seins. Gott drückt sich in Seiner Schöpfung auch im Menschen durch die Weisheit des Lebens aus, damit wir Ihn in uns erkennen über das Herz in der Liebe, über die Seele durch gelebte Tat, über den Verstand als höhere Erkenntnis und – durch die Magie der Zahlenlehre, der Mathematik und Geometrie, doch vor allem durch und über die göttliche Magie der Liebe.

Das Licht der Welt

Das Licht des Lebens findet seinen Ausdruck im Licht der Welt, der materiellen Schöpfung, als einer zunehmenden Verdichtung. Die Erde, ein fester und begrenzter Körper, ist Kristallisationspunkt, ja geradezu Sinnbild für das in seinen Abstufungen aus dem Geistigen in die Verdichtung gegangene Licht – in der Natur und aller Kreatur. Die Mineral-, Pflanzen- und Tierwelt wie auch der Mensch, sind nichts anderes als verdichtete Licht- und Klangimpulse der höchsten Sphären Gottes selbst, die Erschaffung des Sichtbaren als *geformtes* Licht. Das Sichtbare der Welt, genährt, getragen und erhalten aus dem Großen Einen, dem Herz des Lebens, ist abhängig von jenen essentiellen Dingen, die wir als das Geistige und auch Feinstoffliche kennenlernten, welche für das normale Auge nicht offenbar, aber dennoch bestimmend vorhanden und wirksam sind. Alles ist abhängig von den höheren Sphären der Liebe und des Lichtes, in denen das Wort des Einen als Klang und Farbe schwingt, aus denen das Gras, die Bäume und alles beseelte Leben hervorgegangen sind und erhalten werden. Alles Irdische dieser Welt zeigt sich ebenso in der Welt der Feinstofflichkeit, in der Welt der Seelen, entsprechend der Ebenen jedoch nur feinstofflicher, reiner und lichter – durchflutet vom Gefühl der Einheit und der Nähe Gottes. Diese für den Menschen unvorstellbaren, lichten Reiche, wie sie uns von der Geistigen Welt durch Emanuel und vielen anderen beschrieben werden, sind nur in den Herzenstiefen als Wahrheit für uns zu erkennen. Vielleicht ein nächtlicher Sternenhimmel in seinem mystischen Glanz, ein Sonnenuntergang, der verzaubert, eine blühende Farbenpracht oder auch die Sphärenklänge reinster Musik, die sich mit pulsierendem Leben vermischen, sind wohl das, was dem für uns noch Unerreichbaren hier auf Erden am nächsten ist; und je höher die Qualität der Klänge, je reiner sich die Weltentöne im kosmischen Einklang formieren, sie zur Sphärenmusik der Liebe und Freude im Herzen werden lassen, um so mehr beginnt sich in diesem Erleben tiefe Ehrfurcht vor der Schöpfung im Herzen zu regen.

Diese Schöpfung, in den kosmisch ausgedehnten Weiten eines unendlichen Raumes, ist von verschiedenen Sonnensystemen, von Galaxien mit Milchstraßen und Millionen, ja unendlich vielen Planeten durchwebt, die das endlose All durchziehen. Und überall zeigt sich galaktisches Leben und dessen Energieformen in unterschiedlichster Art, offenbaren sich geistige Wesenheiten, die mit den irdischen auf gleichem Niveau, unter diesen oder auch darüber stehen. Sie sind zum Teil auf das innigste mit unserem Sonnensystem verbunden. Solche geistigen Wesenheiten, die mit der Erde Berührung leben und aus galaktischen Zentren des Alls zu uns kommen, sie stehen bereits in einer hohen spirituellen, geistigen Entwicklung, und sie können als Lichtwesen oder kosmische Meister Raum und Zeit durchschreiten. Viele sind es, die unbemerkt der Erde ihre Liebe schenken, um diese zu erhalten und zu tragen. Von Santinern wird gesprochen oder denen, die von den Sternenhimmeln der Plejaden kommen, von Alpha Centauri, Arkturus, Sirius und anderen Systemen, doch Namen sind hier bedeutungslos, sie haben keine Priorität. Denn sie alle sind unsere geistigen Geschwister, die aus dem Zentrum des Lebens geschickt werden und das All durchziehen, um der Erde Hilfe und Unterstützung zu bringen auf ihrem geistigen Wege in eine neue Zeit. Diese unsere (nicht nur) wunderbaren, geistig-kosmischen Brüder, sie leben den Wunsch und die Aufgabe im Auftrage des kosmischen Christus, tieferen Kontakt mit dieser unserer Erde zu knüpfen, um sie jetzt endgültig in ihre geistige Entwicklung zu führen. Sie sind die *wahren* Wegbereiter der *Zeitenwende,* um unsere alte Welt in eine neue, in eine wunderbare Auferstehung zu stellen – in das kosmische Licht des Einen.

Aus diesem Licht wurde alles geboren, und so ist letztlich alles eins in Ihm, dem ewig Einen. Als das Licht des Lebens, das Göttlich-Schöpferische, aus seiner Zeit- und Raumlosigkeit, dem Nichtoffenbarten, des in sich ruhenden Ur-Zustandes in die geistige und von dort in die stoffliche und dann in die dreidimensionale Grobstofflichkeit der Materie trat, offenbarte es sich, seine drei Aspekte dennoch behaltend, in einer vier-, sieben- und dann zwölffachen Kraftausstrahlung, um das *Universum zu formen,* das Leben zu bringen und zu erhalten. Die sogenannte Nachschöpfung der Welt *unseres* Sonnensystems steht hier lediglich als *Teilaspekt* der Ganzheit in einem Bedeutungszusammenhang der Elemente, also für die konkreten, formgebenden Aspekte dieser unserer weltlichen Schöpfung. Mag alles scheinbar und noch so vielfältig in Dinge zerteilt sein, so bleibt dennoch alles immer in Ihm, in Seiner Einheit, da alles *aus* Ihm kommt und alles *in* Ihn, in die unendliche Macht, zurückkehrt, wie es auch Christus mit anderen Worten sagte: „Alle Dinge sind durch dasselbe gemacht, und ohne dasselbe ist nichts gemacht, was gemacht ist!"(Joh.,1:3) Die gesamte Schöpfung ist eine Ausdehnung des einen Lichtes, die gigantische Ausweitung des einen reinen Bewußtseins und Willens, die alles in Bewegung hält, doch mit einer inneren Achse, die unbewegt ist, denn nur Unbewegtheit kann Achse sein. Und von diesem Mittelpunkt allen Seins, aus einem völligen Gleichgewichts- und Ruhezustand, strahlt die göttliche Quelle ihre gewaltigen Lichtimpulse in ein atmendes Universum.

Die Ausdehnung der Schöpfung nahm von ihrem Mittelpunkt als Zentrum der Ausdehnung bei ihrem Abstieg ständig an Helligkeit ab. Dieser Verlust an Helligkeit ist der sogenannte *Fall des Lichtes*, welches sich absteigend zunehmend verdichtete, sich sozusagen „abkühlte", mit einer dadurch bedingten verminderten Freiheit des Geistes. Denn je mehr sich das Licht verdichtete, um so starrer, schwerfälliger, um so unbeweglicher und dunkler wurde die jeweilige Ebene mit einer für die absteigende Monade (Geistkeim) dazu parallel verlaufenden, zunehmenden Einhüllung des geistig-göttlichen Wesenskerns durch die Hüllen der Seele, die ihr beim Abstieg aus dem Licht der absoluten Freiheit auf jeder Ebene von zunehmender Verdichtung umgelegt wurden. Versuchen wir zu erfassen: Riesige Sonnen als Zentren von Spiralnebeln, die das Göttliche Ur-Licht aus geistigen Ebenen über eine Spiegelung der Umwandlung transformierten und dann in kosmische Sphären herabspannten, zerlegten dabei das Ur-Licht (ähnlich einem Prisma) in sieben Hauptstrahlen. Diese Strahlen, von den sieben Engeln vor Gottes Thron kommend, bauen alles kosmische Leben, die Sonnensysteme mit ihren Milchstraßen und Millionen von Planeten, durch ihre göttlichen Kräfte auf, die durch sie erhalten und ernährt werden. Dieses Licht, welches sich in einer gigantischen Flut winziger Licht-Teilchen, als Welle oder Partikel – die wahren Bausteine jeglicher Materie und aller Formenwelten – über unendliche elliptische Kreisbahnen in solare und galaktische Räume verströmt, ist erfüllt mit aktiver Intelligenz. Diese Partikularität von Licht besitzt einen genau definierten Klang, der die Teilchen in vordefinierte Formen zusammenführt, die wiederum zu *Atomen* oder *Molekülen* zusammengeschlossen werden und im Einklang die entsprechende *Formendichte* der sich zunehmend verdichtenden kosmischen Ebenen oder Sphären aufbauen, bis hinunter in das irdische Niveau – so vermittelt es die Geistige Welt: Materie ist verdichtete geistige Schwingung (Licht), und jeder Baustein des Lebens besteht aus diesen Schwingungen und Licht-Partikeln.

Und wenn es heißt: „Am Anfang schuf Gott Himmel und Erde", so wird hier von der Verankerung der sogenannten *planetarischen Äther* gesprochen, von den chemisch-ätherisch, feinstofflichen Ebenen der Sphären, die fast unmerklich ineinander übergehen, sich immer mehr verdichten, bis in die für uns sichtbare materielle Ebene der Welt: „...und es war finster auf der Tiefe; und der Geist Gottes schwebte auf dem Wasser."(Mose, 1:1) Dieser Geist war die erste Manifestation des aus der Einheit hervorgegangenen dualen Schwingungsstromes, als Ausdruck des Vaters, der Strahl des „magischen Feuers" *mentaler*, kosmischer Intelligenz. Es war der Geist, der über den Wassern schwebte als einfließender Strahl zur Befruchtung der kosmischen Mutter, über den dunklen Wassern der Tiefe, dem *Wasserstoff* als Baustein allen Lebens. Hier verbindet sich der Geist, der „Eingang der Weisheit", der Vater aller Dinge als das erste Grundelement des Feuers mit dem mystischen zweiten Grundelement des Wassers, der Mutter allen Lebens. Gott-Vater (Licht-Geist) und Gott-Mutter (Leben-Wasser), die beiden lebensspendenden Elemente allen kosmischen Lebens, verbinden sich zu einem grundlegenden Schwingungsrhythmus aufgrund ihrer Doppelnatur der inneren Dualität in der Auswirkung von Anziehung und Abstoßung. Dies bestimmt den *Rhythmus* der kosmischen Atmung wie auch den *Atem der Welt*. Es ist dieser Atem des Lebens, der sich in allen Bereichen des irdischen Lebens und seiner Natur offenbart, alles zur Entstehung und Entfaltung bringt – von der kosmischen Atmung bis zum täglichen Atemrhythmus der Erde, ihren Gesetzen, Gezeiten sowie deren jährlicher Periodik, bis hin zum Atemrhytmus des Menschen durch den schlagenden Rhythmus des Herzens. Der *Sinusknoten* steht hier sozusagen als der Punkt mit der größten rhythmischen Potenz und kann als Koordinator nicht nur des schlagenden Herzens, sondern als ein Koordinator unseres gesamten physischen Lebens betrachtet werden. Alle Kräfte des Lebens, vor allem die der Liebe, schlummern im Herzen.

Das Herz ist Träger des Lebens und hat somit eine herausragende Stellung, nicht nur physisch, sondern vor allem auch kosmisch-geistig in dem feinstofflichen Herzen. Im Physischen ist es (scheinbar) eine „Pumpe", die den Blutkreislauf in Bewegung hält, doch in Wirklichkeit ist es ein Wahrnehmungsorgan, welches auf die Impulse des Nerven-Sinne-Systems reagiert und alles aufnimmt, was im Lebensstrom des Blutes (auch dessen Vergiftung) als Energie lebt. Im Bereich des Astralen hat es die Funktion, die kosmischen Kräfte aufzunehmen und das Licht sowie die Lebensenergien im Körper über die feinstofflich-ätherischen Ebenen zu verteilen. Die Existenz des Herzens basiert in erster Linie auf einer geistig-seelischen Grundlage und „die in das Herz einflutende kosmische Energie besteht", so Padmasambhava aus der Geistigen Welt, „aus einer besonderen Art von allerkleinsten Lichtpartikeln, die auch das gesamte Weltall durchströmen als das Licht des Lebens, der Liebe Gottes, der durch das Herz eines jeden Wesens Seine Liebe zu diesem ordnet, damit dieses sich selbst in Ihm erkennt: *Fühle mit deinem Herzen und du wirst Gott erleben und du erlebst dich selbst!"*

Die formgebenden Aspekte unserer weltlichen Schöpfung stehen in ihrem Bedeutungszusammenhang in dem Atemrhythmus von zwei Grundelementen, die entstanden sind aus dem Ur-Grund allen Seins, dem Licht, dem ersten und zweiten Schwingungsstrahl der einen, universellen Weisheit: dem Element Feuer und dem Element Wasser, welche aus der Einheit als die dualen Kräfte des Lebens hervorgegangen sind. Das erste Prinzip, das Feuer-Element, wirkt sich in allem aus, was je erschaffen wurde. Es ist das Haupt-Element mit den Eigenschaften der Hitze und Expansion. Es trägt in sich eine positive und eine negative Komponente: im Positiven aufbauend, erzeugend und erschaffend, im Negativen zersetzend und vernichtend. Das zweite Haupt-Prinzip, das Wasser-Element, ist das *entgegengesetzte* Prinzip zum Feuer und seinen Eigenschaften. Es ist das Element mit den Grundeigenschaften der Kälte und Zusammenziehung. Auch dieses Element trägt eine positive und negative Komponente in sich: im Positiven aufbauend, lebensspendend, erhaltend und ernährend, im Negativen zersetzend, zerlegend und zerteilend. Beide Elemente tragen also deutlich entgegengesetzte Grundprinzipien in sich, welche durch ihr geheimnisvolles Zusammenwirken die genannten Lebensrhythmen entstehen lassen, aber auch zugleich durch das Zusammenwirken dieser beiden vibrierenden Energien und Schwingungskräfte ein neues ätherisches Feld, das dritte, das Element der Luft, aufbauen und bilden, welches eine Vermittlerrolle zwischen diesen so entgegengesetzten Grundelementen spielt. Das Luft-Element ist sozusagen das „Medium" zwischen dem aktiven Feuer-Element und dem passiven Wirken des Wasser-Elementes, um ein neutrales Gleichgewicht herzustellen. Ohne diese Mittlerrolle des Luft-Elementes – vom Feuer die Wärme, vom Wasser die Feuchtigkeit – wäre kein organisches Leben möglich und denkbar. Somit ist die Luft kein wirkliches Element, hat aber eine essentielle Vermittlerfunktion zwischen den beiden Grundelementen zu erfüllen.

Aus diesem nun zustandegekommenen System von Feuer, Luft und Wasser bildet sich durch das Zusammenwirken dieser drei das vierte Element: das Element der *Erde,* welches aus der Wechselwirkung der drei bereits vorhandenen Elemente entsteht. Durch das gegenseitige Einwirken des Feuer- und des Wasser-Elementes entstehen zwei sogenannte Grundfluide (Ausstrahlungen als Wirkung): das *Feuer* als *elektrisches* und das *Wasser* als *magnetisches*

Fluid. Und diese beiden Grundelemente bewirken mit ihren beiden Fluiden alles, was sich auf unserer Erde materiell zeigt, sichtbar oder auch unsichtbar. Sie beeinflussen sämtliche chemischen Prozesse innerhalb und außerhalb der Erde, sowohl im Mineral-, Pflanzen- und Tierreich als auch selbstverständlich im Menschen. Das elektrische Prinzip des Feuers als Fluid befindet sich im Mittelpunkt der Erde, und das sogenannte magnetische Prinzip des Wassers auf der Erdoberfläche. Dies wird sofort anschaulich, wenn wir bedenken, was wohl mittlerweile allen Menschen bekannt ist, daß der Kern der Erde ein feuriges Inferno glühender Lava ist und die Erdoberfläche darüber eine relativ dünne Kruste bildet, bedeckt mit riesigen Ozeanen von Wasser, die den größten Teil der Erdoberfläche und ihre Gestaltung bestimmen. Das magnetische Prinzip des Wasser-Elementes hält, abgesehen von der Eigenschaft des Wassers, der „Kohäsion" (innerer Zusammenhalt der Moleküle eines Körpers), alles zur Materie verdichtete, aus atomarer und molekularer Struktur Zusammengesetzte in gebundener Form fest, bindet es.

Zusammengefaßt kann also festgestellt werden, daß zwei Grundprinzipien als Ausdruck des Einen sich überall entfalten: das Feuer-Prinzip in seinem Ausdruck der Expansion als *elektrisches Fluid* und das Wasser-Prinzip in seinem Ausdruck der Zusammenziehung als *magnetisches Fluid*. Das Feuer-Prinzip könnte entsprechend dem Schöpfungsgesetz nicht alleine bestehen, wenn es nicht den *Gegenpol* des Wasserprinzips in sich hätte. Die Elemente Feuer und Wasser sind die *Grundelemente,* mit denen *alles* erschaffen wurde. Infolgedessen haben wir es immer und überall mit diesen zwei Hauptelementen und daraus folgend mit den elektrischen und magnetischen Fluiden als den gegensätzlichen Polaritäten in der Welt zu tun.

Wir sind umgeben von einem Meer elektro-magnetischer Energie, und deren *gegensätzliche* Strömungen erhalten die Stabilität der Welt. Die elektro-magnetische Strahlung, die aus dem Weltraum und von der Sonne zur Erde dringt, umfaßt alle Frequenzen von der sehr kurzwelligen, kosmischen Strahlung über die Röntgenstrahlung, UV-Strahlung, sichtbares Licht, Infrarot-Strahlung, Radio- und Mikrowellen von der Sonne bis zu sehr langwelligen Frequenzen. Die Frequenz (Häufigkeit der Schwingungszahl bzw. deren rhythmischer Ablauf) ist die Geschwindigkeit dividiert durch die Wellenlänge. Die Wellenlängen des für uns sichtbaren Lichtes treten als *Farben* in Erscheinung, wobei rotes Licht lange Wellenlänge und niedrige Frequenz, violettes Licht dagegen kürzere Wellenlänge und höhere Frequenz besitzt. Das Tageslicht setzt sich aus allen Frequenzen (Farben) von Violett über Blau, Grün, Gelb und Orange bis Rot zusammen. Das Licht läßt uns nicht nur sehen und vermittelt uns die Umwelt, sondern es trägt einen entscheidenden Anteil zur Gesunderhaltung und zum Gleichgewicht des Organismus bei und spielt für das Hormonsystem eine zentrale Rolle.

Farben sind also Ausdruck von Frequenzen, von Klang und Licht als *Schwingung*. Jede Farbe beinhaltet eine genau definierte Schwingung, die über die Augen und das Gehirn wahrgenommen wird. Die Augen geraten in Resonanz mit den Gegenständen und erkennen diese je nach Schwingungsunterschieden in allen Schattierungen. Es gibt Menschen, die farbenblind sind, die keine Farben erkennen, oder auch Menschen, die nur die Komplementärfarben erkennen. Dies resultiert häufig aus vorgeburtlichen Fehleinstellungen des Gehirns, durch Geburtsfehler selbst oder zuweilen auch durch Unfälle. Es heißt dazu aus der Geistigen Welt, daß solchen Menschen (dadurch) ein Dienst erwiesen wird, da sie so lernen können, sich auf sich selbst zu konzentrieren, um ihr Karma abzubauen, denn die Seele entscheidet, ob Menschen erblinden oder blind geboren werden. Je nach Karma kann auch Farbenblindheit festgelegt werden, die in den meisten Fällen bis zum Ende des Lebens getragen werden muß. Blinde Menschen zeigen oft sehr deutliche Störungen der *vegetativen Funktionen* durch einen bestehenden *Lichtmangel* aufgrund eines gestörten Lichtstoffwechsels. Insbesondere der Wasserhaushalt ist gestört sowie die Regulation des Kohlenhydrathaushaltes und des Blutzuckers, was mit der Dysfunktion der Hypophyse in direktem Zusammenhang steht.

Hier zeigt sich sehr deutlich, daß nicht nur die Pflanze (über die Photosynthese), sondern auch das Tier und der Mensch auf eine *direkte* Lichtzufuhr angewiesen sind, da eine direkte Beziehung zwischen Licht, Vegetativum, Stoffwechsel und Hormonhaushalt besteht. Dabei unterscheiden sich natürliches Sonnenlicht und Kunstlicht voneinander hinsichtlich ihrer Wirkung auf dieses Hypophysen-Epiphysensystem, da das Licht vor allem über das Auge auf energetischen Sehbahnen diesem wichtigen Regulationssystem zugeführt wird. Das Auge hat nicht nur eine optische, sondern vor allem auch eine *biologische Funktion,* da es die Lichtimpulse über diesen energetischen Anteil zur „vegetativen Zentralstelle", dem Zwischenhirn, und damit auch zur Hypophyse weiterleitet, die wiederum als die „Meisterdrüse" alle anderen innersekretorischen Drüsen beeinflußt und über diese auf die damit verbundenen Körperfelder einwirkt.

Licht und damit Farben beeinflussen den gesamten Lichtstoffwechsel und dadurch das allgemeine Befinden des Menschen. Dies nicht nur physisch, sondern vor allem feinstofflich. Das violette Licht spielt dabei eine große Rolle als *heilende Kraft,* da es auf die nicht sichtbaren, feinstofflichen, und hier im besonderen auf den fein-grobstofflichen ätherischen Körper einwirkt, welcher die Heilenergien auf den physischen Leib direkt überträgt. Alle Ursachen von Krankheit liegen in den *feinstofflichen* Körpern begründet, ausgenommen natürlich die mechanischen Einwirkungen von außen, weil alle Lebenskraft von diesen in den physischen Leib einströmen und auf diesen einwirken. Es ist vor allem die reine und hohe Frequenz des *violetten Lichtes,* welche disharmonische Schwingungsfrequenzen in den für uns nicht sichtbaren Bereichen subatomarer Ebenen neu ordnet und harmonisiert, die sich auf den Körper übertragen. Das Licht umgibt uns überall, erweitert den Informationsaustausch der Zellen und läßt uns daher wachsen und erblühen, wie es sich auch sehr deutlich zum Frühjahr bei vermehrter Lichteinstrahlung zeigt. Licht ist der Informationsträger des Lebens, der zum Aufbau der gesamten Schöpfung erforderlich ist, also nicht nur als Informationssystem im menschlichen Körper, sondern im ganzen Kosmos. Als reines *weißes* Licht des Geistes ist es der Träger der göttlichen Liebe, als das *gelbe* Licht der Sonne der Träger des Lebens.

Die Farben im Weltall besitzen ungeahnte Kräfte und wirken, ähnlich wie die Klänge, auf alles aufbauend, also positiv, oder auch zerstörend und dann negativ ein. Gott, so die Geistige Welt, hat die Farben dazu erschaffen, um einen Kontrast, einen Schwingungsausgleich in den Kosmos zu bringen. Menschen, die sich an den Farben der Natur erfreuen können, sind zumeist in ihrem Fühlen und Denken weit entwickelt, denn sie besitzen offene Herzen für die Natur und entwickeln dadurch Nächstenliebe zu allen Kreaturen. In den Farben erkennen wir die große Liebe Gottes, der uns damit die wichtigsten Unterscheidungsmerkmale zur Verfügung stellt. Farben sind eine Mischung aus Klang und Licht. Kombiniert entstehen Muster, die, in den Augen zusammengesetzt, Schattierungen ergeben, die dann erst vom Gehirn zu Farben „verarbeitet" werden. Diese werden dabei so gemischt, daß sehr viele, ja unbegrenzt viele Farben entwickelt werden können. Das Sonnenlicht setzt sich aus den Grundfarben von Rot, Gelb und Blau zusammen, die durch ein Zusammenspiel verborgener Schwingungen im Inneren der Sonne entstehen. Diese Lichtbündelungen als Schwingung sind so gewaltig, daß sie sich bis tief in das All fortsetzen. Alle notwendigen Energien der Sonne erfahren eine ständige

Ergänzung und Erneuerung aus den dahinterliegenden Zentralsonnen. Farben sind wahrlich ein Wunderwerk Gottes und wirken in ungeahnter Fülle für das schöpferische Leben. Und wie die esoterische Praxis aufzeigt, können Farben, richtig zusammengesetzt, Heilungen veranlassen. Farben in den richtigen Kombinationen können den Menschen in Schwingung bringen und ihn aufleben lassen. Farben sind eine wichtige Hilfe in allen Lebenslagen, im Haushalt, Büro und der ganz persönlichen Umgebung. Farben in der Medizin wirken auf ähnliche Weise, denn die über die Augen dem Gehirn gegebenen Lichtschwingungen, die dann von diesem erkannt und umgesetzt werden, wirken auf die Zellen des Körpers ein und bringen diese durch Lichtmangel in Disharmonie geratenen Strukturen wieder in Harmonie. So können z.B. Entzündungen mit einem zarten Grün oder auch Gold wieder hervorragend stabilisiert und in die Heilung geführt werden. Die bei der Geistigen Heilung benutzten Farbfrequenzen als Schwingungen können vom Patienten während der Heilung häufig selbst gefühlt oder innerlich wahrgenommen werden.

Vom roten bis zum violetten Licht verdoppelt sich die Schwingungsfrequenz, was für die Heilung und Gesunderhaltung des Körpers von allerhöchster und ausschlaggebender Bedeutung ist, da die gesamte *hormonelle* Struktur von diesen Schwingungen wesentlich beeinflußt wird. Der menschliche Körper besitzt im ätherischen Leib geistige Kraft-Zentren, in der esoterischen Sprache als Chakren bekannt, die, als eine Reihe von radförmigen energetischen Wirbeln, den sieben Hauptzentren, vom unteren Wurzelzentrum an der Basis der Wirbelsäule beginnend, in sechs weiteren Verbindungszentren bis hoch zum Kopfzentrum, dem Kronen- oder Scheitel-Chakra, angeordnet sind (siehe dazu das Kapitel „Die Lichträder der Chakren"). Diese Zentren schwingen unausgesetzt in einer harmonischen Frequenzabstimmung – so sollte es beim gesunden Menschen sein: im Wurzel-Zentrum beginnend mit der Farbe Rot, im dann folgenden Sakral-Zentrum mit der Farbe Orange, im bekannten Solar-Plexus-Zentrum mit der Farbe Gelb, im Herz-Zentrum mit der Farbe Grün, im Kehlkopf-Zentrum mit der Farbe Hellblau, im Ajna- oder auch Stirn-Zentrum mit der Farbe Indigo und zuletzt im Kronen- oder Scheitel-Zentrum mit der Farbe Violett. In diese Zentren, die direkt mit dem Endokrinum (inneres Drüsensystem) verbunden sind, strömt unaufhörlich die kosmische Lebensenergie in sieben Farbschwingungen (Frequenzen) als die Strahlung einer sogenannten Primärenergie. Diese sieben Farben, die sich von Rot zu Violett in ihrer Frequenz verdoppeln, zeigen sich bei Rot in ca. 400–500 Billionen Schwingungen pro Sekunde und erhöhen sich bei Violett auf ca.

800–900 Billionen Schwingungen. Dies ist für den normalen Verstand nicht mehr nachvollziehbar, doch zeigt es zugleich die wahrlich wunderbare Welt Gottes, die für unsere Augen nicht sichtbar ist. Aus der Geistigen Welt heißt es, daß die Farben im Kosmos und auf anderen Planeten wesentlich intensiver und aktiver sind als bei uns auf der Erde. Die Farbschwingungen haben hier auf Erden an Stabilität verloren, da durch das Denken ein Filterungsprozeß entsteht, der uns die Farben in ihrer wahren Intensität kaum noch richtig wahrnehmen läßt.

Jede Farbe hat ihre *eigene* Schwingung, Energie und Wirkung und daher eine allgemeingültige Bedeutung für jeden Kulturkreis, für jedes Geschlecht und jedes Alter. Auch die psychologische Bedeutung der Farben ist mehr oder weniger unumstritten – Farben sind eine internationale Sprache. Wie überall im Leben zeigt sich auch hier eine Polarität, da jede Farbe eine positive und eine negative Komponente in sich trägt. So wirkt das Rot einerseits auf den Organismus an- und erregend, vitalisierend und aufbauend – die Farbe des Blutes ist rot und signalisiert das Leben der kraftvollen Seele, die Liebe des Herzens. Rot ist Ausdruck von Lebenslust und zielstrebiger Energie, andererseits ist diese Farbe aber auch zugleich die internationale „Sprache" und Symbolkraft der Sexualität und seiner Begierden, siehe das „Rotlichtviertel", wie auch das Symbol der Aggression und Wut, das eines expansiven Begehrens. Im sogenannten „Blutrausch" entstehen viele Grausamkeiten, wie sich überall zeigt. Die Farbe Gelb ist Ausdruck der Sonne und der Lebensfreude, die Farbe der Befreiung, in der die Weite und Ungebundenheit gesucht wird. Das Gelb zeigt sich ebenso als die Farbe der Erleuchtung; doch steht Gelb im negativen Sinne auch durchaus für innere Verantwortungslosigkeit und Oberflächlichkeit. Im spirituellen Bereich weist es auf ein Problem innerer Weltflucht hin. Die Farbe Grün (gemischt aus Gelb-Blau) symbolisiert einerseits Stabilität, Geltung und Würde sowie innere Konstanz mit festen Wertvorstellungen und Integrität. Andererseits kann das Fehlen von Selbstachtung das Grün bevorzugen, und es zeigt sich dann Geltungssucht und innere Enge, mit dem Drang nach Bestätigung und in psycho-pathologischen Situationen sogar als Ausdruck von innerer Kristallisation und Verfestigung. Das dunkle Blau (Indigo) ist die Farbe der Ruhe, das Symbol für die zeitlose Ewigkeit und innere Harmonie wie auch für Geborgenheit. Es steht für innere Zufriedenheit mit Selbstwertgefühl und geistiger Einordnung und ist die Farbe der Tradition und Treue, verbunden mit einem gewissen ästhetischen Erleben. Im negativen Sinne zeigt sich Blau in der Anklammerung der Bindung durch mangelndes

Selbstwertgefühl mit zuweilen depressiver Stimmungslage. Die Farbe Violett (gemischt aus Blau-Rot) repräsentiert die Verwandlung und Grenzüberschreitung, die Überwindung der Gegensätze und den Übergang aus Vertrautem in Andersartiges. Es ist die Farbe der Magie und Mystik, der magischen Verwandlung. Doch zeigt sich diese Farbe auch in einer bestimmten erotischen Komponente und wird ebenso von gewissen debilen Charakteren wie auch von Kindern bevorzugt.

Zwischen dem Rot und dem Violett liegen, so nach R.Brantschen „Heilen mit Licht und Farben", die anderen Frequenzbereiche der Farben (B/S sec. = Billionen Schwingungen pro Sekunde): Orange: ca. 450–500 B/S sec., Gelb: ca. 500–550 B/S sec., Grün: ca. 550–650 B/S sec., Blau: ca. 650–700 B/S sec. und das Indigo: ca. 680–750 B/S sec. Grün ist die Farbe mit dem weitesten Frequenzbereich von 100 Hertz, und besonders deutlich zeigt sich durch dieses breite Frequenzspektrum die *Heilkraft* dieser Farbe, die ja in der nachgewiesenen Heilwirkung der „grünen Lunge", also dem Wald, ihren Niederschlag findet, und dies nicht nur physisch, sondern vor allem auch psychisch. Das von außen auf den Menschen einwirkende Licht wird auf direktem Wege über die Augen, die Haut und das Gewebe der Zirbeldrüse zugeführt, wodurch die gesamte Physiologie beeinflußt wird. Gehirn und Nerven reagieren auf Licht mit einer vermehrten Ausschüttung von Neurotransmittern. Doch nicht nur die für uns sichtbaren Farben sind von Bedeutung, sondern vor allem die Farbzusammensetzung der in unserer *Nahrung enthaltenen Lichtsubstanz*. Denn je *biologisch hochwertiger* ein Produkt ist, desto mehr *Farben* sind in ihm enthalten, ja, je mehr Farben in den Lebensmitteln, desto besser die Qualität und Energie, denn das universale Licht der Sonne wirkt in allen Bereichen des Lebens, da Leben nur unter ständigem Verbrauch von Energie möglich ist. Deshalb erweisen sich gen-manipulierte wie auch chemisch veränderte Lebensmittel als so schädlich, da diese zumeist nur wenig oder gar keine Farben mehr in sich tragen und somit als „tote" Lebensmittel zu bewerten sind. Richtige Ernährung, die Licht- und Lebensenergie liefert, ist eine Grundvoraussetzung für die gesundheitserhaltenden Prozesse im Körper. Je mehr Farben sich in den Lebensmitteln zeigen, um so größer ist die Heil- und Energiewirkung der enthaltenen Lebenssubstanz. Wie gefährlich also chemisch entwertete und denaturierte Lebensmittel sind, liegt auf der Hand.

Wir sehen, die kosmischen Lichtfrequenzen sind in *allem* enthalten, sie spielen eine entscheidende Rolle in allen Bereichen und den Wechselwirkungen des Lebens. Und dies nicht nur für und in uns, sondern für alles Leben auf der Erde. Nehmen wir Luft, Getränke oder Nahrung in uns auf, so holen wir in Wirklichkeit das Licht des Lebens zu uns, denn nur das Licht ist in der Lage, neue, lebendige *Substanz* zu erschaffen und Leben zu erhalten. Daher ist auch der Verbrennungsprozeß der Nahrung in unserem Körper ein *Lichtstoffwechselprozeß* und nicht nur ein rein energetischer Prozeß der Umwandlung verschiedener Energieformen in andere. Im Verbrennen wird das Licht als eine verinnerlichte Energie wieder frei, und das so befreite Leben tritt als Licht und Wärme wieder in Erscheinung. Jede lebendige Substanz des Lebens ist aus einem Licht-Prozeß heraus entstanden, ist verinnerlichtes Licht. Licht ist der Ausgangspunkt und die Energie allen Lebens, aller Lebensprozesse. Bedenken wir die Ganzheitlichkeit von Mensch und Natur, die untrennbar miteinander in Verbindung stehen, so verwundert es nicht, daß durch Störungen des Lichtstoffwechsels in der Harmonie der Wechselbeziehung, im großen wie im kleinen, diverse physische wie psychische Erkrankungen oder körperliche Störungen auftreten müssen, die mit „toten", also „schwarzen", nicht im Lichtspektrum schwingenden Arzneimitteln nicht zu kurieren sind.

Zwei sehr typische, wohlbekannte und gefürchtete Lichtmangel-Erkrankungen, die für viele weitere hier als ein Beispiel stehen, sind z.B. die *Depression* und auch der *Krebs*. Beide zeigen einen vorhandenen *Lichtmangel* sehr deutlich auf; nicht unbedingt ein Mangel an äußerem Licht liegt hier vor, sondern vor allem bei beiden ein Mangel an geistigem, an innerem Licht. Beim akuten Krebs liegen die Zellen bereits in der niedersten Zone des Lichtspektrums, sind also ohne das *lebendige Licht* des Lebens, was immer ein Kennzeichen von *Wachstumsstörungen der Zellen* ist, insbesondere beim Karzinom. Die so vom Licht abgeschnittenen Zellen sind nicht mehr mit dem Lichtstoffwechsel verbunden, sind isoliert und bilden so ein „Eigenleben" ohne Kommunikation zu den geistigen Wesensgliedern. Sie können eine solche nicht mehr aufbauen, da das Immunsystem keinen Kontakt mehr zu diesen Zellen aufnehmen kann, wenn keine Lichtsignale mehr aus den toten Zellen kommen. Das „Ich" der Zelle hat sich in der Dunkelheit verirrt und gerät nun in Panik, was zu einem unkoordinierten Zustand von falschem Wachstum führt, da auch keine Kommunikation mehr innerhalb der Zelle oder zu anderen Zellen besteht, somit die eigene Identität der Ganzheit verlorengeht. Das „Ich", das Eigen-Bewußtsein der atomischen Zellintelligenz als Struktur, bricht zusammen. Die tiefverwurzelte Angst vor dem Leben, welche bei fast allen Krebserkrankten zu beobachten ist, beruht auf der *Angst vor der Wirklichkeit,* die diese nicht sehen möchten. Bei einem Krebsgeschehen ist immer die *ganze* Persönlichkeit von Grund auf betroffen, und man darf mit Sicherheit heute davon ausgehen, daß selbst bei der Vielfalt der Störungsbereiche der Entstehungsmechanismen der Krebs als ein *Hemmungsprozeß des Lebens* angesehen werden muß, der oft unbewußt mit einer latenten Depression einhergeht. Auch bei der Depression zeigt sich das Bild eines inneren Lichtmangels sehr deutlich, und die innere Dunkelheit, als die Abwesenheit von Licht, ist für solche Menschen unmittelbar erlebbar als ein „Abgeschnittensein" von aller Liebe und Freude, als ein Abgeschnittensein vom Geistigen des Lebens und damit einer Trennung von Gott. Ja, es geht so weit, daß zutiefst Depressive in ihrer inneren Dunkelheit selbst das *äußere* Licht scheuen, da die Zellen es nicht mehr absorbieren können, es ihnen inneren Schmerz bereitet.

Das Licht in den Zellen erfüllt Regulationsaufgaben, wie es auch der Physiker und Naturwissenschaftler A.Popp nachweist, die ganz im Gegensatz zu den bisher bekannten Vorstellungen und chemischen Erklärungshypothesen bezüglich der Krebsentstehung stehen. Es gibt Licht in den Zellen, das eine ständige „Photonreparatur" in den Zellen selbst und ihren Verbänden vornimmt, und es zeigt sich, so nach Popp, daß krebsauslösende Stoffe im Zellverband eine solche Reparatur unterbinden, indem sie diese für das Licht blockieren. Die hier durch die wissenschaftlichen Untersuchungen aufgezeigte Wechselbeziehung zwischen karzinogener Aktivität der Moleküle und ihrer Fähigkeit, Licht in diesem kritischen blau-violetten Bereich zu verfälschen, ist mehr als nur bedeutsam, ja, es ist der *Beweis* dafür, daß nicht allein *chemische* Faktoren, sondern daß das *Licht* im Krebsgeschehen die wichtigste Rolle spielt. Die Berechnungen und Resultate Popps sind in angesehenen Fachzeitschriften veröffentlicht, die aufzeigen, daß es die elektro-magnetischen Wechselbeziehungen der Licht-Frequenzen sind, die die Informationen im Organismus übertragen (schneller als das Licht) und nicht chemische Reaktionen, wie bisher angenommen wurde. Unter dem Titel „Photonen – Sprache der Zellen?" wurden, wie es nach M.Bischof heißt, in einem Artikel die Ergebnisse von mehr als 5000 Experimenten zusammengefaßt, mit denen die drei sowjetischen Wissenschaftler Wlail P. Kasnatschejew, Semjon P.Schurin und Ludmilla Michailowa von der Medizinischen Hochschule in Nowosibirsk aufgezeigt hatten, daß lebende Zellen durch Photonen – Licht im ultravioletten Bereich – biologische Informationen weitergeben.

So ist also mittlerweile bewiesen, was seit Ur-Zeiten esoterisch Heilkundige, die Geistige Welt und ebenso die kosmischen Meister sagen, wie z.B. Saint Germain, der es „die umwandelnde Kraft der violetten Strahlung" nennt – das violette Licht ist ein Heilsystem für den Organismus, welches den Heilmechanismus im Körper in Gang setzt, da es eine göttliche Quelle der Reinigung und Erneuerung ist. Dieses Heilsystem finden wir in dem *Nervensystem* des Menschen, welches durch die Frequenzen von Licht und Farbe, hier insbesondere durch das der violetten Strahlung, als die Heilquelle des Lebens angesehen werden kann, wie es auch die esoterische Praxis der Geistigen Heilung so deutlich beweist.

Die durch das Licht aufgenommenen Lebensenergien, die nicht nur zu den Organen eine Beziehung leben, sondern alle Lebensvorgänge zutiefst beeinflussen, stehen über das Kopf-Zentrum der Zirbeldrüse, die das Licht reguliert, mit dem feinstofflichen System der Nadis und über diese mit dem grobstofflichen Nervensystem in engem Verbund. Die geistige Energie, als die göttliche Ur-Energie des Lebens, ist Licht, nicht allein jenes Licht, welches den physischen Augen sichtbar ist, sondern ein Licht aus *geistigen Regionen,* von denen schon der große Physiker Isaac Newton wußte, der zwei Arten von Licht unterschied: ein Licht, das dem Licht im gebräuchlichen Sinn entspricht, und ein Licht, das nicht direkt sichtbar, aber Träger des Geistes ist. Dieses geistige Licht als Elektronen-Energie durchflutet jeden Menschen – sie durchströmt uns ständig und wird von unseren Gedanken und Gefühlen geprägt. Auch in der *Geistigen Heilung* erleben wir die Faszination dieser Elektronen-Energie, die in den unterschiedlichen Frequenzen (Farben) unterschiedliche Heilprozesse auslöst, die an Wunder zu grenzen scheinen, „Wunderheilungen" in der Tat bewirken können. Hier offenbart insbesondere das Violett seine heilende Wirkung, welches bei der Geistigen Heilung eine besondere Schlüsselrolle innehat. Immer wieder erleben auch Patienten diese unglaubliche Ausstrahlungskraft an sich, und die vielen erfreulichen Ergebnisse sprechen für sich selbst. Die Frequenzen der Farben können in ihrer Schwingung von Rot zu Violett häufig ohne Probleme bei gewissen Übungen im/am eigenen Körper erfahren werden und ebenso ihre wohltuenden Ausstrahlungen auf das ganze Körpersystem. Möge der Leser sich noch einmal an den erwähnten Bericht einer geheilten Patientin erinnern; auch diese Heilung wurde durch das Licht der Liebe ermöglicht.

Der Weg des Lebens ist der Weg in das Licht. Der Weg zu Gott ist der Weg des Wachstums, also der geistig-spirituellen Entwicklung von der Dunkelheit in das Licht. Jede körperliche Erkrankung hat, geprägt von den Gedanken und Gefühlen eines geistigen Fehlverhaltens, ihre Ursache in einem solchen Entwicklungsprozeß. Der Krebskranke, wie auch jeder andere Kranke, hat in seinem Leben die geistigen Gesetze nicht verstanden, und es heißt aus der Geistigen Welt durch Emanuel: „Ein Leben, in dem nicht Reifwerdung gelebt wird, ist ein nutzloses Leben! Und Gott läßt nicht zu, daß ihr zur Erde geht, um in einem nutzlosen Leben zu stehen, nein! Das heißt also, wenn nicht geistige Wachheit gelebt wird, wird Ausgleich, wird Reinigung gelebt über die Erkrankung, über den Schmerz, über das Leiden. Denn über die Krankheit könnt ihr ebenfalls in die Demut finden. Wenn der Mensch in der Harmonie mit sich steht und damit mit der Erde, mit der Welt, mit dem Leben auf dieser Erde, wenn er in Harmonie steht mit dem Kosmos, mit Gott, dann *kann* er nicht erkranken. Er kann vielleicht die Krankheit eines anderen auf sich nehmen und für ihn tragen, aber er selbst kann nicht erkranken. Denn überall, wo Harmonie ist, kann nicht Disharmonie sein, also ist ein gesunder Körper. Die Ursache einer solchen Erkrankung an Krebs ist immer, daß ein Mensch sich eingeengt fühlt, daß er Angst und Furcht hat, daß er unflexibel ist, daß er nicht abgehen kann von seinem gewohnten Schritt, nicht Alternativen ergreifen kann, sondern eine innere Starre lebt. Es bedeutet – je nachdem welches Organ erkrankt ist –, daß dieser Mensch das *Thema* nicht gelebt hat, nicht verstanden hat, für was dieses Organ steht. Siehe, es ist so, ein Mensch erfährt: Ich habe Krebs! – Was passiert? Die Angst macht sich in ihm breit. Jetzt geht ein solcher Mensch zum Arzt, und es wird ihm eine Chemotherapie vorgeschlagen – es kommt immer darauf an, in welcher Angst dieser Mensch steht. Und in den meisten Fällen, selbst wenn dieser Mensch oder diese Menschen sagen: Ich *glaube* an die Kraft der geistigen Heilung, werden sie in einer solchen Situation sagen: Ich „glaube" es zwar, aber jetzt will ich lieber den alten, den bekannten Weg, den sogenannten vertrauten, den gewohnten Weg gehen – das heißt, sich der Chemotherapie zu überlassen. Dann fällt ihm ein: Aber ich bin ja ein spiritueller Mensch, ich will ja den Weg der Alternative gehen, also wird er nun sagen: Dann gehe ich parallel! Diese Chemotherapie, die ihn in eine große körperliche Belastung führt, versucht er jetzt auszugleichen durch die Geistheilung. Nicht heiß, nicht kalt ist ein solcher Mensch, denn er ist nicht bereit, ein Risiko einzugehen und er will sich rundherum absichern. Aber dort, wo ihr nicht Bereitschaft lebt, euch auf ein Risiko einzulassen, kein Vertrauen habt, dort könnt ihr auch nie wahrhaft Freie werden, werdet ihr immer gebunden und angebunden gehen. Selbstverständlich ist es wichtig, daß ein Mensch die Bereitschaft der Entscheidung lebt, für den einen oder für den anderen Weg und solange er dies nicht kann, die ganze Hingabe für den einen Weg, wird er auch nicht Erfolg leben."

Auf die Frage an Emanuel, wie mit solchen Patienten umzugehen sei, die „doppelgleisig" fahren, die sich durch Geistige Heilung Kraft und Gesundung holen, welche dann bei der Chemotherapie und/oder Bestrahlung wieder abgebaut wird, wodurch ein Heilprozeß zumeist nicht mehr zustande kommt, wodurch solche Menschen häufig zusätzlich in seelische Konfliktsituationen geraten durch den Druck der Ärzte und auch den eigenen, durch die Entscheidung Gott (Geistige Heilung) oder Arzt (Chemotherapie), antwortete Emanuel aus der Geistigen Welt: „Siehe, was kannst du tun in einem solchen Falle? Das klügste ist es zu akzeptieren, denn sagst du zu diesem Menschen: Entscheide dich, wird er sich mit großer Wahrscheinlichkeit *gegen* die Geistheilung und für die Chemotherapie entscheiden. Weil dies ja der sogenannte ‚sichere Weg' ist, das sind ja Erfahrungswerte, weil dies der gewohnte Weg ist, der ausgetretene. Du kannst nicht zu einem solchen Menschen sagen ‚entweder-oder', du kannst ihm sagen: Es wäre *klug,* sich für den *einen* oder *anderen* Weg zu entscheiden, denn *beide* Wege zu gehen bedeutet, wieder nicht in Klarheit zu finden, wieder nicht in Sicherheit zu gehen, sondern sich von der Angst begleiten zu lassen, und diese Angst kann vernichtend werden. Das kannst du ihnen sagen, aber die Entscheidung mußt du selbstverständlich dem Erkrankten überlassen, und wenn er sagt: Ich möchte zweigleisig gehen – dann kannst du traurig darüber sein, aber du wirst es akzeptieren müssen."

„Siehe, du kannst ihnen eine Hilfe sein, indem du sagst: Betrachte dir die Meister, die Erlösten...vielleicht kannst du einige heraussuchen, wie sie das Leben gelebt haben, bevor sie den Ruf Gottes vernommen haben, bevor sie alles hinter sich gelassen haben? Sie konnten nur in diese Gotteshinwendung finden, in dieses Absolute, weil sie eine *Entscheidung* getroffen haben, *nicht* zwiespältig gingen, nicht sagten: Ich muß erst noch das erledigen und dann muß ich noch jenes erledigen, bevor ich mich Gott ganz zuwenden kann! Nein, sie haben ihre Entscheidung getroffen, haben hinter sich gelassen und sind gegangen. Sie haben nicht gefragt: Gott, welche *Sicherheiten* habe ich denn auf dem Weg zu dir? Nein, da ist nicht mehr die Rede von Sicherheit, da ist nur noch die Rede von Hingabe, von absolutem Vertrauen. Und nur so können Beweise sein, daß die Heilung durch den Geist die sicherste Heilung ist, die schmerzfreieste, die risikofreieste, weil sie nebenwirkungsfrei geht, und nicht nur das, weil sie zusätzlich noch den Körper in Lichtenergie hüllt."

Die kosmischen Lichtfrequenzen bedeuten nicht Leben, sie *sind* das Leben. Zu diesen kommen noch weitere natürliche elektro-magnetische Felder, die unsere Strahlungsumwelt vervollständigen und eine biologische Bedeutung haben. So üben selbstverständlich das so wichtige Erdmagnetfeld und das elektrische Feld der Luft, welches durch eine Ionisierung von Luftteilchen durch die kosmische und radioaktive Strahlung von Luft und Boden entsteht, ihre Wirkung auch auf uns aus, und die wetterfühligen Menschen werden dies schnell nachvollziehen können. Blitze, Stürme und andere Naturgewalten tun ihr übriges. Und es zeigt sich hier wie überall, daß das Licht Kern und Ursprung allen Seins ist. Es ist, wie schon gesagt, der Ausgangspunkt allen Lebens überhaupt und ein derart komplexer Erscheinungsprozeß, daß er hier nicht einmal gestreift, geschweige denn „behandelt" werden könnte. Denn die Frage nach der Natur des Lichtes ist wissenschaftlich bis heute in der modernen grundlegenden und fortgeschrittenen Chemie und Physik, der Wellenfortpflanzungs-, der Quanten-Theorie und auch der neueren Biophotonenforschung *unbeantwortet* geblieben, ebenso wie die Frage der Wissenschaft: Was ist die Wirklichkeit?!

Licht ist Ausdruck dieser Wirklichkeit und damit, wie sich bisher ja deutlich zeigt, kein *greifbares* Ding, oder wie es der Physiker Arthur Young formuliert: „Das Licht ist kein objektives Ding, das wie ein gewöhnlicher Gegenstand untersucht werden kann. Selbst ein winziger Schneekristall kann – bevor er schmilzt – photographiert oder von mehr als einer Person wahrgenommen werden. Ein Photon aber, die letzte Einheit des Lichts, ist nur *einmal* zu sehen. Seine Entdeckung ist seine Vernichtung. Das Licht kann nicht gesehen werden, es ist das Sehen selbst."[31] – Es kann nur erfahren werden (Satori-Erleuchtung). „Es ist das Sehen selbst" hört sich an wie ein Zen-Paradox, doch versuchen wir nachzuvollziehen, was damit gemeint ist. Solange wir in der Position des Beobachters sind, getrennt von dem Objekt unserer Beobachtung stehen, nehmen wir es nur von außen wahr. Gehen wir jedoch immer näher und schließlich in das Objekt hinein, wie z.B. in ein Haus, welches wir zuvor von außen beobachtet haben, so können wir dieses Objekt nicht mehr wahrnehmen, da wir nun selbst zu einem Teil dieses zuvor beobachteten Objektes geworden sind. Wir sind zu einem Teil des Hauses selbst geworden, oder, anders ausgedrückt, so wenig, wie das Auge, das alles sieht, sich *selbst* sehen kann, so wenig können wir uns als das erkennen, was wir außen wahrnehmen: Licht.

---

[31] Young, Arthur „Der kreative Kosmos", Kösel Verlag GmbH & Co., München, 1987, S. 37

Licht, so nach der Geistigen Welt durch Padmasambhava, ist ein Kontinuum mit einem ganz spezifischen Charakter. Das sichtbare Licht entsteht durch das Reflektieren des Sonnenlichtes oder der Sonnenstrahlen auf die uns umgebenden Lichtpartikelchen. Diese Lichtpartikelchen besitzen die Eigenschaft, ihren Schwingungszustand zu verändern und, je nach Bedarf, entweder hell oder dunkel zu werden. Durch den Lichteinfall der Sonne, bzw. ihrer Strahlen, geraten diese in Resonanz mit den Partikelchen, und eine Brechung, eine Reflexion entsteht, die in diesen Partikelchen dann als *Licht* erscheint. Aneinandergekettet ergeben diese Lichtpunkte den Tag oder die Helligkeit. Es muß also immer ein *Resonanzträger* vorhanden sein, sei es nun die Sonne, ein Feuer, eine Glühbirne oder z.B. eine Taschenlampe, um Licht entstehen zu lassen. Immer ist es notwendig, so etwas anzubieten. Gäbe es irgendeinen Raum (der aber nicht existiert), in dem *keine* solchen Partikelchen vorhanden wären, dann wäre z.B. beim Einschalten des elektrischen Lichtes oder der Taschenlampe der Raum weiterhin dunkel. Der Lichtträger braucht also immer einen Gegenpol, der mit diesem als Welle in Resonanz gerät. Licht pflanzt sich somit durch die Partikelchen im Raum und auch im ganzen Weltall fort. Gewaltige Lichtströme verlassen in jeder Sekunde das Zentrum Gottes und wirken sich im Verbundsystem mit dem Schall und den Winden als Elementargeister mit ungeheuren Kräften aus. Diese Kraftströme durchziehen im ständigen Fluß, ähnlich wie der Blutkreislauf des Menschen, den Kosmos, mit der Energie ausgestattet, die der Kosmos für seine Entwicklung benötigt. Diese Lichtpartikelchen sind auch in uns enthalten. Sie bilden letztendlich die Molekularstruktur und sind das Licht, das ständig aus uns herausstrahlt. Dieses Licht entsteht ebenfalls durch die Partikelchen, die in ständiger Resonanz mit einer Lichtquelle aufleuchten und so wichtige Impulse für das Lebenssystem entwickeln. Wir sind abhängig vom kosmischen Sonnenlicht, da, ähnlich wie bei einer Pflanze, unser System diesen Träger zum Leben benötigt. Die Sonne oder eine andere Lichtquelle, die dieselben Lichtfrequenzen aufweist, wird also benötigt, um in unserem Körper *Elektrizität* zu erzeugen, die viele Funktionen aufrechterhält. Ohne Sonne und Licht könnte kein Lebewesen existieren.

Und Padmasambhava sagt: „Alles Leben kommt aus Gottes Hand, und versteht, daß nur das Licht und die Liebe die wirklichen Entwicklungsträger sind! Auch der *Schall* ist ein Kontinuum in unbegrenzter Form und ohne Widerhall. Schall ist kein Lärm in dem Sinne, wie ihr diesen erlebt. Schall ist eine *Welle* mit einer ganz spezifischen Frequenz, die aus dem Kosmos getragen wird.

Dieser Schall entsteht bei euch erst durch das *Verbundsystem der Lichtpartikelchen* und erfährt hier somit eine Geräuschquelle. Schall entsteht durch ein Verbundsystem. Er entsteht durch einen Schallgeber, durch einen Impuls, der die Partikelchen zum Schwingen anregt. Starke Impulse regen zu starken Schallwellen, schwache Impulse regen zu schwachen Schallwellen an. Alles wird getragen durch die Partikelchen, sei dies nun im Wasser, in der Luft oder auch in festen Gegenständen. Es entsteht immer eine Kettenreaktion der Partikelchen. Schall besitzt ungemeine Kräfte, die ganze Planeten verschieben können und auch einen großen Einfluß auf die Entwicklung im Kosmos nehmen. Schall ist eine Hochenergie, die ihr euch zum Nutzen bringen solltet. Diese war in Atlantis im Gebrauch. Erkennt hier einen Weg, der euch Unabhängigkeit von fossilen Trägern bringt. Auf der *neuen Erde* werden diese Kräfte wieder genutzt, denn es ist die einzige Chance, eure Welt sauberzuhalten, ohne Berge von Abfallstoffen aus der Energieerzeugung. Unter Abfall verstehe ich auch die gasförmigen, die eure Luft schwer belasten. Schall mit seinen ungeahnten Kräften könnte viele Formen annehmen und in allen Bereichen der Wirtschaft eingesetzt werden. Ob nun im Fahrzeugbau, bei den Fahrzeugen selbst oder auch in der Medizin. Ideen zur Umsetzung der Schallenergie liegen bei euch längst in der Schublade, doch leider läßt euer Gesellschaftssystem und die Monopolstellung der Ölgesellschaften dies nicht mehr zu, aber alles wird seinen Verlauf nehmen, und die Erde wird eine Reinigung erfahren, und ein neues System mit neuen Menschen wird die Erde bewohnen. Freut euch darauf, dies ist die Gnade Gottes."

Kommen wir zurück zur irdischen Wissenschaft. Nach der Physik ist Licht reine Wirkung, und es gibt für den einzelnen Lichtimpuls keine Zeit. Damit zeigt sich auch für den Wissenschaftler das Licht als etwas Einzigartiges, weil es im Gegensatz zu allem anderen für uns materiell Greifbaren keine „Masse" besitzt. Es hat keine „Ladung", wie es die Physik ausdrückt, und kennt dadurch auch keine Zeit. Durch die Relativitätstheorie wissen wir, daß die Uhren bei Lichtgeschwindigkeit stehenbleiben. Das aus der Quantenphysik bekannte Licht bewegt sich mit einer Geschwindigkeit von 300.000 km/s, doch handelt es sich hierbei nicht um „Geschwindigkeit" im gewöhnlichen Sinne, da das Licht nur diese *eine* Beschleunigung kennt, also weder langsam noch schnell sein kann, sich nur in dieser Bewegung fortsetzt. Das Licht kennt nur eine Geschwindigkeit, und selbst der Begriff des Raumes ist für das Licht bedeutungslos, denn das Licht, so nach dem Physiker Arthur Young, durchdringt den Raum, ohne auch nur im geringsten an Energie zu verlieren, und niemals ruht es. Das Licht durchdringt alles und verbindet alles mit allem, wobei die elektro-magnetische Energie des für uns sichtbaren Lichtes nur eine andere *Oktave* der Energieschwingung ist. Die letzte der Physik bekannten Einheit von Licht, das Photon, verfügt über keine Masse, kann aber durch Teilung *Protonen* und *Elektronen* erzeugen, die jeweils *positiv* und *negativ* geladen sind, also Masse haben. Durch diese Trennung der Einheit in *Teilchen* entsteht eine „Verdichtung des Lichtes" als Ausdruck von stofflicher *Energie* und *Zeit*. Die Einheit des Lichtes (das Photon) als solche ist ohne getrennte Polarität von plus und minus, von positiv und negativ, ist weder aktiv noch passiv, sondern trägt *beides* in sich. Erst durch die Trennung entsteht aus den geschaffenen Nuklearteilchen ein Schwingungsfeld stofflicher Dualität aufgrund der Gegensätzlichkeit ihrer unterschiedlichen Ladung von positiv und negativ, aus der sich Materie und aus dieser der Schöpfungsprozeß des „Falls" und das Universum bildete. Dieses Licht als Teilchen, als Welle oder Partikel, ist überall im Raum. Alles wird von Licht erfüllt, und alles ist durch das Licht miteinander verbunden. Licht und Energie sind also viel mehr als nur das, was wir im allgemeinen durch die Augen wahrnehmen und als das optische Sehen mit Licht verbinden, denn jeder Energieaustausch zwischen Atomen und Molekülen ist immer eine Form elektro-magnetischer Interaktion, die sich über ein breites Spektrum erstreckt und alles Leben berührt und durchflutet.

Doch was sind Photonen? Nach dem Duden sind es die in der Quantentheorie kleinsten Energieteilchen einer elektro-magnetischen Strahlung. Bis zum 19. Jahrhundert bestand sowohl die Wellen- wie auch die Teilchentheorie des Lichtes, und für den englischen Physiker Newton (1643-1727) bestand Licht aus schwingenden Teilchen (es hängt nur von der Art der Messung ab, ob sich Licht als Partikel oder Welle zeigt). Erst 1900 entstand die neue Hypothese des deutschen Physikers Max Planck, daß beides als elektro-magnetische Strahlung nur in *ganzheitlichen* Paketen bestimmter Größe ausgestrahlt und auch absorbiert wird, die er dann *Quanten* nannte. Den Namen *Photonen* erhielten die Lichtquanten erst 1926 durch Gilbert N.Lewis, einen amerikanischen Chemiker.

Nach Max Planck, dem großen Atomphysiker, verhalten sich die Photonen, die einen Lichtstrahl bilden, wie intelligente menschliche Wesen, da sie von allen möglichen Kurven immer diejenige auswählen, die sie am *schnellsten* zu ihrem Ziel bringt. Dies nach dem Gesetz, das besagt, daß Licht immer dem Weg folgt, der in kürzester Zeit zum Ziel führt – bekannt als das Prinzip der kleinsten Wirkung. Dieses Gesetz, wie es heißt, versetzte seinen Entdecker Leibnitz, und bald darauf auch seinen Nachfolger Maupertius, in grenzenlose Begeisterung, denn diese Wissenschaftler glaubten nun selber, in ihm einen greifbaren Beweis für eine allgegenwärtige höhere Vernunft gefunden zu haben, die die ganze Natur regiert. Schon der Hl.Basilius (etwa 370 n. Chr.) beschrieb diese „höhere Vernunft" einer „intelligiblen", nur durch den Geist erkennbaren, und der durch die Sinne unmittelbar erfahrbaren Natur und Welt. Erstere befand sich außerhalb der Zeit, letztere teilte mit ihr eine intelligible Materie, die Basilius mit dem Licht gleichsetzte. „Das Licht erhellt die materielle Welt und bildet deshalb die gemeinsame Grundlage sowohl des intelligiblen, als auch des mit den Sinnen wahrnehmbaren Universums... Daraus folgt, daß das Licht von allgemeinerer Natur ist als die Zeit, denn die Zeit gibt es nur in der mit den Sinnen erfahrbaren Welt... Da das Licht nicht auf die Zeit beschränkt ist, breitete es sich im Augenblick seiner Erschaffung überall aus – so wie eine Lampe, die angezündet wird, den ganzen Raum erleuchtet. Zwischen der intelligiblen und der mit den Sinnen erfahrbaren Welt befindet sich das Firmament, das eine Art Barriere bildet. Ihre, durch das Wort ‚Firmament' selber implizierte, Festigkeit ist so beschaffen, daß das Licht hindurch kann (wenn auch nur in abgeschwächter Form); die Zeit aber kann nicht in die Welt darüber eindringen... Dies ist eine höchst bemerkenswerte Feststellung, geht doch aus ihr hervor, daß die Zeit in der Welt des Lichts nicht existiert – eine Tatsache, die der Wissenschaft erst seit der Verbreitung der Relativitätstheorie bekannt ist! Die Erkenntnis einer grundlegenden Teilung zwischen einer intelligiblen und einer mit den Sinnen erfahrbaren Welt ist allen vorwissenschaftlichen Denkmodellen gemeinsam."[32]

Die Welt ist ein einziges Licht-, Klang- und Farbenspiel, welches, so die Geistige Welt, im Einklang mit Gottes Allmacht steht. Das reine weiße Licht, als das intelligible Licht des Hl.Basilius, ist die reine Liebe Gottes, die unendlich schnelle Schwingung des Lebens, welche mit irdischen Meßgeräten nicht zu erfassen ist. Es ist *nicht* das Licht, welches wir *sehen*. Das weiße Licht Gottes ist so hell und von solcher Stärke, daß der Mensch sofort darin verbrennen würde. In diesem Licht erscheint Christus als das Licht der Allmacht. Wir alle schwimmen in einem Meer elektro-magnetischer Felder und Energien, die aus diesem Ur-Licht hervorgegangen sind und wir werden von diesem Licht völlig durchdrungen. Ja, wir sind selbst *Bestandteil* dieses Licht- Meeres, stehen

---

[32] *Young, Arthur „Der kreative Kosmos", Kösel Verlag GmbH & Co., München, 1987, S. 50*

in einem ständigen Austausch, in einer Interaktion mit diesem, da in unserem Organismus ebenfalls solche Felder existieren, die eine wichtige Rolle in unserem Leben spielen – auch in und für die *Geistige Heilung*. Ein jedes uns durchdringendes Lichtpartikelchen hat zugleich seinen festen Punkt im Kosmos, und jedes Partikelchen hat ein intelligentes Bewußtsein, das genau zu diesem Zeitpunkt seine Bestimmung definiert, wie es uns die Geistige Welt durch Padmasambhava vermittelt, der sagt: „So weiß der Stein, daß er von Milliarden und Abermilliarden feinster Lichtpartikel getragen wird und jedes einzelne die Schwingung des Steins annimmt, also eine feste Form erreicht. Diese Lichtpartikelchen sind tausendfach kleiner als das Atom und tragen die Informationen, entweder Licht oder Materie zu sein. Jedes Atom besteht aus hunderttausenden von diesen Lichtpartikelchen, und jedes Atom bestimmt seine Aufgabe in seinem Leben selbst. Ein Atom hat die Bestimmung, ein Teil einer Pflanze zu sein, das andere die Bestimmung, ein Teil des Menschen, also des Herzens, der Niere oder auch des Zahnes. Gott hat dies vor langer Zeit so erdacht und entwickelt. Der gesamte Kosmos ist Bestimmung und entwickelt sich ständig weiter. Sterne kommen, werden geboren und sterben, so wie Menschen kommen und gehen. Alles hat seinen Sinn und erfüllt seinen Zweck im Kosmos und wird von großer Hand gelenkt." Die Wirkungen der hier beschriebenen Lichtpartikelchen und ihrer Felder auf den Organismus, die in ihrer Vielfalt bis heute wissenschaftlich nicht geklärt sind, umfassen den ganzen Menschen, was für die *Geistige Heilung von unschätzbarer Bedeutung ist*. Wir sind eingebettet in ein Meer elektro-magnetischer Schwingungen, sind ein Teilaspekt von und in all dem, was ist, sind eingebettet in das, was wir das Leben nennen.

Die Wissenschaft bezeugt heute, was seit Anbeginn der Zeit Eingeweihte und Meister wußten: „Es ist Licht in unseren Zellen! Diese Tatsache wurde im Jahre 1922 von dem russischen Mediziner Professor Alexander Gurwitsch zum erstenmal an Zwiebelwurzeln festgestellt und 1975 von deutschen Biophysikern unter der Leitung von Professor Fritz A. Popp wiederentdeckt und mit modernsten Forschungsmethoden klar bewiesen. Unzählige Forscher in aller Welt haben seither bestätigt, daß die Zellen aller Lebewesen *Licht* abgeben, ein äußerst schwaches Licht, das sich bei der Zellteilung, bei einer Schädigung oder beim Tod der Zelle verstärkt und das in einer toten Zelle erloschen ist. Vieles spricht dafür, daß die ‚Biophotonenstrahlung' lebender Zellen, die vermutlich nicht nur den Bereich des sichtbaren Lichtes umfaßt, den Zellen zu einer Art *Funkverkehr* dient, dessen Signale mit weitaus größerer Geschwindigkeit und Effizienz Informationen im Organismus von Pflanze, Tier und Mensch weitergeben und biologische Prozesse steuern können, als dies über biochemische Kanäle möglich ist. Die für das bloße Auge praktisch unsichtbaren Lichtblitze wären jedenfalls dazu in der Lage, handelt es sich doch, wie Popp zeigen konnte, um kohärentes Licht (kohärent = zusammenhängendes Licht: Lichtbündel von gleicher Wellenlänge und Schwingungsart; der Autor), das wie das Licht eines Laserstrahls eine hohe Ordnung besitzt und sich somit optimal zur Informationsübertragung eignet. Wegen der besonderen Eigenschaften dieser Zellstrahlung sind einige Wissenschaftler überzeugt, daß das mit modernen Lichtverstärkern meßbare Licht als Ausdruck eines im Innern jeder Zelle vorhandenen und den gesamten Organismus umfassenden Energiefeldes aufgefaßt werden muß, das die Lebensvorgänge im Körper steuert und reguliert."[33]

Biophotonen werden die Lichtquanten einer Strahlung genannt, die aus lebenden Zellen (griech. bios heißt Leben) kommen. Die Quanten-Physik bezeichnet diese Lichtquanten aus den Zellen als „mitogenetische Strahlung" oder „ultraschwache Zellstrahlung", da diese nach der Neuentdeckung des Physikers A.Popp, Mitte der siebziger Jahre, eine wesentliche biologische Funktion besitzen – und nicht etwa, um auszudrücken, es handle sich um eine andere Art von Photonen als die der Physik bekannte. Diese Strahlung, von der hier aus wissenschaftlicher Sicht die Rede ist, zeigt sich dem „sehenden Auge" nicht nur in den Zellen, sondern insbesondere auch in dem sogenannten Ätherkörper als energetisches Strahlungsfeld der *Aura* dieses Energieleibes. Dieser besteht aus den Grundfunktionen von Empfänger, Assimilator (Assimilation = Umwandlung durch Anpassung oder Ähnlichmachung) sowie Übersender von Prana, der universellen Lebenskraft und kosmischen Energie, die alle Naturreiche belebt und erhält. Der Ätherkörper, auch Energie- oder Vitalleib genannt, setzt sich aus einem feinen Netz von sogenannten *Lichtfasern* zusammen, warum er auch häufig als feinstofflicher „Nervenleib" beschrieben wird. Für hellsichtige Menschen sind diese Lichtfasern als ein Netz von feinen weißen Spinnfäden erkennbar, die leuchtende elektro-magnetische Energie in alle Richtungen ausstrahlen und den Menschen, aufgrund der Resonanz mit anderen Ausstrahlungen, durch diese mit allem in Berührung bringen. Myriaden von Lichtfasern, die die alten indischen Weisen auch „Nadis" nannten, bilden den grob-feinstofflichen, doch im allgemeinen nicht

---

[33] Bischof, Marco „Biophotonen – das Licht in unseren Zellen", by Zweitausendeins, Frankfurt/M., 1995, S. 13

sichtbaren „zweiten Körper", der den physischen Leib belebt und zusammenhält. Diese Nadis übertragen Energie-Verbindungen in das *Herz,* die sich zum persönlichen Charakter des Menschen aufbauen, an dem wiederum die Kraft der Seele zu erkennen ist sowie die Lebensaufgabe, die sich die *Seele* gestellt hat. Die Seele, so die Geistige Welt, steckt sich ihre Lebensziele und Aufgaben für das, was sie in einer Inkarnation erreichen will, selbst, da sie in der Polarität der Materie die Vollkommenheit der geistigen Einheit erlangen möchte. Doch der Mensch hält sich mit seinem Verstand selbst klein und unterbindet dadurch häufig seine eigene spirituelle Entwicklung aus Angst vor der eigenen Wirklichkeit.

Schon Paracelsus (1493–1541), der deutsche Naturforscher, Arzt und Philosoph, erkannte und beschrieb den Energie- oder Vitalkörper als ätherischen bzw. „sidirischen Körper" und nannte den physischen Leib den „tierischen", wobei jedoch beide nicht voneinander zu trennen sind. Die Beziehung zwischen diesen beiden zeigt sich durch den tierischen Körper von Fleisch und Blut, der an sich als reine Materie tot ist, da nur durch die Tätigkeit des sidirischen oder ätherischen Körpers die Bewegung des Lebens in die physische Form kommt. Der feinstofflich-sidirische Körper ist eng an den tierischen Lebenskörper des Menschen gebunden, die beide als sterbliche Körper aus den Elementen von Wasser, Erde, Feuer und Luft bestehen. Das für uns unsichtbare Licht elektro-magnetischer Strahlung fließt über die geistigen Zentren des Ätherleibes, die sogenannten Chakren, in den Körper ein, wodurch das kosmische Licht durch diese von der höchsten Schwingung auf irdisches Niveau heruntertransformiert wird. Hier spielt das Licht- und damit das Lebenszentrum des *Herzens* eine wichtige Rolle, denn der uns innewohnende Lichtfunke des Herzens ist wie ein Peilsender, durch den die Kraftströme die Richtung finden und dem Körper genau individualisierte Mengen an Energie, entsprechend dem geistigen Entwicklungsstand der Seele, zuführen. Der Organismus nimmt diese Licht- und Energieströme auf, dosiert diese in optimaler Menge und gibt den Überschuß zurück an den Kosmos. Diese Energieströme werden von den Zentren, den Chakren, umtransformiert und in alle, in jede einzelne, bis in die allerkleinste Zelle des Körpers geführt, wodurch biochemische Licht-Reaktionen ausgelöst werden, die dann in weiteren Lichtresonanzen die Stoffwechsel- und Lebensprozesse im Körper bilden. Der Körper besteht fast *gänzlich aus reiner Lichtenergie!* Jede Zelle strahlt in jeder Sekunde dieses Licht als Lebensenergie ab, und es entsteht dadurch auch die Körperwärme, welche durch einen Lichtaustausch in den Zellen erreicht und auch, ist der Mensch gesund, immer konstant gehalten wird. Licht bedeutet Leben und Wärme, und es ist das Licht in unseren Zellen, die bereits erwähnte Biophotonenstrahlung, die die Moleküle anregt, die wiederum *organisches* Leben aufbauen.

Licht und Leben sind eine Einheit. Es zeigt sich immer wieder, daß gerade auch der sidirische oder Ätherleib, hier insbesondere als der *Vermittler* der *Gedankenkraft* (vom Mentalkörper ausgehend), der Worte wie auch der Gefühle (vom Astralkörper ausgehend), als Energieträger ganz besonders wichtige Funktionen zu erfüllen hat. Dieser Körper steht damit in der wichtigen Rolle eines Vermittlers von geistigem Bewußtsein, einer korrelierenden, einander bedingenden Wechselbeziehung von Körperzellen und Gedanken, damit von Gesundheit oder Krankheit. Man wird in Zukunft erkennen, auch in der Medizin, daß Geist und Materie *zwei* Aspekte der *einen* Einheit sind. Die Polarität, die sich in allen Bereichen des Lebens zeigt, auch in unserem Körper, als Aktion und Reaktion, ist ein Grundprinzip des Lebens und ebenso der Natur, mit der wir auf das allerengste verflochten sind. Erst durch die Verbindung der Pole, der geteilten kosmischen Kräfte, entfaltet sich ein individuelles Energiefeld, welches Leben überhaupt erst ermöglicht und erhält. Der Körper besitzt Lebens- und Lebenserhaltungssysteme, die mehrfach in diesem eingelagert sind, und das gesamte Lebenssystem wird durch das *Herz* gesteuert, das wiederum mit den feinstofflichen Meridianen, mit dem Herz des Lebens, verbunden ist, aus dem alle Lebensimpulse für die Lebenserhaltung gesteuert oder abgebrochen werden. Der grobstoffliche Körper erhält seine Energie durch die Nahrung, der feinstoffliche Körper direkt aus Gottes Hand, die als Licht über die Chakren aufgenommen wird, als das Od oder Orgon des Lebens. Dieses Licht als Energie strahlt in das Kronen-Chakra ein und verteilt sich von hier auf den gesamten Körper.

Solch eine Polarität liegt auch der „Erschaffung der Welt in sieben Tagen" zugrunde. Doch bedeutet diese Parabel in Wirklichkeit eine Entfaltung der Schöpfung selbst, ein Involutions- und Evolutionsprozeß des göttlichen Lichtes aus der Einheit, dem Schoß des Lebens. Das Universum ist eine Ganzheit, und die Dunkelheit, wie festgestellt wurde, ein Teil von ihr (nicht die falsche Dunkelheit als eine „Verdrehung" des Lichtes). Die Dunkelheit ist der Träger des Lichtes, und in das Ur-Dunkel allen Lebens sprach Gott das Wort, Sein „Fiat": „Es werde...und es ward Licht!" Das Universum ist eine Ganzheit, und beide Aspekte, also Licht *und* Dunkelheit, sind in diesem vereint enthalten und schließen die Stofflichkeit der Welt mit ein. Nichts ist wirklich getrennt – alles ist vereint in dem ewig Einen.

Die Geistige Welt offenbart durch Padmasambhava etwas, was vielleicht auch die Wissenschaft aufhorchen läßt. Sie sagt nämlich: „Eure Erde wurde in einem *Schwarzen Loch* geboren! Sie erhielt dort die Merkmale, die sie zu ihrem kosmischen Leben benötigte. So, wie ein Kind im Mutterleib heranwächst, so wuchs auch eure Erde in diesen kosmischen Wirbelwolken heran. Bei der Geburt, oder wie ihr es nennen möchtet, wird die Frucht in diesem Falle ausgestoßen, und gewaltige Kraftströme trugen diesen jungen Planeten in die von Gott exakt vorgegebene Position, und er wurde dort durch Rotationskräfte verankert." (Siehe Kapitel „Die Schöpfung – Mensch und Kosmos") „Der gesamte Kosmos rotiert in einer unglaublichen Geschwindigkeit. Durch diese hohen Kräfte erhält jeder Planet seine Bestimmung und wird entweder in bestimmte Bahnen gelenkt oder rotiert selbst um die eigene Achse. Durch die Rotation dieser ‚Schwarzen Löcher' begann auch die Erde in Rotation zu gehen und erlebte ihre Geburtsstunde. Eure Physik muß neu überdacht werden, und dieser Sprung steht kurz bevor. Die Quantenphysiker etablieren sich stark, das mechanistische Weltbild gerät aus den Fugen, und es kommt bald der Tag, an dem dieses Bildmodell einstürzen wird. Gott ist die Liebe und das Licht. Er wird euch führen bis zum Ende der Welt."

„Damit ist nicht der gesamte Kosmos gemeint, sondern dies betrifft *nur* eure Erde, die sich in einigen Milliarden Jahren wieder in Staub auflösen wird, und nur noch winzige Partikelchen werden von ihr im Kosmos vorhanden sein. Alles Leben entwickelt sich weiter in einer unvorstellbaren Geschwindigkeit. Neue Planeten werden entstehen aus riesigen Gaswolken, die unsere Galaxien durchstreifen. Alles Licht dieser Welt wird von den Lichtpartikelchen getragen. Diese kleinsten Einheiten im einzelnen tragen den gesamten Kosmos mit all dem sichtbaren und unsichtbaren Licht. Ja, es gibt auch nicht-sichtbares Licht, wie z.B. die Schwarzen Löcher. Diese bestehen aus für Menschen schwarzem Licht, das nur durch entsprechende Filter und optische Geräte sichtbar gemacht werden könnte. Eure jetzt entdeckten ‚Schwarzen Löcher' *existieren* und bilden die *Grundsubstanz allen Lebens,* das in Rotation geformt wird. Diese Schwarzen Löcher sind keine Parallelwelten in eurem Sinn, sie sind sogenannte ‚Staubsauger', die fast unsichtbar durch das All rasen und alle Teilchen aus explodierten Planeten an sich ziehen, die sie in ihrem Inneren verdichten, um daraus *neue* Planeten entstehen zu lassen; diese

Teile ansaugen, Reinigungsprozesse durchführen und alle Teilchen zu *neuer* Materie verdichten. In dieser Art und Weise entstand auch eure Erde und Euer Sonnensystem."

Dazu eine durchaus immer noch aktuelle Information vom November '97: „Neues aus der Wissenschaft – ‚Schwarze Löcher' verändern die Zeit. Cambridge (dpa) – Je näher man einem ‚Schwarzen Loch' im Weltall kommt, desto langsamer vergeht die Zeit. Astronomen aus den USA haben jetzt neue Erkenntnisse darüber gewonnen, wie sich im Umkreis der ‚Massenmonster' die Bedeutung von Raum und Zeit ändert. Mit Hilfe eines astronomischen Instruments, das Röntgenstrahlen im Weltall mißt, sind Forscher in Cambridge der Lösung des wissenschaftlichen Rätsels ein Stück näher gekommen. Bereits Albert Einsteins Relativitätstheorie hatte eine Verzerrung von Raum und Zeit in der Nähe der Schwarzen Löcher nahegelegt. Astronomen nehmen an, daß die Löcher entstehen, wenn große Sterne unter ihrem eigenen Gewicht zusammenbrechen." – Wie nahe die Wissenschaft doch an der wahren Erkenntnis ist! Und mit der Wissenschaft fahren wir fort und kommen damit zu A. Young, einem Mathematiker und Physiker, der einen „Auswickelungsprozeß", als die „Erschaffung der Welt in sieben Tagen", den Verdichtungsprozeß des Lichtes auf eine sehr anschauliche und dadurch für jeden nachvollziehbare *wissenschaftliche* Grundlage stellte.

Es wurde bereits über die Entstehung der Elemente gesprochen, über die Verankerung der planetarischen Äther des Feuer-, Wasser-, Luft- und Erdelementes als die Grundlage allen Lebens überhaupt. Es ist aus dem Wissen der spirituellen Meister und der Geistigen Welt seit urdenklichen Zeiten der Welt vermittelt worden, war jedoch zum Teil als geheimes Wissen gehütet, da die Menschheit noch nicht reif für ein solches Bewußtsein war. Die Zeit ist jetzt gekommen, wie schon lange vorausgesagt, sodaß nun die ganze Menschheit Erkenntnis über die Wirklichkeit des Lebens erlangen wird. Das spirituelle Wissen, die verfügbaren Informationen, nehmen ständig zu und die Welt befindet sich in einer extrem beschleunigten Zeit.

Wie sich zeigt, erwacht ein Teil der Wissenschaftler, und diese beginnen, sich Gedanken über das alte Gebot „Mensch erkenne dich selbst" zu machen, was in der Tat einen Weckruf bedeutet, dem sich auch die Wissenschaft nicht mehr verschließen kann. Denn das „Mensch erkenne dich selbst" bedeutet ja viel mehr, als sich nur wissenschaftlich mit der Materie *allein* auseinanderzusetzen und alles darüber Hinausgehende spöttisch zu belächeln, da es bisher in den selbsterzeugten „Traum von Wahrheit" nicht paßte oder passen durfte, als nicht bestehend schlichtweg häufig geleugnet wurde und immer noch wird. Eine ganzheitliche Darlegung der Schöpfung wurde durch die Dogmen der Kirche, doch leider ebenso durch die Wissenschaft selbst, bisher zumeist nicht akzeptiert. Einer solchen Darstellung wurde mehr oder weniger bis heute ein Riegel vorgeschoben, und es gilt jetzt, dem bisherigen Alptraum kirchlicher und wissenschaftlicher „Wirklichkeit" zu entrinnen. Denn wie nötig eine wissenschaftlich-rationale Aufklärung mit einem übergeordneten holistischen Standpunkt ist, um ein koordiniertes Ganzes und damit ein neues Bild der lebendigen Schöpfung zu zeichnen, zeigt sich nun als Ausdruck unserer Zeit auf dem Wege in ein neues Zeitalter. Für viele rational denkende Menschen ist immer noch allein der Gedanke an eine Geistige Welt, an einen Fall des Lichtes in die Materie als Verdichtungsprozeß, sehr beängstigend. Häufig wird solch eine Wahrheit als *Aberglaube* einfach abgetan, und man verweist auf die „Aufklärung" der Wissenschaft selbst, die es scheinbar besser weiß. Doch die moderne Quantenphysik beginnt zunehmend, genau das zu *bestätigen,* was seit altersher von den Meistern, Weisen und Eingeweihten offenbart wurde und wird – den Schöpfungsprozeß des Falls! Die Quantenphysik beginnt nachzuweisen, daß sich solch ein Fall ereignet hat, ein Prozeß, der in einem Abstieg von Freiheit aus dem Licht bis in die Kristallisation des Minerals führte. Es ist ein Prozeß, durch den das Licht „fiel" und sich zunehmend in verschiedenen Stadien verdichtete, was sich in den Atomen und deren Kombination zu Molekülen fortsetzte, was für das Trägheitsprinzip des Minerals charakteristisch ist.

Nach dem Physiker A.Young zeigt sich die Evolution aus wissenschaftlicher Sicht in einem kumulativen Prozeß, als ein nach ihm benanntes Bogenmodell. Der erste Evolutionsschritt: Das Licht (Photon) als absolute Freiheit wird durch Umwandlung zum zweiten Evolutionsschritt durch die Teilung des Photons (der Einheit) in die Kern- und Nuklearteilchen Elektron (minus) und Proton (plus) und gelangt damit in eine noch bedingte Freiheit. Im dritten Evolutionsschritt organisieren Atome diese Kern- und Nuklearteilchen und bauen sich auf diesen wieder auf. Im vierten Evolutionsschritt kombinieren Moleküle diese Atome zu a): *anorganischer Materie,* wie z.B. Steinen, Mineralien und anderen unbelebten „trägen" Objekten und b): zu *organischer Materie,* wie z.B. einfachen Zellen und Organismen. Im fünften Evolutionsschritt organisieren Pflanzen wiederum Moleküle und bilden aus ihnen Zellen, die im sechsten Evolutionsschritt von den Tieren als Nahrung verzehrt werden, und im siebten Evolutionsprozeß benutzt der Mensch dann die Tiere.

Zu diesem auch für den einfachen und ungeschulten Geist nachzuvollziehenden Bogenmodell, zum Beginn des Lebens, sagt A.Young: „Hier haben wir den entscheidenden Schritt, denn er besagt, daß die Monade – nach ihrem langen und steilen Abstieg von einem Energieniveau von einer Milliarde Elektronenvolt auf das für molekulare Bindungen geltende Niveau von einem Bruchteil eines Elektronenvolts – das Steuer an sich gerissen hat und nun beginnt, aus dem Abgrund aufzusteigen...dieser niedrigste Punkt des Bogens entspricht der Situation des *verlorenen Sohnes*. Die Rückkehr findet nicht aufgrund eines Gesetzes statt, sie muß aus *freien* Stücken erfolgen, und sie ist erst an diesem Punkt möglich, weil jetzt eine Grundlage dafür geschaffen ist."[34]

Diese wissenschaftliche Sicht des Evolutionsprozesses, als der „Fall des Lichtes", der zugleich der „Fall des Geistes" ist, deckt sich, wie festzustellen ist, durchaus mit der Wirklichkeit der Aussagen der Geistigen Welt und den aus ihr offenbarten Erfahrungen, wie auch mit den Aussagen der aufgestiegenen Meister und den in diesem Buche geschilderten Vorgängen. Ebenso stimmig und übereinstimmend sind die neuesten Forschungen auf diesem Gebiete, wie wir gesehen haben. Die Wissenschaft nähert sich der Wahrheit, und nicht die Wahrheit der Wissenschaft. Sie wird wohl auch auf rein wissenschaftlicher Ebene diese nicht ergründen, weil die Wahrheit jenseits aller mechanischer und damit vorstellungsgebundener, wie auch meßbarer wissenschaftlicher „Grübeleien" liegt. Aufgrund der Identifizierung mit dem begrenzten äußeren Erscheinungsbild dieser unserer materiellen Natur können wir allein durch die gedankliche Analyse den *transpersonalen Charakter* des Menschen und den der Welt sowie den transzendentalen Aspekt Gottes nicht *wissenschaftlich* ergründen. Die Welt ist eine Welt der Zeit, doch Zeit als solche existiert nicht wirklich, da sie sich aus Vergangenheit und Zukunft zusammensetzt. Zeit ist eine veränderliche Größe, da jeder Bruchteil einer Sekunde von der Vergangenheit in die Zukunft übergeht und die scheinbare Gegenwart der Zeit ist nichts weiter als ein vorstellungsgebundener Gedanke. Die Wissenschaft bildet sich ein, die Gesetze des Kosmos entschlüsselt zu haben, obwohl sie bisher nur Bruchteile von diesem Gesetz erfaßt hat. Dabei wird Gott außer acht gelassen und verdrängt, obwohl ohne Ihn *nichts* existieren würde und könnte,

---

[34] Young, Arthur „Der kreative Kosmos", Kösel Verlag GmbH & Co., München, 1987, S. 73

da alles Geschaffene, alles Leben, aus Seiner Hand, aus Seinem Wort kommt. So hält die Wissenschaft immer noch zu einem großen Teil an ihrem mechanistischen Denkmodell einer Welt fest, welches längst zum Scheitern verurteilt ist, da es nicht haltbar ist. Doch es gibt immer mehr Physiker, wie die Quantenphysik aufzeigt, die in sich ihr Herz bewegen und Gott erkennen als den großen Gestalter des Kosmos und aller Liebe.

Die Erde, als das neue Wirkungsfeld des „verlorengegangenen Sohnes", ist zum Wirkungsbereich des in die Verdichtung gegangenen Geistes geworden. Dieser in der menschlichen Form verkörperte Geist durchlebt nun die „Schule Welt" durch einen Prozeß der Selbst-*bewußt*-werdung, um den Körper, der nicht zum Selbstzweck existiert, als ein Instrument des Geistes in der Zeit zu erkennen. Der Geist soll durch ein gelebtes Leben, in einem Erkennen von Liebe und durch ein entsprechendes Handeln in der Welt, für sich Erlösung finden, um wieder in des „Vaters Haus" zurückzukehren. Dies bedeutet jedoch Erkenntnis der Wirklichkeit, die Auflösung der bisherigen Spaltung aufgrund eines falschen *Glaubens* an die Trennung, um sich durch Christus, das Hohe Selbst der Seele, für ein neues Leben im Geiste berühren zu lassen. Genau dagegen wehrt sich jedoch das Ego, welches für das alte Leben steht, denn durch eine solche Berührung „stirbt" es. Dort wo Licht ist, kann die Dunkelheit nicht mehr bestehen, daher baut sich zumeist ein starker Widerstand der Persönlichkeitsnatur gegen ein Einströmen des Lichtes auf, da das Ego sich einem solchen neu einflutenden Willen der Seele nicht beugen mag. Es möchte seine alte Herrschaftsstruktur behalten und so werden alle Versuche der Seele, das neue Leben im Geiste zu manifestieren, sabotiert. Doch dieser Kampf zwischen Himmel und Erde, zwischen Persönlichkeit und Seele, muß innerlich als *Preis der Erlösung* für das Himmelreich durchgefochten werden.

Das scheint zuweilen äußerst schwirig, da die Vergangenheit die Grundlage für das heutige Leben und das heutige die Basis für ein zukünftiges, für ein (scheinbar) neues Leben ist, welches, da es aus dem alten hervorgeht, jedoch die alten Muster in sich trägt, die ebenso wieder zu erlösen sind. Im Grunde ein ewiges „im Kreis gehen", da das Alte und das Neue ständig ineinander greifen, das scheinbar Neue nur auf dem Alten der Vergangenheit aufgebaut ist. Es bedarf der Erkenntnis und bewußter Absicht, um materielle Zeitstrukturen aufzulösen, um alte Situationen, Verhaltensmuster, Dogmen und Glaubensmuster zu verlassen, um sich aus dem Sogmuster eines solchen ewigen Kreislaufes herauszulösen. Es bedarf der Bewußtwerdung, um alte Egostrukturen in neue und lichte Energien zu verwandeln, ohne dabei gleichzeitig neu verursachend zu sein. Das geht nur, wenn sich die alten Vorstellungen, die die objektive Wirklichkeit verzerren und die kosmische Wahrheit behindern, durch die höhere Erkenntniskraft eines wachsenden Seelenbewußtseins auflösen, um Raum für das Neue zu schaffen, für die Wahrheit der Liebe.

Nur Gedanken der Liebe sind fähig, aufgrund des von Gott geschenkten freien Willens, hier Veränderung zu bringen. Mit den Gedanken können wir frei werden, können uns aber auch selbst den Kerker des eigenen Elends bauen. Erkennen wir, daß in dieser Welt nichts von *wahrem Wert* ist, daß alles das, was wir heute scheinbar *wertschätzen,* schon morgen zumeist keine Bedeutung mehr hat, dann erfahren wir die Freiheit des Lebens. Wert hat allein die Einheit der Liebe im Herzen, dort, wo Gott sie für uns hingelegt hat. Doch das bedeutet das weibliche Prinzip des Lebens, das der Gefühle, endlich wieder zu leben, die transfomierende Macht der Liebe und Freude, da es ohne die Muttergottheit keine Fülle auf diesem Planeten gibt, weder materiell, mental, noch spirituell. In jeder Begegnung, in jedem Menschen ist das Göttliche zu sehen ohne Wertung und damit Bewertung, denn nur das schafft den Himmel auf Erden. Ein göttliches Kind soll ein anderes als solches begrüßen, denn wie wollen wir andere nach welchen Maßstäben beurteilen, welcher Teil in uns fühlt sich dem anderen so überlegen? Es kann nur der Schatten des eigenen Egos sein, denn Schatten haben keine Gefühle und können nicht lieben.

Nichts Materielles kann uns wirklich den „Himmel auf Erden" schenken, diesen ersetzen, nur der *Frieden des Herzens,* in dem es keine Dunkelheit und Zerrissenheit mehr gibt, keine Schwankungen, kein Gestern und Morgen, nur ein immerwährendes Jetzt. Geschieht alles im Jetzt, so kann nichts mehr hintereinander linear geschehen, dann ist das Leben bereits auf Erden ein endloses Sein im Zeitlosen. Nicht umsonst heißt es, daß der Mensch sich keine Vorstellung von einem solchen Frieden zu machen vermag, von der Liebe, die in ihm ist, die er in sich entfalten kann und soll. Nur der Verstand mit seinen Gedanken kann die Schranken auferlegen, daß geglaubt wird, niemals mehr aus den selbstgeschaffenen Illusionen herauszufinden. Denn es sind allein die Gedanken, die die Spaltung des Geistes hervorrufen, und Spaltung bedeutet zwangsläufig, einen Teil des Lebens durch Bewertung zurückzuweisen. Und *das* ist der Glaube an die Trennung, der Glaube an die Hölle und den Teufel, sind die Schäume solcher Gedankenträume. Die Hölle als solche ist nicht vorhanden, denn sie ist nichts anderes als ein Hirngespinst solcher verdrehter

Gedanken. Nur durch Liebe, Toleranz und Akzeptanz kommt das Licht in die selbsterzeugte Dunkelheit, denn Krankheit, Angst und Leid entstehen aus vorstellungsgebundenen Gedanken und Fehleinschätzungen des Geistes, so wie die Hölle auch. Dort, wo die Liebe verleugnet wird, auch in sich selbst, dort entstehen die Schatten, und dann wird das, was wir sind, zu etwas, das über die Krankheit wieder in die Erinnerung geführt werden muß.

Wir können die Wahrheit, das was ist, für uns lediglich „neu" entdecken, doch hat sie sich damit nicht verändert. Sie war immer da, wir haben nur etwas durch unsere Gedankenvorstellungen als Schatten vor die Wahrheit gestellt. Dadurch haben wir sie nicht mehr erkannt, sie verzerrt oder auch ganz vergessen. Glauben wir die Wahrheit für uns „neu" entdeckt zu haben, so ist das lediglich die Erinnerung, das Wiederfinden und Erkennen von etwas *scheinbar* Verlorenem, das wir einst besaßen. Es war immer da, sonst würden wir es ja nicht suchen und könnten es als unser Eigentum nicht erkennen und somit wiederfinden. Die Wahrheit und Wirklichkeit, das scheinbar Verlorene war nur zugedeckt in uns, war immer da.

„Sei nicht gut, sei wahrhaftig, handle nicht aus Mitleid oder Feigheit, aus Angst oder dem Gedanken an Verlust. Handle wahrhaftig, und du wirst *alles* finden, wonach dein Herze sich sehnt", so die Geistige Welt nach Emanuel. Mit anderen Worten, du kannst nicht glücklich sein, wenn du nicht tust, was du wahrhaft willst. Wir sollen so sein, wie wir sind – natürlich und echt, nicht aufgesetzt. Das ist der Schlüssel für unser ganzes Leben, der Schlüssel, den wir aufgrund eines falschen Wollens verloren haben und der Grund, warum wir aus dem Paradies in den Tiefschlaf unserer illusionären Träume von Wahrheit fielen. Denn unser wirklicher Wille ist zugleich der Wille Gottes, ist der Schlüssel, der uns zurückführt in die Heimat des Lichtes, in dessen Einheit und Freiheit. Eine solche Freiheit ist das eigenverantwortliche Abwägen unseres Handelns mit allen daraus entstehenden Konsequenzen, indem wir tun, was wir wirklich wollen, ohne ständig darauf zu achten, ob es auch den anderen oder nur dem eigenen Ego gefällt. Ein solches Handeln ohne Angst davor, schuldig zu werden, läßt uns die wahre Natur Gottes in uns erkennen, indem wir uns erinnern, daß wir Liebe sind. Erst dann sind wir im eigentlichen Sinne nicht länger Mensch, auch wenn wir noch körperliche Präsenz leben, sondern sind ein „Auferstandener", ein „Wiedergeborener", ein „Christus-Erweckter". Dieses Christus-Bewußtsein, das erste und einzige aus Gott selbst geborene, reine, geistige Bewußtsein enthüllt die eine, die wahre Natur der Liebe in der ganzen Vielfalt aller Formnatur und damit auch in uns. Erst dann, wenn wir Ihn in uns erkennen, realisieren wir auch unser wahres Selbst als eine Einheit mit allen Wesen und allen Dingen. Wir werden selbst zum Licht in diesem Licht. Wir werden, was wir sind: Licht – und haben uns selbst gefunden.

Der Zodiak – die Weltuhr Gottes

Wenn die Einheit des göttlichen Lichtes, als das göttliche Licht des Lebens, nach der Teilung in seiner dreifachen Kraft aus der Trinität des Christus-Prinzips in den Thron der „vier Gesichter Gottes" fließt und von hier über die Quadratur der Erzengel, so offenbart es sich im Universum in einer *zwölffachen* Ausstrahlung. Diese Ausstrahlung ist in jedem Punkt des Weltalls gegenwärtig und wirkt in allem, was existiert. Diese Kräfte bilden in einem Interferenzvorgang (Überlagerung, Überschneidung) die Energiewellen, aus deren zunehmender Verdichtung und Materialisation alles sichtbare Leben hervorgegangen ist und hervorgeht: angefangen beim Universum, den Weltensystemen, den Sonnensystemen, den Planeten bis hin zu unserer Erde mit aller Kreatur wie ebenso den Pflanzen, Steinen und Kristallen. Diese zwölf Kräfte tragen jeweils zur Hälfte den Geist des göttlich gebenden Vaterprinzips in sich, das „göttliche Feuer des Lebens", das männliche Prinzip, und zur anderen Hälfte das göttlich empfangende Mutterprinzip der Materie, die „Wasser des Lebens", das weibliche Prinzip der ganzen Schöpfung. Wenn es im Schöpfungsvorgang heißt: „...und der Geist Gottes schwebte auf (über) dem Wasser..."(Erstes Buch Mose), so wird nun deutlich, was damit gemeint ist.

Auch die Erde empfängt diese zwölffache Kraftausstrahlung, die uns aus dem Weltraum wie ein Rad umringt und das Leben schenkt. Diese Energiewellen kommen aus der Richtung verschiedener Sternenbilder, die zusammen *Zodiakus* oder die *großen Sternbilder* genannt werden, als die uns bekannten *Tierkreiszeichen* der Astrologie. Die Energiewellen der Ausstrahlungen dieses Zodiaks treffen als Schwingung in einem Verdichtungspunkte zusammen, so daß sich die bereits genannte Interferenz bildete, aus der dann im Verlauf der Evolution die Kräfte der Elemente entstanden, aus denen die Erde hervorgegangen ist. Die beiden Hauptelemente von Feuer (Geist) und Wasser (Materie) bilden die Grundlage für das Element der Luft, das Vermittlerprinzip zwischen diesen beiden, wie es bereits geschildert wurde. Aus dem Zusammenwirken dieser drei Kräfte bildete sich dann das Element der Erde. Da die Sonne bei diesem Energieprozeß eine große Rolle spielt, wuchs die Erde im *Kraftfeld der Sonne* und wurde ihr Satellit. So empfängt die Erde zum einen ihre lebenserhaltende und wärmende Kraft und Energie von der Sonne, aber zum anderen ihre Lebensenergie auch aus dem Kosmos, den Ausstrahlungen des Zodiakus und ihrer Geschwister, den übrigen Planeten des gesamten Sonnensystems. Da die Erde, wie alle Weltkörper, eine Verdichtung all dieser Ausstrahlungen ist, welche sich in einem stufenweisen Evolutionsprozeß, also von Licht, Teilchen, Atomen, Molekülen, bis hin zu den Zellstrukturen der Pflanzen, den Tieren und dann dem Menschen aufbaute, so befinden sich auf jeder der aufgezeigten Evolutionsstufen entsprechende Erscheinungsformen als sogenannte Schlüsselmerkmale. Diese Merkmale finden wir auch im Menschen, was wiederum nichts anderes aussagt, als daß der Mensch, da auch er alle anderen Schlüsselmerkmale der jeweiligen Stufe ebenso in sich trägt, als das letzte Glied dieser Kette mit diesen verbunden und auch von ihnen abhängig ist, wie es bei A.Young so wunderbar wissenschaftlich aufgezeigt wurde. Das bedeutet, daß der Mensch als rein körperliche „Formerscheinung" mit der Erde *identisch* ist und daß er dann ebenso mit dem Ausgangspunkt der Evolution, dem Licht, identisch *sein muß,* somit auch als ein sichtbarer, berührbarer und fühlbarer Körper nichts anderes als *verdichtetes* Licht ist!

Das Mysterium der geistig-kosmischen *Zahl Zwölf* offenbart sich noch in einem weiteren Zusammenhang von zwölf Zeitabschnitten, wie bereits aufgezeigt wurde („Das Geistige des Lebens"), den „zwölf Arten von Früchten", die jeden Monat hervorgebracht werden, in dem makrokosmischen, dem großen Tierkreiszeichen eines kosmisch-geistigen Jahres. Solch ein geistiges Jahr hat, wie auch das mikrokosmische irdische Jahr (wie oben, so unten), zwölf Teile, und jedes dieser zwölf Teile dauert mehr als zweitausend Erdenjahre. Aus solchen kosmischen Jahren gehen auch die sogenannten irdischen Zeit- und Kulturperioden hervor. Eine Kulturperiode dauert ca. 2160 Jahre und entspricht einer Wanderung der Sonne durch ein Tierkreiszeichen. Die wohl ältesten uns bekannten sind die *lemurische* und die sagenumwobene *atlantische,* wie auch die *Hochkultur Mu.* Wie es heißt, ging die atlantische Periode ca. 10.000 Jahre v.Chr. zu Ende. Wenig ist bekannt, obwohl die geistigen Offenbarungen auch hier Hinweise geben, und es heißt, daß schon mehr als 100.000 Jahre vor unserer Zeitrechnung diese Kulturen weiter fortgeschritten waren als unsere heutige. Padmasambhava aus der Geistigen Welt sagt: „Es gab zu Zeiten von Atlantis keine Verbrennungsmotoren, sondern man bewegte sich mit Schallenergie, die heute bereits bekannt ist – vorhandene Pläne liegen in den Safes der großen Ölkonzerne. Schallgeneratoren betrieben Kraftwerke und Fortbewegungstechniken, die den heutigen Flugzeugen entsprechen würden. Schall, der hier nichts mit ‚Lärm' zu tun hat, wurde als ein Hochgeschwindigkeitsträger eingesetzt, der die kostenlose Energie aus dem Kosmos nutzte, sammelte und so verdichtete, daß enorme Kräfte entstanden, die zu allen Antrieben genutzt wurden. Schall erfordert einen Druckgeber, einen Behälter und einen Energieträger. Der Druckgeber steuert die ankommenden Schallimpulse und führt diese zu einem Behälter. Hier wird der Schall hoch verdichtet und gerät wie bei einer Dampflokomotive auf die noch mechanischen Kolben. Diese Energie ist kostenlos und kaum hörbar. Schallgeneratoren wirken auf eine ganz andere Art. Hier wird der *Schall in Schwingungen zerlegt* und bestimmten *Kristallen* zugeführt, die in Resonanz geraten und dann Energie abgeben. Erste Versuche wurden bei euch schon mit Laserlicht durchgeführt. Es ist eine Variante der Lichtenergie. Aber in eurem Denken fehlen die Grundkenntnisse der Naturgesetze, um mit dem Schall umgehen zu können. Schall ist eine kosmische Energie, die den gesamten Kosmos ausfüllt, so wie auch *Orgon* (psychosexuelle Lebensenergie, von „Orgasmus" und „Organismus" abgeleitet zu „Orgon", nach Wilhelm Reich 1897–1957; der Autor) eine solche kosmische Energie darstellt. Schallträger entstehen durch die aneinander geketteten Brücken der Lichtpartikelchen, der kleinsten Einheiten im Kosmos. Diese tragen jeweils die Informationen in sich, die zu ihrer Bestimmung notwendig sind. Gott ist die treibende Kraft, der mit gewaltigen, unvorstellbaren Kräften diese Lichtpartikelchen aussendet (siehe die „vier Gesichter Gottes") bis in die entferntesten Teile im Kosmos. Der Raum ist unendlich, es gibt keine Grenzen."

„Die Kräfte des Schalls durchziehen den Kosmos und verändern Planeten, was auf folgende Weise geschieht: Der Schall streift über die Oberflächen der Planeten, und es entstehen Verwirbelungen, ähnlich dem Wind. Diese Verwirbelungen können ganze Berge versetzen und Schluchten entstehen lassen, ja, sogar ganze Planeten völlig verändern. Der Schall ist ein Kontinuum, der im gesamten Universum vorherrscht und sich durch die Lichtpartikelchen fortpflanzt. Er nimmt auch einen Teil der Lichtpartikelchen mit sich, und diese bilden dann die feinstoffliche Hülle des Planeten. Diese Hülle kann je nach Stärke oder Intensität des Schalls größer oder kleiner werden. Im physischen Sinne bleiben die Planeten gleich, aber im feinstofflichen Bereich gehen oft gewaltige Veränderungen vor. Und ähnlich wie bei euch Menschen läßt sich auch an den Planeten die Zukunft im feinstofflichen Bereich ablesen. Es sind Lebewesen, so wie auch ihr Lebewesen seid, getragen durch die bewußtseinsorientierten Lichtpartikel."

„Dieser Schall strömt aus dem Herzen Gottes und verbindet alle Wellenträger mit seinem Verbundsystem der Gleichheit. Die Wellenträger des Lichtes, des

Schalls und der Winde arbeiten im Verbundsystem. Selten operieren kosmische Energien als Einzelsysteme. Dieses Verbundsystem durchstreift nach Gottes Plan den gesamten Kosmos und führt dort seine Aufträge durch, wo dies erforderlich ist. Die kosmischen Kräfte reflektieren Wesenheiten, die, mit Gott abgestimmt, Aufgaben übernehmen in der Art, wie eure Schutzgeister Begleitschutz durchführen. Diese kosmischen Kräfte unterstützen die Schöpfung in dramatischer Weise. Diese Kräfte sind in der Lage, ganze Planeten zu verschieben, Bahnveränderungen vorzunehmen und beteiligen sich auch am Aufbau neuer Sonnensysteme. Auch euer Sonnensystem ist so entstanden. Im Verbundsystem der kosmischen Kräfte wurden die neugeborenen Planeten in die richtige Position geschoben und dort in Rotation gebracht, also nach exakt definierten Umlaufbahnen und exakt definierten Umdrehungsgeschwindigkeiten. Auf allen Planeten eures Sonnensystems gibt es Leben. Dieses Sonnensystem ist eine Experimentierwelt Gottes. Die Menschen bevölkern die Erde, und unterschiedliche Energiewesen sind auf den übrigen Planeten angesiedelt. Mit euren Augen erkennt ihr die Venus als einen heißen Wüstenplaneten, und doch befindet sich dort ein hochentwickeltes System aus schöpferischen Gestaltern und Energiewesen, die euch immer wieder auf der Erde besuchen, die euch sehr gut kennen, nur besitzt ihr momentan noch keine Möglichkeit, mit diesen Wesen in Kontakt zu kommen, um mit diesen zu kommunizieren."

„Die Stadt Agrobia war die Zentrale und das Herz von Atlantis, von dem die gesamten Impulse über die Insel und die Erde gingen. Diese Hauptstadt zählte ungefähr drei Millionen Einwohner, und insgesamt hatte Atlantis etwa zehn Millionen und Mu sechs Millionen. Die Bewohner von Atlantis und Mu standen im regen Austausch und führten nur selten Kriege gegeneinander, die immer unentschieden ausgingen. Die Energieübertragung zu den einzelnen Häusern und Zentralen erfolgte drahtlos. Diese Energie wurde durch entsprechende Anlagen transformiert, so daß diese für Lebewesen unschädlich war und zu den einzelnen Häusern geschickt, dort aufbereitet und zum Einsatz gebracht wurde. *Quarze* und *Kristalle* wurden nach bestimmten Formen geschliffen und so zusammengesetzt, daß diese Energien erzeugten. Eine Technik, die bereits vor fast hundert Jahren Nicola Tesla (1856–1943) entwickelte, die aber aus ‚Kostengründen' eingestellt wurde. Nicola Tesla (genialer Erfinder und Physiker kroatischer Herkunft, als Gegenspieler Edisons zu Unrecht vergessen; der Autor) war in Atlantis Entwicklungsingenieur für drahtlose Energieübertragung und hatte damals einen großen Erfahrungsstand. Hätte man seine Ideen verfolgt, könnte die Erde der Reinigung heute entgehen, die auf sie zukommt, aber die Menschen, die Machtbesessenen, haben sich anders entschieden und damit die Menschheit in die Tiefe gestürzt."

„Atlantis war ein wunderschönes Land, ähnlich dem heutigen Kanada mit vielen Klein- und nur zwei Großstädten, aber die Menschen haben damals wie heute gegen die Gesetze Gottes verstoßen, so daß dieses Kleinod zerstört werden mußte. Man könnte schon sagen, daß Atlantis ein kleines Paradies war. Etwa von der Größe des heutigen Deutschlands lag es in der Nähe der Azoren und erstreckte sich in den Atlantischen Ozean. Die Azoren sind noch Reste aus dieser Zeit. Überbleibsel einer Hochkultur, wovon nach hunderttausend Jahren natürlich nichts mehr zu erkennen ist. Gott hat es so gewollt, daß nichts mehr aus dieser Zeit übrig bleibt, alles im Meer der Zeit versinkt. Diese beiden Hochkulturen Atlantis und Mu beherrschten die damalige Erde, unternahmen mit Raumschiffen auch kosmische Ausflüge und hatten Kontakte mit außerirdischen Wesen, die die Erde ja auch heute noch aufsuchen. Die Menschen hatten den höchsten Entwicklungsstand aller Zeiten, doch sie verstießen gegen die *Menschlichkeit* und gegen die *Sittlichkeit*. Sie ließen damals noch affenähnliche Wesen für sich arbeiten, manipulierten Menschen, erzeugten androgyne Wesen, die nur zu ganz bestimmten Aufgaben herangezogen wurden, quälten Natur und Tiere auf die bestialischste Weise, hatten keine Achtung vor dem Leben und vor Gott. Menschen wurden manipuliert, erpreßt, geopfert für alle möglichen Tests und *Genmanipulationen.* Kreuzungen zwischen Mensch und Tier wurden vorgenommen, alle Achtung vor dem Leben wurde ignoriert. Sicherlich, es waren nur ein paar wenige, die diese Manipulationen vornahmen, aber sie wurden von der damaligen Regierung und dem Volk gestützt. Atlantis war zum Untergang verurteilt, so wie *heute* die Erde. Die Zerstörung von Atlantis und Mu wurde durch das Umlenken eines Kometen bewirkt, der die Erde unvorbereitet traf. Ein Planetoid, der aus seiner Ellipsenbahn gerissen wurde, fiel in den Atlantischen Ozean. Doch Gott hat entschieden, dies nun in einer anderen Art durchzuführen; die Erde erlebt einen *Achssprung,* d.h., die Erde kippt um wenige Grade, sehr plötzlich und mit solcher Resonanz, daß die Kontinente erzittern und gewaltige Wassermassen diese überspülen. Allerdings wird die Erde in ihrem kontinentalen Kleid *erhalten* bleiben. Von Atlantis findet ihr nichts mehr. Jahrtausende waren Reste sichtbar, aber die Zeit trug auch diese zu Grabe."

Genmanipulationen nennt man heute verharmlosend „Gentechnik", und die eine solche betreiben, erhoffen, daß die Menschheit auch anderer manipulierender Technik gegenüber mehr oder weniger unkritisch bleibt. Doch Gentechnik ist nichts anderes als der Versuch der Manipulation an Gottes Schöpfung, an der Ur-Substanz des Lebens. Es wird versucht, mit vorgeschobenen Gründen der Humanität wichtige Elemente des biologischen Bauplanes nach eigenem Gutdünken umzuformen, zu verändern und neue Lebensformen entstehen zu lassen, die von der Schöpfung Gottes so nie vorgesehen waren. Das ist nicht nur ein unglaublicher Frevel an der Natur, sondern eine Herausforderung an Gott, die Er nicht unbeantwortet lassen wird. Die Gentechnik wird der Menschheit nicht zum „Segen" gereichen, sondern zu ihrem Untergang führen, wie es auch *deutlich* aus der Geistigen Welt vermittelt wird. (Siehe auch Kapitel „Das Alpha und das Omega") Nur an einem Beispiel, z.B. an *genmanipulierten Tomaten,* mag verdeutlicht werden, wie zutiefst krank das Wirken der Gentechnik ist, auch wenn sie versucht, es ganz anders hinzustellen. Eine normale Tomate schwingt im violetten Heilsystem, Schwingungsebene RE = 770 x 10 Hertz; eine gen-manipulierte Tomate dagegen auf der Schwingungsebene 0 = 10 x 10 Hertz, so nach R.Brantschen, der hier nachweist: „Die Tomate verliert durch den Eingriff ihren Charakter, ihre Persönlichkeit und scheidet dadurch als Mitglied der Ökofamilie aus. Man hat der Tomate *die Seele* geraubt (was die Geistige Welt so wortwörtlich bestätigt; der Autor), ohne die sie nicht mehr leben kann. Jede Pflanze, die nicht mehr im violetten Heilsystem oder im orangefarbenen Energiesystem schwingt, hat im Ökosystem keine Zukunft. Diese Pflanzen sind wie Menschen, die aus der Gesellschaft ausgestoßen wurden. Das ist der Preis für solch unverantwortliche Genmanipulationen."[35] Und Genforscher träumen nicht nur von ihren „Schöpfungen", die Fehlschöpfungen sein müssen, sondern sie sind dabei, diese zu produzieren. Wie zu erfahren ist, hört die Manipulation nicht bei Pflanze und Tier auf, nein, nun ist der Mensch an der Reihe, der genmanipulierte „Supermensch" soll entstehen. Und dieser unberechenbare Wahn ist wohl kaum noch zu bremsen?!

Kommen wir zurück nach Atlantis. Der Untergang von Atlantis dürfte eine der folgenschwersten Katastrophen gewesen sein, die je die Erde heimsuchte, seitdem es Menschen auf ihr gibt. In dieser Stunde des Kometeneinschlages wurde der „Uhrzeiger" der Menschheitsgeschichte durch die Gewalt dieser

---

[35] Brantschen, Roman „Heilen mit Licht und Farben", by Ariston Verlag, Genf/München, 1094, S. 208

entfesselten Kräfte auf „null" zurückgeworfen. Jahrtausende mußten vergehen, bis sich die Erde und auch die Menschheit von diesem Schlage wieder erholte. Alles mußte *neu* beginnen, und nichts blieb aus den Trümmern übrig, was hätte Zeugnis ablegen können über diese einst blühende Hochkultur. Was der heutigen Welt und Menschheit aus dieser Zeit als ein „Erbe" geblieben ist, trotz der so ungeheuer langen dazwischenliegenden Zeiträume, sind die immer noch latent vorhandenen Ängste vor weiteren Kometeneinschlägen, die sie zu allen Zeiten in Angst und Schrecken versetzten, da solche Einschläge die Erde in ihren Frühzeiten oft heimsuchten. In unserem tiefsten Inneren ist dieses Wissen im Unterbewußtsein noch gespeichert, tief verankert, denn viele, wenn nicht gar ein großer Teil der *heutigen* Menschheit, sind ja *eine Reinkarnation auch aus diesen Zeiten von Atlantis.*

Doch nicht nur dieses „Erbe" belastet die heutige Menschheit, sondern es ist vor allem die „Erbschaft" von drei Krankheiten, die aus dieser Vergangenheit in die heutige Zeit übernommen wurden, wie die „Esoterische Heilung" nach Bailey aufzeigt: so die syphilitischen oder sogenannten Gesellschaftskrankheiten, Infektionskrankheiten, die vor allem mit dem Mißbrauch des Geschlechtslebens zusammenhängen, denen man sich in lemurischen Zeiten hingab und die als Überreste dieser Ausschweifungen noch heute ihren Beitrag leisten, was auch als das erste, das eigentliche Ur-Übel der Menschheit betrachtet wird, und schon in den frühesten Schriften und Legenden finden sich darüber Berichte. Des weiteren die Krankheit Krebs, deren Wurzel tief in der Gefühls- und Begierdennatur des Astralleibes liegt, die, wie es heißt, eine „Gabe der atlantischen Menschheit" an den heutigen Menschen ist. Diese Krankheit ist zugleich Teil einer Reaktion auf die mit dem Sexualleben zusammenhängenden Krankheiten, die infolge eines wahllosen, gemeinschaftlichen Geschlechtslebens um sich griffen. Krebs ist jedoch vor allem eine Krankheit der Hemmung, die durch die Unterdrückung der natürlichen Lebensenergie aufgrund des Selbsterhaltungswillens entstand, so wie die syphilitischen Krankheiten von der maßlosen Ausschweifung menschlicher Sexualbegierden herrühren, wie heute Aids. Die sexuelle Energie ist geistige Lebenskraft, die, transzendiert, zu schöpferischer Aktivität und Lebensfreude führen soll. Doch wirkt sich diese Kraft unheilvoll im Mißbrauch auf den Menschen aus, der sie allein zu ausschweifender Lustbefriedigung degradiert, ebenso wie auch die Unterdrückung dieser Lebensenergie als emotionell-begierdehafte Gefühlsäußerung. Die *Heilung* von Krebs liegt in der *Erkenntnis seiner Ursache* und einer entsprechenden Umwandlung. Umwandlung bedeutet eine rechte Beherrschung der *emotionellen Natur,* und nicht eine *Unterdrückung* oder Hemmung der Begierdenimpulse durch den Willen, aus Angst vor Bestrafung oder Versündigung. Die dritte Krankheit, die, wie es Esoterisches Heilen aufzeigt, in einer gewissen atlantischen Periode überhand nahm, ist die Tuberkulose, die jedoch hauptsächlich in der arischen Rasse ihren Ausdruck fand, da die Ursache für diese Erkrankung in der Tatsache begründet liegt, daß sich der Schwerpunkt des Lebens in dieser Periode aus dem Gefühlsbereich in den des Denkens verlagerte, wodurch die emotionelle Natur „Hunger" litt. Die Tuberkulose, so Esoterisches Heilen, ist weitgehend eine Krankheit der „Entleerung" und beruht, wie auch der Krebs, auf einer vorhergehenden *Verlagerung der Lebenskraft* aus dem physischen Körper in die Gefühlsnatur, wobei das Zellenleben durch Überreizung zu stark entwickelt wurde. Es gibt im Kosmos viele Entwicklungsmöglichkeiten, und es liegt bei uns, wie wir mit diesem und auch unserem göttlichen Erbe umgehen. Alles liegt auch für uns wunderbar in Gottes Hand, sind wir bereit, die Hand nach Ihm zu strecken. Doch es gibt Kräfte, die dies sehr *bewußt* zu verhindern suchen – diese werden ihrem Schicksal nicht entgehen! Eine Wiedergeburt des Geistes steht ins Haus, und eine Kulturperiode ist, so wie es aussieht, wieder einmal kurz vor ihrem Untergang. Eine sehr grobe Übersicht solcher Zeit-Perioden wird dem Leser hilfreich sein zu erkennen, wo die Menschheit in ihrer Entwicklung steht:

- Lemurische Zeitperiode (ca.100.000 Jahre v. Chr.)
- Atlantische Zeitperiode (ging ca. 10.000 v. Chr. unter)

Sogenannte nach-atlantische Perioden
- Indische Zeitperiode
- Persische Zeitperiode
- Ägyptische Zeitperiode
- Griechisch-Römische-Zeitperiode (Jesus-Christus)
- Arische Zeitperiode (bis Ende des 19. Jahrh.–Zeitenwende)
- Slavische Zeitperiode (begann ca. 1985 bis 3.800 n. Chr.)

Der Ausdruck „arische Zeitperiode" erklärt sich aus einem Zusammenhang, der die Zivilisation Indiens und aller romanischen Länder, der Germanen, der Nordländer und Angelsachsen umfaßt, der eigentlichen arischen Rasse. Doch sollte das Wort „arisch" nicht mißbräuchlich mit „nordisch" gleichgesetzt werden. Es ist mehr das Bewußtsein der Denk- und Persönlichkeitskraft einer gewissen Stufe in jedem Menschen und in jeder Rasse. „Arisch" umfaßt eine

Gruppe, die zwischen den orientalischen Rassen und der arischen Rasse eine Brücke bildet (hier z.b. die sogenannten Semiten, die weder reine Orientalen noch Arier sind, und unter denen die Juden eine Gruppe bilden). Die westliche Zivilisation steht im Anfangsstadium eines solchen arischen Bewußtseins, und alle Menschen werden einmal in einen solchen Zustand wachsen, doch haben einzelne Menschen zu allen Zeiten und in allen Rassen die arische Denk- und Persönlichkeitskraft in sich als Bewußtsein getragen. Nach Aussage der Geistigen Welt ist das Ziel der „arischen Rasse" (so ist es vorgesehen), daß sie in dieser Zeitperiode ihre Denkfähigkeit voranbringt. Aus dieser Aussage heraus ist nun unschwer abzuleiten, warum sich gerade der Westen in seiner Entwicklung so besonders aktiv dieser „Fähigkeit" (des Intellekts) rühmt und bedient, sich jedoch zugleich in seinen negativen Aspekten so einseitig mental ausgerichtet zeigt, der Verstand so dominierend in den Vordergrund gerückt wurde und immer noch wird, wodurch sich die Gefühle der Spaltung und inneren Dualität in eine zunehmende innere Zerrissenheit bewegen. Aus dieser inneren Zerrissenheit erscheinen nun wiederum die typischen Bilder daraus resultierender psychischer Erkrankungen, die ja allen bekannt sind. Bei den nun durch die Zeitenwende bedingten zunehmenden Integrationsvorgängen, der Anhebung von niederen zu höheren Energiefrequenzen, kommen viele Energien, die in ihrer Art und Qualität sehr unterschiedlich sind, miteinander in Berührung, wodurch bei einem solchen Zusammentreffen sowohl psychisches Chaos, wie äußerst kritische physische Situationen entstehen können, die jeder einzelne für sich zu bewältigen hat. Nach deren Überwindung kommt jedoch eine Zeit der Ruhe, des harmonischen Zusammenfügens (nach der Zeitenwende), was zu erhöhter geistiger Aktivität und besserer systematischer Tätigkeit aller Abläufe führen wird.

Nach Aussage der Geistigen Welt ist die *lemurische* Rasse die *Wurzelrasse* der Menschheit und, wie auch die Esoterische Lehre aufzeigt, erlangte sie in dieser Periode die Integration des Ätherkörpers (auch Lebens- oder Vitalkörper) mit dem physischen Leib. Die atlantische Rasse und Zeitperiode brachte dann der Menschheit einen weiteren Entwicklungsschritt. Sie fügte zu dieser erreichten Synthese von Ätherleib und Physis einen neuen Teil, den der *astralen Natur* hinzu, und so trat, wie es nach „Esoterisches Heilen" heißt, der „physische Mensch endgültig in Erscheinung". Er war nun fähig, sich auch physisch vital und lebhaft, doch zugleich sensibel, sensitiv und gefühlvoll mit der Umwelt auseinanderzusetzen, deutlicher und stärker auf diese zu reagieren. Nun ist die heutige *arische Rasse,* zu der wir gehören, dabei, einen weiteren Teil-Aspekt in sich aufzunehmen – den Aspekt des *Denkvermögens,* wie es die Geistige Welt vermittelt, also den Teil des Mentalkörpers aufzubauen, der noch so sehr viel Schwierigkeiten bereitet. Zu der bereits physischen Lebenstüchtigkeit des Körpers, der Gefühls- und Empfindungsfähigkeit des Astralen, wird jetzt der *mentale* Bewußtseinsbereich von Verstand und Vernunft aufgebaut, der mit gedanklicher Wahrnehmung und anderen Qualitäten des Denkvermögens einhergeht und zusammenhängt. Der zukünftige Mensch wird nun, oder ist bereits dabei, die drei Aspekte von vitalen, astralen und mentalen Energien zu einem Ganzen integrieren, also zu einer Einheit zu verschmelzen, was sich dann in der sogenannten „Persönlichkeit" offenbart. Zur jetzigen Zeit jedoch noch mit allen daraus entstehenden negativen Aspekten des (dadurch noch) gespaltenen, einseitig intellektuell ausgerichteten Materialisten, wie er überall zu finden ist. Daher auch immer wieder der Aufruf zur *gedanklichen Kontrolle* und inneren Integration, dem nach innen und nicht zu sehr nach außen Ausgerichtet-Sein. Werden die Funktionen dieser drei Aktivitäten in eine harmonische *Synthese* zueinander gebracht, so entsteht aus der Persönlichkeit der „geistige Pfad des Lebens", auf dem sich dann, unter der Leitung des höheren Selbst, der wahre, der geistige Mensch entwickelt. Es wird die sogenannte Antahkarana-Brücke (dieser Name wurde dem Stromweg lebendiger Energie gegeben, der die verschiedenen Aspekte mit der Seele verbindet; nach Bailey) innerlich errichtet, welche die unteren mit den oberen Regionen immer mehr verbindet und den Geist-, Seelen- und Körperaspekt in einer integralen Synthese vereinigt.

Kehren wir nun vom alten Atlantis und den frühen Kulturperioden, deren Verflechtungen mit unserer heutigen Zeit sehr deutlich wurden, wieder zurück zu den Zeitabschnitten der zweitausend Erdenjahre (genau 2160 Jahre) eines geistigen Jahres. Auch wir auf der Erde teilen ein Jahr aufgrund der kosmischen Gesetzmäßigkeiten in zwölf Teilabschnitte (Monate) ein und ebenso in die Tierkreiszeichen des kosmischen Zodiak – in die festgelegte Reihenfolge von: Widder, Stier, Zwillinge, Krebs, Löwe, Jungfrau, Waage, Skorpion, Schütze, Steinbock, Wassermann und Fische. Die zwölf irdischen Monate, also ein Jahr, sind der Spiegel des makrokosmischen Jahres, welches über 25.000 irdische Jahre dauert. Die zwölf irdischen Monate sind wiederum in vier Teilabschnitte, die sogenannten vier Jahreszeiten aufgeteilt, in denen sich die vier geistigen Lebensprinzipien der vier Elemente von Feuer, Wasser, Luft und Erde widerspiegeln, und die sich mit den Prinzipien des kosmischen Zodiak verbinden.

Vom großen kosmischen Rad des Zodiak, vom Himmelsgewölbe, werden die Ausstrahlungen von der Erde, also von außen her, empfangen, und aus dem eigenen Rad der Erde werden sie zurückgegeben. Desgleichen zeigt sich dies bei allen Lebewesen und auch beim Menschen, der seine Kräfte von außen bekommt, diese durch seine Chakren aufnimmt und ebenso wieder zurücksendet. Alles steht in einem großen Kreislauf, und nichts ist getrennt. So hat ebenfalls die Erde keine zentrale Stellung im kosmischen Geschehen, sondern sie ist lediglich ein Satellit der Sonne, der um diese läuft und sich dabei auch noch um die eigene Achse dreht. Infolgedessen wird der Weltraum von der Erde aus spiegelverkehrt gesehen, also entgegengesetzt zur objektiven Wirklichkeit. Von der Erde aus gesehen kreist das ganze Sternengewölbe um uns mit allen Welt- und Sonnensystemen und ihren Sternen wie Planeten, aber die Wirklichkeit zeigt sich genau umgekehrt. Nicht das Sternengewölbe kreist um uns, sondern die Erde läuft auf ihrer vorgeschriebenen Bahn in einem kleineren Kreis um die Sonne – in einem größeren Kreise mit dem Sonnensystem unserer Sonne um eine Weltensonne und in einem noch größeren Kreise mit dem ganzen System dieser Weltensonne um eine Zentralsonne und so weiter, dabei immer größere Kreise bildend, immer größere Weltensysteme aufbauend, und dies bis in die Unendlichkeit hinein. Und am äußeren Rand des Kosmos, dieser Unendlichkeit, so die Geistige Welt nach Padmasambhava, – wobei es diesen „Rand" gar nicht gibt, doch um es verständlich zu machen – herrschen sehr starke Rotationskräfte, und die Planeten, die sich dort befinden, können nicht bewohnt werden. Kraftströme durchziehen den Kosmos und befördern Planeten zum Zentrum des Kosmos. Hier sind die Rotationskräfte des Alls am ausgeglichensten, hier wirken sich die gewaltigen Beschleunigungskräfte des Alls nur noch in Bruchstücken aus, wie es heißt. Hier in diesem *Zentrum* erfahren die Kräfte eine „Knickung", eine Biegung und werden verlangsamt. Alles wird hier ruhiger, alles erlebt Gleichklang. Planeten ziehen ihre Bahnen in exakter Bestimmung und rotieren selbst oder stehen an einem ganz bestimmten Punkt unveränderbar. Dieses Zentrum bildet den Mittelpunkt des Lebens, für menschliche Begriffe nicht faßbar, unvorstellbar groß, und doch besitzt es Endlichkeit. Es ist also begrenzt, und nur in diesem Zentrum kann sich Leben entwickeln, Leben, welches in menschlicher Form oder in Form von Astral- oder Energiewesen zum Ausdruck kommt. Gott schuf alles nach seinem Plan, entwarf die Erde zu einem „Lernplaneten", einem Planeten, der geistige Wesen auf ihrem Weg zum Erkennen und zur Vervollkommnung bringen soll.

Das ganze kosmische Leben, auch das der Weltenkörper und der Weltensysteme, ist nichts anderes, als ein ewiges Kreisen um dieses ewige Lebenszentrum als das Herz Gottes, um den Thron der „vier Gesichter", als dem makrokosmischen Rad des Lebens, welches sich im kosmischen Sternenhimmel des Zodiakus offenbart. Dabei trägt jede Erscheinung, ob Einzeller, Pflanze, Tier oder Mensch eine solche Miniaturausgabe dieses großen makrokosmischen Rades als mikrokosmische Verkleinerung auf Erden in sich, als die Erscheinungsform des Lebens. Alle Lebens- und Erhaltungssysteme, alle Energien des Lebens kommen aus diesem kosmischen Rad, werden über den Kosmos von außen her als ein Spiegel des göttlichen Seinszustandes gegeben. Wir *sehen* die Welt spiegelverkehrt. Zugleich befindet sich das große makrokosmische Rad des Lebens in einem ständigen Ein- und Ausatmungsprozeß, in einem Rhythmus, der zudem die Ausstrahlungen des uns umgebenden Weltraumes mit seinen ungezählten Sternen und Himmelskörpern ständig neu gestaltet. Alles ist dem kosmischen Lebensrhythmus angepaßt, und alles befindet sich dadurch in einem ständigen Wechselspiel der Kräfte, in der Bewegung und Veränderung, wodurch sich auch die Ausstrahlungskräfte des Kosmos ständig neu gestalten.

So ist die Erde in den Wirkungsbereich dieser Ausstrahlungskräfte eingebettet, in die sich ständig neu wandelnden Strukturen und Zusammensetzungen, die von außen empfangen werden. Jede Erscheinung auf Erden, so auch der Mensch und alles, was Leben in sich trägt, ist mit diesen Energien in Berührung, ja auf das allerengste verbunden. Jeder Mensch trägt, aus diesen schöpferischen Kräften aufgebaut, wie sie aus den Sternen des Weltenraumes zu uns strahlen, sieben mikrokosmische Energieräder oder Chakren in sich und damit eine individuell zusammengesetzte Kräftestruktur, durch die er auch von außen individuell bestimmt und gelenkt wird. Im Augenblick der Geburt stimmen die Kraftstrukturen und Ausstrahlungen des kosmischen Zodiakus, also des Himmelsgewölbes, mit den eigenen Seelenenergien vollkommen überein. Und nur in dem Augenblick, in dem sich diese Kraftstrukturen des Himmelsgewölbes mit denen der eigenen individuellen Kraft der Räder decken und übereinstimmen, kann ein Lebewesen auf Erden *geboren* werden. Der Buddhist spricht vom „Rad des Lebens und des Todes" oder vom „Drehen des Rades des Gesetzes", und es wird in der westlichen Terminologie auch häufig das Wort vom „Schicksalsrad" gebraucht. Beides steht in einem Zusammenhang, denn vom Anfang bis zum Ende des Lebens wirken auf den Menschen nicht nur die Kräfteausstrahlungen des Zodiakus ein, sondern diverse neue

Eindrücke und Erlebnisse des Lebens mit ihren verschiedensten Einflüssen, die ihn dementsprechend verändern und dadurch seine Energieausstrahlungen, wie die innere Bewußtseinskonstellation seiner Entwicklung, bestimmen. Diese innere Konstellation am Ende des Lebens ist die Prägung der Seelenstruktur beim Tode, und die Seele wird so lange als Mensch nicht wiedergeboren, bis jeweils auch das Sternengewölbe wieder genau diese energetische Struktur aufweist und erreicht wird. So sind also alle Lebewesen, nicht nur der Mensch, die in jedem Augenblick geboren werden, auch in einem vorhergehenden Leben mit genau diesen Seelenstrukturen gestorben. Die Konstellationen von *Tod* und *Geburt* sind also unbedingt *miteinander identisch*. Das ist auch der Grund, warum manche Seelen zuweilen recht rasch wieder in die Verkörperung gehen und andere unter Umständen Jahrtausende warten müssen. Dagegen zeigt sich, daß die Konstellation von Geburt und Tod *nie* identisch ist, da sich das Wesen im Laufe seiner irdischen Entwicklung ständig verändert. Doch trägt jedes Lebewesen energetisch in seinem Unterbewußtsein das Programm seines ursprünglichen Charakters vom Augenblick seiner Geburt an verborgen in sich, da darin das Programm des Lebens eingeprägt ist als das individuelle „Rad des Lebens", das auch seine ganze Entwicklungsgeschichte enthält. Und hier zeigt sich die Domäne der Astrologie, denn sie kann aufgrund der Energien, also der inneren Geburtskonstellation und ihrer Kräfte, die ein Wesen aufgebaut haben und nun in seinem Wesen, seiner Seele oder seinem Körper als Schicksal wirken, das innere „Bild der Seele" mit ihren Wirkkräften und vorauszusehenden Aktivitäten ausrechnen, kann so helfen, die unbewußten Strömungen und Bedürfnisse der Seelenaktivitäten für dieses Leben zu offenbaren. Soll dies geschehen, was sehr hilfreich sein kann, so muß die Konstellation des Sternenbildes zum Zeitpunkt der Geburt ausgerechnet werden.

Eine solche Ausrechnung der Konstellation wird erzielt, wenn man sich, wie die Astrologie[36] es macht oder wie es die Esoterische Lehre aufzeigt, mit den Energien des individuellen Sternbildes beschäftigt, hier vor allem mit den Energien der Sonne, die sich zur Zeit der Geburt bewegt; zum anderen mit den rückläufigen und aufsteigenden Zeichen, die den Menschen beeinflussen, und für welche er empfänglich sein sollte; und dann auch mit dem Mond, der den Formaspekt und besonders die physische Körperform beherrscht. Die Geburt gibt einen Hinweis darauf, warum die Seele in die Inkarnation getreten ist,

---

[36] *nach Reinicke, Wolfgang „Praktische Astrologie", Ariston Verlag, Genf, 1977*

dies wird also durch den Monat angezeigt, in welchem die Seele in ihrem vorherigen Leben aus der Inkarnation schied. Starb z.B. der Mensch in einem Monat, der von einem bestimmten Zeichen beherrscht ist, so wird er auch unter demselben Zeichen in die Inkarnation zurückkehren. Er wird zum Beispiel wieder im August unter dem Sternzeichen Löwe des gleichen Monats geboren, um an der gleichen Stelle erneut seine Erfahrungen dort wieder aufzunehmen, die einst durch den Tod unterbrochen wurden. Dann wird die Seele den inkarnierten Menschen mit der gleichen Energie und geistigen Ausrüstung ausstatten, mit welcher er (vielleicht vor Hunderten von Jahren) einst aus dem Erdenleben ausschied, also mit allen Kräften, die bereits in ihm entfaltet wurden und all denen, die noch zu entfalten sind. Auf diese Weise zeigen sich die Seelen-Energien und das Wesen der Kräfte an, die für das erneute Leben einen weiteren Fortschritt der Entwicklung bringen sollen, die sich dann auch in einem Horoskop offenbaren. Alle Erscheinungen sind den übergeordneten kosmischen Energien und Kräften unterworfen, und nur der Mensch allein hat die Möglichkeit wie auch die Fähigkeit, auf diese Kräfte einzuwirken, indem er sie in sich erkennt und dadurch umwandelt.

Es wurde gesagt, daß der Mensch sich als ein mikrokosmisches Prinzip der makrokosmischen Ausstrahlungsradiation des ihn von allen Seiten beeinflussenden kosmischen Zodiaks erfährt, also des großen kosmischen Tierkreiszeichens mit ebenfalls Widder, Stier, Zwillingen, Krebs, Löwe, Jungfrau, Waage, Skorpion, Schütze, Steinbock, Wassermann und Fischen. Dieses große Tierkreiszeichen spiegelt sich im kleinen, dem irdischen und in den zwölf Monaten wider. Diese zwölf Monate sind wiederum aufgeteilt in die vier Teilabschnitte der Jahreszeiten, in denen sich auch die zwölf Tierkreiszeichen vierteln zu je einer Gruppe von drei Sternzeichen, die sich jeweils einem der vier Elemente unterordnen. Und dies hat natürlich seine tiefe Bedeutung, denn die Verbindung der Elemente, also Feuer, Wasser, Luft und Erde mit denen des Tierkreiszeichens, ist der sogenannte „Astrale Seelenspiegel" (nach F. Bardon), mit seinen zum einen dunklen, schlechten Eigenschaften und zum anderen mit seinen hellen, guten Seiten und edlen Charaktereigenschaften. Dieser „Seelenspiegel" als der symbolische Baum des Lebens von „gut" und „böse" offenbart die mitgebrachten Eigenschaften der Seele, die jeweils zur Erreichung eines seelischen Gleichgewichts miteinander in die Harmonie gestellt werden müssen. Das ist der eigentliche Lebenssinn und auch der Grund für die astrologische Geburtskonstellation, der Grund, warum wir ganz speziell und individuell unter diesem oder jenem Sternzeichen geboren werden.

Die Elemente, die aus den vier heiligen Äthern, und diese wiederum aus dem fünften, dem sogenannten *Akashaprinzip,* hervorgegangen sind, dem gesetzmäßigen Ursachenprinzip, bilden auch die Grundlagen für die Astrologie. Das Feuer- und Luftelement verbindet die männliche Achse (die Welt als Wille und Vorstellung) und das Erd- und Wasserelement, die weibliche Achse (die Welt als Leib und Seele). Und es heißt, daß das Ur-Bild des Menschen von allen Elementen gleich viel mitbekommen hat. Nach der astrologischen Lehre und so, wie es sich auch im Zodiakus darstellt, erfolgt jedoch im Geburtsmoment eine zusätzliche kosmische Prägung mit den augenblicklichen Planetenkonstellationen, so daß dann hier eine individuelle kosmische Wandlung vor sich geht. Jedes dieser drei in vier (die zwölf Tierkreiszeichen, die sich je zu einer Gruppe von drei Sternzeichen vierteln) und damit also zwölf geistigen Lebensprinzipien, erfüllt individuelle Aufgaben im Menschen und seiner geistigen Entwicklung entsprechend der mitgebrachten geistigen Anlagen, indem die dunklen, also noch nicht bewußt gewordenen Anlagen mit den lichten, den bereits erkannten, in Harmonie gebracht werden sollen. Diese Prinzipien bestimmen (nach F.Bardon, „Der Weg zum wahren Adepten") auch das Temperament des cholerischen Menschen über das Feuer-Prinzip, das des melancholischen über das Wasser-Prinzip, das des sanguinischen über das Luft-Prinzip und das des phlegmatischen Menschen über das Erd-Prinzip. Je nach individueller Reifung der Seelenstruktur ist damit auch die elektrische oder magnetische Fluidschwingung der Energieausstrahlung des Menschen verschiedenartig. Doch nicht nur das Temperament des Menschen, sondern auch seine mitgebrachten Gesundheitsanlagen, also seine innere Disposition für Krankheiten, sowohl der persönlich disponierten als auch der sogenannten genetischen Erb- und Familienkrankheiten, die immer einen geistig-seelischen Ursprung haben, sind in den kosmobiologischen Strukturen zu finden. Die „Astro-Medizin" spielt schon heute eine beachtenswerte Rolle, und nur noch wahrliche Ignoranz richtet ihr Hauptaugenmerk allein auf den rein materiellen, den sichtbaren Aspekt allen körperlichen Geschehens, also auf die rein körperlichen Erscheinungsformen von Krankheit.

Die Untersuchung von Horoskopen zeigt sehr deutlich auf – ein jeder kann dies anhand eines solchen für sich selbst bei einem guten Astrologen in Erfahrung bringen –, wie eng eine *individuelle Sternenkonstellation* mit der *Disposition eines Krankheitsgeschehens* in Zusammenhang steht. Kommt die wahre Astrologie zu ihrem Recht, dann können die Horoskope der Seele und die der Persönlichkeit in Beziehung gebracht werden. Bisher hat sich die Astrologie vornehmlich mit den Kräften der Persönlichkeit beschäftigt, doch wird eine zukunftsweisende Astrologie irgendwann die *Seelenkräfte* stärker berücksichtigen und mit einbeziehen, um deren Inkarnationsabsichten zu erkennen, wovon auch die Medizin profitieren wird, wie es nach Djwahl Khul („Esoterisches Heilen") heißt, da durch die richtigen astrologischen Schlußfolgerungen auch der Körper dann immer besser überprüft und diagnostiziert werden kann. Für die Medizin zeigen sich in der Astrologie diesbezügliche Krankheitsfelder im individuellen Horoskop als die Felder I, VI, VIII und XII, doch auch jeder stark in Erscheinung tretende „Übeltäter" wie Mars, Saturn oder Uranus, und insbesondere die Position der Sonne sowie die des Aszendenten. Hier zeigen sich besonders bei den Krankheitsbefunden von z.B. Krebs, Leber-Galleleiden, Nervenproblemen, Nieren- oder bei den mannigfachen Unterleibsleiden ganz bestimmte, immer wiederkehrende Konstellationen und Aspektverletzungen bestimmter Planeten.

Der tibetische Meister Djwahl Khul sagt zur Astrologie: „Die Energie des besonderen Sternbildes oder des Zeichens, in dem der Mensch geboren wird, ist von viel tieferer Bedeutung, als vielfach angenommen wurde. Es verkörpert oder weist hin auf sein gegenwärtiges Problem, bestimmt die Gangart oder das Tempo seines Lebens und hat mit der Beschaffenheit seiner Persönlichkeit zu tun. Es beherrscht, wenn ich es so ausdrücken darf, den Rajas- (das Prinzip der Bewegung und Initiative; der Autor) oder Tätigkeitsaspekt seines Lebens in der Inkarnation. Der Aszendent oder das aufsteigende Zeichen weist auf die Richtung hin, in der seine Energie als Ganzes strömen kann, wenn er den Zweck einer Inkarnation erfüllen will. Das geschieht natürlich nur, wenn er es richtig anpackt. Im Mondeinfluß sehen wir den Hinweis auf die Vergangenheit des Geborenen. In ihm liegen die Begrenzungen und Hemmnisse, unter welchen der Mensch arbeiten muß, und er könnte deshalb als die Verkörperung des Tamas-Aspektes (das Prinzip der Trägheit, sowohl in der materiellen Natur als auch im körperlichen Wesen: Trägheit an Kraft, wie auch Trägheit im Wissen; der Autor) der Materie betrachtet werden, was ‚zurückhält' und was – wenn ihm ein zu großer Einfluß eingeräumt wird – zur Untätigkeit führt."[37] Der am Ostpunkt des Horoskops aufsteigende Grad oder Aszendent ist das individuelle Merkmal eines Horoskops, und es ist nicht gleichgültig, welches Tierkreiszeichen am Ostpunkt des Horoskops aufsteigt und damit zum Aszendenten wird. Dieses Zeichen prägt vor allem das per-

---

[37] Baily, Alice A. *„Esoterisches Heilen"* , Verlag Lucis Genf, 1983, für Deutschland Karl Rohm Verlag, Bietigheim-Württemberg

sönliche Ich, wie auch die körperliche Erscheinung und die Umwelt, aber vor allem auch die zweite Lebenshälfte, da hier der Aszendent häufig besonders stark zum Tragen kommt, wie die Astrologie aufzeigt. In gewissem Sinne hat jedes Tierkreiszeichen eine Inklination oder Entsprechung zu bestimmten Körperorganen, und hier finden wir ein weiteres Mysterium der Zahl Zwölf beleuchtet. Es sind die *zwölf Organe* in der menschlichen „Organuhr", ein Wissen, welches von den alten Völkern, ganz besonders aber von den Chinesen, bewahrt wurde.

Von hier aus ist auch die *Akupunktur* mit ihren regulierenden Kräften der Energien von Yin, als dem passiven weiblichen Prinzip der Erde und dem Yang, dem männlichen Prinzip des Geistes, ausgegangen. Diese Polarität, die sich überall als Aktion und Reaktion und auch ebenso im Körper aufzeigt, gehört zum Grundprinzip des Lebens. Durch die Verbindung der Elemente Feuer (Geist) und Wasser (Erde), also durch das Prinzip Gott-Vater-Geist und Gott-Mutter-Erde, entstehen erst die Kraftfelder kosmischer Kräfte, welche sich als die sogenannte Lebenskraft des „Chi" bildet, die in einem Energieumlauf eines 24-Stunden-Rhythmus in den Meridianen der Erde wie auch in den Meridianen des Menschen fließt. Besteht ein harmonisches Zusammenspiel dieser beiden Kräfte und Energiekreisläufe, so findet dies seinen Ausdruck in Form von Harmonie und damit von Gesundheit. Besteht ein gestörtes Verhältnis, wovon in den allermeisten Fällen des Menschen auszugehen ist, so entsteht eine Dysfunktion. Überwiegen die Aktivitäten und Kräfte einer Seite (z.B. durch links- oder rechtslastige Gehirnaktivität), so wird dies sehr häufig als ein Ausdruck von Krankheit erfahren. Das Erlöschen einer dieser Kräfte bedeutet den Tod. Jedes Yang-Organ trägt auch jeweils einen Yin-Anteil in sich und umgekehrt. Die universelle Weisheit spricht hier von der Übereinstimmung des Mikrokosmos (dem *kleinen* Menschen) mit dem Makrokosmos (dem *großen* Menschen oder dem Universum). Schauen wir uns den „kleinen" Menschen mit seinen körperlichen Organen und ihren Entsprechungen zu den Tierkreiszeichen an, so können wir folgende Zuordnung von Krankheitsfeldern feststellen, die als latente Disposition bereits mitgebracht wurden. Eine solche astrologische Disposition muß nun nicht für alle und jeden einzelnen *unbedingt* zutreffend sein, wenn die individuellen Konstellationen mit ihren primären und sekundären Planetenstellungen im Augenblick nicht zutreffen, da sie entweder bereits überwunden sind oder erst in der Zukunft, bei Nichtbeachtung, wirksam werden, also eintreffen *können,* doch *nicht* müssen! Doch sollten wir lernen, uns jederzeit in unserer eigenen „Wohnung", also in Körper und Seele geistig zurechtzufinden. Die erste und wichtigste Aufgabe ist es im Leben, sich selbst zu erkennen und nicht die Krankheiten oder Störungen anderer zu analysieren. Für jedes Einweihungssystem ist Selbsterkenntnis die Stufenleiter zum wahren Aufstieg, die Bedingung zur geistigen Erlösung, um am *„Hüter der Schwelle"* vorbeizukommen, der vor dem Eingangstor in das Reich Gottes steht. Dieser „Hüter der Schwelle" ist nichts anderes, als die *Gesamtsumme* der Kräfte des niederen Selbst, die in der Persönlichkeitsstruktur des Menschen zum Ausdruck kommen, die *eigenen Schatten,* die ihn nicht in die Erlösung führen, solange diese nicht aufgelöst, solange noch keine innere Reinigung dieser Schattenanteile erfolgte. Erst dann wird das „Tor" zur Schwelle geöffnet, geht der Mensch in die Erlösung, kann er Erleuchtung und wahre göttliche Inspiration wie auch die Einweihung in höhere geistige Regionen erfahren. Und die Astrologie birgt hier wunderbare Möglichkeiten geistiger Erkenntnis (neben vielen anderen) in sich, die, wird sie nur richtig genutzt und eingesetzt, ähnlich wie auch die *Numerologie,* so manche Lebenshürde, und damit auch den Hüter der Schwelle, durch Eigenerkenntnis und diese göttlichen Geschenke sehr viel leichter überwinden läßt.

Hier nun einige Grundbeispiele möglicher Inklinationen als sogenannte Dispositionen im Ausdruck einzelner Sternzeichen, die zur Eigenerkenntnis herangezogen werden können und sicher dem einen oder anderen hilfreich sind, doch sei hier noch einmal darauf hingewiesen, daß solche Beschwerden auftreten können, doch als mitgebrachte Dispositionen *keineswegs* auftreten *müssen,* werden die Schatten erkannt und aufgelöst:

Menschen, die im Sternzeichen des *Widders* geboren sind (21.3. bis 20.4.) neigen in einer Disposition insbesondere zu Störungen oder Erkrankungen von Kopf, Gesicht, Augen, Zähnen, Ohren, Schädelknochen, Großhirn, Kopfnerven und Muskulatur. Es besteht eine Disposition zu entzündlichen fiebrigen Leiden und ebenso zu Geschwüren und bei geistiger Überanstrengung zu Nervosität und auch zu Nierenbeschwerden. Das Sternzeichen *Stier* (21.4. bis 21.5.) zeigt Anfälligkeiten für Kehlkopf- und Rachenbeschwerden und neigt zu Nasen- und Stimmbandproblemen. Gefährdet sind ebenso Nacken, Unterleib wie Nieren, und es gibt eine Tendenz zu Erkältungskrankheiten mit einhergehender Bronchitis. Das Sternzeichen *Zwillinge* (22. 5. bis 21.6.) hat eine Anlage zu Erkrankungen der Gliedmaßen und Gelenke, zu Lungen- und Rippenfellproblemen wie überhaupt zu Störungen der Atmungsorgane und zu

Asthma. Besonders jedoch zu vielfältigen Störungen des gesamten Nervensystems, zu Neuralgien, Übererregbarkeit und Sprachfehlern aufgrund von Nervosität. Das Sternzeichen *Krebs* (22.6. bis 22.7.) lebt Schwäche vor allem des Magens, des Verdauungstrakts und -systems, der Bauchspeicheldrüse, der Brust, des Brustfells, der Leber, der Schleimhäute wie der Säfte im allgemeinen und deren Zirkulation; es finden sich auch Schwierigkeiten der Lymphgefäße und des Drüsensystems. Das Sternzeichen des *Löwen* (23.7. bis 23.8.) ist dispositiv vor allem mit Blutkreislauf, Herz und Arterien beschwert. Krampfadern sowie Rückgrats- und Rückenmarksschwierigkeiten, verbunden mit Hexenschuß, können sehr belastend werden. Das Sternzeichen der *Jungfrau* (24.8. bis 23.9.) ist anfällig in der gesamten Region des Bauches, der Eingeweide, Milz, Bauchspeicheldrüse und Leber, mit einer Tendenz zu vegetativen Nervenstörungen und neigt auch zu Anfälligkeiten im Bereich des gesamten Knochensystems. Das Sternzeichen der *Waage* (24.9. bis 23.10) kann vor allem Neigungen zu Lenden- und Nierenproblemen mitbringen, und, wird nicht vorgebeugt, auch ebenso zu Harnblasen- und Leistenerkrankungen. Im Kopfbereich gibt es eine Anlage zu Wangen-, Lippen- und auch Hautkrankheiten, und häufig kann es in der unteren Wirbelsäule zu möglichen negativen Prozessen kommen. Ein Hang zu Stoffwechselleiden wie auch zu Venenschwäche, hier vor allem zu Venenentzündungen, liegt vor. Auch Prostata und Lymphe zeigen sich anfällig. Das Sternzeichen des *Skorpions* (24.10. bis 22.11.) ist vorwiegend im gesamten Sexualsystem und den Geschlechtsorganen gefährdet, der Blase, den Leisten, dem Beckenbereich wie auch den Ausscheidungsorganen, also Harnröhre und After. Doch auch Blinddarm, Nieren, Galle und Leber können zu Störenfrieden werden. Es kann zu Geschwüren, Hautentzündungen wie auch zu Beschwerden der Prostata und zu Hämorrhoiden kommen. Das Sternzeichen des *Schützen* (23.11. bis 21.12.) zeigt insbesondere dispositive Schwächen im Bewegungsapparat, hier vor allem in den Hüften und Oberschenkeln, doch auch Muskulatur, Herz, Lungen, Atmung und Nervensystem sind betroffen, die Leisten, der Rücken, die Lenden und der ganze Venenkreislauf. Des weiteren besteht eine Disposition zu Rheuma, Hexenschuß, Verrenkungen, Sport- und Unfallverletzungen, hier vornehmlich Bänderrissen, Sehnenzerrungen und Oberschenkelhalsbrüchen. Das Sternzeichen des *Steinbocks* (22.12. bis 20.1.) ist ebenfalls im ganzen Bewegungsapparat gefährdet, wobei vor allem das Knochensystem und die Gelenke für Störungen empfänglich sind. Rheuma, Verkalkung, Schwerhörigkeit, Ekzeme und Lebererkrankungen können auftreten, wie auch Haut- und Gallenprobleme, Störungen der Milz und der Zähne. Zudem besteht eine Veranlagung zu Stoffwechsel- und Verdauungsstörungen und in älteren Jahren zu Herzkranzgefäßverengung und Arteriosklerose. Das Sternzeichen des *Wassermanns* (21.1. bis 19.2.) zeigt sich anfällig für Kreislauf- und Herzmuskelschwäche wie auch für ernsthafte Schäden in diesen Bereichen. Unterschenkel, hier insbesondere die Wadenmuskulatur, Schienbeine und Knöchel können beeinträchtigt sein. Es zeigen sich Dispositionen für Krampfadern und Venenschwäche, die wiederum zu Wadenkrämpfen führen können. Die *Fische,* das letzte der Sternzeichen (20.2. bis 20.3.), tendieren besonders zu Gemütsleiden, Neurosen, Epilepsien und Neuralgien. Es können sich Beschwerden in den Füßen, vor allem in den Zehen, Sehnen und Knöcheln aufbauen und Gehbehinderungen verursachen. Des weiteren besteht eine Veranlagung für Magen- und Darmstörungen wie auch zu Lymphproblemen.

Zusammenfassend sind noch die Entsprechungen der geistigen Grundprinzipien in diesem Rahmen zu nennen, deren Ausdruck und Wirkprinzipien, die in einem persönlichen, individuellen Lern- und Lebensprozeß zu bewältigen sind. Es heißt: „Die Sterne regieren das Schicksal, aber der Weise beherrscht die Sterne." Dieser Satz findet sich schon in den astrologischen Urtexten des Altertums und wird in der Astrologie immer wieder zitiert, um darzulegen, daß der wirklich Weise sich zwar nicht absolut *frei* dünkt (es sei denn, er wäre ein Gesegneter) doch er es bereits in einem hohen Maße durch das Wissen ist, daß nur durch ein freiwilliges Sich-Einfügen, durch ein Annehmen der Lebensumstände, vor allem der kosmischen Gesetze des göttlichen Willens, innere und damit auch *äußere Freiheit* erreicht werden kann. Er wird frei, indem er eben diese „geheimen Gesetze", die ihm eingeboren und dadurch mitgegeben sind, erfüllt!

Unser Lebensfahrplan ist in gewissem Maße vorbestimmt, allein durch die Bestimmungsfaktoren unserer *früheren* Inkarnationen, die wiederum die *heutige* wesentlich bestimmen, wie die heutige eine *zukünftige* mitbestimmen wird. Das Horoskop, eine Art „Schicksalsuhr", deren Zeiger die Planetenumläufe darstellt, zeigt auf, „wem die Stunde schlägt". Bei den Menschen, die sich „gehen lassen" und von ihren Launen, Trieben, Stimmungen wie Leidenschaften getrieben werden, liegt es auf der Hand, daß sie ihrem Schicksal schneller, ausschließlicher verfallen – im Gegensatz zum positiv ausgerichteten, moralisch entwickelten und schöpferisch veranlagten Menschen. Auch einen solchen können natürlich mancherlei und auch schwere Schicksalsschläge treffen. Doch dieser durchlebt oder neutralisiert solche „Schläge" meist, indem er daraus lernt und sich durch ein absolut göttliches Vertrauen auszeichnet, welches ihn sich immer höher entwickeln läßt und zu immer weiterer Erkenntnis und innerer Freiheit führt; anstatt in eine immer größer werdende Not und Enge, wie es bei den Menschen der Fall ist, die für ihr aus Unwissenheit oder Ignoranz selbsterzeugtes Schicksal Gott und die Welt verantwortlich machen, nur nicht sich selbst. Es ist ja auch leichter mit dem Finger auf andere zu zeigen, als an sich zu arbeiten.

Niemals gibt es allgemeingültige Schicksals-Schablonen, da jeder einzelne Mensch mit individuellen Lern- und Lebensprogrammen, mit geistigen und auch ererbten Anlagen, mit einem jeweils unterschiedlichen Geburtsmilieu, unterschiedlichen klimatischen, kulturellen und sonstigen Umwelteinflüssen in die Welt kommt und sich dadurch mit sehr differenzierten Reaktionsweisen auseinanderzusetzen hat. Wenn der Weise also seine „Sterne beherrscht", und damit sein Leben, so ist damit gemeint, daß der Mensch aus der ihm zuteil gewordenen Erfahrung *gelernt* hat und nun seinem *inneren* Gesetz folgt, also nicht länger Spielball der auf ihn zukommenden *äußeren* Gegebenheiten, Menschen und Umstände ist. So zeigt auch ein Horoskop nicht den Zwang oder die sklavische Ausrichtung eines Schicksals an, sondern es lehrt uns lediglich, ganz bestimmte mitgebrachte verankerte *Neigungen* und *Anlagen* zu erkennen, aus denen, für uns häufig unbewußt, unsere Lebenssituationen und Reaktionsweisen entstehen. Werden sie nicht rechtzeitig erkannt und finden sie nicht genügend Beachtung, so führen sie in schwierigste, ja zuweilen gar in dramatische und chaotische Lebenssituationen, die sogar *vernichtend* für uns werden können. Durch ein rechtzeitiges Erkennen, ein Innehalten und durch ein *neu* gelebtes *altes* Verhaltensmuster, können solche belastenden Gewohnheitsmuster als Energiestrukturen zur *Auflösung* gebracht und damit das ganze Leben positiv verändert werden.

Das Studium der Astrologie wird zu einer wahren Hilfe, wenn es richtig eingesetzt wird. Es geht hier nicht um die Aufstellung eines Horoskopes, wie so viele es sich wünschen, welches die „Zukunft" vorhersagt und aufdecken soll, sondern darum, daß der jeweilige Menschentyp mit seinen astrologischen Gegegebenheiten, seinen Charakterzügen, Qualitäten und Neigungen besser zu erkennen ist, wodurch dann, bei richtigem Erkennen, diesbezügliche Lernprozesse aufgrund erkannter *Dispositionen* besser umzusetzen sind. Sehr eng hängt die Astrologie auch mit den bereits beschriebenen und deshalb bekannten sieben Strahlen der Energie-Zentren, den Chakren des Menschen, deren

Entwicklung und Integration, zusammen, die ihn aus dem Kosmos erreichen, ihn zutiefst bestimmen, ja ihn unbewußt kontrollieren wie auch sein *Bewußtsein* formen und prägen. Und dies durch bisher noch zu wenig erkannte und beachtete Zusammenhänge zwischen dem kosmischen Zodiak, seinen Planetenkonstellationen und deren Energien, die den Menschen zutiefst in seinen Kraft-Zentren erreichen und durchdringen, ihn ständig beeinflussen. Der große Zodiak ist der „Grundplan" des kleinen Tierkreiszeichens und zeigt des Menschen „Platz in der Sonne" auf. Die psychologischen und physischen Auswirkungen, wie auch das allgemeine Energieniveau des einzelnen, hängen sehr eng mit der individuellen Geburtskonstellation zusammen. Astrologische Tatsachen mag man leugnen, doch bleiben sie dennoch wahr. Sie bringen den Menschen in Beziehung zu dem planetarischen Ganzen und geben viel Aufschluß über den Zeitfaktor, der für jeden einzelnen bestimmt ist, sowenig er das auch meinen mag. Der Mensch ist im wahrsten Sinne des Wortes ein *Mikrokosmos* des *Makrokosmos,* und er kann daher durch die Zuhilfenahme der *Astrologie* in sich selbst schneller das offene Tor zum Universum finden, und damit seine bereits in dieses Leben mitgebrachten Grundprinzipien und Dispositionen, die es gilt aufzulösen und für sich zu erkennen, so er das göttliche Instrument der Astrologie für sich nutzt. Solche mitgebrachten Grundprinzipien und Dispositionen als geistige Wirkprinzipien, die den jeweiligen Sternenbildern zugeordnet sind, und die es in einem persönlichen individuellen Lernprozeß zu erkennen und zu überwinden gilt, werden hier, meisterlich nach Gidion Fontalba, in knapper, konzentrierter spiritueller Aussagekraft zusammengefaßt:

Der *Widder* (Feuer) – Ehrfucht wird zur Opferkraft: An der Wirklichkeit dich messend, bringe die Erneuerung! Der *Stier* (Erde) – Gleichmut wird zu Fortschritt: Durch das Innerste entzündet, drängt die Willenskraft zur Tat! Die *Zwillinge* (Luft) – Ausdauer wird zur Treue: Aus der Vielfalt sollst du wählen, was zum höchsten Ziel dich führt! Der *Krebs* (Wasser) – Selbstlosigkeit wird zur Katharsis: Recht in der Außenwelt zu handeln, mußt du dein Inneres verwandeln! Der *Löwe* (Feuer) – Barmherzigkeit wird zur Freiheit: Soll dein Strahlen nicht verletzen, muß dein Wesen selbstlos werden! Die *Jungfrau* (Erde) – Achtsamkeit wird zu Herzenstakt: Behüt im Herzen deine Flamme, auf daß sich Wissen warm belebe! Die *Waage* (Luft) – Zufriedenheit wird zur Gelassenheit: Um das Gute zu erwägen, mußt du deine Mitte finden! Der *Skorpion* (Wasser) – Geduld wird zur Einsicht: Den Eigensinn mußt du ertöten, um des Lebens Sinn zu finden! Der *Schütze* (Feuer) – Klarheit wird zu

Wahrheitsempfinden: Höchstes Ziel mußt du erwählen, wenn du dich befreien willst! Der *Steinbock* (Erde) – Mut wird zur Erlöserkraft: Soll das Ziel der Himmel sein, laß dich auf der Erde prüfen! Der *Wassermann* (Luft) – Verschwiegenheit wird zur Meditationskraft: Soll die Ordnung dauernd sein, mußt du stetig sie erneuern! Die *Fische* (Wasser) – Großmut wird zur Liebe: Wirke in der Gegenwart, das Erwirkte wird dich führen!

Der Tierkreis ist der Weg, den die Sonne in einem Jahr durchwandert. Das bedeutet, daß die Sonne nach rund 365 Tagen wieder exakt und genau an dem Himmelspunkt steht, von dem sie ihre Jahreswanderung begonnen hat. In der astrologischen Fachsprache nennt man diesen Weg Ekliptik. Das ist derjenige größte Kreis am Himmelsgewölbe, in dem sich die Sonne jährlich von West nach Ost zu bewegen scheint. „Scheint", denn in Wahrheit (wie bereits erfahren wurde) bewegt sich ja der Planet Erde mit seinem Satelliten, dem Mond, um den Fixstern Sonne. Aber der Beobachter des Himmels hat auf Erden den Eindruck, als würden sich Sonne, Mond und die anderen Planeten um die Erde bewegen, als würde der ganze Himmel um die Erde kreisen. Das ist astronomisch *spiegelverkehrt,* aber aus unserer Sicht *richtig,* und von dieser Anschauung her hat sich ja das Denken in der Astrologie entwickelt. Der „Himmel auf Erden" ist demnach eine für uns „spiegelverkehrte Wirklichkeit", eine totale Umkehr unseres *bisherigen Denkens und Fühlens.* „Sehen" und „Sein" sind zwei sehr unterschiedliche Daseinszustände, denn alles, was wir Menschen vom persönlichen Standpunkt aus betrachten, also von außen her mit unseren Sinnesorganen wahrnehmen, als Wahrheit für uns nehmen, verhält sich im göttlichen Seinszustand genau umgekehrt. Hier zeigt sich deutlich, daß die Welt des Geistes, der Wirklichkeit, sich zur Welt des „Sehens" genau spiegelverkehrt verhält. So kann nun auch die Verwirrung aufgeklärt werden, die wohl manchen befallen hat, daß ein Horoskop *gegen* den Uhrzeigersinn gelesen wird. Daß also Süden im Horoskop oben und damit der Osten links liegt, und daß auch die Zeichen der Horoskopabschnitte ebenfalls links herum, gegen den Uhrzeigersinn, abgelesen werden.

Wie jedermann weiß und selbst erfährt, wechseln die Jahreszeiten. Dies hängt mit der sogenannten *Ekliptik* zusammen, von der bereits gesprochen wurde, und deren Verhältnis zum Äquator. Aber die Schiefe der Sonnenbahn oder des Tierkreiszeichens ist außer für die verschiedenen Jahreszeiten, auch für die verschiedenen Längenverhältnisse von Tag und Nacht verantwortlich. Im

Frühjahr und im Herbst trifft der senkrechte Sonnenstrahl den Äquator. Im Sommer (auf unsere Breitengrade beschränkt) fällt der Sonnenstrahl auf den sogenannten Wendepunkt des Krebses. Der Ausdruck „Wendepunkt oder -kreis" kommt daher, daß die Sonne bei dem Erreichen des höchsten Standes eines solchen Kreislaufes dann wieder zurückkehrt, was bedeutet, daß damit die Tage wieder kürzer werden. Im Winter erreicht der Sonnenweg den Wendekreis des *Steinbocks,* also seinen tiefsten Punkt und steigt jetzt – daher auch der Symbolname des Steinbocks – erneut zu seinem periodischen *Gipfelmarsch* an. Wenn die Sonne den Frühlingspunkt erreicht, steht sie astrologisch im Null-Grad *Widder* und erreicht diesen Punkt exakt am 20. März eines jeden Jahres. Deshalb ist der Widder das Symbol der *Wiedergeburt,* und es ist kein Zufall, daß Jesus im Zeichen des Widders gekreuzigt und wiedergeboren wurde. Die Kreuzigung ist das Sinnbild der *Erlösung* und der *Auferstehung* in den Frühling eines *neuen* Lebens, das geistige Erwachen. Auch der Tierkreis beginnt mit diesem Symbol der Erneuerung allen Lebens. Doch nicht nur in den periodischen Zeiten der Wiederkehr von Frühling, Sommer, Herbst und Winter zeigt sich der Einfluß des großen Zodiak, sondern auch anolag im kleinen Tierkreiszeichen, beim Menschen.

Jeder Mensch, ungeachtet seiner persönlichen, individuellen Sternenkonstellation bei der Geburt, durchläuft in seinem Leben *alle* Sternzeichen und kommt auch so mit allen in Berührung. Er durchwandert von der Geburt bis zu seinem Tode, wenn er nicht frühzeitig stirbt, alle Ausstrahlungsfelder des großen Zodiak, die sich in einem persönlichen Leben als die Zeit des Frühlings, also der Kindheit und Jugend, des Sommers des Erwachsenen, des Herbstes des Gereiften und des Winters des Alters widerspiegeln. Die Geburt des menschlichen Lebens in einem solchen Kreislauf entspricht dem Widder, erreicht seine Reife im Löwen und stirbt im Zeichen der Fische, „verschwindet" also von der *materiellen* Bildfläche. Und wie das Jahr, so erfährt der Mensch auch den Tag mit seinem Erwachen als einen Miniaturzyklus des großen Lebens: Aus dem „Wiedergeborenwerden" des nächtlichen Schlafes beginnt das Erwachen der Morgenröte, entfaltet er sich zum Sommer des Mittags, um in den Herbst des Nachmittags zu gehen und dann in den Winter des Abends, wo er nun wieder in den Schlaf, in das Unterbewußtsein des Selbst, zurückkehrt. Analog dem großen Lebensrhythmus seines Lebensendes, wo dann endgültig der physische Leib abgestreift wird und der Geist in seinem grob-feinstofflichen Körper, dem sogenannten Astralleib, nun durch das irdische Leben seelisch gereift, wieder ins sogenannte Jenseits, der „anderen

Seite" des Lebens, Einkehr hält. Er stirbt, um dann irgendwann wiedergeboren zu werden in einem unendlich langen Zyklus, dem Rad des Lebens.

Es zeigt sich also in allem mehr als deutlich, daß sich im Kosmos alles wie ein Räderwerk exakt ineinanderfügt und ineinandergreift, wie ein „Uhrwerk" von allerhöchster Präzision, und *nichts* im Plan des Lebens dem *Zufall* überlassen bleibt. Sowohl im großen, wie auch im kleinen Tierkreiszeichen des Zodiak zeigt sich diese göttliche Exaktheit der Gesetzmäßigkeit. Sowohl Mathematik und Geometrie und, wie sich nun zeigt, auch die Astrologie, sind nichts anderes als ein Ausdruck des unsichtbaren *göttlichen Gesetzes* der Unwandelbarkeit, durch diese sichtbar gemacht als das *Gesetz des Lebens*. Doch immer muß der Strahl der Liebe des Herzens mit einfließen als die Intuition und Inspiration des sichtbar gewordenen Lebens durch ein entsprechendes Handeln in der Welt. Erst das Zusammenfließen beider Gesetze ergibt das Ganze, erzeugt das Spannungsfeld des Fließens, ist die „Unruhe", die das „Laufwerk" des Lebens zum Schwingen bringt. Jede Sekunde, Minute, Stunde, jeder Tag, jede Woche, jeder Monat und jedes Jahr, wie auch die ganze Lebensperiodik läuft in diesem exakten Räderwerk der unglaublichen *Weltuhr* Gottes, und alle *Zeitgesetze* sind aus dieser entstanden. Alle Planeten, das ganze Universum fügt sich in dieses göttliche Gesetz. Und es sind z.B. diese Zeitgesetze der Grund dafür, daß sich die exakte Astrologie nach dem *Stand der Sterne* ausrichten kann, da sich ja „Zeit" – auch die unserer Geburt – in der dreidimensionalen Welt der Materie zugleich als unser „Schicksal" zeigt, ja es ist. Oder wie die alten Chinesen schon so weise sagten: „Niemand steigt zweimal in denselben Fluß"! Alles Leben fließt in einem ewigen Wandel des Werdens und Vergehens als ein Ausdruck des göttlichen Gesetzes der materiellen Schöpfung und damit allen Seins.

Das Bewußtseins-Paradies

Folgen wir der Stimme unseres Herzens, so folgen wir uns selbst, einem Bewußtsein, welches für uns in der Verpflichtung höher als alle gesellschaftlichen Regeln und Traditionen, deren Bevormundungen und Bewertungen steht. Sich selbst zu folgen mag vielleicht als egoistisch oder gar unmoralisch erscheinen und so bewertet werden, doch der innere Aufruf einer höheren Wahrheit, der göttliche Ruf des Herzens, ist wichtiger als *alle* von außen auferlegten Normen und gesellschaftlichen Zwänge, alle menschlichen Gesetze. Immer geht es um die Wahrhaftigkeit, um die Redlichkeit unserer eigenen inneren Natur und nicht so sehr um die Einhaltung äußerlich auferlegter Konventionen. Die Aufgabe des Menschen ist *Eigenverantwortlichkeit* und damit *Mündigkeit* zu leben, um in Freiheit und in göttliches Selbstbewußtsein zu finden. Der Grundsatz „sei nicht gut, sei wahrhaftig" hat hier eine besondere Gültigkeit als ein Leitfaden, dem wir zu folgen haben. Nur die Liebe, als ein allumfassendes Bewußtsein, führt uns in die tiefen Geheimnisse des Lebens, und nicht die Spitzfindigkeiten von Einschätzungen des Intellekts, der durch ein paar einfache „moralische Regeln", die zugleich einer *ständigen* Veränderung unterworfen sind, eine gesellschaftliche und systemorientierte Anpassung verlangt. Anregungen von außen, die auf- und angenommen werden, das Einfügen in gesellschaftliche Grundordnungen, haben nichts mit kritikloser Annahme und Unterordnung zu tun, die in ein passives Mitläufertum führen. Natürlich bedarf menschliches Miteinander der sittlichen Anpassung und Flexibilität, auch an menschliche Normen und Gesetze, doch *nicht* um der eigenen Selbstverleugnung und Selbstaufgabe willen, um durch gesellschaftliche Normierung und Standardisierung die zumeist selbstsüchtige Bedürfnisbefriedigung anderer zu erfüllen.

Gesellschaftliche Moral und/oder ein danach ausgerichtetes Gewissen haben nur *dann* einen Wert, wenn sie zu *sinnvoller* Handlung und zur Entwicklung des Menschen, also in *geistige* Entfaltung führen. Alles andere ist eine Art *vorgeschobener* Moral ohne inneren Wert, begründet auf rein pluralistischer Disziplin und Sitte und daher zumeist verbunden mit sehr persönlichen Interessen einzelner oder deren Gruppen, wie dem Wunsch nach Macht, Besitzgier, Besitzstandswahrung, Anerkennung, Selbstbestätigung oder auch einfach geboren aus der inneren Schwäche einer falschen, weil rückgratlosen Anpassung heraus. Moral und/oder ihre gesellschaftlichen *Vorstellungen* davon, die *Wertungen* und *Bewertungen* von dem, was jeweils als gut und böse, als richtig und falsch anerkannt oder so bezeichnet wird, ist daher nichts anderes als ein veränderbares Zeitgeschehen. Eine solche Moral ist immer systemorientiert aufgrund ihrer jeweiligen gesellschaftlichen Bedürfnisse und Interessen und führt daher, aufgrund einer mangelnden Erkenntnis der göttlichen Wirklichkeit, oft mehr zur Trennung, denn zur Einheit der Gesellschaften bei. Und wie sich überall zeigt, haben menschliche Moralvorstellungen nicht zu mehr gesellschaftlichem Gleichgewicht, zu mehr *Gleichheit* unter den Menschen und vor dem Gesetz geführt, nicht zum gesellschaftlichen und globalen Frieden, nicht zum Reichtum und zur Fülle einer geistigen Entwicklung beigetragen, sondern häufig nur zu mehr legalisierter Brutalität, zu Gewalt, Hunger, Armut, Kriegen und Unterdrückung in der Welt, da die wahre Erkenntnis der Moral, die der Liebe fehlte.

Überall zeigt sich Zerstörung und Ausbeutung, nicht nur unter den Menschen, sondern ebenso in der Ausbeutung der Erde, die ausgesaugt wird, wodurch das harmonische Zusammenspiel der Natur in ihren Bewegungen zutiefst gestört wurde. Überall beginnen uns die Elemente zu bedrängen, das Wasser durch Überschwemmungen, die Luft durch Verschmutzungen, das Feuer bringt durch Vulkanausbrüche und Waldbrände Vernichtung und zunehmende Zerstörung, und die Erde selbst bebt immer stärker, und weitere Erschütterungen werden folgen. Die Erdoberfäche verändert sich bereits durch Erosion und Korrosion, sie wird immer mehr zur Wüste durch die Vernichtung der lebensnotwendigen Wälder. Und wir selbst bringen uns weitere Vernichtung durch Kriege, da der Krieg in uns *selbst* tobt, wodurch weiterer Hunger, die Zerstörung von Sachwerten und Kulturen entsteht, wodurch weltweites Elend und Chaos wächst. Wieder einmal steht die Welt in einer Zeit der Völkerwanderungen, und überall entsteht wirtschaftliches Chaos, überall findet eine Entwertung des Geldes statt, und es entsteht ein mangelndes Gleichgewicht an Bedarf und Nachfrage, wodurch weltweit eine Inflation eingeleitet wird, ja die bereits *ist* und galoppierend voranschreitet. Es gab kaum eine Zeit, die wesentlich *dunkler* war als die heutige. Doch stehen wir heute wenigstens in einem höheren Informationsfluß über das, was sich an dunklen Vorgängen einer Doppelmoral überall auf der Welt bewegt und zeigt, einer vorgeschobenen Scheinmoral mit ihren üblen Winkelzügen, die zwar schon immer war, doch nun schneller an das Licht des Tages und somit zum Ausdruck kommt. Wie wenig eine *moralische* Entwicklung in der Welt wahrhaftig gelebt wurde, wie wenig Licht bisher in die Dunkelheit kam, zeigt die korruptive und aggressive Gesellschaftsmoral auf allen ihren Ebenen überall auf der Welt und betrifft nicht nur das politische Establishment, sondern auch ebenso und ganz besonders die Kirchen und ihre so „heiligen" Stellvertreter. Doch es *gibt* eine heilige Grundordnung des Lebens, die immer existierte und erhalten bleiben wird – die Ordnung der göttlichen Liebe und Einheit, die auch diese Welt erhält. Die Menschheit kann diese Ordnung zwar behindern und stören, doch sie kann die Welt nicht in ein derartiges Ungleichgewicht führen, daß sie zerstört wird. Eher wird die Menschheit zerstört. Und weitere Zersetzungen und Erschütterungen werden sein, doch sie werden nicht zum Ende der Welt und der Menschheit führen, wie die Geistige Welt betont, diese wird jetzt nur auf das Wesentliche reduziert. Sie wird gezwungen zurückzutreten in ihrem beständigen Haben und engstirnigen Wollen, um nun endlich der göttlichen Ordnung und Liebe Raum zu geben, und diese Entwicklung wird nichts und niemand aufhalten können.

Nicht gesellschaftlicher Moral ist Entwicklung zu verdanken, nein, die Menschheit verdankt jeglichen geistigen und moralischen Fortschritt denen, die den Mut zur Wahrheit und zu sich selbst aufbrachten, sich nicht an die von Menschen und vom Establishment gemachten Normen und Moralvorstellungen anpaßten und selbst ihr Leben für die Wahrheit ließen. Menschen, die sich nicht „verkauften", nicht seelisch und geistig „prostituierten" um einer falschen „Ehre", „Liebe" oder um des „Erfolges" wegen oder auch um eines persönlichen „Friedens" willen. Wahrhaftigkeit, Anstand, Ehrlichkeit und der Mut dazu, das kann nur im Einzelnen beginnen. Der Krieg der Welt kann erst beendet werden, wenn im Einzelnen der Krieg zum Friedenswillen wechselt. Doch die Gesellschaften „ehren" ihre edelsten, mutigsten und höchsten Geister, indem sie an das Kreuz genagelt, erschossen, gehängt, in die Gefängnisse gesteckt, diffamiert oder sonstwie umgebracht werden. Und es sind hier insbesondere die intellektuellen Kräfte, die politisch und wirtschaftlich „kühl" berechnenden Menschen, die solches tun, denen das Verständnis des Herzens, die *Grundlage* aller moralischen Werte und ethischen Glaubenswahrheiten fehlen, da sie sorgfältig auf ihr *eigenes* Wohl und einen „äußeren Schein" bedacht sind, der keine Veränderung erfahren soll. Diese sind es, die die Welt durch die tragische Wahrheit in den Abgrund treiben, daß einer, der „besser ist als sie selbst" oder den Glanz ihrer errichteten Fassaden aufdecken, also stören könnte, *vernichtet* werden muß, da er einem darauf ausgerichteten System gefährlich wird.

Und es sind auch jene „Lauen", jene Angepaßten, die weder „warm" noch „kalt" sind, die sich in ihrer Charakterlosigkeit überall einschmeicheln um des eigenen Vorteils willen und es dann *kluge* Anpassung nennen und dabei die eigene Furcht und Feigheit als zarte Rücksichtnahme bezeichnen und die eigene Ehrsucht als Eifer für das allgemeine Beste. Selbstgerechte Heuchelei täuscht über Äußerlichkeiten, über die Verletzung wichtigster ethischer Gebote hinweg, und die Selbstverblendung zeigt sich hier so vielgestaltig wie die Selbstsucht selbst. Es sind häufig jene, die in dieser Welt scheinbar nicht ernstlich tief fallen, da sie nicht auffallen und daher so wenig angreifbar sind, dadurch jedoch auch geistig niemals wirklich hoch aufsteigen, mittelmäßig bleiben. Doch in Wirklichkeit sind es gerade diese Angepaßten und dadurch auch Unzufriedenen, die mit ihrem Neid und ihrem Gift der Mißgunst eines solch verdunkelten Bewußtseins die Schwingungen der Welt verderben und verseuchen. In der Mehrheit zeigen sie sich als das sogenannte Establishment und bestimmen den Wert und Gang der Welt in moralisch abgegriffenen Formeln. Und die allgemeine Menschheit unterwirft sich sklavisch solchen Opportunisten mit ihrer Ellbogenmentalität und den von ihnen gemachten mechanischen Systemen und Ideen sogenannter gesellschaftlicher „Moral" und „Ethik", die aber alles andere als eine solche sind. Sie opfert dabei die eigene Freiheit geistiger Entwicklung und Beweglichkeit, indem sie sich zu diesen aufgestellten Normen und Prinzipien bekennt.

Solch ein Handeln und auch Denken trennt aber nicht nur den Menschen vom Menschen, sondern trennt ihn ebenso von sich selbst, trennt ihn von der wahren Quelle eines lebendigen, individuellen Seins, trennt ihn bewußtseinsmäßig von Gott. Liebe ist ein Bewußtseinszustand und als ein All-Bewußtsein zeigt sie sich in ihrer höchsten Form. Doch ein solches Bewußtsein ist weder lern- noch lehrbar wie intellektuelle Erkenntnis. Liebe als Bewußtsein ist nur erfahrbar, indem wir uns tief mit der inneren Einheit des Lebens verbinden, und, je tiefer wir uns darauf einlassen, um so mehr *erkennen* wir die Wirklichkeit des Lebens unmittelbar. Hier liegt das Wesen der Re-Ligio, der inneren Rückverbindung, als eine zur Wirklichkeit gewordene Synthese des Lebens, als das tiefe innere Wissen, daß alles im Leben seine Bedeutung hat, trotz aller Konflikte, die uns fast täglich in der Welt begegnen. Es geht hier um das Wissen, daß auf dem Grunde unseres wahren Seins eine Harmonie zu finden möglich ist, die wir auch als ein *Bewußtseins-Paradies* bezeichnen können. Es gibt hierüber so klare Zeugnisse, die so *absolut* sind, daß sie nicht verleugnet werden können als die Erfahrungen der Einheit Gottes, auch wenn sie nicht mit den Sinnen sogenannter Vernunft, also durch einen klügelnden Verstand, erkannt werden können. Die Natur des Menschen setzt sich nicht aus Teilen zusammen, die voneinander unabhängig sind. Alles ist verbunden, vernetzt zu einem Ganzen, und solange wir nicht selbst zu einem „Lichtknoten" eines solchen Bewußtseinsnetzes werden, ist auch alles Denken, alles Empfinden mehr oder weniger wertlos und auch kleinlich, führt es nicht zum liebevollen Handeln, zum Dienst am Ganzen.

Denn Dienst am Nächsten ist das kosmische Gesetz des Wassers und der Fische, welches nun in der Zeitenwende verstärkt zum Ausdruck kommt. Das Wassermann-Zeitalter zeigt sich im Symbol eines Mannes mit einem Wasserkrug und offenbart sich in erhöhter kosmischer Ausstrahlungskraft. Und das heißt: Die Zeit, die jetzt gelebt wird, ist eine Zeit des Erwachens für die ganze Menschheit, eine Zeit der offenen Gegenüberstellung und des offenen Kampfes von Licht und Dunkelheit. Eine *neue* Qualität des Lebens mit einem *neuen* Zeitgeist des Friedens will sich offenbaren, und in dieser Zeit des Überganges in ein neues Zeitalter werden der Erde und ihren Bewohnern erhöhte Energien und neue geistige Impulse auferlegt, die als Wirkung auch die ganze Menschheit in einen neuen Lebensrhythmus stellen. Das Wassermann-Zeitalter wird Klärung, Reinigung und Erneuerung der Menschheit bringen, und es zeigt sich wie eine *Neugeburt* des Lebens. Alte verstaubte und abgegriffene Werte werden abgelöst durch ein neues Denken. Das bedeutet, daß alte Werte Zerstörung und Auflösung erfahren werden, damit sich *neue* Werte manifestieren können. Immer ist eine solche Auflösung mit Umbruch, mit Schmerz und Abschied von Altem verbunden, von bisher Gewohntem, denn Vertrautes wird verlassen. Das bedeutet für viele den Schmerz des Abschiedes, und viele Verabschiedungen werden nötig sein. Für keinen Menschen gibt es da ein Entrinnen, ein jeder hat sich dem neuen Weltgesetz ein- und unterzuordnen, das bereits Christus vor 2000 Jahren als das Gesetz des Wassers und der Fische offenbarte. Er war der Vorbote dieses Gesetzes und betonte, daß Er das Wasser des Lebens sei, das die Menschheit in die Freiheit führen wird, welches sie für sich benötigen.

Und es ist die Wirkung dieses *lebendigen Wassers* aus dem Geist des Lebens, welches die Menschheit und den Einzelnen in den Dienst des Ganzen stellen wird, um sich endlich dem Wohle der Gesamtheit zu widmen. Ein jeder hat sein eigenes, sein persönliches Wohlergehen, seine kleinen privaten Bedürfnisse und Wünsche einer harten Disziplinierung zu unterwerfen, die in der

Erkenntnis mündet: *daß kein Mensch nur für sich allein lebt!* Es bedeutet das Aufgeben bisheriger egoistischer und persönlicher Interessen, auch wenn damit viele Opfer verbunden sind, ja ein inneres Aufbäumen gegen dieses nun in Kraft tretende Gesetz bei vielen Menschen sein wird, da es ihnen auch gesundheitliche Probleme bescheren wird, denn die Zeitenwende wird – dies weltweit – zu großer Unruhe und zu einem Überreizen, ja zu einem Aufreißen des Nervensystems führen, doch damit auch zu einer schnelleren Erkenntnis. Ein jeder muß für sich lernen, seiner wahren Bestimmung Ausdruck zu verleihen, indem er den göttlichen Aspekt des Lebens und der Liebe in sich durch tatkräftiges Handeln umsetzt – im Dienst am Nächsten und damit für das Ganze. Denn gerade in dieser Zeit ist das Bemühen zu leben, die jetzt entstehende Not, die Angst, die Verzweiflung und den entstehenden Hunger in der Welt, der immer stärker gelebt werden wird, zu mildern und zu lindern, indem sich nicht nur das Kollektiv, sondern auch der Einzelne persönlich einbringt.

Im menschlichen Dienst, der Idee des Dienens, verstehen und lernen wir, aus der entstehenden Entfaltung des Herz-Bewußtseins in ein zunehmendes Gruppenbewußtsein zu finden, ein Gefühl für das kollektive Wohl der Menschheit aufzubauen. Im Wassermannzeitalter werden die Menschen auch immer mehr verstehen lernen, daß sowohl das menschliche Kollektiv als Ganzes, wie auch der Einzelne in einen Kreislauf von Geburt und Wiedergeburt eingebettet ist, der *nicht* nach dem Tode endet, da alles mit allem in einer ewigen Einheit steht. Doch um einen solchen Kreislauf zu beenden, bedarf es des persönlichen Einsatzes (Dienens) und einer Erkenntniskraft, die wir jedoch nicht geschenkt bekommen. Eine solche Beendigung ist nur möglich, wenn wir uns durch persönliche Anstrengung im Dienst am Nächsten und durch die Kraft der Erkenntnis, durch die Kraft des Annehmens und Duldens, wie den Glauben an das zu erreichende höhere Ziel diese Freiheit für uns erringen; wenn wir uns mit Vertrauen Gott in unserem Inneren tastend und suchend langsam nähern, uns Christus immer mehr zuwenden. Einen solchen Kreislauf zu erfüllen, dazu bedarf es des ganzen Einsatzes, dies wird aber nur erreicht, wenn wir mit den ständigen Wertungen und damit Bewertungen des Lebens aufhören und unsere alten Dogmen und Glaubensmuster als vorstellungsgebundene Gedanken fallen lassen, wenn wir mit unserem ganzen Sein *bedingungslos* danach streben. Jesus fragte einst den Blinden: „Was soll ich dir tun"!? Was werde ich als ein geistig „Blinder" zur Antwort geben, was dem Christus sagen?

Bedingungslos danach streben heißt nicht allein, in schöner Regelmäßigkeit am Gottesdienst der Kirche teilzunehmen oder, wie es viele glauben, durch Meditation allein ins Nirwana einzugehen, der Welt zu entsagen, dieser in einer Art *Weltflucht* den Rücken kehren zu können. Bedingungslos meint bedingungslos, also wahrhaftig den Weg zu Gott zu gehen, ist diese Wahl einmal getroffen. Nur *dann* wachsen mir die Kräfte zu, die mich über Abgründe und lebensgefährliche Krisen tragen, mich leitend und bewahrend. Irgendwann wird alles von uns genommen, werden wir gezwungen, uns von der Welt zu lösen, werden wir gezwungen, das, was wir nicht loslassen konnten, nun doch preiszugeben. Dies spätestens bei unserem Tode! Wohin zielt also das ganze Bemühen weltlicher Bestrebungen? Wir sind auf dem Wege des Freiwerdens, und irgendwann auf diesem Wege sterben wir, und alles entfällt dann unseren Händen. Viele Menschen meinen, „gute Christen" oder gar sehr „religiös" zu sein, so wie die kranke Frau, die mich einst aufsuchte, und die ich fragte, ob sie an Gott glaube. Sie antwortete: „Nein, nicht direkt an Gott, aber ich bin eine sehr gläubige Katholikin." Solche Menschen sind kirchlich religiös, aber nicht wirklich spirituell, sie sind religiös aus Gründen der Vernunft und der Sicherheit, die die Gemeinschaft der Kirche scheinbar bietet oder aus Angst vor dem Fegefeuer oder sonstigen angedrohten Strafen und auch, weil die Eltern ja schon so dachten, weil „man" ja christlich sein muß. Es sind die kirchlich Angepaßten, die sich in einem langweiligen, mechanischen Formalismus heimisch fühlen, da sie jemanden brauchen, der sie im Glauben führt. Die Kirchen leben von der *Schwäche* solcher „Gläubigen", und in einem gewissen Rahmen bieten sie in der Tat solchen Menschen auch eine Scheinsicherheit, die jedoch in wahren Krisen zumeist *total* versagt, da kein wirklich tragfähiges inneres Fundament eines wissenden und daher vertrauenden Glaubens vorhanden ist, wie sich immer wieder zeigt. Eine Kirche, die keine *Liebe* inspiriert, sondern vom *Intellekt* dogmatisiert und auf sich selbst ausgerichtet ist, kann nicht wahrhaft verlockend sein für wirklich spirituelle Menschen, solange die Individualität und schöpferische Qualität der Spiritualität auf den Altären solcher Dogmen und Riten geopfert wird.

Der Kreislauf von Geburt und Wiedergeburt kann nach den Gesetzen Gottes nur dann als erfüllt angesehen werden und als vollendet gelten, wenn er an seinem Ende zu dem Ursprung seines Ausganges zurückführt. So kann der Lauf eines Menschengeistes nur *dann* als *erfüllt* angesehen werden, wenn er freiwillig und bewußt in das Geistige seines eigentlichen Ursprunges zurückkehrt. Er muß zu seinem Ausgangspunkt, also in des „Vaters Haus" zurückkehren, weil der Geist einst aus dieser Ebene ausgegangen ist. Doch ohne die lichte Hilfe des Heiligen Geistes können wir uns nicht mehr selbst befreien. Wir müssen endlich erwachen und diese Hilfe wirklich *wollen* und dann auch *annehmen*. Da wir als geistige Wesen einen von Gott geschenkten *freien* Willen haben, übt Gott keinen Zwang zur Rückkehr auf uns aus, obwohl er sich nichts sehnlicher wünscht – so wie ein irdisch liebender Vater ebenso –, daß Seine Kinder so rasch wie möglich wieder heimkehren. Erst wenn wir lernen, uns nicht gegen, sondern für Gott zu entscheiden, erst dann wird alles leicht und frei, und unsere Entscheidungen, nun aus dem Herzen geboren, werden richtig. Nichts bedarf mehr der Mühe, und wir werden geleitet nach dem Prinzip: „Den Seinen gibts der Herr im Schlafe!" Erst wenn wir gelernt haben, wie man mit Gott entscheidet, werden alle Wege für uns geebnet, ja wir werden von Ihm auf diesen getragen. Nur das persönliche Wollen des kleinen Ego, das „Ich will", macht das Entscheiden oft so schwer. Doch in uns ist der Christus, der jede Frage zu dem, was zu tun ist, in uns beantwortet. Er weiß es, Er hat auf alle Fragen die richtige Antwort, und Er gibt sie uns. Die noch offenen Fragen des Lebens, Angst und Schuld, all das macht uns müde, doch sich Ihm zu überlassen, macht alles leicht und ist so erholsam, wie das tägliche Atmen selbst. Erst wenn wir uns aus freiem Willen wieder für Ihn entscheiden, so wie wir uns aus freiem Willen von Ihm trennten, erst dann kann eine Rückkehr im Geiste sein. Und wir sind es, die sich für eine Rückkehr zu entscheiden haben – für oder gegen Ihn, den eigenen Schöpfer. Schuldgefühle, Angst und auch Zwang halten häufig von einer Rückkehr ab, doch sind solche Gefühle Ausdruck des Ego und damit immer satanisch. Dennoch unterliegt der Mensch solchen Gefühlen immer wieder, und dies freiwillig, unterliegt dem inneren Zwang der eigenen Gefühls- und Begierdennatur – der stärksten Waffe luziferischer Versuchung.

Die in der Bibel geschilderte Parabel von der „Versuchung im Paradies" – nun aufgeklärt – zeigt die Wirkungen von dem Einsatz dieses Prinzips. Als der „Ur-Krieg" im Himmel, der kein wirklicher war, ausgefochten war, der Erzengel Michael Satan stürzte, wie die alte Lehre es noch vermittelt, hat sich der Geist in den subtilen Ebenen feinstofflicher Licht-Regionen durch den Akt des Widerstandes und der Versuchung in die Traumwelt der Maya durch „Sünde" verstricken lassen, hat sich dadurch von Gott getrennt und ist geistig immer tiefer gefallen, wie es heißt. Hier vermischen sich Wahrheit mit Unkenntnis, denn es gibt keine wirkliche Trennung von Gott, und der Fall hat auch mit Sünde und Adam und Eva nichts zu tun, wie so viele immer noch glauben. Der

Mensch als solcher ist Ausdruck des Geistes, und dieser wurde von Gott geschaffen, und Er *gab* die Geistfreiheit. Der Fall des Geistes geschah freiwillig, was bedeutet, der Geist hat sich selbst bereit erklärt, den Weg der Schöpfung über die Seele in die scheinbare Trennung von Gott zu gehen (siehe Kapitel „Die Schöpfung – Mensch und Kosmos") mit Gottes Einverständnis. Der Geist wollte/sollte über die Beeindruckungen des Lebens, also über die Seele seine eigenen Erfahrungen sammeln, um Freude, Leid, Trauer, Glück und Täuschung zu erleben und sich selbst zu spüren, um dadurch zu erkennen, was Illusion ist, und was wahrhaft Sinn macht. Er wollte/sollte dadurch in die Eigenständigkeit wahrer Erkenntnis finden, um sich selbst zu erkennen und zu erfahren. Ein solches Erkennen wurde vorher nicht gelebt, denn der Geist stand in der Einheit Gottes, war eins mit Ihm. Der Fall, und damit die Dualität, sind also keine göttliche Strafe, sie sind lediglich Ausdruck notwendiger göttlicher Schöpfung, denn ohne den sogenannten Fall wäre Erkenntnis für den Geist unmöglich gewesen, solange er eins mit Gott war. Gott schuf den Geist, und dieser ist daher von Ihm geprägt. In der Einheit Gottes war Eigenschöpfung und damit Individualität für den Geist nicht möglich. Nur durch den Fall war es möglich, in die Beeindruckungen und Berührungen, in die Freiheit eigener Entscheidungen und damit in das Einsammeln eigener Erfahrungen zu gehen. Die Freiheit, die Gott uns schenkte, soll genutzt werden, um in Eigenverantwortung, Erkenntnis und Mündigkeit zu finden, um zu erkennen, daß die wahre Heimat Gott ist und immer für uns bleibt.

Nun gehen wir über die Erde und leiden, doch nicht aufgrund göttlicher Strafe, wie so viele immer noch meinen, sondern es ist die Unkenntnis eines mangelnden Bewußtseins für die Wirklichkeit des Lebens und Ausdruck einer christlichen Lehre, die als solche der Menschheit Leid, Schmerz, Schuld und Strafe vermittelt hat. Doch zu was dient das Leid? Leid und Schmerz sind nicht Strafe, sondern lediglich die Konsequenz menschlicher Irrtümer, die über das Leid und den Schmerz in die Berichtigung geführt werden. Warum steht der eine oder andere in Krankheit, in körperlichen Behinderungen, warum kommt der eine bei einem Unfall oder in einem Kriege um, warum ertrinkt der nächste und warum verhungert ein anderer? Alles das sind Beeindruckungen und Erfahrungen, die die Seele individuell für sich einsammelt, um immer *einfacher* zu werden, um in geistiges Wachstum zu führen und damit in die Erkenntnis der Wahrheit. Leid und Schmerz als Konsequenz unserer Gedanken und Handlungen dienen *ausschließlich* dazu, um in die Erkenntnis der Wirklichkeit zu finden, in die Liebe, damit der „verlorene

Sohn" (als Mensch) durch das Geschehen der Welt erfährt, daß der *einzige* Ort der Freiheit und Seligkeit an der *Seite des göttlichen Vaters* zu finden ist, denn der Weg der Welt ist ein Weg nach Nirgendwo. Der Sohn, der zuhause blieb (das Kollektiv der Engel), lebt nicht das Bewußtsein und die Erfahrung, die Ganzheit und das Wissen, so wie der zurückgekehrte Sohn als Mensch, der nach dem Gang durch die Welt *nie* mehr das Bedürfnis haben wird aus der Liebe und Einheit des Paradieses Abschied zu nehmen, um nochmals die Trennung von seiner wahren Heimat zu leben. Denn kehrt der Geist als Mensch aus der Welt zurück, so sind alle Illusionen, Wünsche und Bedürfnisse an die Welt ausgelebt, sind alle Bindungen und Erinnerungen an diese abgelegt, und der Geist, zuvor noch unbewußt, lebt nun *bewußt* sein göttliches Erbe und sein Sein im Christusbewußtsein als ein Kind des Allerhöchsten, ist damit zum Christus geworden.

Leid und Schmerz auf dem Erfahrungsweg des Lebens sind nicht notwendigerweise vorgegeben, sind nicht von Gott gewollt und müssen daher nicht sein. Der Weg des Lebens kann auch mit Freude und Glück gegangen werden. Leid kann vermieden werden durch die Erkenntnis des Lebens, wenn durch Verständnis Einsicht in die Wirklichkeit gelebt wird. Doch die Menschen stehen noch in einem unterschiedlichen Bewußtsein, in unterschiedlichen Bewußtseinsstufen und individuellen geistigen Entwicklungen. Dies gilt nicht nur für den Einzelnen, sondern ebenso für die Völker. Daher der Kampf, der Krieg, das Elend, der Streit und die ewigen Auseinandersetzungen, das aneinander Vorbeileben, anstatt das miteinander Sein. Hier entsteht die Hilflosigkeit und das Leid, doch wird dadurch auch die Beschränktheit und Endlichkeit des Lebens erkannt, wie auch die eigene Eingegrenztheit und Absonderung einer falschen Ich-Anhaftung und Bindung an das irdische Leben. Der Mensch kommt irgendwann an seine Grenzen, und das ist dann der Moment der Einsicht und Erlösung oder der Resignation und oft die Folge von weiterem Leid und Schmerz. Es sind vor allem die Verlockungen der Welt, die Suche in dieser nach Glück und die Scheinwirklichkeit vom Traum eines persönlichen kleinen Ichs als Triebfedern, die uns nicht nur in der Welt der Maya festhalten, sondern auch zugleich immer tiefer haben fallen lassen; die uns verstricken mit der Unwirklichkeit eigener Phantasien und Träume – die Fallstricke der Seele, die sie am Erwachen hindert, weiter träumen läßt.

Doch „träumen" kann nur ein abgespaltener Geist, denn Phantasien sind durch Gedanken gemachte Bilder, die das Vorderhirn durch das ihm innewohnende mentale Denksystem erzeugt. Und dieses ist es, was es den wirklich ernsthaft Suchenden auch so schwer macht zu unterscheiden, was wirklich echte Empfindung, geistige Intuition und Inspiration, oder was lediglich nur Gefühls-Emotion, also vom Intellekt gesteuerte und damit vorgestellte Wahrnehmung ist. Denn der Prozeß der Wahrnehmung ist das subjektive Annehmen oder Zurückweisen unserer Vorstellungen von der Welt, ein fortwährender Prozeß des Ordnens und Neuordnens, welcher durch Bewertung ein ständiges Wechseln und Verändern von Werten und sogenannten Wirklichkeiten mit sich bringt. Denn immer, wenn wir etwas als „falsch" oder „richtig", als „gut" oder „böse" in der Welt bewerten, ist dies ein subjektiver Bestandteil unserer Wahrnehmung, die solches beurteilt, um auswählen zu können. Und vieles von dem, was wir wahrnehmen, macht Angst es anzunehmen, aus dem Glauben heraus, es nicht annehmen zu dürfen, oder aus der Angst heraus, wird es angenommen, dann die Kontrolle darüber zu verlieren. Doch sind es genau diese Dinge, die wir dann nicht vergessen können, eben weil wir sie abgelehnt haben zu leben, um sie als Erfahrung zu integrieren, welche sich dann unterschwellig in Alpträumen oder auch in anderer Verkleidung zeigen. Denn alles das, vor dem wir uns fürchten und es deshalb ablehnen anzunehmen, kann nicht in das Bewußtsein geführt und dadurch erlöst und neutralisiert werden. Es sind die unbewußten Schattenenergien als Anteile in uns, die wir dadurch verdrängen, weil sie uns als unbewußte Wünsche, Begierden und Bedürfnisse des Lebens gefährlich vorkommen.

Wahrnehmung und Gefühl werden über das Vorderhirn erzeugt, indem dessen Gedankenschwingungen als Frequenz auf die Nerven des Körpers einwirken, die dann wiederum rückstrahlend als Reflexion dem Vorderhirn die Anregungen zu den Bildern der Phantasie aufzwingen. Phantasie und Wahrnehmung sind jedoch Bilder, Imaginationen, die, so erzeugt, für die Wirklichkeit gehalten werden im Gegensatz zu den Bildern der Intuition und Empfindung als der Tätigkeit des Kleinhirns, der „Brücke zum Geist". Hier erscheint das Bild der inneren Wahrnehmung von Wirklichkeit zuerst und unmittelbar und geht erst dann in die Gedanken über, die wiederum auch das Gefühlsleben bestimmen. Die geistige Erkenntnis *erlebt* die Wirklichkeit, doch Bilder werden *wahrgenommen,* nicht erkannt. Es gehen immer zuerst die *Gedanken* voraus, als Grundlage selbsterzeugter Bilder, die dann die Vorstellung von Wirklichkeit in uns erzeugen. Dies geschieht so schnell in der Abfolge, daß es fast wie eins wahrgenommen wird. Die Illusion des Denksystems ist perfekt. Durch die von ihm selbst erzeugten Gedankenvorstellungen entstehen in der Wechselwirkung mit dem Gefühlsleben Bilder, die für wahr genommen werden, was dann als Phantasie die Scheinwirklichkeit einer selbstgemachten Welt erzeugt. Der Film „Alptraum", den wir ständig in uns selbst neu inszenieren, als sogenannte Erinnerung auch ständig zurücklaufen lassen, ist zusammengesetzt aus Myriaden von Einzelbildern, festgehalten in dem Speicherbewußtsein des Gehirns, die als Bewegung den „Eindruck" eines Zeitablaufes vermitteln. Dies *ist* die große Täuschung, der wir ständig unterliegen, weil wir sie so für uns als „Wahrheit" nehmen. Immer noch glauben wir an das „Selbstbildnis" eigener Täuschung, doch werden wir keine Erlösung finden, solange wir glauben, uns *selbst* erzeugt zu haben und daher meinen, außerhalb von Gott zu sein, was unmöglich ist. Der Geist, und damit der Mensch, war und bleibt *immer* in Gott.

Das eine, das nicht vorstellbar ist, ist die Geschichte unseres menschlichen Daseins und Lebens, der Traum, daß dieses jetzige Leben die ganze Wirklichkeit ist. Der große Traum, an den wir glauben, da wir ihn als Wahrheit nehmen, weil wir aus Angst vor der Wirklichkeit so glauben wollen. An den gigantischen Traum einer Welt, in der wir als Körper leben. Die Angst vor der Wirklichkeit, vor dem Erwachen ist größer als die Angst vor dem Tod. Wir haben nicht Angst vor dem Sterben, was wir täglich tun, sondern Angst vor dem Leben, das die Wirklichkeit ist. Der Mensch, als ein selbstgemachtes Bild in einem selbsterzeugten Traum, ist in Wirklichkeit ein inkarniertes Bewußtseinsprinzip des einen, des ungeteilten Geistes. Die Trennung ist nur das, was der Mensch für die Wirklichkeit hält, da er die Einheit in Gott vergessen hat. Und je mehr er sich mit der Welt der Materie, der materiellen Illusion, geistig verbindet, um so mehr wird er an sie gebunden, an das selbstgemachte Kreuz des Lebens geschlagen. Um so mehr verhaftet er sich und um so schwieriger wird zugleich die Rückkehr in sein geistiges Zuhause, ist dann der geistige Rückweg und Aufstieg. Doch je mehr er sich bindet, nur den einen, den materiellen Aspekt seines Daseins sieht, um so orientierungsloser und fremder, um so dunkler und angstvoller, um so ver-*zwei*-felter und getrennter erlebt er sich hier auf Erden selbst.

Die Geschichte des bildhaften Gleichnisses vom „verlorenen Sohn", die Jesus einst vermittelte (Luk.15), zeigt dies so deutlich auf: Ein Vater hatte zwei Söhne. Der eine Sohn bleibt freiwillig zu Hause (die Engelwesen der geistigen Welt), er dient dem Vater. Der andere (die kollektive Menschheit) will die Welt kennenlernen und erobern, will Teil der Welt sein, läßt sich sein „Erbteil" auszahlen und geht freiwillig aus dem Hause des Vaters (dem Paradies), um seine Erfahrungen von Freude und Leid in der Welt zu machen. Er will in die Lebensbeeindruckungen gehen, da er glaubt, „draußen" mehr zu finden als in seines Vaters Haus (der falsche Glaube als der Schatten in der Christus-Sonne, das Ego des Menschen). Gott schuf den Geist, und somit ist Er Vater des daheimgebliebenen Sohnes (der Engel) und auch Vater des „verlorenen Sohnes" (des Menschen), und beide sind von Seiner Liebe geprägt. Doch mit Ihm eins zu sein im Geist, so wie die Engel, bedeutet zugleich, nicht in individuellen Beeindruckungen und Erfahrungen, in Berührungen und in der Freiheit des Geistes, im Einsammeln von Infomationen gehen zu können. Doch genau dieses wollte der „verlorene Sohn" (als Mensch) im Einverständnis mit Gott für sich erfahren. Auf seinem Wege „verpraßt" er sein Erbteil (die Kraft und Erkenntnis der Liebe) und kommt in große Not. Doch er geht so lange weiter in und durch die Welt, bis er endlich durch immer mehr Schmerz und Leid erkennt, daß es in des Vaters Haus doch am besten war, und er sehnt sich zurück. Er erinnert sich seines wahren Zuhauses, das heißt, er erlernt in der Welt, was *wirkliche* Heimat bedeutet. So macht er sich am tiefsten Punkt seines Elends und voller Hunger (der ewige Drang nach Gott, nach Einheit und Liebe) auf den Heimweg. Zum Erstaunen des daheimgebliebenen Sohnes empfängt ihn der Vater voller Freude (Gott ist Liebe, Er liebt alle, ohne zu strafen, ohne schuldig zu sprechen und freut sich über unsere Rückkehr) und gibt für den verlorengeglaubten Sohn ein großes Fest. Voll Freude darüber, daß der, der (geistig) tot geglaubt war, wieder zurück zum Leben kam, froh darüber, daß der, der verloren war, nun in die Liebe wieder(-geboren) zurückgekehrt ist.

Ein jeder erkennt an diesem Gleichnis, des „Vaters Haus" ist unser ursprüngliches, unser geistiges, göttliches Heim. Die in uns schlummernde Sehnsucht nach wahrer Liebe ist die in uns schlummernde Erinnerung unseres immanenten Christus-Bewußtseins, das des ewigen Geistes. Der „verlorene Sohn", das sind wir selbst als kollektive Menschheit. In unserem geistigen Ursprung, vor dem tiefen Schlaf und „Fall aus dem Paradies", der sogenannten Vertreibung aus der Paradies-Sphäre, waren wir *eins* mit dem göttlichen Christus-Bewußtsein. Erst durch den Akt der Trennung, nach dem „Essen vom Baum der Erkenntnis", der uns in einen tiefen Bewußtseinsschlaf, in den Traum vom eigenen Ich fallen ließ und dadurch in die Unbewußtheit unserer menschlichen Natur versetzte, haben wir unser wahres, tiefes Gottes-Bewußtsein verloren. Es entstand die Angst als ein Glaube des auf sich allein gestellten „verlorenen Sohnes", es entstand die Angst der Welt. Die Seele hat sich über über das Mineral, die Pflanzen und das Tierreich bis hin zum Menschen entwickelt und somit ist der Mensch in seiner Formnatur ein Teil von dem, was wir die Natur nennen. Gott gab zur Seele den Geist und formte und schuf dadurch den Menschen. Der Geist ging durch den „Fall" in die scheinbare Trennung von Gott, er ging freiwillig aus des Vaters Haus, dort wo geistige Harmonie und Vollkommenheit, dort, wo es schön war. Wir haben unser *geistiges* Erbteil „verpraßt", und das daraus entstandene Elend ist nun unübersehbar und auch unüberhörbar geworden. Nur unser mehr unbewußtes, unser stilles Sehnen, ist die noch vorhandene Erinnerung des mittlerweile mehr als nur getrübten Bewußtseins, die „Nabelschnur", die uns immer noch mit dem Schöpfer durch die Liebe des Christus verbindet. Es ist eine Verbindung durch den heiligen Sohn Gottes selbst, der uns durch den Heiligen Geist als Freiheitserklärung der Liebe aus der alten Knechtschaft der Welt befreien möchte, so wir es nur wirklich wollen.

Dieser Christus-Geist, der auch in *uns* ist, als reine Erkenntniskraft, die jenseits aller Wahrnehmung unseres Verstandes und damit intellektuellen Verstehens liegt, bezieht sich ebenso auf das Höhere Selbst als wahres Ich-Bewußtsein des Menschen, denn beide sind mehr oder weniger eins. Das Höhere Selbst ist zugleich Ausdruck der Einheit Gottes – oder auch das uns immanente Christus-Bewußtsein als ewiges ICH BIN. Dieses zeigt sich vor allem über das Empfindungsleben des Herzens, welches sich über die Intuition und Inspiration und das sogenannte Gewissen bemerkbar macht und Ausdruck unseres Seelen-Bewußtseins von kosmischer Intelligenz und Liebe ist. Das Mittlere Selbst, welches bewußtseinsmäßig mit den Nerven der Spinalis verbunden ist, findet seinen Ausdruck durch das mentale Bewußtsein, also über die Psyche bzw. das Denkvermögen betreffend, als ein Bewußtsein geistig höherer Gedankenkraft und Intelligenz, als das Kennzeichen des „Denk-Aspekts", sowie des Mental-Körpers als Bewußtseinsträger und wirkt hier durch die Vermittlerstelle Gehirn durch das Ajna-Zentrum an der Stirn und vor allem durch das Kehl-Zentrum. Auf niederer mentaler Ebene zeigt es sich als Ausdruck des Intellekts mit seiner Speicherfunktion und dem daraus geborenen Verstand unserer Persönlichkeitsnatur. Das Niedere Selbst, welches bewußtseinsmäßig mit den Nerven der Astralis verbunden ist, findet mehr seinen Ausdruck im Instinkthaften der vitalen Lebensnatur als das Kennzeichen unserer unbewußten, automatisch arbeitenden physischen Natur des Lebenskörpers und ebenso als das Unbewußte unserer emotionalen Wunsch- und

Begierdennatur. Der Instinkt betätigt sich durch das sogenannte „abdominale Gehirn" des Solar-Plexus, als das Sonnengeflecht, das größte Nervenzentrum des Körpers.

Die Seele, die eng mit dem Höheren Selbst verbunden ist, ist im Grunde ein geistiger Informationsspender und -speicher, doch deswegen nicht weniger heilig, der Myriaden von Erfahrungen und Informationen aller Art aus den vergangenen Leben gesammelt und gespeichert hat, und das Gleiche auch jetzt in diesem, unserem heutigen Leben, wieder macht. Zugleich dient sie uns als ein „geistiger Wegweiser" in diesem Leben – soweit wir auf sie hören –, da über die Seele auch die Energien und damit geistigen Ausrichtungen des Christus-Bewußtseins fließen. Somit könnte man vereinfacht die Seele als ein „geistiges Programm" ausdrücken, welches ganzheitlich in allem ist, sowohl in allen feinstofflichen Körpern, also dem kausal-mentalen wie astralen und deren Hüllen, als ebenso in dem grob-feinstofflichen des Ätherischen wie dem grobstofflichen, den zwei materiellen Körpern. Das Programm der Seele, oder die von ihr ausströmende Seelenenergie, fließt durch alle Ebenen und verschafft sich zuletzt Ausdruck über das *Blut,* welches über das Herz den ganzen Körper versorgt, bis hinein in die kleinste Zelle. Die Zusammensetzung des Blutes strahlt ständig Informationen als eine Schwingungsausstrahlung in die feinstofflichen Körper und deren Ebenen zurück, welche dann als Erfahrungsmuster auf der ganzheitlichen Seelenebene über das Bewußtsein genutzt und gespeichert werden. Diese gespeicherten Schwingungsmuster prägen sozusagen unseren geistigen Bewußtseinszustand des erreichten Seelenausdruckes und bilden sich zu einer energetischen Einheit, die sich nach dem Tode des Körpers in eine der feinstofflichen Ebenen schwingt – oder auch selbst programmiert – die wir durch unser gelebtes Leben und den daraus gewonnenen Erfahrungen durch unser geistiges Bewußtsein hier auf Erden selbst geschaffen haben. Wir schwingen also nach dem Tode zu einer der uns adäquaten astralen oder auch (seltener) mentalen Ebene in das sogenannte „Jenseits", zu der wir durch unsere eigenen Energien als geistiges Bewußtsein Entsprechung leben.

Sagte Jesus nicht: „In meines Vaters Haus sind viele Wohnungen"!? Wir *selbst* schaffen die *Bedingungen* schon hier auf Erden in unserem jetzigen Leben für unsere „jenseitigen Wohnungen" nach dem Tode und auch deren Qualität. Der Tod *unterteilt* lediglich das *ewige* Leben in verschiedene Abschnitte von bewußtseinsmäßiger Identität und entsprechender Erfahrungssammlung. In jedem neuen Leben können vom geistig Suchenden noch nicht erlöste Themen und Fragmente vom *Unbewußten* in das *Bewußtsein* zusammengesetzt werden, und somit kann Perle um Perle zu einer ganzen Kette, zu einem ganzheitlichen, allumfassenden Bewußtsein von vollendeter Liebe und Schönheit „gefaßt" werden. Die Seele ist nicht „hier" oder „dort", sondern sie ist der *ganzheitliche* Ausdruck aller Energien, aller fein- und grobstofflichen Körper. Der physische Körper ist also nur das, was für uns *sichtbar* als materielle Form in Erscheinung tritt, doch wiederum auch nicht das, sondern Ausdruck von verdichtetem Licht. Lediglich der Mangel an selbst-bewußter Wahrnehmung läßt uns annehmen, Materie sei etwas anderes als geformter Geist. Doch Materie ist Schöpfung als geformte Energie, und wenn wir diese Energie bis zu ihrem Ursprung zurückverfolgen, so erkennen wir, daß der Körper als ein Ausdruck unserer wahren ewigen Natur Licht ist.

Verzweiflung entsteht durch die Zerrissenheit einer *inneren* Zwei-Teilung unterschiedlicher geistiger Ausrichtungen, die nicht fokussiert wurden, also aus dem Konflikt von zwei unterschiedlichen Kräften, zwei unterschiedlich ausgerichteten Energien, die nicht in die Harmonie, in *eine* Willensausrichtung gebracht werden können. Und in der Tat, unsere verirrte Bewußtseinslage spaltet uns. Zum einen durch den geistigen *Wesenskern* unseres Seelen-Bewußtseins, als höherer Wille, der sich im wesentlichen nach innen ausrichtet, und zum anderen in einen *Persönlichkeitskern,* in eine Persönlichkeitsstruktur mit einem anderen, einem niederen Willen, der sich mehr oder weniger nach außen orientiert.

Der *Wesenskern* beinhaltet alle aus früheren Leben, den bereits schon gelebten Inkarnationen (Wiedergeburten), mitgebrachten Neigungen und Talente, also alles das, was durch frühere Erfahrungen und Bewußtseinsprozesse erworben wurde. Diese sind oder werden die Grundlage der mitgebrachten psychischen und physischen Struktur als unser geistiges und genetisches Erbe, aus denen auch z.B. sprachliche, musikalische, technische, kaufmännische, mathematische, künstlerische oder sonstige Anlagen kommen – der eine hat sie, der andere nicht. Doch ebenso sind körperliche Besonderheiten mitgebracht, soweit diese nicht genetisch durch die Auswahl der Eltern überlagert werden und dadurch zum Teil verlorengehen. Es ist sicherlich mehr als nur ein „interessantes Thema", auch aus medizinischer und psychologischer Sicht, nicht nur einen rein erblichen, also genetischen, sondern vor allem einen geistig-seelischen Aspekt sogenannter Familienkrankheiten zu durchleuchten. Denn die Seele sucht sich vor ihrer Geburt, vor Eintritt in die Schwangerschaft, eine Familie aus, die genetisch und geistig-seelisch die Tendenz, Disposition oder auch natürliche Veranlagung zu dieser oder jener Krankheit oder Störung mitbringt, ja geradezu verschafft. Denn die sich inkarnierende Seele hat sich die Eltern, vom seelischen Gesichtspunkt aus gesehen, ausdrücklich und *bewußt* daraufhin ausgesucht, um dadurch die *Bedingungen* für ihr Wachstum zu schaffen, sodaß die Eltern nicht nur geistig, sondern vor allem auch zur *physischen* Ausrüstung in der entsprechenden Inkarnation beitragen, damit der Lernprozeß der Seele auf *allen* Ebenen zum Tragen kommt.

Der *Persönlichkeitskern,* und damit die Persönlichkeitsstruktur des Menschen, bildet sich aus dem, was er hier auf Erden, in diesem Leben – bewußt oder auch unbewußt – aufgenommen hat und verarbeitet. Also alles das, was in diesem seinem *jetzigen* Leben an Erfahrungen oder Nachahmungen (und dies mehr, als es oft den Anschein hat) erworben wird oder werden kann. Nicht das gespeicherte Wissen, also eine gewisse Form der Gehirnakrobatik des Behaltens aufgenommenen Lernstoffes, welches häufig mit Intelligenz verwechselt wird, was jedoch lediglich ein mechanischer Speichervorgang ist, sondern nur die *ganzheitlich* aufgenommenen Muster aus den *gelebten* Lebenserfahrungen und deren daraus resultierende innere Wahrnehmungen und Erkenntnisse vermischen sich mit den bereits aus *früheren* Leben gemachten Lebenserfahrungen. Hierdurch werden sie zu einem *neuen* kreativen Muster, zu geistigem Reichtum und wahrem Besitz „verschmolzen" und in der Seele als Beeindruckung hinterlassen, die diese dann individuell prägt. Wie gut kennen wir doch alle die Situationen, in denen etwas mit dem Kopf begriffen wurde, doch dieses noch nicht umgesetzt, nicht wirklich gelebt werden konnte, da es noch nicht ganzheitlich mit dem geistigen Bewußtsein verschmolzen, noch nicht wahres, nur angelerntes Eigentum geworden ist.

Solch ein „Verschmelzen" der wie Perlen an einer Schnur aufgereihten Leben führt, als Perlen der Erkenntnis, die wir sammeln, immer mehr in die Einheit allen Lebens. Jede „Perle", die wir aus den dunklen Tiefen der Materie als eine Erfahrung für uns in das Licht bringen, aus den Tiefen fischen, stellt uns immer mehr in die allumfassende Herzens-Liebe eines permanenten Gottes-Bewußtseins. Dies sowohl in der geistigen als auch in der grobstofflichen, der irdischen Welt. Es gilt, von Inkarnation zu Inkarnation diese Liebeskraft immer stärker zu entfalten, um in ein geistiges Erkennen, in die Bewußtheit unseres eigentlichen göttlichen Seins, in das Himmelreich zurückzufinden, welches in uns ist. Für das persönliche Bewußtsein ist solches nur schwer nachzuvollziehen. Doch dieses: „Das Himmelreich ist inwendig in euch" kann nur begriffen werden, wenn wir verstehen, daß wir geistiger Natur sind, daß unser ganzer *Wesenskern* göttlichen Ursprungs ist, wir alle daher das Himmelreich *sind,* als die *Einheit* allen Lebens. Ein jeder Mensch ist ein Teil dieses Himmelreiches, ein Teilaspekt des Ganzen, denn was außer dieser Einheit hat der Schöpfer geschaffen, wie uns Jesus aufzeigte? Wir sind Gottes Schöpfung. Es war und ist Seine Botschaft in ihrer Totalität, daß der Mensch im eigentlichen Sinne unsterblich ist, weil er dieses Himmelreich inwendig *in* sich trägt. Die Welt der Sterblichkeit ist nur das *äußere* Reich des Ego und der Formen, das Reich, das der verirrte Geist durch seine Illusionen für sich selbst erschuf, doch wahre und falsche Schöpfungen können nicht wirklich *miteinander* sein, so wenig, wie falsche Dunkelheit das wahre Licht erzeugt oder in der Illusion die Wahrheit zu finden ist. Im Lichte dieser ewigen Wahrheit ruht die Schöpfung in sich, die durch *nichts* verändert oder überwältigt werden kann, ja ist das ganze Himmelreich in sich vereint, da das Äußere nicht das Innere ist, weshalb der Ausdruck, „inwendig in", eigentlich nicht nötig ist, da der Mensch in sich die Summe aller Teile trägt, daher das *Himmelreich* ist – was auch die Ignoranz des Ego nicht verändern wird.

Wir leben in der Illusion einer *äußeren* Welt, in der wir Liebe und Wahrheit suchen, doch in Wirklichkeit, als das Ego, uns nur selbst zu bestätigen und zu finden hoffen. Das Ego, dem wir Götzendienst leisten, das wir als unseren Führer anerkennen, eingesetzt durch Intellekt und Verstand, ein Denk-Glaubenssystem der Trennung, verspricht das Glück der Welt. Dies ist verständlich, ist doch das Ego aus der Trennung hervorgegangen, und alles, was es zu bieten vermag, sind die Versprechungen von Belohnung und einem vermeintlichen Glück der Welt, doch nur zur Aufrechterhaltung der eigenen Existenz. Um selbst am Leben bleiben zu können, versucht das Ego, durch ein *Denksystem der Trennung* die Welt so darzustellen, als wäre es die einzig wahre Existenz, so als gäbe es nichts anderes. Denn die Existenz des Ego hängt allein von unserem *Glauben* ab, daß die vorgestellte Trennung Wahrheit ist. Doch kann letztendlich solch eine Vorstellung nichts anderes bieten als nur das Gefühl einer solchen Wahrheit – das einer *vorübergehenden* Existenz, welche mit ihrem Anfang beginnt und ihrem Ende eben zu Ende ist. Das ist der Betrug. Das Ego kennt kein „Himmelreich", nur die Welt – und ist ständig bemüht, das Bewußtsein von der Liebe fernzuhalten. Identifizieren wir uns durch Glauben mit diesen Bemühungen, glauben nur an die Welt, um dort unser

Glück zu suchen, so verleugnen wir die Liebe und damit Gott in uns, was Zwiespältigkeit, Angst und Krankheit mit sich bringt, wodurch dann die Trennung erst recht zur scheinbaren Wirklichkeit wird. Das Ego ist aus der *Verleugnung der Liebe* entstanden und versucht natürlich aufrechtzuerhalten, was es erzeugte. So steht das Bewußtsein in einem ständigen Konflikt. Einerseits wird das Selbst gehaßt, weil es das Ego erzeugte, andererseits wird diesem Selbst mit viel Liebe begegnet, ist es doch das Selbst des eigenen Bewußtseins.

Doch nur in der Erkenntnis, daß diese Illusion lediglich ein selbsterzeugter *Glauben* ist, kann eine Befreiung sein, indem durch den Geist erkannt wird, daß das, was wir als Schatten des Ego *selbst* erzeugt haben, uns nicht liebt und wir auch nicht lieben, da es nur Schwierigkeiten bereitet, um uns an sich zu fesseln, um die eigene Autonomie zu bewahren. Denn da das Ego nur der eigene *Schatten* unserer *Glaubensvorstellungen* ist, also nicht *wirklich* existiert, hat es große Angst, daß die Wirklichkeit entdeckt werden könnte. Und je mehr das Licht der Wahrheit die Dunkelheit des Ego beleuchtet, um so größer wird die Angst vor der eigenen Zerstörung, vor dem eigenen Denksystem. Und genau dieser Glauben, die Angst vor der Wirklichkeit, stellt sich dann als der „Teufel" dar, der mächtig und destruktiv in ständiger Opposition zu Gott zu stehen scheint, und diese Angst wird durch das Ego entsprechend gefördert. Denn die Angst vor Gott und auch vor dem sogenannten Bösen in der Welt ist das, was erst an diese *wahrhaft* bindet, es erschafft die Angst vor dem Leben und unterstützt den Glauben an den Tod – es gibt nur ein ewiges Leben, aber einen Glauben an den Tod.

Der Glaube an den Tod und die Angst des Menschen sind jedoch nur der Ausdruck seiner geistigen Bewußtseinsspaltung aus der Einheit, aus der sich ein solches Denksystem der Trennung erst entwickelt hat. Adam und Eva stehen hier als ein bildhaftes Gleichnis dieser Trennung, waren aber nicht, wie schon ausgeführt, die ersten Menschen, sondern sie stehen für die geistigen Bewußtseinsprinzipien eines solchen Denksystems. Diese geistige *Spaltung* offenbart sich in der formgebenden Materie physisch als Mann und Frau. Das physische Geschlecht zeigt sich jedoch nur als das äußere *Symbol* einer inneren Dualität, die in der „Schule Welt" erkannt und überwunden werden soll und muß, um beide wieder in die innere Einheit zurückzuführen. Wir müssen die Täuschung aus *eigener* Kraft, aus *eigener* Erkenntnis überwinden, was jedoch nur durch ein Transzendieren der Materie, ein geistiges Darüberhinausschwingen, Hinausgelangen möglich wird. Also durch das Transzendieren eines verdunkelten Bewußtseins in lichte, in wahre Erkenntnis – denn allein das Erkennen der Einheit ist *frei* von Konflikt.

Der Geist wurde durch den „Fall aus dem Paradies" in zwei Ströme gespalten, und „Adam" zeigt sich hier als die Emanation des ersten der beiden dualen Lebensströme, als die *spinale* Kraft des in die Verdichtung gegangenen Makrokosmos zum Mikrokosmos Mensch, als ein *Brennpunkt* der *mentalen* Welt mit ihrem ersten „Kleid" der aus dem Geist heraus geborenen Seele des kausalen Körpers (kausal: ursächlich; Zusammenhang zwischen Ursache und Wirkung). Damit betrifft Adam im wesentlichen das *mentale Bewußtseinsprinzip* des Menschen als ein Ausdruck von Bewußtsein kosmischen Intelligenzvermögens auch im physischen Leben: Auf der höheren Ebene als die kosmische Intelligenz des feinstofflichen mentalen Körpers, welcher seine schöpferische und aktive Bewußtseinskraft durch das Haupheiligtum des „Kronen-Zentrums" über dem Kopf aktiviert; auf niederer Ebene als das *Speicherbewußtsein* des Intellekts (mind), das Denkvermögen und -system, mit seiner Kraft der formalen Abgrenzung und daraus resultierend der Zergliederung, Teilung und Unterscheidung als ein Fragmentieren, welches sich im wesentlichen über die Vorstellungskraft als äußere *Wahrnehmung* äußert.

Die Emanation des zweiten Strahles ist die astrale Kraft der „Eva" und bezieht sich im wesentlichen auf das allgemeine Gefühlsleben. Auch die astrale Kraft ist ein *Brennpunkt* des in die Verdichtung gegangenen Makrokosmos zum Mikrokosmos Mensch, hier repräsentiert durch die *astrale* Welt als die zweite Ebene mit ihren bereits feinstofflichen Energien. Auf höherer Ebene hat diese Kraft ihren Sitz im Herzheiligtum, dem *spirituellen Herz-Zentrum* mit seinem *Empfindungsleben* des seelischen Ausdruckes, welches sich über das Gewissen ausdrückt. Auf der niederen Ebene zeigt sich diese Kraft im Gefühlsleib als das *emotionale Gefühlsleben* der Begierdenseele mit ihren selbstbezogenen Besonderheiten, Wünschen und Forderungen an die Welt.

Hauptsächlich wirkt die astrale Kraft über den feinstofflichen Gefühlsleib, und damit über das sympathische oder auch autonom-vegetative Nervensystem, welches den physischen Körper steuert und beeinflußt, und damit alle lebensnotwendigen Organtätigkeiten aufrechterhält. Das sympathische Nervensystem innerviert vor allem das Gefühlsleben, und damit insbesondere den Solar-Plexus, das Pankreas sowie die Eingeweide. Es regelt Atmung, Kreislauf, Verdauung und den Stoffwechsel, sowie Sekretion, Exkretion und die Fortpflanzung. Es arbeitet unabhängig von *willentlicher* Beeinflussung und steht damit unbewußt in einer ständigen Interaktion sowohl zur astralen wie zur planetaren Fluid-Ausstrahlung, welche in einem Wechselspiel mit diesem autonomen Gefühls-System verbunden ist und es ganz erheblich beeinflußt. Herz, Leber, aber vor allem das Sonnengeflecht oder „abdominales Gehirn" genannt, das größte Gefühls- und Nervenzentrum im Körper, spielen in diesem Kreislauf eine große Rolle, da die astrale Kraft hauptsächlich auf diese Bereiche und vor allem auf die *Blut* produzierenden Organe ihren Einfluß ausübt. Denn in einer sich gegenseitig bedingenden Wechselbeziehung wirkt das sympathische Nervensystem, wie es sich nach J.van Rijckenborgh[38] zeigt, „anziehend auf das planetare Astralfluidum. Dabei ist die Basis des Blutzustandes und die Qualität des Nervenfluidums maßgebend beim Hereinströmen des planetaren Fluidums." Es entsteht eine Wechselwirkung aufgrund von Resonanz. So ziehen negative Gefühle, die sich im Blut als Fluid-Ausstrahlung zeigen, auch negative planetarische Astral-Fluide an und umgekehrt. Wir leben also nicht nur in ständiger Resonanz mit den emotionalen Gefühlsenergien der Mitmenschen um uns herum, sondern auch mit den planetaren, den sogenannten *morphogenetischen Feldern,* die uns ebenfalls erreichen und beeinflussen. Der englische Biologe Rupert Sheldrake nannte diese elektromagnetischen planetarischen Energiefelder, die uns ständig berühren und auf uns einwirken, das „kollektive Gedächtnis der Welt". Diese morphogenetischen Felder (morphogenetisch = gestaltbildend) wurden durch Äonen von vorherigen Generationen hindurch als Gedanken- und Gefühlsenergien um uns herum aufgebaut und durch jedes einzelne Individuum „gefüttert". Diese wirken nun wie ein Spiegel reflektierend auf die Gleichart im Menschen, und ein jeder ist an solche um ihn herum bestehenden Energiefelder aufgrund einer inneren Resonanz angeschlossen.

Die spinale Kraft ist ein Fluidum kosmisch-geistiger feinstofflicher Substanz von feinerer und zarterer Verbindung als die der astralen Kraft. Damit auch von höherer und schnellerer Vibration als das auf tieferer Ebene gelegene Astral-Fluidum und der Grund, warum wir mit dem Willen auf die Gefühlsnatur *einwirken* können und diese auch aufgrund einer höheren Bewußtseins-Ebene, also von „höherer Warte und Einsicht" aus, zu *steuern* vermögen. Denn die spinale Kraft steht vor allem in Wechselbeziehung zum sogenannten

---

[38] *Rijckenborgh van, J. „Die Bruderschaft von Shamballah"*, Eckstein Reihe Nr. 1, 1956, S. 85

zerebrospinalen Nervensystem des Gehirns und des Rückenmarks und korrespondiert dadurch mit dem Nervensystem in der Persönlichkeit und dessen Bewußtsein, da es die Beziehungen zur Umwelt regelt, Empfindungen über die Sinne vermittelt und die Bewegungen des Körpers aktiviert und kontrolliert. Im Gegensatz zum sympathischen ist das zerebrospinale Nervensystem willentlich beeinflußbar. Es kann also durch das Wollen der Gedanken wie des Bewußtseins der individuellen Persönlichkeit, die darin ihren persönlichen Ausdruck findet, kontrolliert werden. Zum einen durch die Selbstäußerung eines schöpferischen Wirkens durch das Kleinhirn und dessen Tiefensensibilität, als ein „Instrument des Geistes", welches energetisch mit dem Kehlkopfzentrum und der Carotis-Drüse eng verbunden ist. Zum anderen in dem Eigenbewußtsein der Persönlichkeit über die Kopfzentren und hier vor allem der Zirbeldrüse.

Die Zirbeldrüse ist ein Lichtorgan, welches mit dem Gesamtnervensystem des Menschen eine Einheit bildet. Über die Zirbeldrüse werden kosmische Spinalfluide als Seelen-Energien von außen nach innen in das Kopfzentrum angezogen, mit deren Hilfe das Bewußtseins zu gedanklichen oder auch Willens-Aktivitäten gebracht werden kann. Diese Aktivität der Gedanken überträgt sich als Schwingung auf das ätherische Körperfeld in entsprechender Frequenz und fließt dann von hier aus über das jeweils durch diese Schwingungfrequenz betroffene Lebens-Zentrum (Chakra) in die sogenannten „Nadis" (ätherische Licht- oder auch Nervenfasern) und von hier aus erst in das physische Nervensystem des grobstofflichen Körpers. Vom physischen Nervensystem fließt es in und über die innersekretorischen Drüsen – in ein entsprechendes Zentrum des Endokrinums und von hier aus direkt in das Blut. Über das Blut werden dann alle, auch die kleinsten Zellen des Körpers erreicht. Jedes Chakra (ätherisches Nervengeflecht) ist ein geistiges Zentrum und externalisiert sich in der physischen Grobstofflichkeit des Körpers als eine endokrine Drüse mit diversen individuellen Aufgaben für gewisse Körperregionen durch die Absonderung ihrer Sekrete als Hormone, die unmittelbar in das Blut abgegeben werden. Es kann hier deutlich erkannt werden, wie sich durch fehlgeleitete, negative Gedankenenergien Schwingungsfrequenzen aufbauen, die sich erst über die fein- und dann grobstofflichen Nerven dem Endokrinum mitteilen und von hier aus über das Blut in die kleinsten Zellen des Körpers getragen werden. Durch eine zu starke oder zu schwache Stimulanz des Endokrinums entsteht eine Disharmonie der Hormonausschüttung, die zu körperlichen Störungen führt. Wir kommen aus dem Gleichgewicht.

Durch *negative* Gedanken entsteht eine *Eigenvergiftung des Blutes,* die die Zell- und Organstruktur angreift, was bei einer längeren Einwirkung solch schädlicher Gedankenschwingungen in die *Krankheit* führt, da hier über das Blut natürlich auch das gesamte Immunsystem betroffen ist, und die Abwehrmechanismen des Körpers irgendwann zusammenbrechen. Körperliche Entzündungen zeigen sich, um hier ein Beispiel zu setzen, sehr schnell, wenn wir uns im Geiste, also durch gedanklichen Ärger, „entzünden". Ist der Geist nicht beweglich und flexibel genug, um andere Lebensauffassungen stehenzulassen, hält er stur in seinem Eigensinn an der eigenen Meinung von „Wahrheit" fest, so wird er sich zwangsläufig schnell und häufig an anderen Lebensvorstellungen „reiben", sich ärgern und an diesem Ärger gedanklich entzünden! Dieses geistige Entzünden, der Ärger und die Reibung mit der Umwelt, überträgt sich körperlich und zeigt sich nachher in der Unbeweglichkeit der Gelenke als ein Ausdruck mangelnder geistiger Flexibilität dem Leben gegenüber. So entstehen alle Formen der *Arthritis,* sowohl die Entzündung einzelner Gelenke oder mehrerer dann als *Polyarthritis*. Wird aus dem Hinweis der Erkrankung und der Schmerzen nichts gelernt, wird nicht dem Ruf der Seele nach Erkenntnis durch eine Veränderung der negativen geistigen Haltung gefolgt, so wird die Arthritis *chronisch* und wandelt sich langsam zur *degenerativen Arthrose*. Nicht die Abnutzung oder Überbeanspruchung der Gelenke ist die Ursache, wie vielfach angenommen wird – solches kann den Krankheitsprozeß natürlich fördern –, sondern die *gedankliche* Vergiftung durch einen ebenso chronischen (wie auch verbitterten) inneren Groll. Ein ständiges inneres „Beleidigtsein", das nicht erkannt werden will, führt dann in die chronische Erkrankung.

Krankheit beruht nicht nur auf einem *fehlgeleiteten Bewußtsein* des an das *Nervensystem gebundenen Denkens,* sondern *ist* ein solches. Dies gilt natürlich in besonderem Maße für die durch ein fehlgeleitetes Denken aus dem Unterbewußtsein entstehenden oder kommenden starken Emotionen als die Gemütsbewegungen seelischer Erregungen, die gedanklich nicht mehr in den „Griff" zu bekommen sind. Wenn der Empfang und die Verteilung der einströmenden Lebensenergie, die durch den fein- und grobstofflichen Organismus fließt, durch negative Gedanken oder Gefühle gehemmt oder gar behindert werden, so entstehen neben den Vergiftungserscheinungen des Blutes und der Zellen zusätzliche Energieblockaden, die sich dann zusammen in einer *Hemmung von Lebensäußerung* zeigen. Auch die Entstehung von *Krebs* ist auf eine solche chronische Lebenshemmung zurückzuführen, die sich dann in einer akuten Konfliktsituation in den hinreichend bekannten Formen entlädt.

Adam, die spinale Kraft unseres Denk- und Bewußtseinsvermögens (dies hat Gültigkeit für Frau und Mann), wird also zum einen durch das zerebrospinale Nervensystem repräsentiert, und zum anderen durch die „Schlange" symbolisiert. Das erklärt sich durch die Tatsache, daß das Spinal-System mit seinen Nervensträngen in der Wirbelsäule – anfangend bei der Stirnhöhle und endend im Plexus-sacralis – tatsächlich in etwa die Form einer Schlange bildet. Und es war *diese* Schlange, als ein symbolischer Ausdruck für das *mentale* Denksystem – manipuliert durch die anziehende Kraft luziferischer Strömungen –, die einst im Garten Eden zu Eva sprach! Denn jeder Gedanke wird durch die Mutterformkraft geformt, jedes dadurch geformte Bild wird durch dieses Prinzip zur Schöpfung. Es gingen bei der Versuchung die *Gedanken* voraus, die die Gefühle zu einem Wunschdenken aktivierten und somit animierten und über die Nerven, als rückstrahlende Reflexion, in die Wahrnehmung selbsterzeugter „Bilder" stellten, die so verheißungsvoll erschienen, daß sie in den „Fall des Geistes" führten. Denn Eva, die astrale Kraft unseres Empfindungs- und Gefühlslebens, wird durch das schon genannte sympathische oder auch autonom-vegetative Nervensystem repräsentiert und durch den Apfel der Versuchung symbolisiert. Von etwas „essen" bedeutet, es in den Körper aufzunehmen, sich dadurch mit dem Aufgenommenen „eins" zu fühlen, sich mit dem Gegessenen zu identifizieren. In diesem Fall *identifizierte* sich der Geist mit den sich *reflektierenden Gedanken der Wunschnatur,* die den Geist über die Vorstellungskraft der Wahrnehmung in die Scheinwirklichkeit der „Bilder-Welt", in die Welt der *Illusionen* verführte – der Geist „aß" den symbolisch gereichten Apfel der Eva – und wurde vom Wege der Wahrheit abgebracht. Mit jedem Gedanken beginnt die Mutterformkraft aktiv zu werden, da sie jedem vorgestellten Bild der Gedanken Form und Struktur gibt.

Viele möchten glauben, daß die Gedanken keinen wirklichen Einfluß ausüben, da sie tief im Inneren Angst vor den *Folgen* ihrer Gedanken haben. Und in der Tat, zu glauben, daß die Gedanken keinen Einfluß ausüben, ist ein großer Trugschluß. Im Gegenteil, sie sind eine ungeheure schöpferische Wirkmacht, aus der einst alles entstand. Die Mutterformkraft ist gezwungen, dem Form zu geben, was an Gedanken und Vorstellungen, an Meinungen und Glaubenssätzen gelebt wird. Zu glauben, daß die Gedanken keine Wirkung haben, mag vielleicht das Schuldbewußtsein verringern, aber der Preis, der dafür bezahlt wird, ist zumeist viel Elend und Schmerz und verführt zu dem Glauben an die eigene Ohnmacht. Es gibt keine nichtigen Gedanken, und der Geist, der nie ruht, ist sehr mächtig, denn er büßt seine Kraft niemals ein, auch dann nicht, wenn er scheinbar ruht. Wer also glaubt, sich dadurch Angst zu ersparen, daß er die Gedanken betäubt, ihnen versucht auszuweichen, indem er versucht, diesen zu entfliehen, der täuscht sich gewaltig, denn der Geist schläft nie, ist jeden Augenblick aktiv. Es wurde schon darüber gesprochen, daß die Gedanken, wenn sie sich mit tiefem Glauben und Vertrauen zu einer *Kraftwoge* vereinen, buchstäblich Berge zu versetzen vermögen. Es scheint für viele schwirig zu sein, an eine solche schöpferische *Macht* in sich zu glauben, doch ist es die Angst vor dieser Wirklichkeit, die hemmt, diese Macht in sich zu erkennen und sie zu gebrauchen, vor allem richtig anzuwenden. Es ist einfacher, sich vor dieser Verantwortung zu drücken, um sich weiterhin in kindlicher Haltung als ohnmächtig wahrzunehmen. Doch ob Angst oder nicht, jeder Gedanke, vor allem der zielgerichtete, bringt, im guten oder bösen, nicht nur eine Wirkung, sondern auch in den feinstofflichen Ebenen Formen hervor, die dann in der grobstofflichen Ebene zur selbsterzeugten Wirklichkeit werden.

Es war die Kraft luziferischer Versuchung, die Lebensenergie der Mutterformkraft als „Schlange der Versuchung", mit der sich das Gefühlsbewußtsein der Eva identifizierte. Denn Eva ist nicht nur der symbolische Ausdruck unserer Empfindungs- und Gefühlsnatur (auch dies gilt für beide Geschlechter), sondern zugleich auch immer der Ausdruck unserer Lebenskraft, der uns innewohnenden Lebens- und Seelenenergie (Orgon) als der „Wille zum Sein", durch die überhaupt erst eine physische Manifestation ermöglicht wurde und wird. Sie ist der *Lebensborn* aller in uns enthaltener Lebensenergie, ohne die wir nicht existieren könnten. Und es ist diese Kraft, hervorgerufen durch unsere Wunschnatur, die uns immer wieder in neue Inkarnationen, in die Wiedergeburten des physischen Lebens zurückführt. So lange, bis der Geist erkennt und die Wahrheit von der Illusion zu unterscheiden vermag. Die Kraft der weiblichen Macht liegt vor allem in ihrer Erkenntnisfähigkeit, in ihrer weiblichen Intuition, die nichts analysieren und/oder über den Verstand erst erkennen muß wie die männliche Kraft, die suchen, forschen und beweisen muß – sie weiß einfach.

Sobald die „Spaltung", die ja in Wirklichkeit nur eine Verschiebung zu Lasten einer jeweiligen Hälfte war, auftrat, wurde die ideale Zusammenarbeit von Spinalis und Astralis als deren „paradiesische Harmonie" gestört und zerstört. Es hörte die göttliche Zusammenarbeit zwischen Herz und Verstand auf durch die Verlagerung einer daraus resultierenden Hervorhebung eines Teiles zu Lasten des anderen. Insbesondere brachte das intellektuelle Verstandesdenken eine Ungleicheit, durch die der Geist im Laufe von Äonen in seiner einst einheitlichen Funktion immer mehr verdunkelt und gehemmt wurde. Es wurde zur sogenannten Erbsünde, da die einseitige Überbetonung des Verstandes zu Lasten der Empfindungskraft des Herzens ging und dadurch den Menschen immer tiefer von seinem göttlichen Ursprung abfallen ließ und diese Überbetonung des Verstandes dann im Laufe der Zeit als grobstofflich-genetische Vererbung von einer zur nächsten Generation weitergegeben wurde. Hier liegt das wahre Übel, und dies ist es, worauf die Bibel Bezug nimmt, wenn es dort heißt: „Die Schlange sprach zu Eva...!", denn sie spricht auch heute noch mit ihr. Viele Frauen haben in der heutigen so vermännlichten Welt keinen Zugang mehr zu ihrer weiblichen Intuition, da sie aus Erziehungsgründen oder persönlichen Vorstellungen mehr das männlich-analytische und aktivmentale Prinzip vorziehen, wodurch sie den Zugang zu ihrer eigenen Ur-Kraft als intuitive Weisheit verloren haben. Doch ohne die transformierende Kraft des weiblichen Prinzips kann keine wahre Fülle, Liebe und schon gar keine wahre Spiritualität gelebt werden und das ist der Grund für unsere so „kalte" und gefühllose Welt, da sie nur einseitig vom Verstandesdenken dominiert wird.

Die Spinalis, als Ausdruck unseres intelligenten kosmischen Bewußtseins, ist die *regulierende* Kraft (sollte es sein), die das intelligente Bewußtseinsvermögen in uns *steuert* und *bestimmt,* mit deren Hilfe die astrale Kraft der Eva als Seelen- und Liebesenergie erkannt und dadurch in ein einheitliches Bewußtsein mit aufgenommen werden kann und soll. Es wird nun deutlich: Erst die ganzheitliche Persönlichkeit kann in den heiligen Bund eines göttlichen Zusammenwirkens finden. Der „Fall" aus dem geistigen Paradies und die dann folgende Austreibung aus der Paradies-Sphäre hat gezeigt: Das luziferische Prinzip vereint nicht, es trennt. Und dies war nicht nur das Ziel in der Paradies-Sphäre als einem Bewußtseins-Paradies des Menschen, nein, es war und ist heute noch das Ziel hier auf Erden. Erst die Vereinigung mit dem göttlichen Mutterformprinzip wird wieder einen wahren Realitätsbezug und Spürsinn durch die Liebe zu allem Leben hervorbringen, wie auch ein achtsames entsprechendes Körperbewußtsein, auch im Austausch von Lebensenergie zwischen dem männlichen und weiblichen Prinzip. Solange die weibliche Lebenskraft der Kundalini, die Mutterformkraft des Lebens, als „satanisch" abgestempelt und dadurch mit Schuldgefühlen beladen wird, so lange wird die einstige Schlange der Weisheit als Regenbogenschlange weiterhin im „Staub der Erde" kriechen und mit ihrem mentalen Gift der Unterdrückung allen Lebens die Welt verseuchen.

Das ist im wesentlichen das Mysterium von Adam und Eva und zugleich die Symbolik, daß „Adam zuerst war"! Es läßt sich beim besten Willen aus diesem Mysterium keine einseitige oder berechtigte „Vormachtstellung des Mannes" gegenüber der Frau ableiten, wie es männliche Ignoranz chauvinistischer Prägung zu gerne sehen möchte, und wie es die Kirche mehr als 2000 Jahre sah und, wie es scheint, auch weiter so sieht – zum tiefen Leid der durch Generationen hindurch unterdrückten und gequälten Frauen auf der ganzen Welt. Diese wurden und werden noch bis zum heutigen Tage nicht nur seelisch, sondern ebenso körperlich durch die rein physische Überlegenheit des Mannes vergewaltigt und dem Manne „dienstbar" gemacht, als „Ware" behandelt und ebenso vermarktet. Staat und Kirche, aber zugleich die Frauen selbst, lassen dies mehr oder weniger geschehen, lassen es zu. Man kann nur mit fassungslosem Staunen solch einem täglichen Geschehen gegenüberstehen. Und noch einmal, um es ganz Verstockten deutlich zu machen: Das mikrokosmische Bewußtseins-System von Spinalis und Astralis ist mit *beiden* (Nerven-)Aspekten sowohl *im* Mann und ebenso *in* der Frau, ist in *beiden* Geschlechtern *gleichzeitig* und *gleichberechtigt* enthalten. Das sogenannte „Geschlecht" ist lediglich Ausdruck der Trennung aus der einstigen Einheit und Symbol der geistigen Dualität im Inneren, welche sich nur im Äußeren, in der physischen Welt, als männlich oder weiblich zeigt.

Diese äußere Dualität des dialektischen Menschen ließ durch den Fall aus dem Geist in die Welt der Stofflichkeit das Gesetz der Kausalität entstehen, das Gesetz von Ursache und Wirkung, welches mit dem sogenannten Karma eng verbunden ist. Hier zeigt sich auch der Grund, warum es in Wirklichkeit nur eine *einzige* wahre Sünde gibt: die *bewußte* Sünde der Absonderung des Menschen aus der Einheit, die bewußte *Verleugnung* Gottes. Der „Fall des Geistes", aus dem sich dann so viele weitere Sünden als Traum eines abgesonderten Ichs erst ergaben, ist nicht als Sünde, sondern als ein *Irrtum* zu bewerten, der in die Erkenntnis führt. Die Geschichte der Menschheit, beginnend bei der Spaltung des Geistes in der Kausal-Ebene, der Ursachen- und Paradies-Sphäre von Adam und Eva, und damit ihre eigene Einzigartigkeit, die sich über Äonen, über unendlich lange Zeiträume der Entwicklung bis zur heutigen Menschheit, vollzog, verbindet sich zu einer organischen Ganzheit, in der jede Generation, jedes individuelle Leben aus dem vorhergehenden entstanden ist und entsteht. Der heutige Mensch ist das, was er aufgrund seiner Verbundenheit mit der *Vergangenheit* aus sich machte, denn er geht eingebunden in dieses Gesetz der Kausalität, des Wechselspiels und Zusammenhangs zwischen Ursache und Wirkung. Doch wie schon gesagt, es kann nur von *einer* Ursache gesprochen werden, der Sünde der Absonderung, da es außer dem „Fall" keine weiteren Ursachen, sondern nur Ursachen-Gesetze gibt, die dieser „Sünde" der Absonderung lediglich nachfolgen, in einer selbst ausgewählten Übereinstimmung der Reihenfolge, die wir dann *nicht* mehr als „Sünde", sondern als sogenannte Irrtümer bezeichnen können. Sie unterstehen, so nach der Esoterischen Lehre, dem „Gesetz der Universalsukzession", welches die Rechte und Pflichten aus den jeweils vorausgehenden Handlungen dem einzelnen, der Gruppe oder auch der Welt aufbürdet.

Daraus ableitend können wir nun auch verstehen, warum Christus immer wieder darauf hinwies, daß es nur diese Sünde der *Absonderung* ist, die es zu *überwinden* gilt, da sich aus dieser alle weiteren „Sünden" als die *Irrtümer* unseres Lebens zeigen, die jedoch im Grunde bedeutungslos werden in der Erkenntnis der Wahrheit. Ereignisse sind miteinder verbunden und vernetzt, nichts geschieht isoliert im Kosmos. Das Kausalgesetz zeigt sich lediglich in den gegebenen *Wechselbeziehungen* zwischen denselben. Wir sind, was wir sind, aufgrund unserer Gedanken, Gefühle und Handlungen, die wir bis zum heutigen Tag, seit dem „Fall aus dem Paradies", mit allen unseren bisherigen Leben miteinder *verknüpften* und immer noch verbinden. Das, was uns heute an sogenanntem „Guten" oder auch „Bösen" begegnet, zeigt sich aufgrund der bestehenden Verbundenheit mit diesen alten, vorausgegangenen Leben. Geistiges Wachstum oder die Verdunkelung des Bewußtseins, sowohl im einzelnen, dem Kollektiv oder gar der ganzen Menschheit, geschieht nach dem göttlichen Ordnungsprinzip der Kausalität, welches auch das Gesetz des Karma lenkt und wortwörtlich Handlung oder *Tat* bedeutet. Alles Handeln, alles Tun, zeigt sich immer als Ursache und Wirkung und ist fest in das feinstofflich-ätherische Lebensfeld, in das Akasha, den Charakter des einzelnen hineinverwoben, untrennbar mit dem individuellen Lebensstrom verbunden. Die göttlichen *Lebensgesetze* sind *unpersönlich* und damit ohne Willkür für den einzelnen oder eine ganze Menschheit.

Es ist mehr als wichtig, es ist lebensnotwendig, dies in seiner Auswirkung wirklich zu erfassen und sich auch zugleich immer und immer wieder zu verdeutlichen: Gott straft nie! Es gilt, das ewig gültige kosmische Gesetz von Ursache und Wirkung zu erkennen, und dies für den ganzen Kosmos, für einen *jeden* einzelnen Menschen. Werfe ich einen Ball an die Wand (hier als ein Gleichnis gesetzt), so kommt er zu mir zurück, trifft mich und bereitet mir unter Umständen Schmerz. Je nachdem, mit welcher Kraft und Wucht er von mir geworfen wurde. Der Rückwirkung indes ist es egal, wem sie Schmerz bereitet; ob es ein besonders guter oder wirklich liebevoller, ein sogenannter böser, ehrlicher, unehrlicher, ein dicker oder dünner, schwacher, starker, heiliger, unheiliger, ein kleiner, großer, ein hübscher oder häßlicher Mensch war, oder welcher Farbe und Rasse auch immer zugehörig. Gott ist gerecht, und Sein Gesetz ist für *alle* seine Kinder immer und zu jeder Gegebenheit gleichermaßen gültig. Immer ist es das Gesetz der Resonanz als Wechselwirkung, das denjenigen *selber* trifft, der den Ball geworfen hat. Christus hat dies ja bereits so deutlich aufgezeigt.

Dieses Resonanzgesetz ist ein kosmisches Ur-Gesetz der Liebe. Der Mensch *muß* ernten, was er *selbst* gesät hat. Er kann nicht, wie es deutlich nach den Weisheitslehren heißt, Weizen ernten, wo er Roggen säte, nicht Klee, wo er Disteln streute. Er wird nicht Liebe ernten, wo er Haß empfand, und er kann keine Güte und Freude ernten, wo Neid und Mißgunst an ihm nagten. Dieses Gesetz der Liebe ist ein *vollkommenes* Gesetz des Lebens, weil ein Irrtum ausgeschlossen ist. Ausgeschlossen deshalb, weil dieses Gesetz im Menschen nur aus seinem innersten Bewußtsein und dem *spinalen* und *astralen* Zustand seiner *Nerven* als dem *Gesetz der Schwingung* in ihm selbst bewegt werden kann. Nicht Gott, wie so viele irrtümlich meinen, *straft* uns, sondern immer sind wir es *selbst,* da wir nur die *Rückwirkung* des von uns geworfenen Balles an uns erfahren, den wir selbst durch unsere Gedanken, Gefühle und unser Handeln in die Welt „geworfen" haben und nun wieder – oft noch verstärkt durch gleichartige andere negative Energiefluide – zurückerhalten.

Die Auswirkung dieses Resonanzgesetzes bedingt immer die innere Schwingungskraft der ätherischen Fluide und des Resonanzfeldes, welches aufgebaut wurde, mit dem wir in Wechselwirkung stehen durch unsere eigenen Gedanken, Empfindungen oder Emotionen. Da hilft kein äußeres oder inneres Selbst-Vortäuschen, kein Selbstbetrug. Alles und ein jeder *muß* das ernten, was *ausgesät* wurde, erhält den Ball zurück, den er selbst (als „Ball" seiner

Gedankenkräfte) geworfen hat. Ob bewußtes oder unbewußtes Wollen, die Regel dieses Gesetzes ist für einen jeden Menschen eisern. Eine *unbestechliche* Gerechtigkeit als Ausdruck einer *unbestechlichen* Liebe in seiner Auslösung und Wirkung. Gott straft nicht, da Liebe nicht in menschlichem Sinne „strafen" kann, da Liebe einfach *ist.* Wir sind es, die sich ständig durch die Übertretung dieses göttlichen Liebes-Gesetzes selbst Leid und ebenso Schmerz zufügen. Er braucht gar nicht strafend einzugreifen, da Er Seinen vollkommenen Willen als das Gesetz der ganzen Schöpfung, und damit als das Gesetz des Lebens auch für die Welt, für uns, in die Ur-Schöpfung gab.

Es gibt keine „Zufälle" in Gottes Schöpfung, und das Leben hängt auch nicht von der „Gnade" eines launischen Schicksals ab, welches den einen mehr und den anderen weniger bestraft oder bevorzugt. Gott ist gerecht, und die an sich orientalische Lehre des Karma findet sich ebensogut in den christlichen Glaubenslehren wieder, wie z.B. in dem Satz: „Irret euch nicht, Gott läßt sich nicht spotten. Denn was der Mensch säet, das wird er ernten." Das Karma-Gesetz ist kein Prinzip der Vergeltung, wie es so häufig dargestellt wird, sondern ein *Prinzip der Kontinuität,* mit welchem sich der Mensch *fortwährend selbst formt* und entwickelt. Wir dürfen dieses Prinzip nicht mit materiellem Wohlstand, Gesundheit, Krankheit und dem körperlichen Wohlergehen, mit Leid und Schmerz oder auch Freude verwechseln. Diese verkörpern lediglich die Macht unserer Gedanken und Gefühle aus der Vergangenheit, die in das Jetzt des Lebens übertragen wurden und in die Zukunft getragen werden durch die Gedanken und Gefühle von heute. Dieses Gesetz kann nur durch unser Erkennen im Heute, durch das Handeln im Hier und Jetzt überwunden werden.

Mögen sich uns noch so viele Hindernisse in den Weg stellen, sie alle müssen „sich dem erkennenden Geist unterwerfen", wie es nach der Esoterischen Lehre heißt, wenn dieser nur beharrlich und ernsthaft an sich arbeitet. Immer ist es der Geist, der die Dinge bewegt, und es gibt nichts, was nicht durch diesen in die Veränderung, in ein gutes Karma umgewandelt werden könnte. Es gibt nichts, was nicht erreichbar wäre, wenn wir es nur wirklich wollen und tief innerlich wünschen, und es mit den geistigen Gesetzen in Einklang steht. Immer unterwirft sich nach dem universellen Gesetz die *materielle* Natur dem *Geist.* Immer erleben wir dieses Gesetz in der Geistigen Heilung und ebenso in den Störungen unserer physischen Natur, die wir dann Krankheit nennen. Die Wertigkeit der Gedanken und Wünsche bestimmen das körperliche Geschehen, den Zustand unserer Gesundheit.

Öffnen wir das Fenster der Seele: Einsicht und Erkennen genügen, um die Kraft des Geistes zu mobilisieren, um gewünschte Veränderungen herbeizuführen. Doch müssen wir dabei das ständige Hinterfragen ablegen, das ewige Warum, Weshalb und Wozu, das ständige Analysieren, da es den Intellekt in Unruhe und inneren Unfrieden stellt, doch damit keine Lösung anbietet, sondern uns ganz im Gegenteil nur tiefer und auswegloser mit den Problemen verstrickt. An die Stelle des „Warum gerade ich" sollten wir das Vertrauen, das Annehmen, das Ja-Sagen lernen und damit die abwehrende Haltung, den inneren Widerstand gegen das uns begegnende Leben auflösen. Häufig stemmen wir uns gegen eine Tür, die nach innen aufgeht, denn ein Widerstehen gegenüber gegebenen Situationen *ist* wie ein sich *gegen* die Tür Stemmen, die nach *innen* aufgeht, und die wir dadurch zuschlagen und geschlossen halten. Erst wenn wir uns bewußt erkennend zurücknehmen, geistig zurücktreten, den inneren Druck gegen die Tür aufgeben, erst dann kann sich diese für uns in die Befreiung öffnen, erst dann kann *Erlösung* sein.

Nicht umsonst, sondern aus dem Wissen dieses geistigen Gesetzes heraus, sagte Jesus: „Widersteht nicht dem Übel"! Unsere innere Haltung muß ein klares Ja sprechen zu dem, was ist. Dadurch lassen wir es stehen, so *wie* es ist, leben damit keine trennenden Bewertungen mehr und neutralisieren so gegebene Probleme, anstatt durch Widerstand Druck und erneute Energien aufzubauen. So können wir, ohne uns zu ärgern, in eine *Beobachtungsposition* der inneren Ruhe finden, aus der dann, aus einer „höheren Warte" heraus, die Intuition und Inspiration zu einer schöpferischen Erlösung und Auflösung der Schwierigkeiten erst führen können. Wir stehen nicht mehr in der abweisenden, harten inneren Haltung des eigenen Ich, sondern werden weicher, weiter und offener, haben einen größeren Weitblick, um uns den Problemen des Lebens innerlich leichter zu öffnen. Erst mit der Annahme, dem Akzeptieren und dem Ja-Sprechen, kann sich eine positive Veränderung zeigen, kann die schöpferische Energie des Lebens in uns erweckt werden und die Liebesenergie der Weitung und Ausdehnung einfließen und damit in die wahre Erkenntnis der Befreiung führen.

Das Ich, das Ego des Menschen, hat immer das Verlangen und den Drang, durch *äußere* Anstrengung *innere* gegebene Bedingungen möglichst rasch, und manchmal auch mit Gewalt für sich zu lösen. Das Ego will das, was ist, nicht wahrhaben. Geht es nicht so wie gewollt, so stellt sich häufig Resignation, innerer Groll und Verbitterung über die so „ungerechten" Lebensbedingungen ein, die „man" doch gar nicht verdient hat, über das, was selbsterzeugte Wirklichkeit ist. Doch können wir erst wahre Heilung erfahren, wenn durch eine Veränderung der Lebensbedingungen diese verhärtenden und sich verschließenden Energieblockaden geistig und körperlich gelöst und damit erlöst werden, wenn die Verbitterung und der Groll über das harte Schicksal der Erkenntnis weichen, daß wir es *selbst* verursacht haben und es auch nur durch innere Einsicht und Erkenntnis wieder *selbst* in die Erlösung führen können, wenn wir lernen, dem Leben gegenüber *Akzeptanz* zu leben. Eine solche Akzeptanz läßt sich jedoch nur über eine *Veränderung der inneren Haltung* lernen. Wir können nicht das Bewußtsein und damit die Haltung *anderer* Menschen verändern, doch wir können es mit uns selbst tun, indem wir solchen Haltungen und Gegebenheiten, die wir bisher nicht akzeptieren konnten oder wollten, keine *Resonanz* mehr leben und sie dadurch neutralisieren, anstatt zu versuchen, mit unserer Meinung andere zu bekehren und zu belehren. Es hört das ständige Werten und Bewerten auf und somit der Druck des Widerstandes und das Trennende.

Können wir ohne Groll stehen lassen, was ist, und leben die Kraft und Weisheit der Akzeptanz, so lösen sich jegliche *Erwartungshaltungen* an die Welt, dann reagieren und reflektieren wir nicht mehr auf alles und jeden, auf das, was uns Begegnung lebt. Wir suchen nicht mehr im *äußeren* Geschehen der Welt in einer Erwartungshaltung nach Dank und Anerkennung und reagieren dadurch auch nicht mehr mit Ärger oder Groll auf die Haltungen und Einschätzungen anderer Menschen, wir werden resonanzlos, also neutral. Es ist unmöglich, sich auf andere einzulassen, ohne dabei seinen inneren Frieden zu verlieren oder krank zu werden, solange nicht gelernt wurde, bei gegensätzlichen Meinungen, Vorstellungen oder Erwartungshaltungen, eine neutrale Position einzunehmen. Erwartungshaltungen, eigene oder die anderer, die nicht zu erfüllen sind oder nicht erfüllt werden können, z.B. aufgrund unterschiedlicher Lebensvorstellungen, bringen immer emotionale Belastungen mit sich, zu denen dann häufig noch das schlechte Gewissen und der Ärger aufgrund eines nicht Genügens kommen, da die gegenseitigen Bedürfnisse nicht befriedigt werden können. Dadurch entsteht ein Lähmungszustand der Frustration als ein Prozeß innerer Verdrängung von Wirklichkeit, es entwickelt sich die Opferrolle, wodurch der andere zum Täter abgestempelt wird, da er nicht so will, wie man es gerne hätte, über den dann geschimpft und genörgelt wird, weil er einen nicht versteht. Hier hilft *nur* eine Einsicht gegenseitiger Akzeptanz oder die Konsequenz der Trennung, um einen solchen verfilzten Lähmungszustand zu beenden, der nur in falschen gegenseitigen Hoffnungen, Unzufriedenheit und weiteren Anschuldigungen, und damit in gegenseitigem Leid und Schmerz, ja in der Krankheit enden würde, denn Vorstellungen, Wünsche und Bedürfnisse haben nichts mit Liebe zu tun.

Kein Mensch sollte sich zum Bedürfnisbefriediger eines anderen machen, doch solche Opfer- und Täterrollen sind in fast allen Partnerschaften und zwischenmenschlichen Begegnungen sehr beliebte Egospiele. Eine Position der Akzeptanz dagegen bedeutet nicht, gefühl- oder herzlos zu werden, ganz im Gegenteil, es bedeutet lediglich zu lernen, den anderen in seinem Sein stehen zu lassen, so wie er ist, ihm in Liebe zu erlauben, er selbst zu bleiben und die eigenen Erwartungshaltungen zurückzunehmen, damit der andere sich in seinen Lebens- und Glaubensvorstellungen, Wünschen und Bedürfnissen frei äußern kann. Solche Vorstellungen müssen wir ja nicht annehmen, doch muß die Erkenntnis reifen, daß der andere nicht *mehr* geben kann als er *hat,* da er z.B. in einem unterschiedlichen Bewußtseinsfelde zu uns steht und daher zumeist nicht wirklich verstehen *kann,* was wir von ihm erwarten oder wollen. Die Welt ist bunt, und wir dürfen nicht erwarten, daß die eigene geliebte Farbe nun die allerbeste und schönste sei. Alles ist eine Geschmacksfrage, die nicht so wichtig genommen werden sollte, denn wir alle stehen in unterschiedlichen Bewußtseinsstufen und sollten uns daher besser um die *eigene* Entwicklung kümmern als uns um die Reifung anderer Sorgen machen oder diese gar hochmütig zu belächeln.

Leben wir ein solches Annehmen und damit zugleich die Ruhe und Heiterkeit der Gedanken, trotz der schwierigen Lebensumstände, die sich als eine für uns unangenehme Lebenserfahrung oder Situation zeigen, so stellen wir das Blut und die Lebensenergien der Nerven in einen ruhigen, harmonischen Lauf, und es entsteht dadurch eine Klarheit und Ausweitung der Gedanken. Die Angst der inneren Enge, die bisher lähmenden dunklen Schatten lösen sich, und dann werden alle Zellen, alle Organe des Körpers wieder vermehrt mit Licht und Lebensenergie durchflutet. Dadurch wird auch über die Atmung wieder mehr Sauerstoff dem Körper zugeführt, das lebensnotwendige Prana, welches vor allem die *feinstofflichen* Strukturen versorgt, weitet und lichtet ihn. Liebende Akzeptanz oder die versöhnende Kraft der Handlung als Konsequenz, der Mut zur Veränderung festgefahrener Lagen und ein starker lebensbejahender Wille führen am schnellsten aus Krankheiten oder schwierigen Lebenssituationen, da sie uns geistig, seelisch und körperlich mit Lebenskraft erfüllen. Ist die

Entscheidung für das eine oder andere einmal gefallen, ist plötzlich alles nicht mehr so schwer, und es entsteht das Gefühl, daß sich alles irgendwie schon wieder zum Guten wendet. Das Schwerste im Leben ist, Vergangenes auf sich beruhen zu lassen, voranzuschreiten und nicht mit Schuld zurückzublicken oder eine solche in das Jetzt zu tragen. Vergeben heißt vergessen. Leben wir Frustration, Verbitterung, Ärger und eine ständige Abwehrhaltung gegen das Leben und unser Schicksal, so stehen wir in Bedrückung und ohne Zuversicht, dann leben wir mangelnden Mut und kein Gottvertrauen. Dann gehen sowohl die fein- wie auch grobstofflichen Körper in die *Verhärtung* durch die *Vergiftung der Gedanken* und damit *des Blutes,* welchem dadurch immer mehr das Licht entzogen wird. Wir werden krank oder gehen gar in den Tod.

Akzeptanz bedeutet nicht, daß wir zu allem unser Ja sprechen, sondern in unserem eigenen Energiefluß bleiben und lernen, uns von den Wünschen und Bedürfnissen anderer abzugrenzen, lernen, unser klares Nein und Ja zu sprechen. Und es bedeutet gleichfalls, nicht in einer passiven Haltung und Resignation den Dingen ihren Lauf zu lassen, sich bedienen zu lassen aus der inneren Angst oder Bequemlichkeit eigenen kraftvollen Zu- und Anpackens, der Angst vor notwendigen Veränderungen.

Die christliche Botschaft lehrt uns Liebe zu leben, liebend zu sein, indem wir Schwächere stützen und begleiten, was richtig und gut ist, jedoch *nicht* bedeutet die Last der anderen, deren Bequemlichkeit, Unwillen, Unzufriedenheit, Schwäche und Nörgelei, deren Energien der Angst oder Depression aus einem falschen Verständnis von Liebe heraus zur *eigenen* Last zu machen und mitzutragen. Dieses Tragen des anderen Last gilt auch ebenso für das schreckliche Versprechen und Gelöbnis: „Bis auf daß der Tod euch scheidet." Ein solches falsches Bild der „Nächstenliebe" bringt denn auch viele in den Zwiespalt einer inneren Zwickmühle, da sie zwar „gute" und „liebevolle" Menschen nach christlichem Vorbild sein möchten, doch in einer falschen Erwartungshaltung sich dabei nur selbst etwas vormachen, sich selbst und auch anderen, und gerade dadurch alles noch unerträglicher gestalten durch das schlechte Gewissen einer solchen gefühlten Unerträglichkeit. Diese aber wird sich selbst nicht eingestanden aus der Angst vor der Wahrheit und deren Konsequenzen, oder weil „man" ja ein guter Mensch ist. Solche Menschen sind nicht wirklich „gut" aus Liebe und Stärke, denn wahre Liebe erträgt und duldet alles, doch leidet sie nicht dabei. Nein, solche Menschen sind „gut" aus innerer Schwäche und/oder der Angst, „Böses" zu tun; sie bleiben sich „treu", vielfach aus Angst vor Einsamkeit und Trennung. Ebenso ist es die Angst vor dem, was „man" über sie denken und sagen könnte, und hier schlägt dann das schlechte Gewissen der Schuldgefühle, die jedoch aus mangelnder Liebe und aus einem falsch verstandenen Treueverhalten heraus kommen, dem gegebenen Eheversprechen. Und viele gehen dann auch lieber in den Tod durch Krankheit aus Angst vor den eigenen Bedürfnissen, da sie anderen keinen Schmerz zufügen möchten, als in eine vernünftige Trennung, um sich aus den Ketten eigener Irrtümer und Bindungen zu befreien. Lieber fügt „man" sich den Umständen und dem „Schicksal", fügt sich den Schmerz lieber selber zu und nennt es nach außen hin Liebe. Doch wahre Liebe achtet nicht nur den Nächsten, sondern auch sich selbst und schlägt daher, muß es sein und ist angemessen, auch Türen zu, da Liebe nicht auf falscher Treue, Mitleid und Selbstzerstörung beruht.

Liebe und Sexualität – das Gesetz der Anziehung

Nur aus dem Mysterium von Adam und Eva, der Spaltung des Geistes, dem Verlust der männlich-weiblichen Ganzheit, kann das Drama um das Thema der Liebe und Sexualität, wie es sich in der Welt der zwischenmenschlichen Beziehungen offenbart, eine Erklärung finden. Es ist die ewige Sehnsucht der menschlichen Natur nach Einheit, ihr Streben nach dem ewig Vollkommenen, das durch Beziehung und geschlechtliche Vereinigung nach Erfüllung dieser Ganzheit drängt. Liebe und Sexualität drücken diese Sehnsucht im Menschen aus, suchen darin eine Befreiung und Befriedigung zu finden, ohne jedoch dieser Sehnsucht nach Liebe in der Erfüllung der Sexualität allein Dauer verleihen zu können, da sich physische Körper nicht wirklich vereinen können. Solange der Mensch in der *emotionalen* Liebe steht, diese für Liebe hält, so lange wird er immer wieder den Schmerz der Trennung erfahren, denn die emotionale Liebe geht Hand in Hand mit dem Leid und der Enttäuschung, da sie den Menschen in einem ständigen Wechselspiel der Gefühle hält. Niemals kommt er in sich selbst dadurch wirklich zur Ruhe, da er auf diese Weise dem trennenden Gesetz des Lebens nicht entkommt. Der irrtümliche Glaube, in der Vereinigung von Körpern Liebe suchen zu können, dort allein die ersehnte Erfüllung der Einheit zu finden, ist der Grund für die ständigen Enttäuschungen aufgrund gegenseitiger Erwartungshaltungen aneinander, verbunden mit einem ewigen Hinterfragen und Suchen, dem ewigen Warum, Weshalb und Wieso. Solange das Bewußtsein für die Wirklichkeit nicht verändert wird, so lange wird es immer wieder partnerschaftliche Enttäuschungen geben, werden Trauer, Verbitterung, Verhärtung und Verkrampfung bis hin zu Haß und Groll gelebt. Es wird das ewige Hinterfragen und Suchen nicht aufhören, da wahre Vereinigung *nur* im Geiste möglich ist, in der wertfreien Liebe und Fülle des Herzens, in der Vereinigung und *Verschmelzung von Seelen* und dieser mit Gott, aber nicht in falschen Gefühlen und getrennten Körpern, mit denen nur eine Vereinigung in der Trennung möglich ist.

Hier offenbaren sich am deutlichsten Illusion und Wahrheit, Wunsch und Wirklichkeit, denn das ganze Wesen des Menschen ist letztendlich auf die höhere Vereinigung mit Gott angelegt und ausgerichtet, als dem ewigen, inneren Drang nach Einheit, der nur auf unterschiedlichen Bewußtseins- und Entwicklungsstufen gelebt wird. So lebt der Mensch dieses Bedürfnis nach Vereinigung zum einen in der *Sexualität* (auf niederer Ebene), im körperlichen

Geschlechtsverkehr, was zugleich zur Arterhaltung beiträgt; zum anderen im *geistig-seelischen Streben* nach Entwicklung (auf höherer Ebene) durch den Aufbau der Persönlichkeit in der Selbstverwirklichung, was die Vereinigung der niederen mit den höheren Kräften mit sich bringt – einer Synthese von Wurzel- und Kronenzentrum –, wodurch es zu einem schöpferischen Leben kommt. Zuletzt lebt er eine solche Vereinigung (auf höchster Ebene) in der daraus gewachsenen *spirituellen Persönlichkeit* mit den Kräften der Seele im Bewußtseinszentrum des Kopfes, was die Geburt des inneren Christus zur Folge hat und die Worte des Johannes spiegelt, der sagte: „Er (der Christus) muß wachsen, ich (die Persönlichkeit) aber muß abnehmen." (Joh.,3:30)

Hier zeigen sich die wunderbaren Möglichkeiten des Menschen durch die inneren Gegebenheiten eines ihm *möglichen* geistigen Wachstums auf, die ihm auf seinem irdischen Wege mitgegeben sind. Diese erweisen sich jedoch, aufgrund selbst aufgebauter Widerstände und den daraus entstehenden (selbst-)erzeugten Spannungen, zugleich als scheinbare Begrenzungen seiner Lebensentwicklung, da er ihnen so häufig unterliegt. Solange Spannungen und Verkrampfungen sich zeigen, kann nicht Erlösung und Verwandlung sein. An- und Verspannungen kommen ausschließlich durch die Schwäche eines falschen Annehmens und nicht rechtzeitigen Abweisens, durch ein sich nicht Abschirmen können von Menschen und Lebenssituationen. Aufgrund der geistigen Dualitätsstruktur des Menschen, entsteht eine Zerrissenheit der inneren Natur, die, wird diese nicht erkannt und erlöst, viel Unausgeglichenheit und Schwierigkeiten auch im äußeren Leben mit sich bringt. Vor allem dann, wenn der Lebensgang nur auf das rein *äußerliche Formleben* von Körpern hin ausgerichtet ist, nur nach einseitiger „Vereinigung" in den Wechselbeziehungen der Gegensatzpaare strebt. Der „Schlaf, der auf Adam fiel", zeigt sich als ein Verlust der geistigen Einheit nach dem Sündenfall durch die Spaltung der männlich-weiblichen Ganzheit als Denksystem, der einst paradiesischen Bewußtseinsidentität mit Gott, und kann auch nur *geistig-seelisch* wieder in diese Ur-Einheit zurückgeführt werden.

Die Spaltung des Geistes als Denksystem offenbart sich symbolhaft in der Form von Körpern, in Mann und Frau, in dem Ur-Prinzip des dialektischen Menschen – in Adam und Eva. Der Geist wurde durch das luziferische Prinzip der Versuchung in die Trennung und damit zur Inkarnation geführt und schließlich verführt, um das Schöpfungsgesetz, welches automatisch durch den „Fall" in Kraft trat, zu erfüllen. Es wurde dem aus der Einheit gefallenen

Geist durch das Geschenk von Seele und Körper die Möglichkeit geistiger Entwicklung und Entfaltung, und dadurch eine *bewußte* Rückkehr in die göttliche Einheit durch Selbsterkenntnis gegeben. Dies vor allem durch das fundamentale Lebensprinzip der Sexualität als Schöpfungsgesetz, in der Wechselbeziehung der Gegensatzpaare, welches für alles Leben im Universum (zur Formentwicklung) seine Gültigkeit hat auf allen Stufen als auch in allen Lebensbereichen. Egal, ob es sich um eine solche Wechselbeziehung zwischen *zwei Menschen* handelt, um die gesamte Kreatur oder auch um den Aufbau von Pflanzen und Mineralien, alles Leben wird durch die Energien hervorgebracht, die aus dem Geist als Mutter-Formkraft-Prinzip das Leben bestimmen. Was immer es auch sei, ob es sich um die Geburt des Universums, einer Sonne, vieler Planeten oder eines Menschen handelt, alles entstand und entsteht aus einer solchen Wechselbeziehung von Geist und Materie. Werden die Gegensatzpaare von *Geist* und *Materie* (Lebensprinzip), die Energien von plus und minus, von männlich und weiblich zueinandergeführt, so können sie durch den Lernprozeß der Verschmelzung in die innere Ganzheit geistiger Einheit reifen. Die Sexualität als sogenannte Geschlechtsbeziehung zwischen zwei Menschen offenbart dies im tiefsten und eigentlichen Sinne, da hier, verbinden sich dabei auch die Seelen, eine Beziehung zwischen *Geist* und *Materie* in der Zeit stattfindet. Zum einen, um aus dieser Verbindung als Folge ein drittes, ein neues *Leben in Form* hervorzubringen und zum anderen, um durch diese Verschmelzung der Gegensatzpaare auch in der Sexualität das neue Leben für die *Wiedergeburt im Geiste* vorzubereiten. Das ist das große Ziel der Schöpfung, das einer letzten Vereinigung und Verschmelzung, der mit Gott – der sogenannten chymischen Hochzeit.

Ein jeder sieht die Welt mit seinen Augen und seinem persönlichen Bewußtsein, so wie er sie für sich sehen *will* und/oder möchte, so wie er sie für sich *wahrnimmt* und wertschätzt, wie er sie für sich haben will. Die Wertschätzung *gelebter* Beziehungen hängt somit ganz wesentlich von der persönlichen Wahrnehmung der Welt ab, von der individuellen Bewußtseinsentwicklung und -erfahrung dieser Wahrnehmung von Wirklichkeit und Illusion, da sich daraus die Grundlage jeglicher Beziehung bildet, die Basis einer solchen: zu Gott, zur Welt selbst, wie auch für alle zwischenmenschlichen Begegnungen.

Entweder wird eine von Gott und dem Universum getrennte Welt wahrgenommen (für sich als Wahrheit so genommen), eine Welt mit *getrennten,* physischen Körpern und *separierten Einzelwesen,* die scheinbar allein und isoliert sind, mit mehr oder weniger einsamen Wesen, die sich, um die gefühlte Einsamkeit der inneren Trennung aufzulösen, in *äußeren Beziehungen* zusammenfinden, in der (trügerischen) Hoffnung und dem Glauben, in einer solchen Bindung und körperlichen Begegnung die Liebe und Geborgenheit geistiger Einheit zu finden, dort danach suchen. Doch die Einheit der Liebe *kann* dort nicht gefunden werden und ist daher – außer für das Ego – letztlich bedeutungslos, da sich die Körper von Mann und Frau als die Symbole geistiger Trennung nicht wirklich vereinen können, da wahre Verschmelzung vor allem ein seelisch-geistiger Austausch ist.

Oder es wird eine Welt der Einheit und Liebe gesehen und wahrgenommen, die nichts trennt und separiert, da sie eins im Geiste ist. Eine Sicht, die das wahre Selbst auch in den zwischenmenschlichen Beziehungen nicht allein auf die symbolische Form von Körpern reduziert, aus der Erkenntnis heraus, daß nur in der Grenzenlosigkeit der Liebe, in der Einheit von Geist und Seele, in der inneren Zusammenführung beider Prinzipien von männlich und weiblich, die Wahrheit des Lebens und das *Fundament aller wirklichen Beziehungen* begründet liegt. Ein solches Bewußtsein steht im Gegensatz zu einer rein äußerlichen, rein körperbezogenen Wahrnehmung der Welt als einzige Wirklichkeit, die nicht nur die Liebe in ihrer Ausdehnung begrenzt, sondern auch durch eine solche Sicht den Menschen vom Menschen trennt, ihn vom Universum und der Einheit des Lebens isoliert.

Dies zeigt sich vor allem in den persönlichen Bindungen und daher „besonderen" Beziehungen, die nicht geistige Freiheit, sondern körperliche Vereinigung suchen, damit jedoch nicht die Einheit der Liebe, sondern nur eine Vereinigung in der Trennung erreichen. Auf welchen vorgeschobenen Motiven auch immer solche Begegnungen von (scheinbarer) Liebe oder Zuneigung beruhen, stets sind diese auf menschlich-emotionalem Fühlen begründet und ausgerichtet und daher immer von Ich-Sucht besetzt, die konsumieren und kontrollieren, aber nicht *wirklich* vereinen will. Denn durch eine wahre Vereinigung der Seelen wäre die *eigene* Autonomie, die Ich-Bezogenheit des Egos gefährdet, sie käme ins Wanken, da wahre Liebe der Ich-Sucht Angst macht und für das Ego *immer* Gefahr bedeutet. In solchen Begegnungen, die daher nicht wirklich als Beziehungen, sondern nur als *Bindungen* gewertet werden können, offenbart sich die Vermischung von Wirklichkeit und Illusion. Es ist der mangelnde geistige Tiefgang eines Bewußtseins, welches nicht im seelischen Sein, sondern im körperlichen Haben steht, da sich hier nur zwei Körper mit den gegenseitigen *Bedürfnissen* ihrer niederen Gefühls- und Begierdennatur vereinen, die Vereinigung der Körper wichtiger wird, als die Verschmelzung zweier Seelen. Eine solche Verbindung von Körpern als „Beziehung" oder gar als Ausdruck von „Liebe" zu deuten, muß zwangsläufig irgendwann in den Schmerz und das Leid der (Liebes-)Enttäuschung führen. Denn in Wirklichkeit ist es zumeist die vorhandene seelische Gleichgültigkeit solcher (Schein-)Beziehungen und Verbindungen, aus denen, bewußt oder unbewußt, gegenseitiger persönlicher Vorteil und Nutzen gezogen wird, in der Hoffnung auf eine vorgestellte Sicherheit oder auch gewisse persönliche Freuden und Befriedigungen. Werden dem Partner solche Bedürfnisse (wieder) entzogen, ist kein Verlaß mehr gegeben hinsichtlich solcher Erwartungshaltungen, so verwandelt sich diese vorgeschobene „Liebe" sehr schnell in Ärger, Vorwurf oder gar in Haß. Auf jeden Fall entschwindet eine solche „Liebe" wieder rasch, fällt in sich zusammen, und das in Wahrheit schon immer vorhandene *seelische* Unbeteiligtsein der oder des Partner(s) offenbart sich dann. Eine solche Vereinigung war in Wirklichkeit nur eine vorgestellte, jedoch nie eine wahre Liebe. Es war nur der (oft unbewußte) emotionelle Ausdruck persönlicher Wunsch- und Triebbefriedigung, daher weder eine *wirkliche* Beziehung noch *Ehe,* sondern nur die „Vermählung von zwei Körpern", die *äußere* Vereinigung von zwei Menschen mit ihrer emotionellen Gefühlsnatur.

Doch der Körper ist nicht der Sitz, sondern der Tempel für den Altar der Liebe, was so häufig mißverstanden wird. Liebe ist nicht gleichbedeutend mit der Vereinigung von Körpern, denn diese offenbart sich erst in der Verschmelzung zweier Seelen, in einer ganzheitlichen Betrachtung und Beziehung höherer Energien von Geist und Seele, und erst aus dieser Verbindung dann auch in der physischen Sexualität über den Körper. Erst wenn alle drei Teile von beiden Partnern in harmonischem Kontakt und Zusammenspiel Verbindung aufnehmen, miteinander verschmelzen und dadurch in einem ganzheitlichen Einklang stehen, erst dann wird eine wahre *Beziehung* hergestellt und *gelebt,* entsteht das, was sich nicht mehr trennen läßt, da es von Gott zusammengefügt wurde. Erst dann sind Körper, Seele und Geist wahrhaft eins und in Liebe miteinander verbunden, werden zwei Menschen eins, und es gibt nur noch eine intimere Beziehung, die des noch ungeborenen Kindes mit seiner Mutter.

In der Sexual- oder Lebensenergie kommen die Kräfte der Gegensatzpaare – die polaren Kräfte des Lebens – durch Wechselbeziehung in Einswerdung, woraus das Leben in Form als neue Existenz hervorgeht. Doch trägt eine solche neue Existenz das Formprinzip nicht als Selbstabsicht in sich, sondern es soll daraus, durch einen Prozeß der Eigenerkenntnis und dadurch geistiger Höherentwicklung, das neue Leben entstehen, welches erreicht wird durch eine „Wiedergeburt im Geiste", der Vereinigung der Seele mit Gott – dem Endziel allen Lebens. Wahre Liebe ist Freiheit in der Bedeutung, wie Er sie schuf, die sich gänzlich ausdehnt, verströmt und verschenkt ohne Sinn und Zweck, da des Schöpfers Liebe als Lebensenergie einfach ist – sie liegt nicht in der Vereinigung zweier Körper begründet, sondern vor allem in einer *ganzheitlichen* Beziehung und daher in dem All-Einen selbst. Jede Vereinigung außerhalb dieser ganzheitlichen Verbindung ist nur eine vom abgespaltenen Geist aufgrund von Illusionen *vor*gestellte (Schatten-) Beziehung, die auf persönlichen Wünschen und Bedürfnissen und daher auf Vorstellungen aufbaut und somit immer in die Enttäuschung führt. Nicht die Freiheit der Liebe, sondern ständige (gegenseitige) Kontrolle begleitet solche Bindungen aus Angst vor persönlichem Verlust, ja, sie basieren geradezu auf einer solchen Verlustangst, wodurch nicht vertrauende Achtung und Freiheit, sondern Abhängigkeit und körperlicher Götzendienst aneinander gelebt werden, eine Abhängigkeit nach dem Opfer-Täter-Prinzip. Solche Bindungen sind deshalb immer egozentrisch, sehr auf sich selbst bedacht und von daher beurteilend und einengend, was sich als selbstzerstörerisch und selbstbegrenzend immer wieder offenbart – auch in den daraus entstehenden Konflikten und Krankheiten.

Das ist der Grund, warum es heißt, daß wir uns um der Liebe Gottes willen nicht *binden* sollen (an solche körperlichen Illusionen), da der Geist der Liebe sich nur in Freiheit wirklich machtvoll auszudehnen vermag, nicht aber in einer Knechtschaft der Angst. Diese kettet und bindet in ihrer Abhängigkeit aneinander, ist immer ein- und beengend, was nicht Liebe und Vertrauen, sondern gegenseitige Schuldzuweisungen und deren Gefühle auslöst, um den vermeintlichen „Besitz" festzuhalten und an sich zu binden. Doch in der Liebe ist keine Furcht, und daher ist sie ohne Schuld. Seelen, die wahrhaft in Liebe miteinander verbunden sind, können keine Schuld empfinden, da Schuldgefühle nur durch mangelnde Liebe erzeugt werden, woraus die Aggression der Hilflosigkeit erwächst. Es ist die Schuld, den anderen nicht so lieben zu können, wie es persönlich gewünscht oder vorgestellt wird, was zugleich Angst und Unsicherheit hervorbringt, die dann auf den anderen projiziert wird. Hier zeigen sich deutlich die Schwäche und Lieblosigkeit solcher „besonderen" Beziehungen, die lediglich persönliche Angst, Hilflosigkeit und Abhängigkeit signalisieren, doch keine Liebe, sondern nur das innere Ausgeliefertsein an den anderen wegen der eigenen Verlustängste; der Angst, nicht zu genügen, nichts zu gelten oder nicht wichtig genug genommen zu werden, nicht genügend Beachtung zu finden aufgrund eines mangelnden Selbstwertgefühls, welches, um Sicherheit für sich zu finden, Kontrolle und Unterdrückung ausüben muß – bis hin zur Gewalt. Ein solches permanentes Mißtrauen ist immer Ausdruck innerer Angst und Schwäche und offenbart sich häufig auch in einer zur Schau getragenen „Verantwortung" und sogenannten „Liebe" für den Partner, für den man ja nur das „Beste" will, um damit die eigene Kontrolle zu rechtfertigen. Durch die innere Verlustangst, dem daraus resultierenden Druck der Kontrollversuche, entsteht nicht nur die Wut über die eigene Ohnmacht und die daraus resultierenden Schuldgefühle, damit auch Aggression und Ärger, sondern ebenso eine ständige innere und äußere Anspannung, die, wird die Wahrheit des Selbstbetruges nicht erkannt, in Krankheit führt.

Kontrolle in der Partnerschaft zu leben bedeutet immer mangelndes Vertrauen, bedeutet, den anderen in der Beaufsichtigung zu halten, damit dieser nicht zu selbständig, zu eigenmächtig wird, indem er seinen eigenen Wünschen und Bedürfnissen des Herzens, den eigenen Gedanken folgt. Sie resultiert aus dem Versuch, eigenen (scheinbaren) Machtverlust abzuwenden, woraus das Prinzip der Gewalt und Gewaltherrschaft erwächst. Dort, wo Liebe und Vertrauen gelebt werden, dort braucht keine Gewalt zu sein, dort ist Angstlosigkeit, und wo diese ist, ist auch der innere Frieden, der wahre Nährboden für die Freiheit der Liebe. Dort wo Macht, Kontrolle und, daraus resultierend, Gewaltherrschaft anzutreffen sind, dort wird nicht Liebe, sondern Angst gelebt und – zur eigenen Selbstaufwertung – auch Unterdrückung, ja oft gar Verachtung gegenüber dem anderen, den man als Besitz „fest im Griff" zu haben glaubt. Es offenbart sich dann das leere Herz, das nicht wahrhaft zu geben vermag, sondern nur haben will, eine (zumeist nur körperbezogene) Ausrichtung des Besitzenwollens, das nicht im Sein, sondern im Haben Sicherheit sucht. Finden solche Machtmenschen jedoch mutigen und wirklichen Widerstand, so setzt die Angst ein, verläßt sie sehr schnell der Mut ihres bisherigen Macht- und offensichtlichen Kontrollverhaltens. Es wird nun versucht, die bisherige Macht und Kontrolle nicht mehr über den Angriff und die bisherige Aggression oder Gewalt, sondern über eine plötzlich zur Schau getragene Hilflosigkeit oder auch Krankheit, über den Aufbau von Schuldgefühlen beim anderen zu erreichen, um ihn nun dadurch in Atem und im Griff zu halten. Dann wird versucht, den anderen über das Mitleid und die Schuld an sich zu binden, um sich dann selbst als der ach so bedauernswerte und bemitleidenswerte „gute Mensch" hinzustellen, der er eigentlich ist. Er wird aufzeigen, wie schlecht und ungerecht er doch behandelt wurde und nun ganz besonders Großmut und höchstes Verständnis für sich fordern, also genau das, was er zuvor nicht in der Lage war, dem Partner zu geben.

Auf diese Weise wird nun versucht, das bisherige Opfer als Täter hinzustellen, es wird bewußt Schuld erzeugt, wodurch sich der andere oft noch mehr gebunden fühlt, wird dieses „Ego-Spiel" nicht durchschaut und erkannt. In solchen „Beziehungen" werden (auf beiden Seiten) die wahren Motive, die in die gegenseitige Bindung führten, nicht erkannt. Die inneren Schattenmuster, die hier Resonanz und damit Projektion leben, in Wirklichkeit jedoch als Glaubenssätze selbsterzeugter Wirklichkeit mit dem Hintergrund der Selbstbestrafung die treibende Kraft solcher Begegnungen bilden – das Prinzip von Macht und Ohnmacht aufgrund der inneren Spaltung, welche es durch Erkenntnis aufzulösen gilt – werden nicht erkannt und gesehen. Hier zeigt sich oft die Kraft der Sexual-Magie als einzige (vordergründige) Anziehung und chemische Reaktion, die in der „Verliebtheitsphase" zunächst in die Bindung führt(e), warum es heißt, daß „Liebe blind macht", da anschließend so gut wie immer das Ende der Täuschung folgt. Sexualität ohne Liebe läßt den Menschen total vereinsamen und befriedigt nur das Ego. In mehr oder weniger allen Partnerschaften, Beziehungen oder Bindungen geht es genau um dieses Problem, den persönlichen Irrtum einer solchen „Schatten-Liebe" aufzudecken, um durch Selbsterkenntnis und Selbstannahme wahre und vorgestellte Liebe zu erkennen. Also um den Lernprozeß, Liebe und Emotionen voneinander zu trennen, sie nicht zu vermischen, da erst in dieser Trennung die innere Klarheit für die Liebe und das Verständnis auch nach außen entsteht.

Im Gegensatz zur Kontroll- und Machtherrschaft des Egos, ruht die Macht der Liebe gelassen in sich, ist in sich selbst, sucht nicht nach Sicherheit im Außen oder im Partner und offenbart dadurch den wahrhaft machtvollen, weil innerlich und daher äußerlich freien Menschen, der sich selbst angenommen und so akzeptiert hat, wie er ist. Ein solcher Mensch muß sich und anderen nichts mehr „beweisen", denn er weiß, daß er sich Liebe nicht „verdienen" muß, da er die Liebe lebt. Ein solcher Mensch hat für sich selbst Verantwortung übernommen, ist nicht mehr auf andere angewiesen, um sich festzuhalten. Gerne und mit Freude – dies ohne „Opferhaltung" – übernimmt er jedoch Verantwortung, wenn sie auf ihn zukommt oder er darum gebeten wird, doch nicht, um dadurch andere an sich zu binden. Ein solcher Mensch steht also nicht im Diktat, sondern hilft, um die Selbständigkeit und Eigenverantwortung des Partners zu fördern, um ihn liebevoll zu behüten und zu beschützen. Er hilft, um zu animieren und zu ermutigen, um dem anderen auf seinem persönlichen Weg in die Freiheit mit Verständnis und Liebe beizustehen. Hier wird die Freiheit der Liebe, die weder besitzen noch bestimmen will, vorgelebt und gefördert, aus dem tiefen Wissen heraus, wie wichtig Selbstannahme durch Versöhnung mit dem inneren Schatten ist. Denn nur dort kann Freiheit beginnen und sein, wo sich die innere Bereitschaft zeigt, sich selbst und andere nicht mehr zu werten und damit zu bewerten, da solche (Be-)Wertungen immer Trennung hervorrufen. Der ganze Mensch ist gefragt, und nicht seine einzelnen (Schatten-)Anteile, die (oft sehr anmaßend) als „gut" oder „schlecht" vom inneren Kritiker bewertet werden. Erst in der Annahme des Ganzen, in der vollkommenen Selbstannahme – einschließlich aller Schattenanteile – kann auch die Annahme des *anderen* in wahrer Herzensliebe erfolgen, kann sich das Herz für die Liebe öffnen und Einswerdung sein.

Eine Liebe, die nur die Schatten im anderen sieht und nicht das Licht, die sich vornehmlich im Haben von sterblichen Körpern selbst begrenzt, daher nur kurzfristig und partiell besteht, kann die wahre Liebe nicht sein. Doch wird sie häufig gedankenlos als „wahre Liebe" gedeutet, ohne die Liebe zu verstehen – Liebe ist Inhalt und nicht die Form –, und dadurch, ebenso wie auch die Sexualität, (unbewußt) mißbraucht und fehlgedeutet. Doch die Liebe wünscht erkannt, geteilt und verstanden zu werden, auch im Symbol der Sexualität, die das wahre Wesen der Liebe in dieser manifestiert, denn sie bedeutet wahrhafte Beziehung, und eine solche auf allen Ebenen, also wenn sie aufhört, nur eine rein körperliche zu sein. Beides, Liebe und Sexualität, sind im Grunde genommen ein und dasselbe, die Auswirkung des kosmischen Gesetzes der Anziehung, das Gesetz des Gebens und Nehmens, das, was als das Gesetz des Lebens der ganzen Manifestation von Leben in der Welt der Formen zugrunde liegt.

Durch das Gesetz der Anziehung streben die geteilten Aspekte von männlich und weiblich ihrem Wesen nach dem Endzustand der Androgynität entgegen, der Vereinigung beider Geschlechts-Prinzipien als Einheit. Doch ist damit, wie es auch die esoterische Lehre so deutlich aufzeigt, keineswegs die Homosexualität gemeint, wie sie heute in unzutreffender Weise so häufig für Beziehungen gleichgeschlechtlicher Art verstanden wird, die nicht der Norm entsprechen. Mit Androgynität ist die innere Beziehung als Einheit der ansonst getrennten Gegensatzpaare gemeint, die „Doppel-Geschlechtlichkeit" des Menschen, welcher die beiden getrennten Hälften wieder in ihren ursprünglichen Zustand zurückzuführen hat, als das eigentliche Ziel der Evolution. Denn: „Geist und Seele sind ursprünglich eine Einheit und geschlechtsunspezifisch, ‚mannweiblich'. Erst bei ihrem Fall in den Körper findet die Trennung in den männlichen und weiblichen Teil statt, aber das eine ist nicht ohne das andere. In der Vollkommenheit des Gottesreiches sind beide Teile (wieder) eins. Deshalb sucht die Seele im Irdischen die Auflösung der Trennung durch die Vereinigung des Männlichen und Weiblichen: ‚Als Eva in Adam war, gab es keinen Tod. Als sie sich von ihm trennte, entstand der Tod. Deshalb kam Christus, damit er die Trennung, die am Anfang bestand, wieder beseitige und sie beide vereinige. Die Kinder dieses Äons heiraten und werden geheiratet, die Kinder eines künftigen Äons jedoch werden weder heiraten noch geheiratet; denn sie werden sein wie Engel (der gemeinte Zustand der Androgynität als Einheit; der Autor)..., wann zwei eins sein werden, und das Äußere wie das Innere, und das Männliche mit dem Weiblichen zusammen weder Männliches noch Weibliches.'[39]

Über das Gesetz der Anziehung, der geistigen und körperlichen Beziehung von Mann und Frau, der Anziehung von Gegensatzpaaren aus dem Bedürfnis nach Einswerdung als Ausdruck einer Wechselbeziehung von Liebe und Sexualität, wie es sich in der Welt offenbart, wurde seit allen Zeiten, seit dem Urbeginn der Menschheit nachgedacht, gesprochen und auch geschrieben – und daran hat sich bis heute nichts geändert. Dieses zeigt auf, daß das Thema der Liebe und Sexualität für die gesamte Menschheit ein noch – mehr oder weniger – unbewältigtes, daher sehr schwieriges, wie auch heikles Thema ist, da es mit einem sehr persönlichen und ebenso intimen Charakter einhergeht, sich sowohl in kulturellen, wie auch religiösen Aspekten, ja in oft geradezu diametralen Entwicklungen darstellt und diesen unterliegt. Für viele Menschen bedeutet Sexualität einfach Liebe (machen), um sich in dieser intimen, körperlichen Ebene der Wechselbeziehung – die seelische wird häufig dabei vergessen – Ausdruck in der Begegnung mit der geliebten Person zu verschaffen. Für andere ist sie ein reiner Energieprozeß, oder die einzig lockende Befriedigung von Lustbedürfnissen, dem um jeden Preis nachgegangen wird, ohne darüber nachzudenken, daß diese Art der „Wechselbeziehung" lediglich

---
[39] Ouseley, G.J.R. „Das Evangelium des vollkommenen Lebens", Humata Verlag H.S.Blume, 1988, S. 224, 235

ein tierischer Impuls ist, der in den Mißbrauch des Lebens führt, welches dadurch auf ein tierisches Niveau herabgezogen wird. Hier kann dann schon gar nicht mehr von Liebe gesprochen werden, sondern nur noch von sexueller Besessenheit, die in die Abhängigkeit führt. Wieder andere Menschen lehnen jegliche Sexualität und damit das Geschlechtsleben – außer den Akt zur Zeugung – als „Sünde und Teufelswerk" ab, aus Angst, Vorurteilen und alten aufgebauten Glaubensmustern heraus, und schaden sich durch die Unterdrückung dieser Lebenskraft ebenso wie durch deren Mißbrauch. Um wieviel Glück und Lebensfreude, Sinnentanz und inneren Frieden mit der Möglichkeit der Entspannung, haben sich solche Menschen gebracht. Auf dieser „niederen Ebene der Sünde", wie so viele immer noch glauben, soll und kann die Einheit des Lebens in der Vereinigung der Geschlechter erfühlt und bei aufrechten Herzen auch die Glückseligkeit bedingungsloser Liebe erlernt werden. Daß die Sexualität schmutzig und daher vor Gott eine Sünde sei, da sie nur ausschließlich zur Zeugung dienen darf, ist einzig und allein das Ammenmärchen christlich-dogmatischer Vorstellungen, ein puritanischer Glaubenssatz, wie vieles andere eben auch. Vielen Menschen, so die Geistige Welt, erscheint der Zeugungsakt als etwas äußerst Niedriges, und sie machen Gott daraus gewissermaßen einen Vorwurf, daß Er so etwas überhaupt in Seine Schöpfung eingeführt hat. Gott ist solchen Menschen nicht keusch genug, und so werden die herrlichsten Gesetze der Allmacht und Weisheit Gottes, wie sie sich bei der Zeugung, dem Werden und der Geburt eines Kindes zeigen, so minderwertig beurteilt. Was wurde von den Menschen aus diesem wunderbaren Gottesgeschenk nicht alles gemacht?!

Und in der Tat, Sexualität ist ein schwieriges Thema. Nirgendwo zeigen sich mehr Ängste, Dogmen und Verwirrung und daraus geboren, viele aufgebaute Aggressionen und Vorurteile, mit zumeist weit auseinandergehenden Ansichten und unterschiedlichsten Einstellungen. Ein Wuchern von Sexual- und Schuldkomplexen, Psychosen und Hemmungsneurosen zölibatären Charakters ist zu finden, durchsetzt mit puritanisch moralisierender Voreingenommenheit, beruhend auf einer falsch verstandenen Basis von: „Du sollst nicht...", bis hin zu den Sexualverirrungen pervertierter Zügellosigkeit und sadistischer Grausamkeiten, wie auch der blinden Wahllosigkeit geschlechtlichen Auslebens im Gruppensex oder einer zunehmenden Art von gleichgeschlechtlichen Beziehungen – alles ist zu finden. Ja wir leben in einem sexorientierten Zeitalter, alles dreht sich nur noch um das „Eine", und die Erotik, das Kind der Liebe, gerät immer mehr in Vergessenheit.

Auch das Thema der gleichgeschlechtlichen Beziehungen, der sowohl weiblichen wie auch männlichen Homosexualität, ist für viele Menschen ebenso ein großes Problem (vor allem dort, wo selbst eine latente Haltung zu gleichgeschlechtlicher Sexualität vorhanden ist, die jedoch aus Angst vor der Wirklichkeit unterdrückt wird), wie das der heterosexuellen. Homosexuelle werden immer noch wie „Gezeichnete" behandelt, so bewertet und auch entsprechend verurteilt, da auch die gleichgeschlechtliche Beziehung sehr eng mit dem Thema „Aids" in direkten Zusammenhang gebracht wird, was allerdings nur indirekt so ist, da sich Aids als eine Krankheit zeigt, die sich aufgrund eines allgemeinen Werteverlustes in den zwischenmenschlichen Beziehungen entwickelte, also nicht allein in der Homosexualität zu finden ist oder nur dort ihren einzigen Ursprung hat. Es stellt sich bei diesem Thema die allgemeine Frage, was Homosexualität eigentlich bedeutet, warum sich Männer zu Männern und Frauen zu Frauen hingezogen fühlen, warum überhaupt eine solche Anziehungskraft zum gleichen Geschlecht besteht, wo ihr Ursprung liegt.

In jedem Menschen sind die männlichen und weiblichen Aspekte in der Ur-Monade als Einheit gleich stark angelegt. Durch die Spaltung des Denksystems wurden diese Aspekte in die physischen Symbole von Mann und Frau getrennt, die es nun für einen jeden einzelnen in die Einheit zurückzuführen gilt. Jeder Mensch ist durch viele Leben gegangen, und dies in einem ständigen Geschlechterwechsel, also einmal als Mann und ein andermal als Frau, wodurch sich im Laufe der Zeit eine Verschiebung der Neigung zum männlichen oder weiblichen Teil ergab, denn alles muß erlernt werden, so auch der Gegenpol des anderen Geschlechtes. Wenn nun Menschen in der Homosexualität die gleichgeschlechtliche Liebe leben, diese vorziehen, so zeigt dies lediglich auf, daß immer noch hohe Anteile an Energien der alten Neigungen aus einem früheren Leben vorhanden sind, die ausgelebt werden wollen, da die alten Gewohnheiten noch zu stark sind. Letztlich ist jeder Mensch in einem gewissen Maße homosexuell, da ein jeder die Doppelgeschlechtlichkeit in sich trägt. Der Ausbruch der Homosexualität wird in einem großen Maße auch durch die frühe Erziehung der Eltern mitbestimmt und gefördert, durch deren Annahme oder Ablehnung der Liebe in der Kindheit. Wenn es zuweilen heißt, daß die Homosexualität im eigentlichen Sinne „widernatürlich" sei, so ist damit gemeint, daß sie in einem gewissen Sinne gegen das Naturgesetz der Polarität verstößt. Auch sollte nicht übersehen werden, daß die Grundlage für eine solche Neigung zum eigenen Geschlecht durch gewisse sexuelle Ausschweifungen selbst gelegt wurde, ein „Überbleibsel" aus atlantischen Zeiten und daher selbst verschuldet ist. Jene, die damals einen solchen sexuellen Mißbrauch trieben, haben sich heute wieder in großer Zahl inkarniert. Kein Homosexueller sollte sich seiner Neigung wegen schämen, aber wissen, daß die jetzige Inkarnation dafür genutzt werden kann und soll, um diesen Drang in sich aufzulösen, indem die Sexualenergien in schöpferische, konstruktive Ebenen umgelenkt werden. Die Natur ist immer in Bewegung, auch in Vorgängen, die nicht der Norm, dem Verständnis und den allgemeinen Vorstellungen der Menschen entsprechen. Doch wie überall kommt es ausschließlich auf die gegenseitige Achtung und Liebe an, die in der Form der Partnerschaft besteht. Dies gilt in den homosexuellen Beziehungen ebenso, wie in den sogenannten Formen von Partnerschaften, die als „natürlich" bezeichnet werden. Denn immer geht es darum, Achtung und Liebe füreinander in den Herzen zu bewegen.

Die sich weltweit ausbreitende Krankheit Aids hat ihren Grund vor allem in der Ausuferung der zunehmend ungezügelten, sexuellen Begierden und deren Perversitäten. Es ist die Aufgabe dieser Erkrankung – so die Geistige Welt –, den Menschen wieder in ein Sich-selbst-Bescheiden zu führen, damit er lernt, in seine Beherrschung zurückzukehren. Der Ausdruck dieser Erkrankung zeigt sich deshalb in einem Ausgeschlossenwerden, einem Ausgeschlossensein von zwischenmenschlichen (vor allem körperlichen) Beziehungen, in einem Ausschluß aus der leichten Begegnung eines sich wahllosen Hingebens, aufgrund von Leichtfertigkeit und mangelndem Bezug zum Partner, zu dem keine Achtung mehr gelebt wird, da die wahren Werte verlorengehen. Der Mensch geht in die Partnerschaft, um eine Beziehung oder Ehe zu führen, um das Miteinander zu erlernen und zu leben. Nach der kurzen Zeit des Verliebtseins beginnt der oft schmerzhafte Reibungsprozeß eines sich gegenseitigen Abschleifens, da wahre Partnerschaft zu leben harte Arbeit an sich selbst bedeutet. Es geht um das Erlernen von Verzicht, Großmut, Nachsicht, wie auch das Teilen und Stehenlassen können.

Dort, wo aus Angst vor einem solchen Lernprozeß, aus Angst vor fester Bindung, die „freie Liebe" gelebt und bevorzugt wird, der Mensch also bindungslos in einem schnellen Wegwerfen von Werten geht, in einer Konsumhaltung der „Liebe" steht, dort wird zumeist das Thema Aids gelebt. Durch diese Erkrankung soll gelernt werden, in die alten Werte zurückzufinden, in die Werte der Liebe, der Treue und Verantwortung füreinander, um an diesen wieder festzuhalten, um das freie Spiel der Herzensliebe und deren geistige

Lebenskräfte wieder zu erlernen. Nicht das zwang- und wahllose Ausleben eines sich ständigen äußeren „Hingebens" an den Genuß sexueller Begierden, sondern die innere Hingabe ist zu erlernen, um die innere Stabilität und Tiefe des Lebens zu finden. Aids ist eine Krankheit unserer Zeit, da die alten Werte menschlicher Liebe und Treue zunehmend zerfallen. Die Menschen leben in stärkerem Maße und ungezwungen eine sexuelle Zügel- und Haltlosigkeit, die in allen Epochen und Kulturen immer in den Umbruch, ja, in geistigen Verfall und Abstieg führte, aus denen dann der Abschied aus dieser so „angenehmen Zeit" erfolgte. Die Aufgabe der Erkrankung Aids ist es also, den Menschen wachzurütteln, ihn in den Werten des Lebens zu halten, doch nicht, damit er sexuelle Unterdrückung leben soll (was nur in psychische und physische Erkankungen führt), sondern damit der Mensch die göttliche Basis der Liebe nicht verliert.

Zwischen allen Extremen sexueller Wünsche, deren Bedürfnissen und Ausrichtungen, liegen die vielen Gesichtspunkte und gegensätzlichen Ideen und Vorstellungen sexueller Gewohnheiten und deren verirrter Ansichten von sogenannter „Liebe" und „Sexualität", bis hin zu den „Scheinverhältnissen" legalisierter und sanktionierter „Bindungen". Die zu beobachtende „Peinlichkeit" und „Geheimniskrämerei", die entsteht, sobald die Sprache auf Sexualität kommt (jeder denkt zuweilen daran, wünscht oder tut es, doch kaum einer sagt es), zeigt, daß trotz der Welle einer ausufernden Pornographie, überbordender Phantasie und Aufklärung immer noch eine tiefe Verunsicherung und Angst vorhanden ist, die mit einem solchen angesprochenen Thema für viele einhergeht. Die Angst, damit konfrontiert zu werden, macht es zu einem gemiedenen Thema, dessen sich ein „anständiger" Mensch immer noch zu schämen habe, über das man besser nicht redet, anstatt die ganze Angelegenheit als einen sehr natürlichen und menschlichen Vorgang anzusehen.

Nicht gemeint ist hier die natürliche Zurückhaltung intimer Beziehungen, die in der Öffentlichkeit nichts zu suchen haben und nur die Partner selbst etwas angehen. Es geht um die Art des versteckten Umganges mit dem Thema und der Angst vor der „Sünde" eines solchen Tuns, was nicht zuletzt auch auf einem für viele „lüsternen Mysterium" beruht, welches von denen erzeugt wurde, die mit der Angst des Menschen und ihren Vorstellungen bewußt agieren. Es sind diejenigen, die etwas von Gott Geschenktes und sehr Reines durch Verbote und prüde, unsinnige Strafandrohungen aus Bigotterie zu verhindern suchen, was nicht zu verhindern ist, und dadurch nur die Phantasie erst recht anheizt; die etwas Gesundes in Ungesundes, etwas Reines in Schmutziges vergiftet haben. Und in großem Maße sind es solche, die aus der unterdrückten Lüsternheit und deren angestauten Folgen, aus der Unkenntnis der menschlichen Natur, nun ihre Geschäfte machen. So wurde das Sexualthema, bei aller scheinbaren (nach außen getragenen) Offenheit, zu einem mehr oder weniger „intimen" (verklemmten) und dadurch auch häufig gemiedenen Thema. Es läßt die zwischenmenschlichen Begegnungen und Beziehungen aus Unwissenheit und Angst heraus eher auseinanderbrechen, begrenzt und vergiftet sie, anstatt sie in gegenseitige Verantwortlichkeit und in die wahre Begegnung einer erfüllten Gemeinschaft zu führen.

Die vielen Meinungen und Postulate für oder gegen Sexualbeziehungen, wie, wo, wann, wie oft oder überhaupt, und die daraus entstehenden seelischen und auch gedanklichen Verworrenheiten haben durch die Frage nach „falsch" oder „richtig" die innere Ruhe und Gesundheit so unendlich vieler Menschen durch Schuldgefühle ausgehöhlt und untergraben, daß es nun wahrlich nötig ist, auch hier die kosmische Wahrheit an das Licht zu bringen. Dabei geht es nicht um eine eros- und sexualfeindliche Ethik, die aus solch einer Wahrheit abgeleitet werden könnte, denn der Schlüssel zum Problem liegt sicher nicht in einer falsch verstandenen zölibatären Selbstkasteiung und Unterdrückung natürlicher und notwendiger Energieprozesse, doch ebensowenig in einer Ausuferung zügelloser, reiner Triebbefriedigung. Die psychischen und physischen Folgen solcher Extreme, die sich überall offenbaren, zeigen sich dann entsprechend und treten als Neurosen, perverse Praktiken und (Nerven-)Krankheiten überall gehäuft auf. Erkenntnis der Wahrheit ist erforderlich und notwendig, um die „Not zu wenden".

Solange aus der inneren Erkenntniskraft nicht unterschieden werden kann zwischen Liebe und Sexualität, zwischen einem natürlichen und einem unnatürlichen Verlangen, den „Versuchungen des Fleisches" nachzugeben, so lange wird es keine Erlösung der Schwierigkeiten geben. Es gibt nicht nur einen Trieb, es gibt auch einen Verstand. Wird erkannt, daß die Sexualität in die Abhängigkeit führt, dann ist es äußerst wichtig zu ergründen warum, um diese Begierden zu neutralisieren und auf ein normales Maß zurückzuführen. Wird die wahre Bedeutung des Sexuallebens in den Beziehungen der Geschlechter nicht erkannt und weiterhin verschleiert, so wird sich das Elend der Beziehungskrisen und Scheidungsraten mit all den sich daraus ergebenden furchtbaren, sozialen Begleiterscheinungen und ihren Folgen fortsetzen. Eine

Antwort zur Lösung des Geschlechtsproblems wird nicht aus der begrenzten Sicht persönlicher Meinungen und Vorstellungen für andere erreicht werden, also durch die ach so „guten" und „moralisierenden", auch sicherlich oft gut gemeinten, allgemeinen Ratschläge, die so gerne einander gegenseitig „übergestülpt" oder gar aufgepreßt werden. Diese wären oder sind manchmal vielleicht wahrhaftig weise und klug, doch taube Ohren und ein vor allem mangelndes Bewußtsein „hören" nicht hin. Allein die geistige Bewußtseinsreifung des einzelnen, die eigene innere Erkenntnisbereitschaft, vermag eine vernünftige Einstellung zur Sexualität herbeizuführen. Wird hier keine Einsicht erreicht, so werden Schmerz und Leid zu dieser führen aus den persönlich daraus gewonnenen, selbstgemachten Erfahrungen. Die Wahrheit kann hier, wie in allen Bereichen, nur aus der Wahrheit selber, aus ihrer Erkenntnis erwachsen und reifen.

In der „Exegese der Seele" heißt es: „Die Wahrheit kam nicht nackt in die Welt, sondern sie kam in Sinnbildern und Abbildern. Die Welt wird sie nicht auf eine andere Weise erhalten. Es gibt eine Wiedergeburt (gemeint ist die Geburt aus der Vereinigung der Geschlechter; der Autor) und eine Abbild-Wiedergeburt (die geistige Wiedergeburt, die Vereinigung der Seele mit Gott; der Autor). Es ziemt sich wahrhaftig, daß man durch das Abbild wiedergeboren wird" – „...in die Wahrheit eingehen – das ist die Wiederherstellung. Es ziemt sich für die, die nicht nur den Namen des Vaters und des Sohnes und des Heiligen Geistes erlangen, sondern sie selbst sich erworben haben."[40] Hier liegt der Konflikt begraben für die ständigen Enttäuschungen, für das Leid und den Schmerz in fast allen „Beziehungen", die in Wirklichkeit Anhaftungen und körperliche Bindungen sind, aber zumeist sehr wenig mit Liebe zu tun haben. Liebe und Sexualität sind letztendlich nicht voneinander zu trennen, da beide das Gesetz der Anziehung zum Ausdruck bringen. Zum einen in der Wechselbeziehung zwischen dem Schöpfer und Seinem Universum, zwischen Ihm und Seinen Geschöpfen, und zum anderen zwischen diesen selbst, also Mann und Frau untereinander. Die Folge solcher Beziehungen ist das Erscheinen von neuen Formen in Gottes Schöpfungswerk, deren Er sich bedient, um sich durch diese in Seinem Universum zu offenbaren.

Durch das Gesetz der Anziehung entstand im Makrokosmos das göttliche Schöpfungswerk als Formprinzip, wodurch Geist und Materie miteinander in

---

[40] Ouseley, G.J.R. „Das Evangelium des vollkommenen Lebens", Humata Verlag H.S.Blume, 1988, S. 233, 234

Berührung kamen und das Universum entstand. Liebe und Sexualität sind sehr aktive und erzeugende Energien, denn das Gesetz des Makrokosmos (des großen Menschen) und das des Mikrokosmos (des kleinen Menschen) unterliegen den gleichen Grundlagen. Kommen in der Welt Seele und Form miteinander in Berührung, so entsteht daraus die neue „Frucht". Doch erst, wenn der Mensch sich mit seiner Seele vereint, wenn Geist und Materie zusammenkommen, sich beide Prinzipien miteinander im Menschen über die Seele vereinen, erst dann wird der Christus im Menschenherzen geboren, zeigt sich das Christus-Licht in seiner ganzen Herrlichkeit, wie es auch einst Johannes offenbarte. Dann verschmelzen das männliche und weibliche Prinzip zur Einheit. Für dieses wunderbare Geschehen ist die Sexualbeziehung das lebendige Symbol der Liebe in der Zeit. Sexuelle Energie ist geistige Lebenskraft, die transzendiert zu schöpferischer Aktivität und Lebensfreude führen soll, um in den Dienst des Ganzen gestellt zu werden. Doch werden diese heiligen Kräfte der Liebe zu persönlichen Zwecken und zur Befriedigung des Ehrgeizes mißbraucht, so führt das zwangsläufig zu Unheil. Ebenso unheilbringend ist der Mißbrauch der Sexualität selbst, wenn der Mensch diese nur zu persönlicher Lustbefriedigung degradiert, anstatt diese wichtigen Energien in höhere Zentren zu transformieren, sie für seinen geistigen Aufstieg in das Göttliche zu nutzen.

Der schwere Druck zweitausend Jahre alter Unterdrückung des weiblichen Prinzips im Menschen ist Ausdruck des Luziferischen der Welt und dessen trennender Aspekte, die scheinbar vereinen (doch nur die Körper), indem die Strukturen der Welt auf der physischen Anziehungskraft von männlich und weiblich genutzt werden, um diese in der äußeren Welt als die zu „begehrende Einheit" dem Verstande und einer so verführten begehrlichen Gefühlsnatur vorzustellen. Es ist dies eine der größten Illusionen geistiger und gefühlsmäßiger Verlockungen und Attraktionen, die den Menschen in die Illusion der Bindung treibt. Das Wort „Bindung" spricht hier bereits die Wahrheit aus, denn wir binden und ketten uns wahrlich durch diesen Trugschluß gegenseitig an die Illusionen unserer Träume einer „besonderen Liebe", an den selbstgemachten Traum der Absonderung. Würden sich dagegen die inneren Strukturen miteinander verbinden, würde jeder seine eigene „bessere Hälfte" – den unbewußten Schattenanteil, den es aufzulösen gilt – in sich selbst, statt im Außen suchen, so würde er in sich den „Himmel auf Erden" erfahren und wäre innerlich frei für eine Partnerschaft und Ehe, die dann wahrlich im „Himmel geschlossen" wäre.

Der menschliche Wunsch und das Sehnen nach Bindung sind die uralte Erinnerung an die einstige Einheit seiner wahren Natur, in der beide Ströme miteinander verbunden waren. Die Unwissenheit der begrenzten, menschlichen Natur erliegt jedoch hier auf Erden den Verführungskünsten eines Formenlebens, welches sich auch die luziferischen Kräfte zunutze machen. Es liegt in der menschlichen Natur begründet und dem Glauben als einer immerwährenden, trügerischen Hoffnung, jeweils im anderen Geschlecht die eigene „bessere Hälfte" zu finden, jenen Teil der beiden Ströme, der noch nicht integriert ist, um dadurch den Schmerz der Trennung zu überwinden, um ganz zu werden. Doch solch eine Ganzheit ist nur in *sich selbst* zu erreichen, eben durch die Verbindung beider Ströme, und es bedarf nicht der physischen Körper als einer äußeren Bindung, um diesen Zustand der Einheit innerlich zu erlangen.

Hier zeigt sich das luziferische Form-Kraft-Prinzip, welches durch die Sexualenergien scheinbar Paare vereint, doch in Wirklichkeit trennt. Denn beide binden sich durch die reine Sexualität aneinander und verlieren sich dadurch in der Begierdenatur, in der Welt der physischen Formen. Würden sich die Paare nicht gegenseitig binden und damit festhalten, indem sie sich in der Formnatur des Körpers verlieren und mit diesem identifizieren, sondern würde jeder für sich nach innen schauen, so wäre eine geistig-seelische Vereinigung gegeben, die wahres Einssein erst ermöglicht und dann auch die äußere physische Vereinigung befruchtet. Es bedarf begreiflicherweise nach dem bisher Gesagten der inneren, geistigen Vereinigung von Adam und Eva, der Nerven-Energien von Spinalis und Astralis, was dann zu einer in sich selbst ruhenden, individuellen und harmonischen, ganzheitlichen Persönlichkeit führt, die wirklich eins mit sich selbst ist. Erst dann können wir ohne sexuelle oder persönliche Erwartungshaltungen im anderen ganz „aufgehen", mit ihm physisch und geistig eins werden – Sein! Dann brauchen wir keine Bindungen mehr aus Angst vor Verlust und Einsamkeit einzugehen, dann kann wahre Partnerschaft gelebt werden, und dann wird dieses Thema kein Thema mehr sein.

Der reine Geschlechtsinstinkt, der so häufig durch die Gefühlserregungen der Emotionen („Schmetterlinge" im Bauch) in die Bindungen führt und als „wahre Beziehung" gedeutet wird, doch fast immer in der Enttäuschung endet, hat seine Hauptwurzel in der Furcht vor innerer Einsamkeit und Isolation, in einer tiefen unbewußten, inneren Auflehnung gegen die abgetrennte Einheit auf der physischen Ebene des Alleinseins. Deswegen werden so viele Partnerschaften in die Enttäuschung geführt, da sie nicht der Liebe wegen, sondern aufgrund von innerer Einsamkeit zustande kamen, in der Hoffnung, dadurch der inneren Trennung und Einsamkeit zu entkommen, doch nur Geist und Seele können sich wahrhaft miteinander vereinen, die gefühlte Trennung auflösen. Die Verlockungen, Wünsche und Begierden an die physische Formnatur – in der Hoffnung auf innere Erlösung und Einswerdung – werden von den negativen Kräften sehr bewußt am Leben gehalten und gestärkt. Nicht Liebe ist die Bindung, die aneinander fesselt, sondern der innere Schatten der Wunsch- und Begierdenseele, die mentale Kraft der Gedanken, wie auch das tiefe, unbewußte Sehnen nach der verlorengegangenen Einheit. Sie alle führen in eine falsche Erwartungshaltung der Partnerschaft.

„Gelegenheit macht Diebe, Gelegenheit macht Liebe", wie es in einem alten Sprichwort heißt, oder „Untätigkeit ist aller Laster Anfang... ‚‚ in einem weiteren, welches erweitert werden kann: „...in der sich sexuelles Begehren rührt!" Haben wir viel Zeit, so kommen die Gedanken, und es sind die Gedanken, die Lust erzeugen, danach suchen, nicht der Körper. Gelegenheit für sexuelle Abenteuer, der Wunsch und auch die Möglichkeiten nach „frischen" Beziehungen sind heute überall gegeben und werden auch immer mehr wahrgenommen. Eine weltweit zunehmende Scheidungsrate der einst aus „Liebe" geborenen Ehen und die im wahrsten Sinne des Wortes „kränkenden" Verbindungen von nicht im „Himmel" geschlossenen Ehen zeigen die Wahrheit der Wirklichkeit nur allzu deutlich auf, zeigen das luziferische Wirken eines zunehmend berechnenden, kalkulierenden und auf persönliche Sicherheit bedachten Verstandes. Standesamtliche sowie auch kirchliche Trauungen werden zu einer Farce mit erkennbarem Hintergrund, wenn der „Heilige Bund fürs Leben" bereits zuvor durch entsprechende, beidseitige Vorkehrungen „abgesichert" wird (es lassen sich ja so viele scheiden, „man" weiß ja nie, „man" sollte sich absichern). Man vertraut von vornherein diesem „Bund fürs Leben" nicht mehr, ist viel zu „klug", um sich mit ganzem Herzen und ganzer Seele auf eine solche Bindung wirklich einzulassen. So ist es denn auch in den seltensten Fällen seelische Verbundenheit, die zu einem der tiefgreifendsten Schritte in einem Leben führt oder führen sollte, sondern der Schatten des Irrtums oder gar Berechnung, und er wird dadurch zu einem nüchternen Geschäftsakt mit sentimentaler Prägung degradiert unter dem (oft sogar selbst geglaubten) Deckmantel von sogenannter Liebe.

Welche unredlichen Motive, bewußt oder unbewußt, hinter so einer „Vertragsehe" auch immer stehen mögen, das bittere Erleben der Wechselwirkung gegenseitigen Betrugs und vorprogrammierten Mißtrauens, als Auswirkung solcher „Eheverträge", zeigt sich in der dann folgenden, zumeist herben Enttäuschung, als ein für viele sehr schmerzhafter Erfahrungsprozeß. Gegenseitige falsche, überzogene Erwartungshaltungen und Mißtrauen ob des eigenen Vorteils willen sind die stillen Beobachter und Begleiter derartiger Bindungen, die bereits als „Trauzeugen" (eigentlich die Zeugen, daß man sich in Liebe gegenseitig anvertraut) diese Scheinehen begleiten. Vertrauen ist Liebe, und Liebe ist Vertrauen. Wo von vornherein das Vertrauen fehlt, dort kann nicht wahre Liebe sein, sondern nur Berechnung. Man kann sich nur ganz einlassen oder sollte es tunlichst unterlassen.

Enttäuschungen und Lebenseinbrüche in Partnerschaften entstehen aufgrund von Wertungen und Erwartungshaltungen, doch sind solche aufgrund illusionärer Lebensvorstellungen und deren Lebensgefühlen immer selbst gemacht. Nichts und niemand außer der *eigenen* Vorstellung vermag im Leben zu enttäuschen, und außer an dieser gibt es keine Untreue oder einen Verrat, nur die Enttäuschung *eigener* Selbsttäuschung. Wendet sich ein Partner vom anderen ab, so entstehen zumeist Trauer, Wut und Verbitterung aufgrund des (Kontroll-)Verlustes scheinbaren Besitzes, doch nicht der verloren gegangenen Liebe wegen. Liebe kann nicht verloren gehen, wahre Liebe lebt und liebt unabhängig von Enttäuschung, von Leid und Verlust, sie bleibt, was sie ist – ewiglich. Liebe ist ein Band, das ewig bindet, doch ist es ein Band der Freiheit, des Freiraumes und der Entfaltung. Was leidet, ist *immer* das enttäuschte Ego aufgrund seiner vorstellungsgebundenen Gedanken, seiner Wünsche, Bedürfnisse und damit (falschen) Hoffnungen und Erwartungshaltungen an den anderen, die nicht in Erfüllung gingen. Was ist und bedeutet Treue? Wo beginnt die Treue und wo hört sie auf? Beginnt sie beim trügerischen Treuegelöbnis der Ehe, dort, wo es heißt „bis auf daß der Tod euch scheidet?"

Niemand, der vor dem Altar steht und vor Gott dem anderen die Treue schwört, weiß, ob dieses (leichtsinnige) Versprechen ein Leben lang eingehalten werden kann, schon gar nicht die Treue bis zum Tod, denn es gibt keinen solchen. Es gibt nur ständige Verwandlung, also gilt dieser Satz höchstens für das irdische Leben, für einen gewissen Zeitabschnitt und für zwei Körper, die gemeinsam in einem solchen durch das Leben gehen wollen. Dieses Gelöbnis bindet und kettet zwei Menschen aneinander, obwohl keiner wissen kann, wie sich die weitere Entwicklung des Lebens gestalten wird, auch das persönliche, hinsichtlich der *eigenen* Entfaltung. Garantien sind also nicht gegeben und können nicht gegeben werden, daß alles in dem bisherigen (zumeist sehr illusionären) Glück, so weitergehen wird. „Treuegelöbnisse" werden also nicht im Himmel, sondern auf Erden *geschmiedet*, und weder der Stempel des Standesamtes, noch der nachfolgende „Segen" der Kirche sind Garanten für das versprochene „Glück auf Erden". Beide geben nur die „Siegel" für eine gegenseitige Inbesitznahme mit dem Recht auf gewisse Ehepflichten, die nun ohne Schuldgefühle, da nun legalisiert, auch zu erfüllen sind.

„Mein Mann, meine Frau", diese formelhaften Redewendungen sind der Hinweis auf ein solches gesellschaftlich legalisiertes „Besitzstandsrecht", doch niemand kann einen anderen „besitzen", niemand ist das Eigentum des anderen, auch nicht in der Ehe. Hier beginnt schon die große Täuschung und der Selbstbetrug. Moral, Wünsche und Bedürfnisse für einen gemeinsamen Weg können durchaus ehrlich und hoch sein, doch der Irrgarten illusorischer Vorstellungen und falscher Gefühle sind es ebenso. Wo beginnt die Treue in der Partnerschaft? Sie hält ja, wie sich überall mehr oder weniger zeigt, meist auch nur so lange, bis der Alltag in ein solches „Glück" hereinbricht und die gegenseitigen Reibungen und Anschuldigungen als gegenseitige Projektionen aufgrund von Enttäuschungen beginnen. Wird also nicht bereits hier Untreue gelebt durch gedankliche Wertung und Abwertung des anderen? Ist es nicht Untreue, wenn Partner Gedanken der Verachtung füreinander hegen, eine solche leben, indem sie verletzende, ja, vernichtende Worte gegenseitiger Abwertung sprechen, anstatt in Verständnis, Liebe und Wohlwollen auf den anderen zu blicken? Ist es nicht eine tiefe Mißachtung des Versprechens der Ehe, wenn der andere nur noch zum (auch sexuellen) Befriedigungsobjekt der eigenen Bedürfnisse degradiert wird, er nicht mehr wirklich gespürt und wahrgenommen wird; wenn er nur noch wie ein „Gegenstand" nach den eigenen Wunschvorstellungen zu funktionieren und zu sein hat? Ist es nicht eine falsche Treue, wenn mit dem Partner die gesetzlich geregelte „Ehepflicht" erfüllt wird, obwohl es davor ekelt, sich ihm hinzugeben, weil nichts mehr verbindet, wie es sich so häufig zeigt? Ist es nicht Untreue, wenn sich Partner nur noch mit den Augen der Gewohnheit betrachten, nicht mehr miteinander reden können, obwohl ein jeder jeden Tag reift und dadurch ständig neu und ein anderer ist? Zeigt sich nicht bereits hier der *geistige Verrat* am anderen, dem der körperliche dann zumeist nur noch folgt? Es gäbe eine ganze Anzahl weiterer Beispiele von Ehebetrug, die auf dem Rücken der Unaufrichtigkeit gelebt werden.

Doch alles das zählt scheinbar nichts, denn wird von Treue oder Untreue gesprochen, so wird so gut wie immer das Gewicht nur auf die „körperliche Treue" gelegt. Erst nach einem Seitensprung, heißt es dann: „Du hast mich betrogen, du hast mir die Treue gebrochen!" Solange körperliche Präsenz gelebt wird, der andere sichtbar unter Kontrolle gehalten werden kann, er physisch da ist, scheint es egal, was er denkt und fühlt, und daher ist (für das Ego) scheinbar alles gut, denn es bedeutet Sicherheit und Halt. Die formelhaft gestellte und immer wiederkehrende Frage „Liebst du mich noch?" offenbart dies so deutlich, denn über das darauf folgende, stereotypische „Ja, aber natürlich!", zeigt sich das Ego hoch erfreut und beruhigt, auch wenn es nicht stimmt, denn jedes Ego ist erfreut „geliebt" zu werden und dies vor allem auch zu hören. Der Betrug, daß Liebe und Zuneigung in Wirklichkeit zumeist weit entfernt sind, interessiert dabei das Ego nicht, denn für dieses ist Liebe *ohne* Körper sowieso bedeutungslos, wie ebenso der Treueschwur. So zeigt sich Ehebetrug nicht nur mit einem fremden Partner im Bett, nein, es wird ständig gedankliche Untreue gelebt, ganz zu schweigen von der Untreue zu sich selbst.

Die Ehe ist eine Gemeinschaft, die freiwillig gewählt wurde und nur funktioniert, wenn gegenseitige Liebe, Vertrauen und Verläßlichkeit der Nährboden dieser Beziehung sind. Doch ist keine Garantie gegeben, daß die Gefühle füreinander erhalten bleiben, und schon gar nicht für immer. Es kann jederzeit passieren, daß das Herz für einen anderen entflammt, sich ein Seelenanteil einer neuen Begegnung zuwendet. Gegen solche Gefühle wird machtlos angekämpft, dagegen ist so gut wie nichts zu machen. Gefühle können nicht unter Kontrolle gehalten werden. Hier helfen weder Eifersuchtsdramen, noch Anschuldigungen und ebensowenig der unehrliche „Anstand" einer falsch verstandenen Treue. Denn wird aus diesem Grunde versucht, dennoch in der Ehe zu bleiben, so wird der Partner in Gedanken betrogen, ja es wird sich geärgert, daß er überhaupt existiert, und er wird dadurch lästig. Das ist Selbstbetrug pur und nur ein weiterer Betrug am anderen. Die einzige Möglichkeit der Rettung ist die Geduld, denn die Zeit arbeitet für die Liebe – und für die alte Partnerschaft, wurde hier bisher Achtung und Vertrauen miteinander gelebt. Vor allem die Offenheit des Gespräches ist wichtig, und es zeigt sich dann, ob die Großmut, das Warten und das Verzeihen der Herzensliebe gelebt werden, welche allein die alte Partnerschaft wieder zusammenführen können. Wer ist der „rechte" Partner? Verliebtsein trübt den Blick, läßt im Augenblick alles so wunderbar erscheinen, doch die Ernüchterung kommt meist früher oder später. Die Geistige Welt sagt durch Emanuel dazu: „Sobald ihr euch in der süßen Liebe findet, sprecht ihr von Seelenpartnern. Ich will sagen, ihr fühlt euch vom anderen angezogen, ihr beginnt, in die Liebe zu finden, zu fallen, weil er euch das spiegelt, wonach ihr schon immer im Sehnen gingt. Aber häufig ist dies ein Träumen. Es ist noch gar nicht Realität, noch nicht umgesetzt, die Liebe wird noch nicht wahrhaftig, auch vom anderen, gelebt. Geht also in einer solchen Situation den langsamen Schritt, nicht den überstürzten. Dann wird nicht der übereifrige, der schnelle Abschied gelebt, der häufig in das späte Erkennen führt, ich habe mich doch geirrt."

Die zunehmende Spaltung von Herz und Verstand und die Entwertung des weiblichen Grundprinzips des Lebens, zur mehr oder weniger alleinigen Lustgewinnung einer heute immer mehr entgleisenden Triboffenbarung, sind Ausdruck unserer Zeit. Daraus, als eine sichtbare Folge, entstehen die Angst, Isolierung, Trennung und Einsamkeit sowie auch allerlei Krankheiten als Kränkung der Seele. Es geht nicht um eine lustfeindliche Sexualgesinnung, ganz im Gegenteil: Sexualität ist ein Geschenk Gottes, wie das Leben selbst, wenn sie mit der seelisch-geistigen Ebene in Harmonie und Einklang steht, wenn die „Chemie stimmt", die Schwingungen der Seelen richtig klingen. Für die Entwicklung des höheren Genius spielt der „rechte Gebrauch" und die Freude am Sexualgeschehen eine wichtige Rolle. Unterdrückung, Verdrängung und Verleugnung aus einer falsch verstandenen Moralvorstellung heraus und die daraus entstehende Angst des „Schuldgefühls" führen lediglich zu verbogenen, verklemmten und ausgehöhlten Seelen, die an sich selbst leiden. Es führt nur in den Prozeß der Selbstzerstörung. Auch hier hat eine dogmatische, körperfeindliche Erziehung der Kirche(n) reichlich „Frucht" getragen und durch die Angst vor „körperlicher Sünde" als einem natürlichen Geschehen, welches mit Dankbarkeit und Freude angenommen werden sollte – solange der Mensch noch in dieser Entwicklungsebene steht – wohl mehr Menschen in das psychische und körperliche Elend geführt, als alle anderen sogenannten „Sünden" dieser Welt.

Die völlig überzogenen Anforderungen der Kirche(n) an ein „sündenfreies Leben im Fleische", die die eigenen Mitglieder der Kirche(n) bis in die allerhöchsten kirchlichen Etagen nicht einzuhalten vermochten, und dieses nach wie vor nicht vermögen, führten aufgrund des inneren Zwiespaltes zu derart verdrehten Einstellungen gegenüber allem Geschlechtlichen, daß daraus mehr neurotische und krankhafte, denn wahrhaft befreiende und beglückende

Beziehungen in deren Glaubensgemeinschaften zustande kamen. Eine gesunde Einstellung ist hier notwendig, und über „gesund" und „krank" mag man streiten, doch eine vitale, gesunde und beglückende Lebensfreude ist der beste Gradmesser für einen jeden, der hier den Weg der individuellen Wahrheit für sich sucht.

Die hohen Forderungen nach (vor allem innerer) Reinheit in der Sexualität, haben ihre *tiefe Wahrheit* und beziehen sich nicht nur auf den spirituell fortgeschrittenen Menschen und geistigen Schüler, der den Weg zu Gott in seinen ganzen Konsequenzen sucht. Jedoch gewaltsame Unterdrückung der Sexualenergie aus falsch verstandenen Motiven, wozu auch ein zu frühes Zölibat gehört, gereicht nicht zum Segen, genausowenig wie ein ausufernder Trieb. Natürlich kann Unterdrückung gelebt werden und damit Frustation, doch je gelöster und entspannter der Alltag sich zeigt, umso höher wird die Ansprache und Resonanz an das Leben sein. Der Mensch lebt ja noch auf dieser Erde und steht damit in einem Lernprozeß seiner geistigen Entwicklung. Dabei schenkt ihm die liebevolle, partnerschaftliche Umarmung einen größeren Anteil an der Seligkeit, die er ja sucht, als es falsch verstandene Unterdrückung und Selbstkasteiung erbringen könnten. Unterdrückung der Lebensgefühle führt in die Knechtschaft, und Geknechtete befriedigen sich durch Falschheit, durch Lüge und Hinterhältigkeit, weil sie nicht in einem offenen Worte und in einem befriedigenden Leben gehen dürfen, da sie es sich selbst nicht zugestehen.

Es ist nicht nur klug, Freude, Harmonie und Gleichklang in der Partnerschaft miteinander zu leben, dies ohne Gewissensbisse und Schuldgefühle, sondern es ist auch zutiefst weise. Ohne Liebe und Zärtlichkeit vereinsamen wir, werden krank, denn Liebe (auch Sexualität) und Gefühle gehören zu einem wichtigen Teil unseres Daseins, wie auch zur Entfaltung in ein lebendiges eigenes So-Sein. Natürlich, das hohe Ziel ist es, die sexuelle Energie zu transformieren, doch dient sie, lebt der Mensch noch nicht in dieser Kraft, auch zur Entspannung, zur Freude und dem Genuß, um gestärkt und vertrauensvoller in den Tag zu gehen. Es kann keine wahre Lebensfreude geben, wenn die Gefühle wie ausgestoßene Waisenkinder ihr Asyldasein fristen müssen. So einen Zustand seelischer und gefühlsmäßiger Dürre hält auf Dauer niemand aus. Gefühlsabgrenzung, der Schutz vor Verletzung sowie die Angst vor (auch sexueller) Hingabe führen in die Antisymbiose, in die trennenden Aspekte des Lebens, anstatt Vereinigung zu schaffen. Abgrenzung engt immer ein, da Angst dahinter steht und nicht Liebe. Eingesperrte Gefühlsenergien bringen nur innere Erstarrung, machen müde, krank und führen in die Depression, weil der Lebensstrom nicht mehr richtig fließen kann. Bei unterdrückten Gefühlen spielt immer der Verstand, die Ratio, die „erste Geige", wodurch die wahren Bedürfnisse, Glück, Freude, Lust, Mitgefühl und Sinnlichkeit auf einer falschen Ebene ausgelebt werden, wie z.B. in diversen Süchten, anstatt sie dort zu nähren und zu sättigen, wo sie entstanden sind – im Gefühlskörper. Ein kopflastiges Leben führt in das Funktionieren, denn immer steht in einem solchen die Pflicht vor der Freude, da die Gefühle hinter einem „Energievorhang der Abgrenzung", einer äußeren, rationalen Kühle, verdrängt und weggeschoben werden. Das ist der langsame Tod eines jeden Gefühls, jeder noch so kleinen Chance, sich dem Leben voll Vertrauen und ohne Angst hinzugeben. Nur wenn der Standort derartig starrer Verhaltensmuster verlassen wird, kann wieder ein lebendiger Austausch mit dem Leben sein. Gefühle streben danach, endlich ihre Beachtung zu finden und haben nur einen Wunsch: durch gelebtes Leben wieder erkannt, angenommen und „umarmt", in die Seele integriert zu werden. Es geht ausschließlich um diese bisher verdrängten Seelenanteile, die es zu leben und dadurch zu erlösen gilt, doch ist das allein die Aufgabe eines jeden Einzelnen, kein anderer kann dabei helfen, ein jeder muß es für sich selber tun.

Für wie kleinmütig wird Gott gehalten, anstatt zu erkennen, daß Er für die noch reifende Menschheit und deren vorhandene Bedürfnisse Verstehen und Nachsicht hat. Gott sollte nach menschlichen Vorstellungen nicht so klein bemessen werden. Wir sollen unser Ja zum Leben sprechen und uns nicht durch falsche Schuldgefühle quälen, solange noch unausgelebte Gefühle und natürliche Bedürfnisse an das Leben vorhanden sind. Das bedeutet: Gehen wir noch in dem Wunsch der Umarmung, dann sollen wir diesen Wunsch auch leben, doch mit Verstand und Anstand und einem Partner unserer Wahl, und nicht in einem ständigen Partnerwechsel, nur um den Trieben nachzugehen, um diese zu befriedigen. Stehen wir in einer tiefen Liebe und Herzensbindung zu einem Menschen, so ist es unnatürlich und daher nicht Gott gewollt, daß wir uns außerhalb dieser Beziehung zusätzlich sexuell bedienen.

Wir können die Einströmungen des göttlichen Lichtes nur durch Entspannung als Beeindruckungen für uns erfahren. Entspannung soll sein durch Meditation und ein harmonischen Leben, um die Bereitschaft zu erlangen Ihn in uns zu empfangen, um hellhörig und hellsehend für den göttlichen Geist zu werden. Wir sollen gut zu uns sein und uns vertrauensvoll zurücklehnen und nicht in Verkrampfung, Angst oder Verspannung durch das Leben gehen. Der schnellste und zugleich sicherste Weg zu Gott ist immer der zufriedene, der fröhliche und dankbare Weg. Wir sollen gut mit uns sein, denn die Liebe ist dort zuhause, wo Freude und Freiheit sind und der Blick liebevoll auf dem Nächsten ruht. Disziplin ja, doch Selbstkasteiung ist immer von niederem Wert. Wir haben den Verstand bekommen, um mit diesem zu erkennen, was uns auf dem Weg in die Glückseligkeit behindert, doch nicht, um sich durch diesen unterdrücken zu lassen. Wir können nicht in Bedürfnislosigkeit gehen, solange wir noch Bedürfnisse an die Welt in uns leben. Ja, wir sollen mutig gerade das tun, wovor wir uns am meisten fürchten, auch wenn es unbequem ist oder wir es aus Angst vor dem, was „man" über uns denken und sagen könnte, dann lieber unterlassen. Doch genau darum geht es, um die Überwindung der Angst und nicht um Anpassung, um ein Ja zu sich selbst und seinen Bedürfnissen, denn hier beginnt der geistige Weg in die Freiheit.

Bedürfnisse sind Energiemuster der Emotionalebene, Schattenanteile der Seele, die aus Gedanken, Gefühlen wie auch Handlungen entstanden sind, wann, wo und wie auch immer, das spielt keine Rolle. Wichtig ist, daß sie erkannt und ausgelebt werden durch ein gelebtes Leben, um sie zu erlösen. Nicht gemeint sind hier die irregeleiteten Zwänge der Triebverbrecher, obwohl auch diese nur Opfer ihrer eigenen Schatten sind, das ist ein anderes Thema. Erlösung wird nicht durch ein Bekämpfen oder Unterdrücken solcher Anteile erreicht, das verstärkt sie nur. Allein durch Einsicht und Annehmen, in einem Akzeptieren und damit Neutralisieren, kann Erlösung sein. Erst durch das Ja, das ist auch ein Teil von mir, leisten die Schattenanteile keinen Wiederstand mehr, geben ihre Macht auf und können in die Seele integriert werden. Werden solche Schattenmuster nicht erkannt und aufgedeckt, nicht anerkannt oder aus Angst verdrängt, dann sind wir ihnen ohnmächtig ausgeliefert. Dann werden wir zu Sklaven der eigenen Bedürfnisse, zu ihren Gefangenen, was die Ganzwerdung der Seele behindert oder gar ganz verhindert.

Die Angst, innere Bedürfnisse und Wünsche zu leben, um sich dadurch mit sich selbst zu versöhnen, entsteht aus der Vorstellung von „Gut und Böse", aus der Wertung eigener Selbsteinschätzung und der Angst vor der Meinung anderer, der Angst vor Schuldgefühlen. Daraus erwächst die Opferhaltung unbewußter Schuldabtragung, aus dem Glauben heraus, überall und jedem „helfen" zu müssen, um sich „Liebe zu verdienen", um ein „guter Mensch" zu sein. Doch das ist nichts anderes als ein Egotrip. Wir werden zu Bedürfnisbefriedigern für uns und andere, die eigenen Schatten werden dadurch zugedeckt und die Erlösung des eigenen Selbst vergessen. Den meisten ginge es wesentlich besser, würden sie das Muster ihrer Schuldgefühle erkennen und den aufgesetzten „Heiligenschein" falscher Liebe endlich ablegen. Immer geht es um die Akzeptanz des eigenen So-Seins, welches sich leben will, denn darum sind wir hier. Es geht um Ausgleich, um die Auflösung der eigenen Schatten und nicht um Selbstaufgabe, nicht um Ausgrenzung solcher in uns ungeliebten Teile, die wir nicht sehen wollen, da wir uns ihrer häufig schämen. Es geht um Freiheit, die nur erreicht wird durch ein Umarmen, durch ein Ja-Sagen zu sich selbst. Nur durch ein sich Öffnen gegenüber allem, was ist und uns begegnet, und dies ohne Wertung und damit Bewertung. Nur so können wir dem Kerker der eigenen Unfreiheit entfliehen und wieder im eigenen Selbst unsere Wohnung beziehen.

Das ist der Grund, warum so viele Menschen nicht mit sich allein sein können, sich im Alleinsein nicht ertragen, da sie dann mit ihren eigenen, noch unerlösten Schatten konfrontiert werden. Durch äußere Umtriebigkeit, Überaktivität und diverse Ablenkungen wird versucht, vor sich selbst zu entfliehen, um der inneren Leere und Dunkelheit zu entkommen. Es wird zum Zwang, ständig die Nähe anderer Menschen zu suchen, nur um sich nicht mit sich selbst auseinander setzen zu müssen, um nicht allein zu sein, aus Furcht vor den eigenen Schatten. Es ist kein Platz mehr für das eigene Ich vorhanden, da diese „Gäste" unsere geistige Wohnung für sich selbst besetzt halten und den wahren Eigentümer dadurch zu einem „Heimatlosen" degradieren, der sich einsam und allein fühlt. Darum heißt es auch: „Die Welt ist nicht Heimat des Menschen; heimatlos lebt er in ihr!"

Das wird zuweilen als äußerst belastend empfunden, und ein Entrinnen gibt es nur, wenn wir uns der Einsamkeit stellen, diese annehmen und uns nicht dagegen stemmen, keinen Widerstand leisten. Immer wieder werden Zeiten der Einsamkeit durchlaufen, und eine solche Zeit hat ihre hohe Bedeutung, vor allem für jene, die den geistigen Weg gehen. Die Einsamkeit des All-eins-sein, sollte nicht mit der Einsamkeit eines beleidigten sich Zurückziehens, aus Angst vor Begegnung mit der äußeren Welt, verwechselt werden. Der Weg der Einsamkeit ist der Weg zu sich selbst, und nehmen wir ihn an, so führt er, bei allem anfänglichen Schmerz, in die Freiheit der Unabhängigkeit. Erkenntnis und Klarheit des Lebens offenbaren sich dann, da das Alleinsein die Tür öffnet für den Weg der Innenschau (nicht Nabelschau) und in ein tiefes Selbstbewußtsein. Hier lernt der Mensch sich selbst zu ertragen, hier lernt er in das Gespräch mit Gott zu kommen und hört in sich die Stimme der Stille, die Stimme seines Herzens.

Die Partnerschaft und Ehe, wie auch das gesellschaftliche Leben, sind nur ein Vorbereitungsweg auf das wahrhafte Ziel der Erlösung. Denn ist diese Phase mit ihrem Abschleifungsprozeß durchlaufen, kommt die Zeit des Alleingehens, um in eine neue Entwicklung einzutreten, in der das ganze Wollen nur noch auf das eine große Ziel hin ausgerichtet ist, auf das Wollen des ewig Einen – auf den Allerhöchsten. Und das bedeutet, wenn es überhaupt in einer Zeitspanne zu erfassen ist, daß das letzte Drittel des Weges angetreten wurde, denn auf der letzten Wegstrecke zu Gott, da wird der einsame Weg gewählt, um die Ohren und die Augen ganz auf Ihn auszurichten, um nur noch Ihm zu lauschen, um Seine Anweisungen, Sein Wollen und Wünschen im Herzen zu vernehmen. Wer sein aufrichtiges Ja für Gott gesprochen hat, der wird durch so viele Spannungen und Diskrepanzen geführt, durch so hohe Läuterungsprozesse, daß es dann klug ist, alle Bindungen an die Welt zu lösen und zu meiden, die aus einer vorgestellten Interessengemeinschaft entstehen. Betrachten wir die Lebensgeschichte der Menschen, die für sich den Weg zu Gott wählten und diesen gingen. Sie alle standen auf einem hohen geistigen Niveau, und sie alle gingen mehr oder weniger den einsamen Weg. Selbst wenn sie noch Familie hatten, so war ihr Leben dennoch geprägt von Einsamkeit und Schwermut und zuweilen auch von tiefen Depressionen.

> Die zur Wahrheit wandern, wandern allein,
> keiner kann dem anderen Wegbruder sein.
>
> Eine Zeitlang gehen wir, scheint es, wie im Chor,
> doch dann sehen wir, daß jeder sich verlor.
>
> Selbst der Liebste ringet irgendwo fern...
> doch wer's ganz vollbringet, siegt sich zum Stern.
>
> Schafft sein Selbst durch Christo neu, Gottes Grund,
> und ihn grüßt Geschwister ewiger Bund...

Christian Morgenstern

Es bedarf eines langsamen Schrittes in der Entwicklung geistigen Fortschritts, und gerade der physische Körper braucht für die Umstellung Zeit. Viele wollen mit Gewalt den „Himmel erstürmen", doch die Lektionen des Lebens, des Vorwärtsschreitens, müssen sorgfältig erlernt werden, und dies ebenso in der Sexualität, denn Saturn, der auch „Vater der Zeit und der Beschränkungen" genannt wird, duldet keine Hast und Eile auf dem geistigen Wege. Niemals dürfen wir versuchen, geistigen Fortschritt zu erzwingen und schon gar nicht mit Gewalt den Naturtrieb, der sein Recht noch fordert, unterdrücken, Leid und Depression wären die Folgen. Überall dort, wo Unterdrückung gelebt wird, dort kann keine Erlösung sein, bleibt das zu erlösende Thema unerlöst. Die Erkenntnis durch inneres Wachstum wird im Laufe der Zeit die Begierdennatur überwinden, den Weg zunehmend in geistige Entwicklung ebnen, indem wir Leidenschaftslosigkeit (auch der Emotionen) erlernen. Wie schwer es auch immer für den einen oder anderen sein mag, auf dem Wege auf Liebgewordenes zu verzichten, es wird sich lohnen. Doch immer sollten wir auch bereit sein, uns selbst anzunehmen, uns zu verzeihen, wenn wieder Fehltritte zu verzeichnen sind. Sicherlich ist eine der schwierigsten Prüfungen die sexuelle Achtsamkeit, doch vor allem die Enthaltsamkeit (sei es auch nur für eine gewisse Zeit), die Leidenschaftslosigkeit, die irgendwann an einen jeden geistigen Schüler herantritt, zu erlernen. Doch ist diese Lektion der Achtsamkeit einmal gelernt, die nicht mit dem Zölibat gleichzusetzen ist (viele Meister führen und leben eine erfüllte Beziehung), so wird sich das Herz immer mehr öffnen, schreitet die Seele zügig den Weg zum Portal der Erlösung, und wir werden erfahren, was wahre Liebe ist. Denn je weiter der geistige Weg gegangen wird, umso stärker treten die sexuellen Bedürfnisse in den Hintergrund, wodurch das Transformieren dieser Energien immer leichter wird.

Die Person als das kleine Ich muß überwunden werden und damit das niedere Ego mit seinem triebhaften, fehlgeleiteten Willen. Die göttliche Schlange der Weisheit und Liebe – die Regenbogenschlange – entartet immer mehr zur Schlange des Triebes, die auf dem Bauch im Staub der Erde kriecht als das Symbol menschlicher Anhaftung und Absonderung. Die Vertreibung aus dem Paradies, der tiefe Fall des Geistes, ist mehr als nur reine Symbolik – der Mensch hat wahrlich seinen göttlichen Ursprung vergessen. Es ist die Energie der sexuellen Triebkraft, die den Geist in die Materie zieht und ihn dort auch festhält, die dem Geist überhaupt erst die Möglichkeit zur Inkarnation verschafft, um sich in das „Kleid der Materie", den Körper, zu hüllen. Wird diese Sexualkraft aber umgewandelt, um im Geistigen schöpferisch tätig zu sein –

vor allem auch im Dienst am Nächsten –, anstatt mißbraucht in der Materie zu wirken, in Handlungen, die nicht von hohem Werte sind, dann geschieht eine Umkehrung des Bewußtseins, dann wird aus der einseitigen, sexuellen Begierde die Antriebskraft, die dem gefallenen Bewußtsein hilft, die geistigen Stufen immer höher zu erklimmen und in die Einheit zurückzukehren. Und genau das ist es, was alle geistigen Meister meinen, wenn sie immer wieder auf die Gefahren *mißbrauchter* Sexualenergie hinweisen; also nicht entstanden aus einem puritanischen Gedankengut, sondern aufgrund tiefer Erkenntnis und Weisheit, die bereits in den Lehren Jesu so deutlich zum Ausdruck kommen. Der Weg des Geistes erfordert ein volles Transzendieren der niederen Natur, damit sich diese mit den höheren Energien der Persönlichkeit vereinen kann, um dadurch das Herabkommen des spirituellen Bewußtseins zu ermöglichen. Ein wahrer, geistiger Aufstieg ist erst dann möglich, wenn die niederen, sexuellen Begierden erlöst sind, doch das geht nicht durch Unterdrückung, nur durch Einsicht. Es bedeutet nicht das Leben zu verleugnen, die Sinne und das Herz abzutöten. Doch der geistige Weg ist schwierig, ja, so gut wie unmöglich zu gehen, solange noch Triebkräfte und sexuelle Vorstellungen oder Gefühle vorhanden sind, die den Weg blockieren und sich vor die Liebe stellen, so daß die niederen Impulse durch die Gedankenkräfte nicht unter die Kontrolle der höheren gestellt werden können. Der Geschlechtstrieb, mißbraucht oder unterdrückt, wird zu einer ernsten Gefahr, doch zum *„Brot der Liebe",* wird eine Umkehrung des Bewußtseins erreicht, wenn also die Lebens-Energie, anstatt sie allein in den Begierden zu verströmen, schöpferisch eingesetzt wird und natürlich in der Liebe selbst – im Dienst am Nächsten!

Das Brot der Liebe

Die Polarität des Lebens, das Grundprinzip der stofflichen Schöpfung, welche sich auch im Menschen zum einen in ihm selbst und zum anderen in der äußeren Formgebung als Mann und Frau offenbart, zeigt sich in dem ewigen Bedürfnis nach Zusammenschluß, nach Vereinigung der Geschlechter. Es ist die Unwissenheit über die kosmische Struktur und Natur, die auf Einheit in uns selbst angelegt und für viele so schwer nachvollziehbar ist, die vor allem im partnerschaftlichen Bereich so viele Schwierigkeiten und Probleme des Lebens mit sich bringt. Ein Thema, es sei hier gerne zugegeben, das auch den Autor ein ganzes Leben lang zutiefst beschäftigte und verunsicherte, ja so manche Probleme mit sich brachte.

Zwei Lebensströme bilden im Menschen die Kraft der Aktivitäten, die in ihm als ein mikrokosmisches Dualitätssystem wirksam sind: zum einen das Nervenzentrum als Bewußtseinsprinzip, und zum anderen das Herz-Kreislaufsystem als Empfindungsprinzip. Auch im makrokosmischen System sind diese beiden Ur-Kräfte vertreten, doch hier als die Dualität einer zwölffachen Kraftausstrahlung – die Zwölf ist die Christus-Zahl –, die sich durch das Feuer- (das kosmische Nervensystem) und das Wasserprinzip (das kosmische Empfindungssystem) in der Schöpfung offenbaren und durch den Heiligen Geist in der Welt in einer zwölffachen Ausstrahlung manifestieren, wobei jedem Prinzip sechs männliche und sechs weibliche Strahlen zugeordnet sind. In der Bibel werden diese zwölf Strahlen symbolisch auch als die *zwölf Brote* dargestellt, als das *Brot des Lebens,* das der Menschheit zur geistigen Nahrung gereicht wird. Hieraus abgeleitet wird die Geburtsstätte Jesu auch als das *Brothaus des Lebens* bezeichnet, aus dem das *Brot der Liebe* zu den Menschen kommt – „Brot vom Himmel gab er ihnen zu essen." Und Jesus sagte: „Ich bin das Brot des Lebens. Wer in Gemeinschaft mit mir tritt, wird niemals mehr Hunger empfinden; und wer auf mich seinen Glauben gründet, der wird nie mehr durstig." (Joh., 6:35, nach Greber) „Der Geist ist es ja, der das geistige Leben bewirkt; das irdische Fleisch hat keinerlei Wert. Die Worte, die ich zu euch gesprochen habe, beziehen sich auf den Geist und das geistige Leben." (Joh., 6:63, nach Greber) Dieses Brot des Lebens symbolisiert das geistige Kind der Liebe, den inneren Christus, welcher den Menschen durch den Heiligen Geist ernährt, ihn erhält und ihm das wahre Leben schenkt. Dies zeigt sich symbolisch auch in dem bekannten Brotbrechen, als dem Symbol der

Geschwisterlichkeit unter allen Menschen, als der geistigen Teilhabe aller Menschen durch die Seelenverbundenheit mit der göttlichen Liebe, der Einheit allen Lebens. Es zeigt sich ebenfalls in dem wohl allen bekannten christlichen Gebet des „Vater Unser, ...unser täglich Brot gib uns heute", womit nicht das leibliche, das physische Brot als Nahrungsmittel (bitten wir auch um dieses), sondern das geistige Brot der Liebe angesprochen wird, dessen Nahrung wir alle so dringend und täglich bedürfen. Liebe ist Leben, und ohne die geistige Nahrung verhungert die Seele. Die Symbolik des Brotes ist also die Liebe, die Christus als Jesus von Nazareth im Stall zu Bethlehem in die Welt brachte, als die Botschaft Gottes unter dem Postulat und der dringenden Mahnung der Geschwisterlichkeit unter allen Menschen mit den Worten: „Liebe deinen Nächsten wie dich selbst!" Das bedeutet Selbstannahme mit allen Schattenanteilen, die von uns lieber „draußen vor der Türe" gelassen werden, da wir sie für uns nicht annehmen und akzeptieren wollen und daher auf unseren Nächsten nach außen projizieren, was die trennenden Polaritätsaspekte aufbaut.

Der Stall zu Bethlehem symbolisiert das niedere Selbst des Menschen, und die Tiere darin seine gefühlsmäßige, körperlich animalische Natur, in die das Christuskind geboren wurde. Das gilt ebenso für das göttliche Kind, welches in der Herberge des Herzens keinen Platz fand, da der Mensch zu beschäftigt durch seinen Alltag geht und glaubt, für die Liebe keine Zeit zu haben, so daß diese in einem Stall geboren werden mußte. Es versinnbildlicht das dadurch im Grobstofflichen verankerte Höhere Selbst, das zur Wiedergeburt im Geiste drängt und führen soll, als der symbolischen Geburt des neuen Menschen, als ein im göttlichen Geist und im Christus Wiedergeborener, dem göttlichen Kind der Liebe. Und auch hier sind, wie es so wunderbar nach J. van Rijckenborgh heißt, wieder beide Lebensströme in Mann und Frau angesprochen. Für beide ist der Gang nach Bethlehem ein Ausdruck allerhöchster Realität und damit ein befreiender Pfad von Erkenntnis und Liebe, denn es heißt: „Und wäre der Christus tausendmal in Bethlehem geboren, und nicht in dir, so wärst du doch verloren!"

Diese Botschaft ist die ganze Grundlage unseres Lebens und ebenso aller wahren, wie auch „besonderen" Beziehungen. Denn alle Ehen, Beziehungen und Partnerschaften, mit und ohne Trauschein, sind lediglich das „Übungs- und Manöverfeld" (das Schlachtfeld der Egos) für eine aus diesen Übungen zu ziehende Konsequenz: der Erkenntnis und Erfahrung, daß alle Beziehungen letztendlich nur den Lernprozeß, die Vorbedingungen für die eine Beziehung in uns aufbauen und erschaffen – die Vereinigung mit Gott! Die sogenannte „Ehe", wie auch alle anderen Beziehungen sind lediglich der „Vorhof", der zum Eingang in den heiligen Tempel der Liebe führen soll, der den Lernprozeß für die Heilige Ehe bildet und die Beziehung zu Gott vorbereitet, der einzigen, wahren und wirklichen Verbindung, die der Mensch als ein Kind der Liebe für sich letztendlich anzustreben hat und suchen soll. Alles andere ist deshalb so gut wie wertlos, weil es nicht zu dieser einen Einheit hinführt. Denn wählen wir allein die körperliche Begegnung als Bindung, so haben wir die Liebe „draußen" gelassen und begeben uns in die Knechtschaft und die Macht des Egos und trennen uns durch Abspaltung von der Liebe, was Schuldgefühle, Angst und innere Konflikte verursacht.

Der ganze Sinn des Lebens besteht in der Aufdeckung und Illusionszerstörung einer Scheinwirklichkeit, der wir so sehr nachhängen, da sie aus den Träumen des Egos geboren wurde, aus einem Traum, den wir das „materielle Leben" nennen. Wir suchen das „Glück der Welt" allein in diesem Traum, den wir wertschätzen, da wir an ihn glauben. Und wir taumeln voll Leid und Schmerz, voller Enttäuschungen von einer Illusion zur anderen, von einer Partnerschaft in die nächste, in der Hoffnung irgendwann die vorgestellte Erfüllung zu finden. Wir wehren uns gegen die Wahrheit, denn wir wären entsetzt und verletzt, wenn wir diese erkennen würden. Die ganze materielle Welt lebt in dem gigantischen Traum einer Scheinwirklichkeit, und sie will es einfach nicht wahrhaben, denn der Körper, wie er sich in den Geschlechtern offenbart, ist die Hauptfigur in diesem selbstgemachten (Alb-)Traum. Alles in diesem Leben dreht sich um Begegnung, um Schattenauflösung, um Erlösung des Körpers aus diesem Traum. Jede Partnerschaft, jede Begegnung ist im Grunde genommen immer richtig oder auch falsch, bis wir ihren Zweck und Sinn erkennen.

Der schnellste Weg in die Reifwerdung und Erkenntnis ist daher der Weg der Begegnung, der Reibung und Auseinandersetzung. Hier lernen wir, uns selbst zu erkennen und zu leben und den anderen in seinem Sein stehenzulassen, so wie er ist! Immer geht es in Begegnungen um ein Zurücknehmen der eigenen Ich-Sucht, um ein Anwachsen der Herzensliebe, der Nachsicht für den anderen, um das Verstehen und der daraus zu lernenden Großmut. Darum ist im Grunde ein jeder Mensch, jeder Partner der richtige Partner, da ein jeder, dem wir Begegnung leben, unser Spiegel ist, indem er uns den Gegenpol der eigenen Schatten vorhält und wir ihm. Und erst wenn beide in der Erkenntnis dieser Tatsache stehen, die nichts mit Liebe zu tun hat, erst dann kann rechtes Wollen gelebt werden, ist ein Scheitern der Partnerschaft nicht mehr möglich, denn dann kann es nur noch auf beiden Seiten ein Annehmen und gegenseitiges Verstehen füreinander geben, mit dem guten Willen, für den Nächsten Achtung und Liebe im Herzen zu tragen.

Das für uns unsichtbare Geistige des Lebens, welches sich uns erst im „Jenseits" in seiner ganzen, lichten Schönheit und Wirklichkeit offenbart, kennt kein Formleben grobstofflicher Körper wie hier auf Erden, dort sind diese völlig wertlos. Physische Körper sind nur die Symbole geistiger Trennung in der „Schule Welt", der Ausdruck eigener, geistiger Begrenzung. Sie sind gemacht zur Wahrnehmung der Wirklichkeit, als Schulungsprozeß für Begegnungen in der grobstofflichen Welt, um die geglaubte Trennung durch Erkenntnis aufzulösen. So wirkt der Geist des Lebens auch schon hier auf Erden, indem Er, wird es Ihm gestattet, sich Ausdruck verschafft im mikrokosmischen Dualitätssystem des Menschen, den Nervensystemen von Pinalis und Astralis, den geistigen Bewußtseinsprinzipien von Adam und Eva. Eva, der weibliche Strahl (Astralis), fördert das Werk der Herzensentwicklung über das Herzzentrum, und Adam, der männliche Strahl (Pinalis), den Pfad der Erkenntnis über das Kronenzentrum des Bewußtseins. Und erst wenn beide Ströme in uns im Gleichklang miteinander schwingen, erst dann entsteht der Klangstrom göttlicher Harmonie, die von allen so sehr gesuchte Einheit der Liebe, die so häufig mißverstanden wird, weil wir sie in anderen Körpern suchen. Die wahre Bestimmung der Sexualität zeigt sich vor allem im Zauber der Erotik durch ein inneres Berührbar-Sein, nicht im schnellen sexuellen Ergebnis kurzlebiger, körperlicher Lust, denn in der Erotik offenbart sich der vertiefende Seelenkontakt zweier Menschen, welcher durch ein Offen-Sein über die trennenden Aspekte beider hinausweist in die Einheit der Liebe, in das Höhere und Allerhöchste.

Das Schöpfungsgesetz, das Gesetz der Liebe, beruht auf Einheit und versucht daher immer, diese Einheit durch Vereinigung zu erreichen. Erst eine einseitige Ausrichtung als Polarisierung, eine „Verschiebung" zu Lasten der einen oder anderen Seite, schafft den Mißklang, die Disharmonie der Energiesysteme, die in die Trennung und „Austreibung aus dem Paradiese" führte, in die physische Trennung von Mann und Frau. Der Glaube an Trennung entsteht durch eine falsche Wahrnehmung der Wirklichkeit, die nun in der „Schule

Welt" über den Lernprozeß der Ehe und andere Beziehungen wieder in die geistige Einheit zurückgeführt werden soll. Nach J. van Rijckenborgh, einem holländischen Rosenkreuzer, gibt es ein wunderbares Gleichnis für den wahren, den inneren Aufbau der anzustrebenden Einheit im Menschen, den es zu erreichen gilt: Wenn das Erkenntnisprinzip des inneren, des aktiv männlichen Strahls aus seinem wahren, irdischen Streben und Wollen, aus diesem Wirken heraus beginnt, „Früchte" der Erkenntnis und Wahrheit aus der über viele Inkarnationen gelegten Saat zu ernten, und diese dann „heimbringt", um sie in das Herzempfinden des weiblichen Strahls zu tragen, so entsteht eine geistige Befruchtung im mikrokosmischen Leben – entsprechend dem makrokosmischen – durch das heimgebrachte männliche Wirkprinzip, durch das „Kneten" und „Backen" des weiblichen Wirkprinzips. Hieraus entsteht dann das *gemeinsam* geschaffene Brot für beide, welches dann das Leben der Einheit schenkt, als das lebendige Brot der Liebe. So ist das Zusammenwirken beider Lebensströme von männlich und weiblich im Inneren des Menschen gedacht. Es ist nun sicherlich noch verständlicher, warum eine äußere, nur rein körperliche Vereinigung als Bindung von Mann und Frau zur Enttäuschung führen muß, wenn diese inneren Wirkprinzipien nicht erkannt und gelebt werden. Jesus-Christus sagte: „Wisset ihr nicht, daß der Schöpfer von Anfang an Männliches und Weibliches als zusammengehörig geschaffen und gesagt hat: Darum wird der Mann Vater und Mutter verlassen und fest zu dem für ihn bestimmten Weibe halten, und beide werden sein wie ein einziges Lebewesen. Sie sind also nicht als zwei zu betrachten, sondern als ein unteilbares Ganzes. Was daher Gott paarweise zusammengefügt hat, das soll der Mensch nicht trennen."(Matthäus, 19:4, nach Greber). Beides wird hier angesprochen, sowohl die innere Einheit von männlich-weiblich, wie auch die äußere Einheit der Paar-Beziehung durch die sexuelle Anziehungskraft von Mann und Frau, die durch Selbstannahme zu der inneren Einheit führen soll.

Nach diesen Seinen Worten können also auch hier auf Erden bereits Ehen im „Himmel" geschlossen werden, wenn sich beide Partner Schulter an Schulter zu einem wahren Bund für das Leben zusammenschließen, zu einem Gleichklang und Akkord unter Ihm vereinen – geistig, seelisch und körperlich. Eine solche Ehe ist dann keine „besondere Beziehung" mehr, sondern wahrlich vor und von Gott zusammengefügt. Die Worte: „Was Gott zusammengefügt hat, das soll der Mensch nicht scheiden", haben hierin ihren Ursprung, und sicherlich nicht nur für die Bedeutung der Ehe, sondern ganz sicherlich auch für die grundlegende Gleichberechtigung von Mann und Frau. Doch man muß erst mit sich selbst im Einklang sein, um mit einem anderen oder gar mit dem Einen in einem solchen zu „klingen". In einem solchen Einklang sind dann kosmische Weisheit und Intelligenz, sowie Liebe und Lebenskraft in dem heiligen Bund des Lebens in einem Klangstrom miteinander verschmolzen. Und erst aus diesem göttlichen Zusammenwirken beider Kräfte entsteht der wahre, der innere Frieden des Herzens, von dem die Geistige Welt durch Emanuel sagt: „Der Friede des Herzens ist das Ziel – der Sinn eures Lebens ist, Anbindung zu leben, Rückführung zu leben an die Ur-Quelle, an unseren Herrn und Gott. Ein großer, ein mühsamer Weg und ein nie endender Weg, so lange, bis ihr gefunden habt in die wahrhafte, in die reine Liebe, die sich verschenkt ohne Sinn und Zweck, die sich ausdehnt, die nicht weiß um sich, die nur ihr Sein lebt." Haben wir dies erreicht, so sind wir von allen Anbindungen an diese Welt befreit – wir haben unser Selbst gefunden.

Doch wie an den Scheidungsraten und an den Problemen so vieler Beziehungen zu erkennen ist, ist der Weg zu sich selbst in der Tat ein oft sehr langer, ein sehr schmerzhafter Weg und Prozeß, von dem auch der Autor sehr wohl zu berichten weiß. Doch der Weg muß gelernt und gegangen werden als ein Weg der Erkenntnis – wie das ganze Leben. Nicht das immer wiederkehrende Straucheln ist das wahre Problem, sondern die Gefahr der Resignation, des Nicht-weiter-gehen-Wollens in einer solchen Beziehung. Trauer und Schmerz sind dabei der Ausdruck von noch vorhandener Ich-Sucht, noch unerkannter und unerlöster Schatten und deren Projektionen, an denen noch zu arbeiten ist. Resignation bedeutet immer Stillstand und Rückschritt und kann durch aufkommende Schuldgefühle vernichtend werden. Resignation, geboren aus dem Gefühl von Selbstmitleid aufgrund eines mangelnden Selbstwertgefühls, dem Glaubenssatz eigener Ohnmacht (ohne Macht zu sein), also einer mangelnden Selbstannahme, engt nicht nur immer weiter ein, sondern nimmt die Lebensqualität und führt uns vom eingeschlagenen Wege ab, begegnen wir uns nicht durch Einsicht.

Das Ego ist immer voll Ärger, voll Mißmut und Widerstand, wenn die wahre Liebe und Selbstannahme nahen und es will den Weg des Geistes nicht akzeptieren. Machen sich erst Verbitterung und Wut breit über das Leben oder die ach so „ungerechte" Behandlung des Partners, der einen nicht versteht (und es in der Tat oft nicht kann), und werden dann gar noch Gott und die Welt verantwortlich gemacht für das vermeintlich bittere eigene „Schicksal", dann haben wir den Weg so gut wie verloren. Niemals dürfen wir solches zulassen, niemals resignieren, sondern wir müssen voranschreiten, immer weitergehen und gerade in diesen Situationen um Kraft und Hilfe bitten, Ihn anrufen, der uns dann sicher durch alle, auch durch lebensbedrohende Krisen und Gefahren führt.

Das Brot der Liebe ist die Essenz des Lebens, welche wir zu uns nehmen, wenn wir geistiges Erkennen und Verstehen in der Wertfreiheit unserer Gedanken, Gefühle und auch Handlungen leben. Lichtend ist nicht das alte Brot der emotionalen und auch körperlichen Begierden, die wir so gerne als „Liebe" bezeichnen, die als „besondere Liebe" definiert wurde, die besitzen, beherrschen und auch unterdrücken will, die für sich alles fordert, aber nichts gibt. Das ist nur eine „Schatten-Liebe", die ständige Beachtung und Wertschätzung für sich wünscht, die durch Schuldgefühle bindet, ängstigt und bedroht und, um zu besitzen, den anderen zu entmündigen versucht. Die Wertfreiheit – vor allem in der Liebe und Partnerschaft – ist ein fundamentales Gesetz des Lebens, allen zwischenmenschlichen Seins und aller Beziehungen, die, haben wir sie erreicht, uns selbst die Freiheit schenkt, wenn wir sie anderen geben. Immer geht es um Akzeptanz, um Neutralität und Resonanzlosigkeit, die zu erlernen sind, sowohl gegenüber den Menschen wie auch gegenüber den Lebensumständen oder dem, was wir als „Schicksal" bezeichnen. Immer geht es um Akzeptanz gegenüber dem Leben, mit dem wir in Begegnung kommen, mit dem wir Berührung unseres Herzens leben.

Die Ich-Bezogenheit des Menschen neigt zum Vergleich mit anderen, zum Beobachten und Suchen nach Fehlern, um sich selbst aufzuwerten, dem Hinterfragen und Messen, um zu sagen: „Dies oder jenes, sie oder er gefällt mir oder gefällt mir nicht"! Die Menschen beurteilen ständig einander, sich selbst, andere, wie auch das Geschehen der Welt, was zwar sehr menschlich ist, doch vernichtend werden kann. Sie klagen, jammern und schimpfen über dies oder das und sagen wiederum: „Dies und das, es muß behindert, ja, verhindert werden, so kann und darf es nicht sein." Sicher, vieles wäre und ist in der Welt zu verändern, ohne Frage, doch sind die, die so etwas sagen und auch fordern, selbst ein Teil dieser Welt, die es zu verändern gilt und die sich daher auch oft selbst nicht ertragen können. Und in der Tat ist die Welt allzu häufig nur der Spiegel der eigenen Unerträglichkeit, über die man sich beklagt.

Leben wir den negativen Dingen und den negativen Strömungen dieser Welt zuviel persönliche Resonanz, keine Neutralität des Gemüts und damit Akzeptanz – was nicht bedeutet, das Brot der Liebe und des Mitgefühls zu teilen, dort wo Not ist, helfend einzugreifen –, so gehen wir in Berührung mit diesen negativen Schwingungen, werden selbst negativ und geraten aus dem Gleichgewicht der Kräfte. Zudem ist zu prüfen, ob nicht die eigene Selbstzufriedenheit und Selbstgefälligkeit, ein, ach, doch selbst so „guter Mensch" zu sein, der wahre Anlaß ist, der zu Kritik und damit auch zu Bewertung führt. Sie sind Ausdruck des Egos, das über Moral und Ethik in der Welt entscheiden will und weiß, was „gut" und „böse" ist. So gut wie jeder steht in den Berührungen und den Beeindruckungen des Lebens, ist nicht dagegen gefeit; geht in den Fixierungen eigener Vorstellungskraft und daraus gebildeter Meinung, ist emotional gefesselt durch das, was „man" sagt und meinen könnte, durch wahre oder auch vermeintliche Ungerechtigkeit wie durch Krieg, das Elend und den Hunger in der Welt. Doch wird sich darüber zu sehr echauffiert, das Gemüt erhitzt und darüber aufgeregt, so verändert das nicht die Welt und ebensowenig die Menschen. Es schwächt nur durch den Zorn, und wie schnell wird dann vergessen, daß dies nur der Schatten im Licht der Welt ist, den es in uns allen selbst zu erlösen gilt. Sehen und glauben wir an die Dunkelheit, den Krieg und den Haß, so erhalten wir, woran wir glauben, bekommen das, was wir sehen, weil wir es für uns so sehen wollen. Nicht das Mitleiden, Schimpfen und Klagen ist die Lösung für die Probleme, für den Frieden, die Erlösung in eine „bessere" Welt, denn diese Welt braucht nicht besser zu werden, sie war nie „besser" oder auch „schlechter", die Welt als solche war immer neutral. Wir sind es, die der Welt ihren Sinn und Zweck geben für uns, wir projizieren – wie auch in den persönlichen Beziehungen – unsere Wünsche und Bedürfnisse in diese hinein, und diese gibt dann, wie ein Spiegel, unsere eigene Projektion nur an uns zurück.

Das Gute zu sehen, das Handeln in Liebe mit gemeinsamem Teilen und Weiterreichen, das ist der einzige Weg der Brüderlichkeit und weltweiter Friedensenergien. Wir können uns um Liebe bemühen, können diese erstreben, doch darum ist sie noch nicht. Wir selbst müssen erst das Gesetz der Wertfreiheit und Urteilslosigkeit in uns erreichen, denn Gott ist Liebe und Er hat diese Welt in Liebe für uns erschaffen, eine wunderbare Welt, und überall dort, wo Liebe ist, dort kann nicht Trennung durch Bewertung sein. Erst wenn wir selbst in der Ruhe des Herzensfriedens stehen, werden wir andere nicht mehr bewerten und verletzen, erst dann leben wir der Welt wahre Akzeptanz und Achtung, stehen in wahrer Selbstzufriedenheit. Wertungen sind *immer* Bewertungen und damit Ausdruck von Emotionen, die nicht Liebe und damit Neutralität, sondern Haß und Trennung leben. ICH BIN ist die Schöpfung des Lebens im Allerhöchsten selbst, dort wo es keine Bewertung gibt, da die Liebe keine Bewertungen kennt. Ich bin „gut", ich bin „schlecht" ist immer Ausdruck unserer inneren Gespaltenheit, einer Dialektik, die es zu überwinden gilt.

Wertfreiheit ist das tragende Element, ja das Fundament aller Partnerschaften und der wahren Liebe. Liebe bewertet nie. Das bedeutet natürlich nicht, Auseinandersetzungen zu meiden, um Positionen zu klären und Probleme zu lösen, um sich deutlich zu machen und persönliche Grenzen zu ziehen, um nicht durch andere vereinnahmt zu werden, um zu sagen: Ich bin das, das ist mein Gewissen, mein Glauben, das ist meine Moral und Ethik, und so handle ich, weil ich es für mich so für richtig halte. Es ist sehr wichtig, daß Vertrauen gelebt wird, denn dort, wo es vorhanden ist, dort ist auch die Liebe zu Hause, und wo Liebe ist, dort ist wiederum Vertrauen. Es ist wichtig, daß der andere weiß, woran er mit mir ist, wozu ich bereit bin und wozu nicht. Wichtig ist, daß beide Partner voneinander wissen, was sie zu erwarten haben, wer sie sind, was sie wirklich voneinander wollen, was nicht, und wie sie ihre Bedürfnisse leben können ohne zu verletzen, zu vereinnahmen. Nur in der offenen Auseinandersetzung, nicht in den sich verhärtenden Fronten, im Kampf, in dem keiner aus Angst, Stolz oder Verlust nachzugeben bereit ist, kann Vertrauen wachsen. Nur im offenen Gespräch zeigen sich die Güte und das Verständnis füreinander, um den anderen so stehenzulassen, so zu akzeptieren, wie er ist.

Es ist anmaßend zu glauben, daß wir den anderen biegen und verändern können, so wie wir es uns vorstellen und wünschen, wie er sein sollte. Liebe ist Freiheit, lebt keine Bewertung, will nicht besitzen und nicht besessen werden, sucht keinen Widerstand, sondern Achtung und Beachtung vor dem Nächsten – eine Beziehung, der Name sagt es schon. Daraus erwächst für beide Partner die Ruhe, Sicherheit und Unberührbarkeit des Herzens, die nicht Angst vor Verlust, Liebesentzug oder Verlassensein kennt, eines Herzens, welches sich selbst gefunden hat, Selbstwert für sich lebt und damit auch Wert für den anderen. Wir können keinen Menschen festhalten, ja vielleicht versuchen, ihn zu unterdrücken, ihn aus Angst oder Besitzgier an uns binden, ihn zu kontrollieren, aber „besitzen" wir ihn dann? Was für ein trauriger Besitz wäre dies, ein wahrlich jämmerliches Bild und Zeugnis eigenen Größenwahns und autoritärer Zwänge – ein Bild und Zeugnis der Angst und Schwäche!

Wahre Beziehungen und sogenannte Bindungen sind so unterschiedlich wie Himmel und Erde. Jede Begegnung, jede Beziehung ist nur so wertvoll, wie ich sie für mich erkenne und mit Liebe anschaue, denn alleine das verschafft der Begegnung erst die Wirklichkeit, die ich suche, da ich dann nicht die Schatten, sondern das Licht der Liebe im anderen sehe, welches sich durch ihn zurückspiegelt, da das Licht mein eigenes ist, das meiner liebevollen Gedanken. Denn wie Selbstwert von der Ausdehnung der Liebe kommt, die ich in meinem Nächsten sehe, so kommt die Wahrnehmung des Selbstwertes durch die Ausdehnung der Rückspiegelung meiner eigenen Gedanken. Die wahre Beziehung in der Ehe oder offenen Partnerschaft baut sich auf diesem eigenen Selbstwert auf, aus dem Stärke und auch Selbstachtung gezogen werden. Wir können Selbstwert erlernen, indem wir nicht mehr auf das Ego oder die angenommenen Gedanken anderer Menschen hören, die uns nicht bewerten können, da sie sich meist selbst nicht lieben und somit nicht richtig bewerten. Dies sollte unbedingt erkannt werden, da sonst die aufgebauten Schuldgefühle in eigene, ständige Mißachtung führen, die uns wahrhaft herunterzieht und dann auf Partner oder andere Menschen als Mißachtung projiziert wird. Dadurch begegnen uns von außen ständiger Druck, Kampf und Ablehnung, die dann nur bestätigen, was uns das Ego glauben machen will, daß wir wirklich nicht genügen und für die Liebe nicht tauglich sind.

Wenn wir dies erfassen, so kann auch aus einer „alten", unerfreulichen und bisher unbefriedigenden Beziehung durchaus eine neue, eine von Gott gesegnete erwachsen, die umgewandelt, als eine heilige Beziehung wiedergeboren wird, in der jetzt seelisches Vertrauen und Liebe ihren Einzug halten, da wir beginnen, uns selbst anzunehmen, uns selbst Wert zu geben. In einer solchen „wiedergeborenen" Ehe oder Partnerschaft treten beide Partner aus der neuen Erkenntnis des Weges gemeinsam dem Ziel der Erlösung entgegen und nicht mehr wie bisher gemeinsam-getrennt! Gott selbst hat dadurch die alte Beziehung als eine neue, eine heilige gesegnet, denn Sein Wille ist es, ich erlaube mir dies hier so zu sagen, daß, wenn zwei Menschen sich mit ganzem Herzen zueinander hingezogen fühlen, diese irdische Liebe auch angenommen und praktiziert werden soll und darf, da diese dann vor Gott im Himmel geschlossen wurde. Doch gilt es – dies bei allen Beziehungen – der geistigen Wirklichkeit mehr Raum zu geben, den Körper als das zu erkennen, was er in Wirklichkeit ist: kein Lustobjekt zur reinen Triebbefriedigung des Egos und der Begierdeseele, sondern ein Werkzeug des Geistes in der Zeit, um durch dieses Gott zu erkennen.

Wir werden nicht für die irdische Liebe bestraft, sondern strafen uns selbst, wenn wir sie mißbrauchen, wenn wir uns gegen die Gesetze der Liebe, gegen Seinen Willen stellen. Die Kraft, Freude und Schönheit der Lebensenergie, wie sie sich auch in der Sexualität und Vereinigung der Geschlechter offenbart, wird bestimmt durch unsere innere Haltung von Liebe und Vertrauen oder von Schuld und Strafe. Es muß verstanden werden, daß allein über den Begierdekörper, die astrale Wunschnatur der Formkraft, keine wirkliche Vereinigung erzielt werden kann. Die eigentlich heilige, machtvolle Sexualkraft wird zu ohnmächtiger Ego-Magie degradiert, wenn die Sexualkraft als Lebenskraft mißbraucht wird. Wann immer wir uns in der Sexualität der Liebe zu öffnen vermögen, wir uns nicht in der Begierdenkraft des reinen Formlebens verlieren und uns dieser allein hingeben, lösen sich Schuld- und Strafkomplexe, die sich dem Energiefluß des Lebens, bisher hemmend, als einer wahren Vereinigung entgegenstellten. Der Mensch leidet bis heute an einer nicht existierenden Schuld, die wahrhaft für ihn zur Bürde wurde. Die Kirchen haben vor allem dazu beigetragen und haben versucht, um ihre Macht zu stärken, dem Menschen Sünde zu implizieren. Diese Glaubensstrukturen sind endlich aufzulösen. Es bedarf des Mutes und der Zivilcourage, um aus dem Wahn kirchlicher Glaubenslehren auszusteigen. Die Liebe ist dabei die reformatorische Kraft, die die Brücke bauen hilft, um der Sogwirkung alter Lieblosigkeit zu entrinnen.

Der wahre Wert partnerschaftlicher Beziehungen liegt vor allem in der Auflösung negativer Glaubenssätze von Schuld und Strafe, in einer Auflösung negativer Energiefelder von Schattenbildern als Glaubenssätze innerer, unerkannter Muster, die Trennung und Absonderung hervorrufen. Das Bestreben zwischenmenschlicher Beziehungen nach Bindung, der Wunsch nach Vereinigung, beruht auf dem Bestreben einer Triebkraft, die durch chemische Reaktionen von Atomen und diverser Energiefelder hervorgerufen wird, die sich aufgrund gegebener Affinitäten miteinander vereinen wollen. Disharmonien in Partnerschaften, die menschliche Begegnung in Form von Bindung in solchen Ebenen, ist immer eine auslösende Reaktion von Schattenaspekten negativer Energien, die nicht erkannt, nicht revidiert wurden. Dabei handelt es sich um ein Entsprechungsgesetz aufgrund der Manifestation von negativen Glaubenssätzen und Dogmen als Folge nicht erkannter Schuld- und Angstkomplexe. Hier läuft ein Programm des Unterbewußtseins im astralen Körper ab, welches sich unbewußt nach Schuld und Strafe sehnt, da es sich für die Liebe nicht rein und würdig hält. Dieses gilt es vor allem in Partnerschaften zu erkennen und aufzulösen.

Im Laufe unseres Lebens treffen wir viele Menschen, die in sich die Affinität (als Triebkraft einer uns immanenten Gleichart) einer chemischen Reaktion zu uns leben, eine solche in uns auslösen. Deshalb sind Menschen auch so häufig „austauschbar". Wir „verlieben" uns aufgrund solcher chemischen Reaktionen, ohne die wahren Muster zu erkennen, die dann wiederum in die Enttäuschung führen, da sich hier die Schatten zeigen, die es aufzulösen gilt. Es geht nicht um die individuelle Seele, nach dem Prinzip Auge um Auge, Zahn um Zahn, also Seele um Seele, Mensch um Mensch, sondern um die Erlösung der Energiefelder, um die Auflösung der nicht erkannten, inneren Muster. Hier entsteht auch häufig das Gefühl der Schuld, wenn wir die Menschen nicht so lieben können, wie wir es uns eigentlich so sehnlich wünschen, uns vorstellen, da nicht Liebe, sondern die Schatten es waren, die zwecks Auflösung in die Bindung der Partnerschaft führten. Die Ablösung und damit Ganzwerdung aus solchen Irrtümern, um die Einheit der Liebe zu erreichen, kann nur sein, wenn wir bereit sind, durch Selbsterkenntnis solche Schatten in uns zu durchlichten. Es gilt, das zu werden, was wir bereits sind, was bedeutet, sozusagen Schicht um Schicht die Muster falscher Glaubensvorstellungen in uns zu erlösen. Dies wird zumeist (leider) mehr oder weniger nur durch den Schmerz und das Leid der Enttäuschung erreicht, durch Reibung disharmonischer Energien in den Partnerschaften, um aus dem Traum der Trennung und Absonderung zu erwachen. Gedanken der Schuld und Strafe, der Unreinheit und Unwürdigkeit sind Gedanken der Trennung, die Angst erzeugen, zu innerer Zerrissenheit führen, da sie das eigene „Ich bin", die eigene Identität mit Gott, die Ur-Quelle der Einheit verleugnen.

Ein lokaler und ein ganzheitlicher Orgasmus in der Vereinigung der Geschlechter unterscheiden sich wie Trennung und Einheit. Der rein körperliche Orgasmus, wie er häufig ausschließlich gesucht wird, ist nichts weiter als eine Entladung aufgestauter Energien des Sexual-Chakras, häufig stimuliert durch die Lust der Gedanken. Das hat mit Liebe gar nichts zu tun, sondern beruht auf reiner Triebbefriedigung. Erst wenn die Seele beteiligt, der wahre Austausch zwischen männlichen und weiblichen Energien gegeben ist, wird die Seele in die allerhöchsten Schwingungen versetzt, die sie „tanzen" läßt. Es bedeutet, daß das männliche und das weibliche Ego in der Vereinigung vollkommen miteinander verschmelzen, ineinander eintauchen in das jeweils andere Prinzip, ja sich darin auflösen und eins werden. Dies wird und kann jedoch nur erreicht werden, wenn das andere Prinzip nicht mehr als bedrohlich wahrgenommen wird. Erst dann tauchen wir machtvoll in unsere wahre Identität ein und tauchen auch wieder machtvoll daraus empor. Solange wir mit Angst, den Gedanken der Unreinheit und mit Schuld beladen dem anderen Geschlecht begegnen und versuchen, mit solchen Hemmungen Begegnung zu leben, so lange hat das Ego Angst, sich darin zu verlieren, sich der Macht des jeweils anderen Prinzips zu überlassen. Wenn wir jedoch die ganze Kraft unserer wahren Identität im Liebesakt mitschwingen lassen, den Christus in uns als die verkörperte Liebe nicht ausschließen, erst wenn wir in die sexuelle Beziehung, die Vereinigung der Geschlechter, die Liebe einladen und einlassen, erst dann werden wir lernen, werden erkennen, was geschlechtliche Vereinigung, was Extase wahrhaft bedeutet.

Natürlich, der menschliche Akt der Vereinigung zweier Körper, von Mann und Frau, ist zwar die unterste Ebene (dies sei ohne Wertigkeit verstanden), doch kann der Mensch hier lernen, die Prinzipien des luziferischen- und des Christusprinzips in sich zu vereinigen, beide miteinander zu versöhnen. Er lernt auf dieser Ebene Einheit, lernt, Himmel und Erde miteinander zu verbinden, lernt, in die Liebe einzutauchen, um Materie zu transzendieren. Transzendierte Sexualität, die unterste Ebene, führt in die oberste, in die Extase der Erleuchtung und ist der „Himmel auf Erden". Im Herzen verbinden sich alle Sterne dieser Welt, und wenn wir uns im Herzen miteinander verbunden fühlen, so verbinden wir uns mit Ihm, dem Kosmos und der Welt, erfahren – daß wir alles dieses sind. Wollen wir das wahrhaft erreichen, so müssen wir erkennen, daß das „Glück der Welt" nicht in der Form, also *außen* zu finden ist, sondern wir müssen nach *innen* gehen, müssen lernen, die äußere Form zu vergessen, um uns mit der inneren Frau, dem inneren Mann in uns selbst zu vereinen. Sexuelle Verschmelzung, der wahre Liebesakt der Begegnung, wird ausschließlich im Inneren gefunden. Selbst partnerschaftliche Erfüllung in der Sexualität, als ein Ausdruck der Liebe, führt nicht sehr weit, da sie dem Bedürfnis, dem Drang nach Vereinigung, keine Dauer verleiht. Der Grund, warum die „Liebe" nicht nur Freude, sondern auch so viel Enttäuschung und Schmerz, so häufig Frustration mit sich bringt – er liegt in der Natur der Sache. Doch wann immer wir uns in der Begegnung vereinen, sollte dies ohne Schuld und Scham geschehen. Vereinigen wir uns aus dem Herzen, dann kann es keine Sünde sein. Solange wir in geistiger und seelischer Zuneigung, in Achtsamkeit miteinander umgehen, ohne den anderen zu binden oder zu verletzen, keine Handlungen der Brutalität begehen oder ihm die Freiheit rauben und ihn nicht mißbrauchen, so lange dürfen wir seelische Zärtlichkeit und auch das leibliche „Brot der Liebe" als Energie miteinander teilen, ohne Schaden zu nehmen. Wir dürfen es im Einklang mit Ihm als irdische Vereinigung leben, um daraus zu lernen, bis wir in das eintauchen, was weder Namen hat noch kennt, sondern einfach IST.

Götze Verstand – Sklave der Zeit

„Wir sollen mit dem Herzen denken", sagt Antoine de Saint-Exupéry in seinem so bekannten Buch „Der kleine Prinz". Natürlich meint er das auch hier symbolisch, denn ein jeder weiß, daß der Verstand im Kopfe sitzt. Doch das Fühlen des Herzens wird häufig mit dem Denken des Kopfes verwechselt. Die Liebe Gottes, die Er über uns ausgießt, kann nur über das Herz erfahren werden, warum es heißt: „Wie ein Mensch in seinem Herzen denkt, so ist er!" Mit dem Herzen zu denken wird erst möglich, wenn wir gelernt haben, über die Kraft des Verstandes unsere emotionalen Gefühle zu steuern, also wenn die mentale Kraft besteht, Lebensbegierden in die höheren Schwingungen der Liebe umzuwandeln. Denn mit dem „Herzen denken" bedeutet, daß wir nur über das Herz die Wahrheit eines klaren geistigen Bewußtseins in uns aufnehmen und erkennen können, der Verstand diese Wahrheit dann in der Welt als ein „Werkzeug des Herzens" um- und einsetzen soll; daß also der Kopf zu einem „Werkzeug des Herzens" wird, nicht umgekehrt, wie es ja allenthalben überall geschieht; daß nicht der einseitig ausgerichtete Verstand das Herzempfinden und damit eine höhere, einfließende Wahrheit durch die Gedankenkraft der Glaubensvorstellungen unterdrückt und abschneidet, sich dadurch selbst über das Herz stellt, über dieses triumphiert, zum Götzen, und damit zum Abgott wird.

Was ist ein Götze? Ein Götze ist der Schatten eines Glaubensmusters, die Abspaltung einer selbsterzeugten „Wirklichkeit" im Inneren, gegen die wir im Außen (als Projektion) kämpfen. Geboren wurde ein solcher Götze aus den vorstellungsgebundenen Gedanken, die zum festen Glauben wurden, doch nicht der Wirklichkeit entsprechen. Wird ein solcher Glaube durch Erkenntnis der Wahrheit revidiert, so löst sich der Götze auf – er „stirbt". Aus der ständigen Repetition merkwürdiger Gedanken und Ideen werden solche Glaubensmuster aufgebaut und/oder übernommen, durch die dann der Mensch das eigene Opfer solch selbstgeschaffener Strukturen (Götzen) wird: Diese Glaubensmuster und Dogmen bilden die Götzenbilder, denen wir nicht Götzendienst leisten sollen, der Macht eines solchen Denk- und Glaubenssystems der Trennung. Daraus wurde erst das Prinzip des Bösen geschaffen, wurde „Satan" und der „Teufel" gemacht, personifiziert und so wahrgenommen. Aus diesem Denken heraus entstand der Antichrist – der feste Glaube, es gäbe eine Macht neben der göttlichen Allmacht, die mit Gott um den Besitz Seiner

Schöpfung ringt und die Seelen in die Finsternis zieht, um sie dort zu verschlingen und der es daher zu entrinnen und gegen die es anzukämpfen gilt. Doch alles das macht nur wenig Sinn und die scheinbare „Macht des Bösen" in der Welt ist nicht Luzifer, sondern der Satan der eigenen, wie auch der kollektiven Glaubensvorstellungen, die den Menschen erst zum „Sklaven der Zeit" werden ließen, wodurch die Harmonie der Liebe in ihm dem Chaos Platz machte, denn sündenlos ist er geboren aus der Wahrheit der Ewigkeit. Das eigene Denksystem, die Phantasien eigener Vorstellungskraft, brachte den Menschen in die Knechtschaft eines solchen Glaubensirrtums.

Die Worte Antoine de Saint-Exupérys sind also voller Weisheit, denn das Herz repräsentiert die Wahrheit und Liebe unseres ganzheitlichen Bewußtseins für die Einheit des Lebens, der dialektische Verstand als Intellekt dagegen die Welt der „umgedrehten Wirklichkeit", die kalte, gefühllose und ignorante Welt des Antichristen. Dieser glaubt, daß sich das Unveränderliche der Ewigkeit verändern ließe, daß es möglich ist, Zeitlosigkeit durch Zeit zu ersetzen, daß diese Welt die ganze Wirklichkeit sei. Der Antichrist, wie schon so lange prophezeit, hat nun wieder, als ein letztes Aufbäumen, sein Haupt erhoben, was sich überall in der Welt als Chaos, Ausbeutung, Haß, Krieg, Leid und Schmerz mehr als deutlich zeigt. Der Geist, als gewordener Verstand das Symbol der Trennung und Selbsterhebung, wurde mißbraucht, er fiel aus dem Bewußtsein der Liebe Gottes, was nun alle weiteren „Übel" nach sich zieht, denn die Welt glaubt an Götzen, läßt sich durch sie zerstören. Es sind jene Kräfte, die der Welt die Ketten anlegen, die ein freies Agieren und Atmen so sehr erschweren. Angst und Gewalt haben schon immer den Mächtigen gedient, denn Abhängige werden zu Sklaven, die durch Druck gefügig sind. Der Abstieg aus dem Himmel liegt in jedem einzelnen begründet, und seine persönliche Hölle beginnt dort, wo der Himmel endet – in den Vorstellungen der Gedanken seines eigenen Verstandes.

Der Götze Verstand ist nicht nur der „Sklave der Zeit", sondern er wurde zum „Diener der Angst", zum dunklen Spiegelbild der Wirklichkeit. Er ist der „Schutzherr" eines in der Welt grassierenden Materialismus, der die Welt in den Abgrund zieht. Ein Materialist zu sein ist wahrlich keine „Auszeichnung", wie so viele meinen, sondern die Auszeichnung einer geistigen Armut, die bedauernswert ist. Materialist zu sein, wie es sich schon zeigte, bedeutet nicht automatisch, reich zu sein, und ein Reicher ist ebensowenig automatisch zugleich Materialist. Materialisten sind die „geistig Toten", die geistig Blinden und Gehörlosen, die „Sklaven der Zeit", die nur an das glauben, was materiell zu sehen, was zu er- und begreifen ist, die als „Diener der Angst" und kühl berechnende Menschen nur sich selber sehen, doch nicht den Nächsten. Es sind jene, die ausschließlich nur zu ihrem persönlichen Wohlergehen handeln, nur für sich selbst Sicherheit suchen, indem sie aus allem „Gewinn" zum eigenen Vorteil ziehen und sich dabei derart in die Materie verkrallen, als wäre sie die einzige Wahrheit, das wahre Leben, die ganze Ewigkeit, die festzuhalten ist. Korruption, Betrug und Manipulation sind die Werte heutiger pervertierter Glaubensstrukturen, und zu finden sind sie überall. Lebendigkeit und Liebe gehen immer mehr verloren und die Menschheit wird durch Fernsehen, Internet und Massenmedien zu kontrollierten, abhängigen und manipulierten Sklaven, zu geistig Toten. Kaum einer stellt Fragen oder hat den Mut sich dagegenzustellen, denn die Bequemlichkeit, ein falscher Frieden und die eigene Nabelschau sind wichtiger. Das jedoch ist ein dem-Frieden-entgegen-Träumen, keine aktive Verwandlung. Keiner merkt, daß der Mörder, Vergewaltiger und Betrüger, der in den Gefängnissen sitzt, dem im Außen begegnet wird, nur das Schattenprinzip der eigenen verdrängten Wirklichkeit ist. Nicht nur das Jenseits ist voll von solchen „Heiligen", die bereits auf Erden glaubten im Himmel zu sein, nein, die Scheinheiligen gibt es auch reichlich hier. Es sind die Feigen, Perfekten, die Überfleißigen, die ach so edlen Guten, die scheinbar besser als die anderen sind, doch dabei nicht merken, daß sie nur das Spiel ewiger Schuldverlagerung spielen, da sie das eigene Lager des Bösen nicht in sich erkennen.

Die Welt ist trotz ihres großen Reichtums sehr arm geworden und wird immer ärmer. Menschliche Verrohung, Brutalität und Egoismus nehmen ständig zu, da das miteinander Teilen, das Du nicht mehr gelebt wird, wodurch Krieg, Hunger, Angst, Einsamkeit und Isolation in großem Ausmaße entstehen. Nicht nur der Geist verkümmert, sondern auch die Natur, da sie dem Gesetz der Resonanz nachfolgt – wie innen, so außen. Anstatt in geistigem Licht, einer reinen, reichen, gesunden und blühenden Natur zu gehen, wie es vorgesehen war, um die Aufwärtsentwicklung der Menschheit voranzutreiben, hin zu einem Gleichklang kosmischen Bewußtseins mit dem Ganzen, wurde die Welt durch Ausbeutung und einen grassierenden Materialismus immer mehr zu einer „geistigen Wüste" wie auch zu einem materiellen Müllhaufen unsagbaren Ausmaßes.

Wir verwalten und benutzen die Erde nicht, nein, wir mißbrauchen und verfügen über sie nach Gutdünken, als wäre sie der Menschheit Eigentum. Die Erde wurde uns von Gott für unsere Entwicklung geschenkt, wie ein Haus, in dem wir leben, in dem wir uns entfalten und wohlfühlen sollen. Und in Eigenverantwortung sollten wir uns diese Erde „untertan" machen, sie achten und für uns gebrauchen, um in der „Schule Welt" geistige Selbständigkeit und Freiheit zu erlernen. Wir hatten die Wahl, diese Erde so zu behüten und zu schützen, als wäre sie das eigene Haus, doch wurde sie nicht gebraucht sondern mißbraucht, was nun sowohl die Natur als auch uns selbst zerstört. Dieser Planet hat eine Seele, ist ein lebendiges Wesen, welches durch den Mißbrauch des Menschen erschöpft und beschädigt ist, es lebt in höchster Not. Gott gab uns die Erde, also alles, was wir für unsere Entwicklung und ein gutes Leben brauchen, doch gab Er diese ebenso auch der Natur und Kreatur, also einem jeden Lebewesen. Nicht nur der Mensch ist ein göttliches Geschöpf, nicht nur der Mensch hat eine Seele, nein auch die Tiere, die Pflanzen und selbst ein Stein oder Mineral, denn alles lebt eine Art von Bewußtsein und Individualität; zwar nicht so wie der Mensch, der darin eingebunden ist, doch ebenso wie dieser eine Bestimmung, die nach Entwicklung drängt, die wie alles dem Schöpfungsakt unterliegt. Eine Entwicklung, die der Mensch auf Erden durch seinen Eigenwillen nicht nur stört, sondern durch Mißbrauch zerstört – und damit sich selbst. Er, der Mensch, nennt sich intelligent, ja, und es gibt wahrlich viele hochintelligente Menschen, aber gerade diese sind oft nicht wirklich geistvoll, denn durch den Verstand *allein* wird kein Verstehen der Wirklichkeit gelebt. Das bedeutet nicht, daß der Verstand ausgeschaltet werden soll, denn eine Harmonie zwischen Herz und Verstand ist die beste Basis für eine geistige Entwicklung. Es geht um die Einseitigkeit eines nur kühl berechnenden Verstandes, da in einem kopflastigen, rein intellektuell-mechanischen Denken die Wahrheit nicht zu finden ist, die frei macht und erlöst, da Bewußtsein durch Erkenntnis kommt und nicht durch raffiniertes, spitzfindiges Denken.

Was sind Gedanken, was ist der Intellekt? Es sind die Teile und Fragmente unseres körperlich intellektuellen Bewußtseins, die Bewertung leben. Diese Art von Intelligenz ist zerstörend, ja antichristlich, da sie gegen sich selbst und somit gegen Gott gerichtet ist. Wir sind durch Wiedergeburt in den Kreislauf der Evolution gestellt, um aus eigenem Erkennen und Wollen in die Urquelle allen Seins zurückzufinden. Vertrauen in die Wahrheit der Liebe ist zu erlernen, welches nur über das Herz und ein geistiges Bewußtsein zu erreichen ist, welches die Zusammenhänge erkennt. Je mehr ein solches Christusbewußtsein wächst, umso mehr wird eine ganzheitliche Wahrnehmung möglich, und erst dadurch wird Sinn, Grund und Zweck des Lebens verstanden. Dann haben Leid und Schmerz keinen Platz mehr, denn je größer das Verstehen ist, um so leidfreier wird der Lebensgang. Es lichtet und weitet sich alles, und ein immer größeres Absehen von sich selbst durch eine neue Wahrnehmung der Wirklichkeit kann geschehen. Dann kommt der Tag, an dem sich die Himmelstüre öffnet und ein Verschmelzen des Herzens mit der göttlichen Liebe sein kann.

Als ein göttliches Geschenk hat die ganze Menschheit die Willensfreiheit erhalten, die Wahl der freien Entscheidung, als ein geistiges „Rüstzeug", um durch diesen Willen in den Einen, in den großen Willen zurückzufließen. Gott beschneidet den freien Willen nicht, er hat ihn gegeben und nimmt ihn nicht. Doch was haben wir daraus gemacht? Die Konsequenzen haben wir selbst zu tragen, denn wir alle leben Verantwortung für die Entwicklung der Welt, für unser Denken und Handeln, die uns auch von Gott, Christus oder der Geistigen Welt nicht abgenommen werden. Durch menschlichen Größenwahn und durch die Zerstörung des geschenkten Lebensraumes, steht die Menschheit jetzt in allerhöchster Bedrängnis. Ein Durchatmen und Heilungsprozeß kann nur sein, wenn alle ihren Beitrag leisten zur Genesung, zum Erhalt und Wiederaufbau der Erde, doch nicht durch leeres Gerede.

Ein jeder hat dabei für sich die eigene Verantwortung zu tragen, denn ein jeder ist Teil des Ganzen, ist Ausdruck dieser Welt. Daher ist auch ein jeder gefordert und aufgerufen, mit sich selbst in den Frieden des Herzens zu gehen, damit endlich auch Weltfrieden sein kann. Solange noch Krieg und Aggressionen in uns selbst toben, Krieg in der Familie, der Ehe und Partnerschaft oder am Arbeitsplatz, so lange kann der Frieden nicht kommen, es wird ein ewiges Sich-Bekriegen in der Welt bleiben. Wir können es nicht nur den anderen überlassen Frieden zu schaffen, dabei selbst keinen Frieden säen, doch zugleich einen solchen ernten wollen. Der Mensch kann wählen, wem er dienen möchte, ob als ein freier Geist seinem Schöpfer, der Welt der Liebe, oder als ein Sklave dem Antichristen, dem intellektuellen Winkeldenken, der Welt der Zeit. Doch kann er nicht „zwei Herren" zugleich dienen, denn er muß sich, als einzig gegebene Begrenzung, entweder für das eine oder andere entscheiden. Und so, wie dieses Gesetz deutlich und klar formuliert ist, so ist es mit allen göttlichen Gesetzen des Lebens, die still und sicher arbeiten und dennoch ihre immerwährende Gültigkeit zeigen.

Gottes Mühlen mahlen langsam, wie es heißt, aber sie mahlen sicher, doch es heißt auch, „daß der Ast, der keine Früchte trägt, abgeschnitten wird und verwelkt", als ein Gleichnis vom „Baum der Erkenntnis", der das Denksystem des Menschen symbolisiert, als das Gute, das die Frucht der geistigen Erlösung mit sich bringt oder als das Böse, das das sterbliche Leben in der Zeit aufzeigt. Der Mensch, der die Erlösung nicht sucht, der wählt den Tod. Leben und Tod, Licht und Dunkelheit, wie auch Wahrheit und Irrtum, sind nicht miteinander vereinbar, da es nur Wahrheit, Licht und Leben gibt, nur in dieser Erkenntnis kann das Leben frei von Konflikten sein.

Darum heißt es durch Jesus-Christus: „Die Welt ist nicht mein Reich. In der Welt werdet ihr Angst und Trübsal haben, aber seid getrost, ich habe die Welt überwunden", wodurch Er zum Ausdruck bringt, daß auch für uns diese Welt nicht das Reich der Wahrheit ist, sondern von Gott zur Erlösung des Geistes gegeben wurde, wenn wir Ihm nachfolgen. Diese Welt wird nicht durch den Tod, sondern nur durch die Erkenntnis der Wahrheit verlassen. Dabei geht es nicht um das Überprüfen mit dem Verstand, sondern um ein In-Sich-Nehmen der Gefühle als Intuition, denn diese erkennt die Wahrheit, die Gott erschuf und daher von allen erkannt werden kann, die sie für sich suchen. Je wirrer und abgrenzender die Gedanken sind, um so größer die innere Zerrissenheit und das Unorientiertsein der Gefühle. Ist ein klares Ziel und Lebensbild gezeichnet, dann sind auch die Gedanken in eine Ordnung zu bringen mit einem ausgerichteten Ziel. Da ist dann keine Zeit mehr für Bewertungen anderer, für ein ständiges Hinterfragen wozu, warum und weshalb, dann werden die Gedanken zu einer Kraftquelle, die in die Neuwerdung führen. Deutlich wird immer wieder aufgezeigt, daß es nicht ausreicht, allein als Mensch geboren zu werden, um dadurch *automatisch* nach dem irdischen Tode in das „Himmelreich" einzukehren, um dadurch allein geistige Erlösung zu erlangen. Nur durch die Erkenntnis der Wahrheit, durch den Frieden des Herzens, ist eine Befreiung aus dem „Rad der Wiederkehr" möglich. Die Trennung des männlichen und weiblichen Prinzips als spinale und astrale Kraft unseres Denkens und Fühlens, hat den Sündenfall von Adam und Eva verursacht. Die Trennung von Kopf-Verstand und Herz-Gefühl muß erkannt und überwunden werden, hier auf Erden, als die einzige wirkliche Sünde des Menschen. Sünde bedeutet Trennung, die Absonderung aus der Einheit Gottes, denn es heißt deutlich und klar: „Du sollst keine anderen Götter haben neben mir, Du sollst den Herrn, deinen Gott, lieben von ganzem Herzen, aus ganzer Seele und mit all deiner Kraft – und deinen Nächsten, wie dich selbst." (Lukas, 10:27)

Immer und immer wieder wird der verirrte Geist in eine neue Verkörperung hineingeboren, in ein neues irdisches Leben, bis er den Teufelskreis von Irrtum und Wahrheit erkennt durch die Erlösung seiner Lebensthemen. Unsere nicht gelebten, nicht aufgelösten Wünsche und geistigen Bedürfnisse, die verirrten Vorstellungen, also das, was wir dadurch „vor" die Wahrheit stellen, sind der Antrieb und die Energie, die sich immer wieder neu verdichten, um als Form neu manifestiert zu werden, um in ein nächstes Leben getragen, geboren zu werden. Es sind die noch nicht erlösten Seelenanteile, die wieder nach unten ziehen, um in einem gelebten Leben in die Vollständigkeit, in die Reifung der Vollendung geführt zu werden. Doch mit jeder erneuten Inkarnation, in der wir nicht aufwärtssteigen, sondern stehenbleiben oder gar abwärts sinken, wird zugleich der geistige Aufstieg hinausgezögert durch ein sich zunehmend verdunkelndes Bewußtsein des Verstandes. Ob wir das Leben in Angriff nehmen oder uns vor seiner Herausforderung drücken, das bleibt jedem selbst überlassen, doch können die Früchte des Lebens dann nicht geerntet werden, das Spiel des Lebens beginnt von neuem.

Hier zeigt sich der symbolische „Ast" des Lebensbaumes, der „keine Früchte" getragen hat, der „abgeschnitten" wird und „verwelkt". In der heiligen Sprache der Symbolik und Bilder taucht der „Baum der Erkenntnis" und auch der „Feigenbaum" immer wieder auf. Als „Lebensbaum", wie bereits geschildert, wird er durch die „Äste" der zwölf Gehirnnerven symbolisiert, welche aus dem Heiligtum der Krone als Bewußtsein in den ganzen Körper zurückstrahlen, als die wiederum symbolisch herabhängenden „Zweige". Die zwölf Paar Gehirnnerven – wie oben so unten – zeigen sich als das mikro- und makrokosmische Prinzip des Heiligen Geistes, in denen sich Gott im „Fleische offenbart"! Diese zwölf Kräfte werden unterschieden in das elektrische Feuer-Prinzip des Geistes und das magnetische Wasser-Prinzip des Lebens, welche sich über die spinalen und astralen Nervenkräfte im Körper des Menschen widerspiegeln. Die fluidalen, spinalen Kräfte, als kosmische Substanz, sind mit dem zerebrospinalen Nervensystem des Gehirns verbunden, dem mentalen Bewußtseinsprinzip, welches die Kraft des Willens und der Gedanken steuert – jedem Gedanken folgt Energie –, während die astralen Gefühlskräfte ihren Einfluß über das sympathische, vegetative und/oder autonome Nervensystem ausüben, welches mit dem Blut und den blutproduzierenden Organen verbunden ist. Beide Fluide zielen hier insbesondere auf die Äther des feinstofflichen Vitalkörpers, der über das Blut und die Nerven die Qualität der auf- oder abbauenden Schwingungsenergien der Gedanken und Gefühle anzieht und aufnimmt, wodurch wir entsprechend auf- oder abwärts gezogen werden. Wir schaffen durch unsere Gedanken und Gefühle heute die Möglichkeiten für morgen. Alle Ursachen, die von uns ständig in die Welt gesetzt, von uns „gesät" werden, zeigen ihre Wirkungen als „Ernte", als die „Früchte", die wir einsammeln. Es sind die Liebesfrüchte der Entwicklung, die Essenz des Lebens, aus der Zeit, in der wir geistiges Bewußtsein leben oder lebten. Die Früchte sind die Summe unseres Lebens, aus den Tagen, in denen wir in Gedanken und den Empfindungen wahrer Liebe gingen, in der wir wahrhaft uns und unserem Nächsten verzeihen konnten. Dort wo kein Verzeihen, keine Versöhnung gelebt wird, dort kann die wahre Liebe nicht wachsen und Früchte tragen.

Wird die wahre Kraft der Vergebung gelebt, dann ergießt sich die Liebe des Höchsten über den Menschen als ein Akt der Gnade, denn dann hat der Mensch das Größte vollbracht, wozu er in der Lage ist. Dann hat er nicht nur dem anderen verziehen, sondern auch sich selbst und ebenso der Welt. Dadurch werden vom geistig-zentralen, kosmischen Bewußtsein, Seelen-Fluide der Liebe angezogen, mit deren Hilfe die Seele das mentale Bewußtsein zu einem immer stärker ausgerichteten geistigen Wollen aktiviert, welches zugleich mit einer zunehmenden Erkenntnis der Wirklichkeit verbunden ist. Hierdurch entsteht eine Spannung im Blute, die zur Folge hat, daß weitere Seelen-Fluide angezogen werden, wodurch das Wollen immer mehr verstärkt wird und so langsam ein Bewußtseinsprozeß des „geistigen Erwachens" entsteht. Die sich hier aufbauende und zunehmende elektrische Kraft und ihr Schwingungsfeld ist wiederum zugleich bestimmend für die Angleichung und Anpassung der vier feinstofflichen Äther im Vitalkörper, deren Qualität zueinander wie auch untereinander, was wiederum die körperlichen Energien und dadurch Gesundheit und Krankheit bestimmend prägt. Das Herz, das die Worte der aufrichtigen Verzeihung spricht, fällt in das Unberührtsein eines nicht Geschehenen. Ein Neubeginn, ein neuer Tag beginnt, denn das Alte, es trägt keine Gültigkeit mehr.

Erwachen wir aus dem Tiefschlaf unseres verdunkelten Bewußtseins, dem „Traum vom eigenen Ich", durch ein neues Bewußtsein von Wirklichkeit, durch das Erkennen der Wahrheit, so führt dies zu einem neuen Wollen der Lebensausrichtung. Das zieht automatisch, wie das Prinzip eines Magneten, weiteres Bewußtsein und Erkenntnis nach sich. Zu diesem Phänomen sagt Christus: „Ich werde, wenn ich erhöht bin von der Erde, alle Menschen zu mir ziehen."(Joh., 12:32) Diese Worte „...alle Menschen zu mir ziehen", sind Ausdruck Seiner magnetischen Willenskraft, die die Herzen der Menschen durch Seine lebendige Liebe, durch die Berührung mit Ihm, zu öffnen vermag. Und Er weist uns darauf hin, daß es für Ihn nichts gibt, was Er nicht für uns tun oder für uns beschaffen könnte, sei es eine Blume oder ein Vermögen, das eine ist für Ihn nicht schwieriger als das andere. Doch müssen wir ein geistiges Verlangen haben, darum bitten, um zu erhalten, denn jeglicher Beistand von geistiger Seite wird geboren und geformt durch Liebe. Die Blume wie das Vermögen – beide werden geschaffen und in das Leben gerufen durch Seine Liebe zu denjenigen, die ihrer bedürfen. Er, der Christus, ist von nichts und niemand, von keiner Zwischenperson abhängig, wenn Er jemandem beistehen will, denn es stehen Ihm zahllose Kanäle (auch in der Welt) zur Verfügung, durch die Er Seine geistige und materielle Hilfe überall und jedem zukommen lassen kann, wenn wir Ihm nur vertrauen wollen.

Sein Aufruf und Seine Mahnung, uns endlich dem geistigen Magnetfelde Seiner Liebe zuzuwenden, zum einen durch unser erkennendes Handeln von Liebe in der Welt, zum anderen durch ein inneres Bedürfnis aus der Erkenntnis von Wahrheit, hat neben dem Aspekt Seiner vollkommenen und unendlichen Liebe für uns auch noch einen sehr sachlich fundierten Hintergrund. Denn verharrt der Mensch in seinem selbsterzeugten Irrtum und zeigt keine „geistige Frucht" des einsichtigen Erkennens und Handelns, so kommt er in die Situation des bekannten symbolischen „Feigenbaumes", der auch hier als ein bildhaftes Gleichnis steht für die „geistige Unfruchtbarkeit" des Menschen (die in Klammern eingesetzten Texte sind vom Autor): „Jemand (Gott) hatte in seinem Weinberg einen Feigenbaum gepflanzt und kam, um nach den Früchten (die geistige Entwicklung des Menschen) zu sehen; doch er fand keine. Da sagte er zum Gärtner (Christus): ‚Nun komme ich schon drei Jahre hierher und suche an diesem Feigenbaum Früchte, finde aber keine. Nimm die Axt, und haue ihn um.' – ‚Herr', flehte jedoch der Gärtner – ‚laß ihn wenigstens noch dieses Jahr stehen! Ich will noch einmal den Boden um ihn locker und einen Korb voll Dünger (Liebe) darauf streuen. Vielleicht bringt er im kommenden Jahr doch noch Frucht (Erkenntnis); wenn nicht, dann magst du ihn aushauen lassen."(Lukas, 13:6)

Bringen wir keine „geistige Frucht", so „vertrocknet" der geistig spinale Ast in seiner Bewußtseinskraft immer mehr, und wir werden zu den geistig Toten gezählt, die „kein Leben mehr bringen". Erinnern wir uns hierbei an das geistige Bewußtsein, über das kosmische Seelenfluide angezogen werden wie von einem Magneten, mit deren Hilfe die Seele das mentale Bewußtsein zu einem immer stärker ausgerichteten geistigen Wollen bringt. Wille und Begierde sind der höhere und niedere Ausdruck und Aspekt des geteilten Geistes, doch desselben „Baumstammes", des gleichen Ursprungs. Himmel und Hölle liegen in uns selbst verankert, was bedeutet, daß wir uns durch unseren geistigen Willen nach oben, in das Licht, oder auch nach unten, in die Finsternis, entwickeln und ziehen lassen können. Nach unserem freien Willen. Das richtige Wollen – es gibt zwei Arten des Willens in uns, den niederen des Egos und den höheren des Geistes – ist wahrhaft eine „königliche Kunst". Bei den Willensschwachen liegt die Willensschwäche in einem mangelnden Zusammenspiel von Spinalis und Astralis. Es fehlt die innere Nervenkraft, das höhere Wollen auch durchzusetzen, denn Erkennen, Wille und Tat müssen zu einer Einheit verschmolzen werden. Erstaunlicherweise erbringen wir oft eine ungeheure Energieanstrengung für das materielle Durchsetzen eines falschen Willenspotentials, welches wir aus einer persönlichen Egohaltung zur Wunscherfüllung aktivieren und aufbringen. Würden wir für uns die gleiche Anstrengung und Kraft im geistigen Willensbereich eines höheren Wollens einsetzen, so würden wir wahrlich „Berge versetzen" können. Und um eben eine solche neue Willensausrichtung geht es Jesus, wenn er sagt: „Wer in meine Fußstapfen treten will, der muß auf seine rein menschlichen Wünsche verzichten. Er muß das für ihn bestimmte Kreuz auf sich nehmen. Dann erst kann er mein Nachfolger sein. Denn wer sich nur sein leibliches Wohl zu sichern sucht, wird das geistige verlieren. Wer jedoch das leibliche Wohl um meinetwillen preisgibt, der wird das geistige finden. Denn was könnte es einem Menschen helfen, wenn er die ganze Welt gewänne, aber sein geistiges Wohl dabei einbüßte? Oder was könnte ein Mensch an irdischem Lösegeld für sein verlorenes geistiges Wohl bezahlen?"(Matthäus, 17:24)

Diese Seine Mahnung hat, wie alles, was Er sagte, natürlich einen tiefen Hintergrund, und es ist in der Tat auch hier ein sehr nüchterner, nicht symbolisch gemeinter Ausdruck, die seiner liebenden Fürsorge als „Gärtner im Weinberge Gottes", der sich um seine „Feigenbäume" sorgt. Und diese liebende Fürsorge ist durchaus nachzuvollziehen, wenn wir folgendes bedenken: Wenn das intellektuelle, mentale oder spinale Bewußtsein *einseitig* mit seinen Willenskräften spekuliert, also sich einseitig in das reine Verstandesdenken des Ego verliert und verstrickt, so erfolgt automatisch eine Störung in der Aufnahme des Astralfluids, das der Gefühle, welches durch eine dynamische Wechselwirkung zwischen den spinalen und astralen Kräften entsteht. Bei einer zunehmenden weiteren negativen Aktivierung kann dies sogar zu einem äußerst lebhaften Gemenge solcher Energien führen, die sich durch eine astrale Fremdbeeinflussung (Besetzung) dynamisch steigern können, da sie sich an diese Energien anheften. Das bringt dann nicht nur eine weitere Verdorbenheit des Blutes mit sich, eine grob-feinstoffliche ätherische Vergiftung, sondern ebenso Krankheit, Elend und Leid. Außerdem führt es, was oft zu beobachten ist – hier schließt sich dann der negative Kreislauf – zu einer tiefen Verdunkelung des Bewußtseins. Das einst warme Herz zieht sich zusammen, kühlt ab und verliert die geistige Verbindung zum Christusbewußtsein, zur Liebe. Kommt eine solche Verdunkelung zustande, so ist der Fortgang auf der abschüssigen Ebene, die zu immer weiteren und tieferen Störungen der Gesamt-Persönlichkeit führt, dann irgendwann unwiderruflich. Der „Feigenbaum" wird abgehauen, das Bewußtsein des Menschen fällt in Finsternis! Dies ist Seine Sorge um uns, der Grund seiner ständigen Mahnung und liebevollen Fürsorge!

Den Weg in der Nachfolge Christi zu gehen bedeutet nun nicht, in Sack und Asche, in asketischer Armut dahinzuvegetieren, oder das gesamte Hab und Gut verkaufen zu müssen. Doch es bedeutet, daß wir eine innerliche Abkehr des Verlangens an die Welt erreichen, der Dinge und Menschen, die uns hier in der Materie festhalten und binden, daß wir uns innerlich davon lösen aus der erkennenden Einsicht, wes „Geistes Kind" wir wahrhaftig sind, um dadurch frei zu werden. „Wenn jemand zu mir kommen will, so darf er auf Vater oder Mutter, Weib oder Kind, Bruder oder Schwester, ja nicht einmal auf sein *eigenes* Leben Rücksicht nehmen; sonst kann er nicht mein Jünger sein. Wer das für ihn bestimmte Kreuz nicht auf sich nimmt und so in meine Fußstapfen tritt, gehört nicht zu meinen Jüngern."(Lukas, 15:26, nach Greber) Diese Seine Worte dürfen nicht mißverstanden werden, sie rufen nicht dazu auf, sich den selbsterzeugten Verantwortlichkeiten dieser Welt durch Flucht zu entziehen, um Ihm „nachzufolgen"! Also alles stehen und liegen zu lassen, um sich so unter Berufung auf Ihn aus unbequemen irdischen Schwierigkeiten davonzuschleichen. Wir sollen unseren Willen leben, doch den wahren, der unser wirklicher Wille ist, um aus der Zerrissenheit, der Zweiteilung zu kommen, von der ja nun so oft gesprochen wurde. Nein sagen zu unseren Wünschen, heißt, nein sagen zu unserer niederen Gefühlsnatur, aus der alle fehlgeleiteten Begierden und Wünsche an das irdische Leben kommen. Nein sagen zu dem, was uns durch einen verblendeten Verstand nach unten ziehen will, in die Dunkelheit abschüssiger Ebenen.

Das ist das „Kreuz", welchem wir täglich zu begegnen haben, indem wir wachsam den einfallenden negativen Kräften widerstehen. Es bedeutet nicht, auf ein reiches (auch materielles) und gutes, lustvolles Leben zu verzichten oder keine Verantwortung für eine Familie zu tragen. Wollen wir den Himmel, das Licht erreichen, so dürfen wir dieses nicht in einem rein körperlichen Begehren oder in den Wolken suchen, dort, wo es nicht zu finden ist. Es ist weder im Körper noch im irdischen Himmel, sondern dort, wo die Erlösung zu finden ist, also jenseits des Himmels, im Licht der ewigen Wahrheit Gottes. Immer sollte daran gedacht werden, daß das materielle Leben keine Garantie der Sicherheit für ein dauerhaftes Glück bietet, ja, daß es letztlich unmöglich ist, Befriedigung aus einer Welt zu ziehen, die Ausdruck unserer eigenen Begrenzung ist. Die Welt ist zusammengesetzt aus Angst und Schuld, in der alle Vorstellungen und Hoffnungen von sogenanntem Glück als Illusion zerplatzen und allerspätestens beim Tode enden. Nie werden wir also letztlich das erreichen, was wir wollen, da die Welt und wir vergänglich sind, wie es auch in einem Gleichnis vermittelt wird:

„Einer aus der Volksmenge richtete die Bitte an Ihn: „Meister, sage doch meinem Bruder, er solle das Erbe mit mir teilen!" – „Mein lieber Mann", antwortete Jesus, „wer hat mich zum Schiedsrichter über euch gesetzt?" Daran schloß er die Mahnung: „Sehet euch vor und seid auf der Hut vor jeder Art von Habsucht! Denn für keinen hängt sein Lebensunterhalt von dem ab, was er an Überfluß besitzt." Zur Erläuterung dieses Ausspruches erzählte er ihnen folgendes Gleichnis: „Einem reichen Mann hatten seine Äcker eine sehr gute Ernte eingebracht. Da dachte er: Was soll ich tun, da ich keinen Raum habe, um meine Ernte einzubringen? Schließlich sagte er sich: Ich will es folgendermaßen machen: meine Scheunen will ich abreißen und größer bauen und darin alle meine Früchte unterbringen; dann will ich zu meiner Seele sagen: „Liebe Seele, du hast nun einen reichen Vorrat; jetzt laß es dir wohl sein!" Aber Gott sprach zu ihm: „Du Tor! Noch in dieser Nacht fordert man deine Seele von dir. Wem wird dann alles zufallen, was du aufgespeichert hast?" Indem er sich an seine Jünger wandte, fuhr er fort: „Darum sage ich euch: Fraget doch nicht ängstlich, ob ihr genug zu essen haben werdet, um leben zu können; auch nicht, ob ihr ausreichend Kleidungsstücke besitzen werdet, um eure Körper damit zu bekleiden. Das Leben ist ja wertvoller als die Nahrung und der Körper wertvoller als die Kleidung. Seht euch die Vögel des Himmels an! – Sie säen nicht und sie ernten nicht; sie haben keine Vorratskammern und keine Scheunen, und Gott ernährt sie doch. Ihr seid ebensoviel wert als die

Vögel! Wer von euch vermag seiner Lebenszeit auch nur eine Spanne zuzusetzen? Und so in allen anderen Dingen. Warum macht ihr euch also Sorgen? Betrachtet die Lilien, die weder spinnen noch weben; und doch sage ich euch, daß nicht einmal Salomo in all seiner Pracht so herrlich gekleidet war wie eine von ihnen. Wenn nun Gott die Blume auf dem Felde, die heute steht und morgen in den Ofen geworfen wird, so herrlich kleidet, dann tut er dies wenigstens in demselben Maße euch gegenüber, ihr Kleingäubigen!" – „Fraget daher nicht ängstlich, was ihr essen und trinken sollt, und laßt euch nicht zwischen Hoffen und Fürchten hin und her zerren. Denn über all das ängstigen sich die, welche ohne Glauben und Gottvertrauen durch das Leben gehen. Euer Vater weiß ja, daß ihr dies alles nötig habt. Suchet vielmehr die Verbindung mit seinem Geisterreich zu erlangen. Dann wird euch alles andere als Zugabe zuteil werden. Habe also ja keine Furcht, du kleine Herde! Denn es ist im Heilsplan des Vaters bestimmt, euch das Himmelreich zu geben. Verkauft die Güter, über die ihr frei verfügen könnt und gebt den Erlös als Almosen hin. Verschafft euch nicht Geldbeutel, die durch Altwerden verschleißen, sondern ein unerschöpfliches Schatzkästlein, das im Jenseits steht, wo kein Dieb hinkommt und keine Motte etwas verderben kann. Denn da, wo eure Schätze sind, da wird auch euer Herz sein."(Lukas, 12:13, nach Greber)

Die im Lichte einer solchen Wahrheit erkannte Welt schafft das Vertrauen und ist die Vorraussetzung für das Verständnis und die Grundlage jeglicher Veränderung, für alle aufbauenden inneren Prozesse geistigen Wachstums. Hier finden wir auch den Schlüssel für die Geistige Heilung, als einen weiteren Heilsplan Gottes für die ganze Menschheit. Dieser Plan ist so alt wie die Menschheit selbst, aber gerade jetzt, in der Wandlungsphase des Planeten, in der die Menschheit so dringend der geistigen Hilfe und Unterstützung bedarf, ist sie von unschätzbarem Wert für jeden Einzelnen. Man muß sie nur als Hilfe annehmen wollen, als eine bereits für jeden offene Tür, als ein Instrument des Geistes in der Zeit, welches seinen Segen für alle bereithält.

Die Ignoranz eines verdunkelten Verstandes, wie sie sich aus Unkenntnis und durchaus auch niederen Motiven fehlgeleiteter Vernunft noch vielfach gegen die Geistige Heilung zeigt, bezieht sich jedoch vorrangig in solchen Fällen auf ein gespeichertes Lernprogramm von Vorurteilen, die jeglicher Grundlage entbehren. Im Gegenteil, nur über die Geistheilung kann wahrhaft Heilung erzielt werden, wie jeder Einsichtige nach dem Lesen und Erfassen dieses Buches für sich erkennen sollte. Eine Ablehnung der Geistigen Heilung ist

Ausdruck eines falschen Lehr- und Lernprogramms, entstanden aus Vorurteilen des sich selbst begrenzenden Verstandes. Das mag hilfreich sein im Gegenüberstellen von Analogien gelebter medizinischer Erfahrungswerte, doch die Wahrheitsfindung ist das nicht, sondern nur ein Vorurteil aus übernommenen, rationalisierten Schlußfolgerungen.

Die sogenannte „Logik der Vernunft", die immer versucht, sich aufgrund einseitiger, subjektiver Erfahrungen fragmentierter Lebensinhalte abzusichern, wird die Wahrheit immer ablehnen. Das, was ist, das darf nicht sein, weil es den Verstand zutiefst verunsichert und gefährdet. Durch ein ewiges Tasten und Suchen in der Materie und übernommene, nicht mehr zeitgemäße Anschauungen wird auch die Geistige Heilung nicht begriffen. Etwa so, wie ein Mensch, der verbissen in seinem eigenen Irrtum nach der Wahrheit sucht. Diese kann nur über die grenzüberschreitende Intuition einer Bewußtseinserweiterung für sich erfahren werden, doch ist das nur möglich durch ein vertrauensvolles Öffnen des Verstandes, durch ein Beiseiteschieben aller bisher gemachten Vorstellungen, Erfahrungen und Vorurteile. So wenig, wie es möglich ist, im „Bösen" zugleich „gut" zu sein, so wenig ist es möglich, in der Illusion die Wahrheit zu finden. Im Gegensatz zum Verstand sucht und analysiert die Intuition nicht, sie hat die unmittelbare Wahrnehmung dessen, was Wirklichkeit ist, als ein ganzheitliches Bewußtsein, welches sich auf einem inneren Wissen begründet, welches einfach weiß. Intuition ist im Gegensatz zur Vernunft grenzenlos, da sie als Bestandteil kosmischer Intelligenz grenzüberschreitend ist. Überlassen wir uns dieser, so kann auch die Geistige Heilung als ein Heilsplan des Allerhöchsten den Menschen erreichen, wie sich immer wieder zeigt und sich dadurch selbst beweist. Ein jeder, der sich hier vertrauensvoll dem Geist zu öffnen vermag, kann eine solche Heilung erfahren, die ihn, je mehr er es zuläßt, dann in seiner tiefsten Tiefe erreicht, ihn von innen her lichtet und ihn so in die Heilwerdung führt.

Erkenntnis ist Heilung. Der Mensch lebt Bewußtsein und Selbstbestimmung, die ihn erst noch in die Erkenntnis und damit Heilwerdung führen soll. Und dies unterscheidet die Natur und Kreatur vom Menschen ganz wesentlich. Beide haben zwar einen Überlebenstrieb zur Arterhaltung, wie der Mensch ebenso, doch verfügt der Mensch, im Gegensatz zur Natur und Kreatur, über die sogenannte Vernunft und ist damit im wesentlichen noch auf der Suche nach Selbstverwirklichung. Die Natur und Kreatur dagegen lebt im Sein. Der Mensch will und möchte sich erst finden, sich selbst erkennen, aus dem Drang seines innersten Wesens, aus seinem geistigen Kern heraus. Er, der Mensch, will die bewußte Selbstannahme als ein Schlüsselmerkmal seines Evolutionsprozesses für sich leben. So bemüht er seinen irrenden Verstand mit ständigen Fragen und grübelnden Gedanken über die Welt und sich selbst, mit der Frage nach dem Warum, Weshalb und Wozu, dem Wieso, Wann, Wie und Wo. Doch gerade durch das ständige Hinterfragen verstrickt sich der Verstand, verwickelt sich in einer ständigen Rückschau auf altes, bereits Gewesenes und zuglcich, in einem hoffenden Vorausblicken, in einem nicht gelebten Jetzt. Dadurch geht der Mensch nicht in die Heilung, die er für sich sucht, in die Ganzheit und das Sein seiner wahren Natur. Im Gegenteil, er beginnt sich immer mehr in sich selbst zu verlieren und zu fragmentieren, wodurch für ihn alles Suchen und Fragen zur vergeblichen Liebesmüh wird. Hier werden Energien bewegt, die nicht zum Vorteil gereichen, nur ein ständiges Hin und Her der Gedanken und Gefühle ist das Ergebnis.

Als eine „Krönung" des ganzen Bemühens kann festgestellt werden, daß der Kampf für den Frieden, der Kampf gegen Elend und Not, gegen Leid und Schmerz und ebenso der Kampf gegen die unabdingbaren Schicksalsschläge nur weitere vergebliche Bemühungen sind. Solche „Kämpfe gegen" führen nicht aus den Problemen heraus, sondern aufgrund der gelebten Resonanz als Verstärkung eher in sie hinein. Es sollte mehr Hilfe zur Selbsthilfe gegeben werden, mehr wahre Liebe und Menschlichkeit, anstatt Panzer und Granaten. Ebenso zeigt sich, daß auch die zunehmende Bildung einer breiten Bevölkerungsschicht und deren äußere Suche nach Wahrheit die Menschheit nicht in die geistige Entwicklung geführt haben, sondern eher aus ihr heraus. Da war kein Hinlenken auf das, was wirklich von Bedeutung ist, da wurde irdisches Wissen vermittelt, was gut und richtig ist, doch kein geistiges Bewußtsein. Ist nicht Gott die Summe all dessen, was ist? Sollte dann Ihm nicht mehr Beachtung und Aufmerksamkeit geschenkt werden, auch in den Schulen, in der Politik und in gesellschaftlichen Fragen? Anstatt in den Herzensfrieden gefunden zu haben, wird die Menschheit immer „gebeutelter", immer zerrissener in sich. Der „Kampf gegen..." führte zum Kampf gegen sich selbst, nicht in den inneren Frieden sondern aus ihm heraus.

Natur und Kreatur stehen zwar noch in einem solchen Frieden, da sie nicht die Entscheidungsmöglichkeiten des Menschen, dessen gegebene Vielfalt seines wachen Geistes besitzen – Tiere leben nicht Willensfreiheit, sie unterliegen ihrem Instinkt –, doch wie lange noch, da die Natur und die in ihr lebende Kreatur bereits ebenfalls schon zutiefst gestört sind. Beide haben keine solchen Wahl- und Entscheidungsmöglichkeiten eines freien Willens wie der Mensch – sie sind einfach, wodurch die Verantwortung des Menschen für beide um so stärker gegeben ist. Doch diese Entscheidungsfreiheit des eigenen Willens, die uns gegenüber der Natur „auszeichnet", sie hat die Menschheit in keinem Jahrhundert, in keinem Jahrtausend wahrhaft geistig vorwärtsgebracht, wie es ja deutlich an der Natur und vor allem an der Menschheit heute selbst zu erkennen ist. Da die genetischen Grundstrukturen des Menschen und damit die Körperveränderungen als „Form" seit Jahrtausenden mehr oder weniger unbedeutend sind, könnte man meinen, daß sich hier vielleicht wenigstens ein ethisches Bewußtsein und besseres Gehirn entwickelt hat. Nein, es gibt nur das weitere Hinterfragen: „Wozu sollte das gut sein, wozu kann mir dies oder das dienen, was bringt es mir?"

Durch das größer werdende Erkennen materieller Möglichkeiten und das zunehmende wissenschaftliche Denken entstand die Hybris eines „Ich"-Bewußtseins, welches zugleich die „Fehlschöpfungen" des Menschen vervielfachen. So wurde und wird die Welt letztendlich geistig immer ärmer und zugleich, bei allem technischen Fortschritt, in sich immer unausgeglichener und defekter. Auch der Mensch wird zunehmend mit sich selbst und der ihn umgebenden Umwelt immer hilfloser, fühlt sich immer elender und kränker. Die physische Armut wird weltweit ebenso folgen und nicht mehr lange auf sich warten lassen, auch in den bisher so reichen Ländern dieser Welt. Bei allem zeigt sich eine Ignoranz von wissenschaftlichem Dogma, die bereits zu einem neuen Götzendienst führt, da sie die Wahrheit einfach nicht anerkennen will oder vielleicht wirklich nicht kann. Dies gilt selbstverständlich nicht pauschal, doch schöpferische, innovative und auch intuitive Kräfte haben, genau wie in der althergebrachten Schulmedizin, einen sehr schweren Stand.

Die Jagd nach mehr Sicherheit, Optimierung, Bequemlichkeit, Freizeit, materiellem Wohlstand – über den dann auch noch einseitig von kleinen Gruppierungen verfügt wird –, nach mehr Vergnügen und Abwechslung, nach immer mehr und mehr, alles das bringt die Menschheit nicht weiter. Ebensowenig wie auch die Sucht nach immer mehr „geheimem geistigen Wissen", welches zumeist nicht um der Wahrheitsfindung willen, sondern aus der Vorstellung damit verbundener Macht und Besonderheit, also um der eitlen Befriedigung der Ich-Sucht willen gesucht wird. Alles das führt letztlich nicht in das Heil, sondern in das Unheil des Menschen. Der Größenwahn, der nun zu Ende geht, wurde zu einer „Einbahnstraße", an deren Ende wir stehen. Hinter dieser öffnet sich ein Abgrund, dessen Tiefe nur die wenigsten zu erkennen vermögen. Eine zunehmende Angst, geboren aus dem Verstandesdenken, führt die Menschheit in die Vernichtung, die, so die anerkanntesten Wissenschaftler der Welt, in den nächsten fünfzehn bis zwanzig Jahren erwartet wird. Der angebetete Verstand, der von uns selbst eingesetzte Götze, schaut nur auf sich selbst, ist allein auf wirtschaftlichen Mehrwert und Vergnügungssucht ausgerichtet. Der Verstand hat sich von der Wirklichkeit des Lebens abgespalten, und so hat sich der Mensch mehr und mehr von Gott entfernt. Er wurde mehr oder weniger zu einem lebendigen Toten, zu einem menschlichen Roboter und damit zu einem Diener des Verstandes, zum „Diener der Angst", der sich durch einen solchen Mißbrauch immer mehr selbst verkrüppelt.

Die Welt wird immer hektischer, zugleich immer kleinkarierter, aggressiver und auch kränker. Allein das Innehalten auf einem solchen verderblichen Weg vermag die Menschheit noch zu retten. Ein Innehalten, das zur inneren und damit äußeren Ruhe führt! Die Ruhe ist der Träger des Bewußtseins, und damit das göttliche Fundament, auf dem wir wieder aufbauen können, um den richtigen Schritt „zurück" in die Weiterentwicklung zu gehen. Erst hier kann sich Gott in der Welt und auch im einzelnen wieder offenbaren, kann die Welt in die Geistige Heilung geführt werden. Dann kann nicht nur die Natur und Kreatur, sondern auch der Mensch in die Freiheit der Erlösung finden. Von Max Planck, dem großen Physiker, hören wir: „Wahrheit triumphiert nicht dadurch, daß sie ihre Gegner überzeugt und sie das Licht sehen läßt, sondern vielmehr dadurch, daß ihre alten Gegner aussterben und eine neue Generation heranwächst, die mit der Wahrheit und dem Licht vertraut ist." Hoffen wir also auf die nächste Generation, die jetzt heranwächst, auf das neue Leben im Geiste, auf eine neue Welt mit neuen Menschen und Gedanken.

Zeitenwende

Alles bisher Verborgene und Gehütete, so wurde von alters her prophezeit, wird sich der Welt einmal enthüllen. So haben sich nicht nur die Mysterienschulen mehr und mehr nach außen geöffnet, um den geistigen „Durst" der wahrhaft Suchenden in der Welt zu stillen, sondern es zeigt sich auch eine zunehmende Öffnung der Geistigen Welt, als ein eindringlicher Ruf zur Auferstehung und der Mahnung zum geistigen Erwachen. „Siehe, Ich mache alles neu", sagte einst Christus und dies bezog sich wahrhaft auf alles: auf das persönliche Leben eines jeden einzelnen, auf das Denken, Fühlen und Erleben und ebenso auf die Erde. Das, was himmlische Propheten und inspirierte Seher schon lange verkünden, wird nun bald geschehen, denn eine Erdenrunde ist wieder zu Ende gegangen, und die Menschheit steht in einer Zeitenwende. Die reichen Bekundungen aus lichten Höhen zu diesem Geschehen, wie sie uns zur Zeit erreichen, gehen einer planetarischen Umwälzung voraus. Sie sollen eine zunehmende und vollkommenere Schau der göttlichen Wahrheit für den Weg zur Umkehr schenken. Die Menschheit geht heraus aus alten Abhängigkeiten und hinein in schöpferische Selbstbestimmung. Die Evolution wird vorangebracht, um den menschlichen Geist auf ein höheres Niveau zu tragen, und die große Weltenwende wird immer größere Enthüllungen transzendenter Wahrheiten mit sich bringen. Licht soll es nun endgültig hier auf Erden werden, so wie es hätte sein können, als der Stern der Verheißung über dem Stall zu Bethlehem erstrahlte. Deshalb sollen wir unser Bewußtsein ausdehnen, indem wir es nach innen lenken, damit wir nicht nur die Wirklichkeit des sich ausdehnenden Universums in uns erfassen, sondern auch den Sprung in die Arme des Ewigen für uns endlich vollziehen können.

Zu Ende geht die Zeit nur materieller Belange, und ein großes Erwachen wird sein, denn die Tage der Erfüllung der Worte Christi, daß diese Zeit käme, sind gekommen, ja sie sind da. Noch leben wir im Zeitalter des Überganges in ein solches Erwachen, doch wird sich bald zeigen, daß für die Menschheit und Mutter Erde ein neuer Prozeß göttlicher Schöpfung beginnt. Alles was in Gott, dem Absoluten, bisher verborgen war, wird sich bald der ganzen Menscheit offenbaren, als eine Handreichung zur Rettung der Welt. Die jetzige Zeitenwende ist der Sprung in eine neue Zeitrechnung, bedeutet den Aufstieg in ein permanentes Höherschwingen, in erhöhte Frequenzen. Die Umwandlung wird den bisher nur mentalen Blickwinkel der Menschheit erheben und die Fesseln ihrer bisherigen Begrenzungen durch das Erkennen der göttlichen Wahrheit und Wirklichkeit lösen. Vor Äonen wurde die materielle Bühne unseres Sonnensystems betreten, nicht nur auf Erden, nein, schon lange davor auf anderen Planeten und Sternen, auf uns unbekannten Systemen; jetzt kommt die Zeit, um dunkle, irdische Materie zu transzendieren, ihr endgültig zur Lichtwerdung zu verhelfen. Eine geistige Transformation findet statt, die Zeit verändert sich als Zeitbegriff, und es wird keine allgemein gültige Zeit mehr geben, da es sie nie wirklich gegeben hat. Alles wandelt sich durch Energieanhebung, der Planet Erde und damit auch wir.

Über die Erweiterung des geistigen Horizontes, durch größere Einstimmung in das göttliche Leben, Denken und Fühlen, wird das menschliche Bewußtsein die Wahrheit über das Verhältnis von Einheit und Lebensursache erfahren. Immer mehr wird erkannt werden, daß die Gesetze des physischen Universums, von den geistigen, den unsichtbaren Gesetzen des Hyperuniversum überlagert werden. Noch lebt die Menschheit innerhalb der dritten Dimension und ist mit der vierten, der für sie unsichtbaren astralen Welt, der ihrer Träume und Vorstellungen, mehr oder weniger eng verbunden. Doch wird sich jetzt schrittweise der Himmel ganz für sie öffnen, die Ebenen und Welten der fünften Dimension, in die das alte Bewußtsein, das der verstaubten Glaubensvorstellungen und menschlicher Wertungen nicht mitgenommen werden kann. Die fünfte Dimension ist das geistige Reich der Liebe und des Lichtes, in dem es keine Trennung mehr gibt, da hier das Christusbewußtsein unseres Hohen Selbstes seine Heimat hat. Der Sprung in dieses Bewußtsein bedarf jedoch der Mithilfe und des bewußten persönlichen Einsatzes jedes Einzelnen. Es bedarf zuvor der Entlarvung und Auflösung alter Dogmen und Glaubenssätze, um sich aus den alten Energien der Lieblosigkeit und Finsternis zu befreien, um das bisher verborgene Licht in sich zur Entfaltung zu bringen. Die Wahrheit als Antwort des Lebens wächst von innen heraus, aus dem Zentrum des Herzens, deshalb sollen wir den Blick dorthin richten und nicht nach außen.

Je mehr der Geist der Liebe die Herzen berührt, desto klarer wird die Wahrnehmung der Realität, beginnend mit der Schöpfungsgeschichte, endend im Hier und Jetzt: „Denn Ich will herabsteigen und euch offenbaren, daß Ich, Gott, euer Herr bin von Anbeginn der Zeit." Alle kosmogenetischen Mysterien, wie auch die Genesis der Schöpfung, wurden und werden aufgrund der heiligen Sprache der Bibel häufig mißverstanden und/oder als eine „metaphysische Dichtung" abgetan, da diese fast immer auf Paradigmen und Parabeln, also auf Beispielen und Gleichnissen modellhaften Charakters aufgebaut sind. Diese „heilige Sprache" in Symbolform und Sinnbildern hat zu tiefen Mißverständnissen geführt, da diese Allegorien einfach zu wörtlich auf das menschlich begrenzte, vorstellungsgebundene, rein rationale Denken bezogen wurden. Viele Erzählungen sind auch verschlüsselt oder wurden durch Umformulierung und falsche Übersetzungen entstellt. Hieraus entstanden die Mißverständnisse der Parabel vom Garten Eden, dem sogenannten Paradies von Adam und Eva, der Schöpfungsgeschichte in „sieben Tagen", wie auch das Sühneopfer Jesu am Kreuz von Gethsemane und vielem mehr. Solch ein wörtlich übernommenes Denken, wie auch die aus solchen sich selbstbegrenzenden Vorstellungen gezogene Sprache, die keine Begrifflichkeit für etwas hat, was außerhalb des normalen Bewußtseins und damit eines allgemeinen Verstehens liegt, besteht letztlich bis heute fort. So wurde, um hier ein Beispiel zu geben, das Sühneopfer Jesu am Kreuz aufgrund eines solchen Mißverstehens fälschlich zu einem stellvertretenden Sühneopfer gemacht. Es wurde sozusagen zum Freispruch für die selbst aufgeladene Schuld einer ganzen Menschheit „verbogen". Und genau das bedeutet es nicht. Christus hat der Menschheit den Weg der Erlösung aufgezeigt, ihn damit geöffnet, auf daß Ihm Nachfolgende Orientierung und Mut erhalten, den Weg in das Licht und die Liebe zu beschreiten. Den Weg zu gehen, das hat ein jeder für sich selbst zu tun, das wird ihm nicht abgenommen. Sowohl die kollektive Menschheit, als auch der Einzelne, hat sich selbst aus dem Irrtum der Absonderung zu erlösen, der Weg der Erlösung bedarf des bewußten, persönlichen Einsatzes.

Christus kam aus unendlicher Barmherzigkeit und einer für uns nicht nachvollziehbaren Liebe. Er kam, um den Weg aus einer für die Menschheit immer bedrängnisvolleren Situation zu zeigen, aus einer immer mehr bindenden Verdunkelung des Geistes. Die ganze Menschheit wurde immer tiefer und ausgewegloser in den Strudel dunkler, negativer Kräfte gezogen. Ein Entrinnen wäre allein, ohne geistige Hilfe – so wie auch heute – unmöglich gewesen. Diese Situation wurde durch den Mißbrauch des Verstandes geschaffen, dem man sich immer mehr unterwarf, da dieser zunehmend zum Werkzeug dunkler Kräfte wurde. Die Menschheit wurde insgesamt immer erdgebundener, immer bedingungsloser an die Materie, an Zeit und Raum gefesselt, und es hätte zum Ende der ganzen Menschheit geführt, hätte Er der Menschheit nicht das Licht gebracht. Die Spannungen zwischen den Mächten der Finsternis und denen des Lichtes sind auch heute wieder gewaltig geworden. Es sind keine abstrakten, sondern konkrete Kräfte einer kosmischen Realität des Ringens um die Welt. Solange Gottes Liebe am Werke ist, ist nicht zu befürchten, daß die Welt in das Verderben der Finsternis stürzt, jedoch hängt die Verwirklichung des Weltzieles, die Freiheit des Menschen, von seinem Mitwirken bei diesem Ringen mit ab. Ein solches Mitwirken ist eine freie Entscheidung, welche abgelehnt oder angenommen werden kann, wodurch, wie es heißt, jedoch die Entwicklung des schöpferischen Prozesses unvorhersehbar wird. Eines steht jedoch bereits fest: Die Erde wird gereinigt, um sie in höhere Frequenzen zu ziehen. Sie ist dabei, in ein neues System von „Lichtkörpern", mit neuen Menschen und Gedanken aufgenommen zu werden, und sie wird sich durch eine Erhöhung der Schwingungsfrequenzen nun stufenweise lichten, und dabei werden auch die Naturgewalten freigesetzt, um ihr Werk an der Erde zu vollbringen. Die Schattenansammlung menschlicher Irrungen, wird durch das Feuer einer geistigen Regeneration verwandelt, um die Menschheit aus ihren isolierten Träumen zu erlösen. Sie soll auf den Gipfel ihrer Entwicklung gelangen, damit die Ganzheit des wahren Menschen hervortreten kann.

So war auch das Erscheinen des Kometen Hale Bopp kein „Zufall", sondern er läutete, für alle sichtbar und von den Wissenden schon lange vorausgesagt, die nun auf uns zukommenden Veränderungen ein, um die Menschheit zu lichten und die Seelen zu erheben. Dieser Komet ist von gleicher Art wie vor zweitausend Jahren der sogenannte Stern zu Bethlehem, der aus der Zentralsonne des ewigen Lichtes hervorgegangen ist. Es heißt aus der Geistigen Welt, daß sein Kern von hoher geistiger Kraft erfüllt ist und diese auf seiner Bahn an der Erde vorbei zur Wirkung kam, was sichtbar wird, wenn die Zeit der Reinigung beginnt. Sie hat begonnen und ist nicht mehr aufzuhalten. Seine Kraft bringt durch Veränderung der Erdgravitation Wetterkatastrophen, Wirbelstürme, Erdbeben, Vulkanausbrüche, Überschwemmungen, Brände und Klimaveränderungen mit sich und, wie vorausgesagt, weitere kriegerische Auseinandersetzungen zwischen den Völkern, was auch zu einer Völkerwanderung führen wird, zu einem immer größeren Vermischen der Nationen. Sein Einfluß zeigte sich bereits viele Jahre zuvor, ohne daß die Menschheit von ihm wußte, und es wird ebenso viele Jahre dauern, bis er die Erde wieder aus seinem Einfluß entläßt. Dann wird die Erde gereinigt sein.

Die Natur ist aus dem Gleichgewicht geraten durch die Schändung der Erde, es kann das Gleichgewicht der Systeme nicht mehr gehalten werden. Doch wird sie nicht sterben, denn der Mensch kann die Natur nicht töten, sie tötet ihn, und dann wird eine Wiederkehr und ein neues Erblühen der Welt sein. Das, was die Apostel und die Propheten der Neuzeit bereits verkündeten, das wird nun wahr, es wird sich nun alles erfüllen. Zum Segen für die, die Liebe für Gott in ihren Herzen tragen und zum Schrecken für die Spötter und Ungerechten. Eine solche Reinigung wurde bereits in den sieben Siegeln der Johanneischen Apokalypse offenbart, und der Zweifler soll sich, so er will, darüber informieren, doch drei Auszüge, aus Kapitel 5, 8 und Kapitel 21, nach dem Neuen Testament, aus dem Griechischen neu übersetzt von Johannes Greber, mögen dies bereits hier verdeutlichen. Auszug Kapitel 5: „Darauf sah ich in der Mitte zwischen dem Throne und den vier Wesen (Löwe, Stier, Adler und Widder mit dem Menschenangesicht; der Autor) und in der Mitte der Ältesten ein Lamm stehen. Es sah aus, als wäre es geschlachtet. Es hatte sieben Hörner und sieben Augen; das sind die sieben Geister Gottes, die als Boten Gottes in der ganzen irdischen Schöpfung zu wirken haben. (Die sieben Engel vor Gottes Thron, die sich in den sieben Sephirah offenbaren; siehe Kapitel „Der Geist des Widerstandes"; der Autor) Da ging das Lamm hin und nahm das Buch aus der rechten Hand dessen, der auf dem Throne saß…"

Kapitel 8: „Als nun das Lamm das siebente Siegel löste, trat eine Stille im Himmel ein, wohl eine halbe Stunde lang. Ich sah, wie den sieben Engeln, die vor Gott stehen, sieben Posaunen gereicht wurden…Hierauf nahm der Engel die Räucherpfanne, füllte sie mit glühenden Kohlen vom Altar und schleuderte sie auf die Erde. Da ertönte ein lautes Geschrei; Blitze fuhren nieder und Donnerschläge folgten, und die Erde erbebte. Hierauf machten sich die sieben Engel, welche die sieben Posaunen in der Hand hatten, zum Blasen fertig. Der erste Engel blies. Da entstand Hagel und Feuer, mit Blut vermischt, und wurde auf die Erde geschleudert. Der dritte Teil der Erdoberfläche verbrannte, der dritte Teil der Bäume verbrannte, und alles grüne Gras brannte nieder. Da blies der zweite Engel. Nun war es, als ob ein großer, feuerglühender Berg ins Meer geschleudert würde. Ein Drittel des Meeres wurde zu Blut, und ein Drittel der im Meere lebenden Geschöpfe fand den Tod, und ein Drittel der Schiffe wurde vernichtet. Nun begann der dritte Engel zu blasen. Da fiel ein großer Stern, der wie eine Fackel brannte, vom Himmel herab und traf den dritten Teil der Flüsse und der Wasserquellen. Der Name des Sternes ist „Wermut". Da wurde ein Drittel der Gewässer zu Wermut. Viele Menschen starben von dem Genuß des Wassers, weil es bitter geworden war. Der vierte Engel blies. Da ging eine Erschütterung durch den dritten Teil der Sonne, durch den dritten Teil des Mondes und durch den dritten Teil der Sterne, so daß dieses Drittel von ihnen sich verfinsterte. Der Tag hatte infolgedessen während eines dritten Teiles kein Licht, und ebenso die Nacht. Hierauf sah ich einen Adler hoch oben am Himmel fliegen und hörte ihn mit gewaltiger Stimme rufen: ‚Wehe, wehe, wehe den Bewohnern der Erde wegen der Posaunenstöße der drei letzten Engel, die noch blasen werden.'"

Und Kapitel 21: „Nun sah ich einen neuen Himmel und eine neue Erde. Denn der vorherige Himmel und die vorige Erde waren vergangen. Auch das Meer war nicht mehr da. Hierauf erblickte ich die heilige Stadt (Shamballah; der Autor). Sie kam vom Himmel herab, von Gott her und glich einer Braut, die sich zur Vermählung mit ihrem Bräutigam geschmückt hatte. Gleichzeitig hörte ich eine laute Stimme vom Throne her rufen: „Das ist die Wohnstätte Gottes unter den Menschen! Er wird unter ihnen wohnen; sie werden sein Volk sein, und Gott selbst wird unter ihnen sein! Abwischen wird er alle Tränen von ihren Augen! Es wird keinen Tod mehr geben, kein Leid, keine Klage, keinen Schmerz; denn zum erstenmal sind alle diese Dinge endgültig vorüber!" Und der, welcher auf dem Throne saß, sprach die Worte: „Siehe, ich mache alles neu!" Dann fuhr er fort: „Schreibe alles nieder! Denn auf diese Worte kannst du dich verlassen; sie sind Wahrheit." Weiter sagte er zu mir: „Ich bin's – ich, das Alpha und das Omega – der Anfang und das Ende! Dem Durstigen werde ich aus dem Wasserquell des Lebens zu trinken geben! Wer den Sieg davonträgt, soll dies alles als sein Erbteil erlangen! Ich will sein Gott, und er soll mein Kind sein! Doch den Feiglingen und Glaubenslosen, den Unreinen und Mördern, den Unzüchtigen und Giftmischern, den Götzendienern und all den Lügnern soll die verdiente Strafe in dem See zuteil werden, der von Feuer und Schwefel brennt! Das bedeutet für sie von neuem den geistigen Tod!"

Das Kapitel „Die vier Gesichter Gottes" zeigt die Bedeutung des „Thrones", des „Lammes" und auch des „Adlers" auf. Ein jeder wird, so er will, die Wahrheit der Offenbarung für sich deuten. Und auch erst jetzt, am Beginn der Zeitenwende, in der sich für uns der „Geist der Wahrheit" als Christusbewußtsein zunehmend zu öffnen beginnt, die Menschheit reif geworden ist, in die ganze Wahrheit eingeführt zu werden, erhalten die Worte Jesu, die er kurz vor seiner Kreuzigung zu den Jüngern sprach, eine für uns neue, viel tiefere Bedeutung, die immer klarer wird: „Noch vieles habe ich euch zu sagen, aber ihr könnt es jetzt nicht tragen. Wenn aber jener, der Geist der Wahrheit, gekommen ist, wird er euch in die ganze Wahrheit leiten, denn er wird nicht aus sich selbst reden, sondern, was er hören wird, wird er reden und das Kommende wird er euch verkündigen."

Der Geist der Wahrheit ist gekommen. Die zu Ende gehende Zeitperiode des 20. Jahrhunderts war die des Erzengels Gabriel, der uns die Tür in ein neues Zeitalter, in das sogenannte Wassermannzeitalter, öffnete. Es wird nun der gesamten Menschheit „das Wasser des Lebens" als ein Symbol der Wahrheit und des wahren Lebens aus dem Heiligen Geist heraus gereicht, der sie in eine Lichtspirale geistiger (R)Evolution führen will, in der alles bisher Getrennte die Einheit des Lebens erfahren soll und wird. Das Gesetz einer solchen Lichtspirale folgt dem Gesetz der göttlichen Liebe, als ein Liebesakt für die ganze Schöpfung, auch wenn unsere Fähigkeit, dies zu verstehen und nachzuvollziehen, sicherlich noch mehr als nur begrenzt ist. Das Prinzip des kosmischen Gesetzes eines ewigen Wandels und Werdens in das Licht zeigt sich zum Beginn des neuen Zeitalters wieder mehr als deutlich. Es ist die Erneuerung in eine neue Weltordnung, welche die ganze Menschheit in die Geistige Heilung, Lichtung und Anhebung des Lebens führt, denn Ganzheit ist gefragt.

Jetzt muß der Mensch lernen, in seine eigene Identität zu finden, muß erfassen, daß es in der äußeren Welt immer weniger Halt gibt. Genau das wird die Schwierigkeit der kommenden Zeit sein, die es als die Qualität und Wellenbewegung des Wassermannzeitalters zu erkennen gilt; einer Wellenbewegung, die sowohl nach unten, wie auch nach oben schwingt, doch in deren Zwischenraum nichts mehr ist, was einen Halt in der äußeren Welt zu geben vermag, da ein solcher nur im Menschen selbst und nicht im Außen zu finden ist. Im Idealfall ist man wie ein Wellenreiter, der sich den Schwingungen der Höhen und Tiefen eines wachsenden Bewußtseins als Wellenbewegung durch innere Flexibilität anpaßt, wie auch deren sichtbaren Begleiterscheinungen. Erst wenn gelernt wird, daß es zwischen Himmel und Erde keine Trennung gibt, zwischen dem, was als Mensch und Persönlichkeit durch den trennenden Verstand so angesehen und empfunden wird und dem, was das innere Christus-Bewußtsein ist, erst dann wird die gesamte Zellstruktur durchlichtet, sodaß beides zu einem inneren Raum-Zeit-Kontinuum im ICH BIN verschmilzt, wodurch Einheit und damit Freiheit im Geist erreicht wird.

Seit geraumer Zeit schickt der Erzengel Gabriel, der Verkünder der Wahrheit, seine geistigen Boten des Lichtes, die aus dem Geist der Wahrheit in der Verkündigung des Wortes gehen, und läßt diese Wahrheit über eine zunehmende

Zahl von Trance- oder auch Volltrance-Medien sprechen. Zu diesen geistigen Boten des Lichtes gehört, neben vielen anderen, auch der Geist Emanuel, ein „Arzt der Seele", wie er sich selber nennt. Dieser ist ein wahrer Verkünder des Wortes und Diener des Lichtes, der angebunden an den Erzengel Gabriel geht. Doch ist grundsätzlich bei allen geistigen Durchsagen achtzugeben und allergrößte Vorsicht geboten. Es wurde schon seit langem prophezeit, daß in dieser Zeit viele falsche Propheten kommen werden: „Gebet acht, daß ihr euch nicht täuschen laßt! Denn viele werden unter Meinem Namen kommen und sagen: „Ich bin der Messias" und: „Die Zeit ist nahe! Laufet ihnen nicht nach!" (Lukas, 21:8, nach Greber) Wir sollen die Geister prüfen, bevor wir ihnen Glauben schenken. Überall zeigen sich heutzutage viele Diener der Dunkelheit und Foppgeister der Lüge, die gerne mit den Menschen ihre Spiele treiben, um sie abhängig zu machen. Immer ist darauf zu achten, mit wem gearbeitet wird. Auch wenn sich die geistigen Gnadengaben jetzt in großer Mannigfaltigkeit zeigen, so ist nicht jeder Geist aus der lichten geistigen Welt oder ein Emanuel und nicht jedes Medium, welches sich scheinbar zu Gott bekennt, auch von Gott berufen und bestellt. Häufig sind es genau jene, vor denen uns Jesus warnte.

Seit Jahrhunderten haben Propheten und begnadete Seher, wie auch heute viele Medien, die Situation, die auf die Erde zukommen wird, vorausgesagt. Ja, es wird sehr bald große Veränderungen geben, doch ob es zu katastrophalen, apokalyptischen Ereignissen kommt, liegt in der Menschheit selbst begründet. Es muß nicht unbedingt in dieser Weise geschehen, obwohl mehr als reichlich von dem, was vorausgesagt wurde, eintreffen wird, da es nicht mehr aufzuhalten ist, wie z.B. die Veränderungen der Erdatmosphäre, die jetzt schon irreparable Schäden hat. Vieles wurde bereits transformiert und wird daher, wie prophezeit, nicht mehr zur Auswirkung kommen. Es werden größere Dinge, als die Menschheit sich vorstellen kann, geschehen. Jeder Astrologe, jeder Astronom wird die Spannungsfelder, die aufgrund gewisser Planetenkonstellationen vorhanden sind und sich durch Resonanz auf die Erde übertragen, bestätigen. Allein das hat schon seine Auswirkungen auf den Erdplaneten und wird weitere massive Einschnitte zur Folge haben. Doch auch eine persönliche oder kollektive Angst, gar verbunden mit dem Gefühl „göttlicher Strafe", wird diese Konstellation ebensowenig ändern wie auch der Versuch, diesem (wie manche glauben) nun kommenden „Strafgericht" durch aufgestülpte Liebe, durch ein jetzt „gut" und „lieb" sein wollen, persönlich zu entgehen. Es wäre nur ein aufgesetztes Bewußtsein, ein „Handel mit Gott", welches nicht in das angestrebte Heil zu führen vermag. Das ist einfach ein Gesetz der Affinität, denn versucht man, der Angst durch Angst zu entkommen, wird die Katastrophe dadurch nur noch schlimmer. Vor allem gilt es, das apokalyptisch-dogmatisch geprägte Denken loszulassen, selbst wenn viele geistige Wesenheiten, Seher und Medien uns düstere Prophezeihungen für die kommenden Jahre geben. Ob sie wahr sind, das wird sich zeigen, doch sind sie es, so wird die Menschheit es nicht mehr erfahren, denn dann wird alles sehr schnell gehen. Es wird keine menschlichen Zeugen mehr geben, weil das Ausmaß der Reinigung zu gewaltig ist. Doch auch dann brauchen wir uns keine Sorgen zu machen, denn unendlich groß ist die Liebe Gottes zu Seinen Kindern, und Er hält bereits, sollte es dazu kommen, einen Weg zur Errettung all jener bereit, die Ihm vertrauen und nachfolgen wollen. Aber eines steht fest, es werden massive Umstrukturierungen erfolgen, die die Menschheit beuteln und in Leid und Schmerz führen werden. Es wäre unredlich, solches zu verschweigen. Ob es zu apokalyptischen Ausmaßen kommt, wie so viele glauben, liegt immer noch in der Menschheit selbst begründet.

Unser Planet Erde hat eine Reinigungsfunktion für die Seelen zu erfüllen, doch nicht in Form der Wertung eines „Straf- und Sühneprogramms", wie es einige aus ihrem eigenen, inneren Chaos nur allzugerne sehen möchten. Die Zeitenwende hat eher einen evolutionären Charakter, da dieses Universum ein expandierendes ist, wie auch die Seelen, die in ihrer Eigendynamik ein Entfaltungs- und Entwicklungsprinzip darstellen, und natürlich entwickelt sich die Erde parallel zu dieser Entwicklung mit. Insofern ist eine Reinigung und Erneuerung angesagt, eine Umschichtung alter Werte, da nun altes, verstaubtes, dogmatisches Bewußtsein in ein höheres, in ein neues Bewußtsein von Wirklichkeit und Wahrheit transformiert wird. Eine neue Qualität von Leben wird sich auf diesem Planeten manifestieren, und der Umbruch wird sich über einen Zeitraum von 2000 Jahren erstrecken, nicht von heute auf morgen geschehen. Alte Werte werden zerstört, die Menschheit wird anfänglich und für gewisse Zeit ihren „scheinbaren" Halt verlieren, da ihr sozusagen das „Geländer", die „Krücken" des Alten, genommen wird, an denen sie sich so lange festhielt. Sie werden der Menschheit langsam entzogen, um sie in ihre eigene, geistige Stärke und wahre Identität zu stellen. Denn es gilt für jeden einzelnen, und nicht nur für das Kollektiv, die geistige Ur-Quelle, das eigene Selbst wieder in sich zu erkennen und zu spüren, das Hohe Selbst, welches als Christusbewußtsein bedingungslose Liebe ist. Eine zukünftige Religion wird nichts mehr mit kirchlich-dogmatischen Strukturen des Fische-Zeitalters zu tun haben. Die Machthaber der Kirchen (und nicht nur diese) wissen, daß ihre Tage gezählt sind, und sie tun alles in ihrer Macht Stehende, um ein Erwachen der Menschheit zu verhindern. Immer noch haben sie einen wesentlichen und globalen Einfluß in der Welt, und diesem gilt es sich jetzt zu entziehen. Jeder hat sich selbst durch Hinwendung zum Licht aus den alten Fesseln und dem Sog dunkler Kräfte zu befreien, um endlich zu werden, was er hinter den Schattenaspekten seines Menschseins in Wirklichkeit ist – ein Christus!

Es wurde in der Welt, etwa ab Mitte der achtziger Jahre, durch die geistigen Hierarchien ein geistiger Prozeß der Umwandlung von niederen zu höheren Energien eingeleitet, was auch die zunehmende Zahl der Medien und so vieler begabter Geistiger Heiler erklärt. Eine Art „geistige Mutation" der menschlichen Entwicklung begann, die nun stufenweise in drei Etappen fortschreitet, doch noch stehen wir in der ersten Stufe. Es wurde und wird sehr intensiv an den geistigen Körpern der Menschen gearbeitet. Sie werden gelichtet und spirituell synthetisiert, damit sie die Schöpfungsprogramme in sich aufnehmen und auf multidimensionalen Ebenen arbeiten können. Neue Gedankenkanäle werden geöffnet, damit an die höhere Intelligenz wieder angeknüpft werden kann. Das Gehirn des Menschen birgt in sich einen Teil des göttlichen Geistes, eine pulsierende Geometrie des Göttlichen, welche nun enthüllt wird. Alles in allem, es wird an der physischen Gehirntätigkeit, der Hirnchemie und den Nervenverbindungen gearbeitet, um feinere Strukturen aufzubauen und hierdurch die Menschheit auf die kommenden Ereignisse der planetaren Umwälzung, auf ihren Weg in das Licht, vorzubereiten.

Das führt nicht nur zu einer allgemein zunehmenden Bewußtseinserweiterung von Licht und Klang, einem erhöhten geistigen Bewußtsein, welches nicht länger in der dreidimensionalen Relativität seiner Bewußtseinsmuster Begrenzung lebt, es führt dadurch auch zu einem geistigen Sehen und Hören. Latente DNS-Codierungen werden aktiviert und energetisiert, die den Geist der Wahrheit in der Menschheit oder zumindest in einem Teil von ihr, gleichsam erwecken, zum „geistigen Erwachen" führen. Die Menschheit erhält eine neue DNS-Struktur und bisher unverbundene Lichtfäden werden neu zusammengeführt. Die DNS wird von einer 2er-Helix in eine 12er-Struktur umgewandelt, was auch eine ganzheitliche Umstrukturierung der biologischen Ebenen in Aufbauphasen mit sich bringt – ein Dimensionswechsel wird vorbereitet. Ein großes Ringen um die Menschheit hat begonnen, und viele spüren es als Nervenanspannung und innere Zerrissenheit.

Alles das wird letztendlich in der ganzen Menschheit zu einer tiefgreifenden Veränderung des gesamten Lichtstoffwechsels im Körper führen, zu einer Wesenserkenntnis des Lichtes. Unsere Raumgeschwister aus den höheren Welten, die dem Licht des liebenden Vaters dienen, verbinden sich mit denen der niederen physischen Welten. Es kommt zu einer ganzheitlichen Umschichtung, zu einem neuen Gefüge der Zellen, in dem diese lernen, das Licht mehr und mehr auf direktem Wege auf- und anzunehmen. So wird sich in nicht allzulanger Ferne der Mensch durch das Licht selbst ernähren können. Daß dies keine Utopie, kein Märchen ist, sondern absolute Realität, zeigen bereits viele Beispiele und Berichte über solche „Wunder" von Menschen, die sich in heutiger Zeit allein über die geistige Lichtenergie ernähren und ohne sonstige Nahrung leben: „Wenn ihr nicht Zeichen und Wunder seht, so glaubt ihr nicht." (Joh., 4:48) Das „Brot der Liebe", das Licht des Lebens, ernährt nicht nur den Geist, sondern auch alle Zellen des Körpers. Nur das Licht kann lebendige Substanz neu erschaffen. Diese Erkenntnis ist eine wesentliche Voraussetzung für das Verständnis des Lebens überhaupt, wie auch für unseren geistigen, lichtvollen Weg, da jede lebendige Substanz aus einem Lichtprozeß heraus entstanden ist. Licht ist der Ausgangspunkt und die Energie allen Lebens, aller Lebensvorgänge und Aufbauprozesse überhaupt, und damit auch für den Menschen von essentieller, fundamentaler Bedeutung. Es sind vor allem die Aufbauprozesse, die dem Licht unterstehen, und hier besonders die des Ätherkörpers mit seinem „Licht-Äther", der auf das Licht reagiert und z.B. solche Aufbauprozesse über den Wasserorganismus, die Hypophyse, sowie die Nebennierenrinde anregt. Licht ist Liebe, Liebe = Leben = Energie = metamorphosiertes Licht. So können wir sagen: Licht, Energie und Leben sind Synonyme, d.h. sinngleiche Begriffe. Das geistige Licht ist lebendige Liebe, die alle Finsternis überstrahlt, sodaß das lebendige Wort des Einen niemals erlöschen kann. Die Sprache des Lichtes heilt mit Seinem Wort die Seelen, und wer könnte Seine Gaben der Heilungen verleugnen.

Die seit den 80er Jahren kontinuierlich stattfindende Anhebung der Lichtenergie führt auch zu einer allgemeinen Aktivierung und Umwandlung des Zellmetabolismus in der gesamten Menschheit. Das ist mit ein Grund für die sich überall häufenden Symptome psychischer und physischer Störungen, sowohl der grippalen Infekte, der Muskel- und Gelenkschmerzen wie auch der jetzt mehr auftretenden Lichtempfindlichkeiten, der Hautreizungen und Ausschläge, unerklärlichem Brennen der Haut, Hautjucken und auch neuen fibrinösen Erkrankungen, die insgesamt mit einer allgemein zu beobachtenden

Mattigkeit einhergehen. Psyche und Körper werden in der jetzigen Reinigungsphase entgiftet, und die in den Zellen verankerten, als Schatten gespeicherten Traumata werden gelöst, was vermehrt Krankheitsprozesse auslöst und die zur Zeit oft überschießenden psychischen Probleme und Reaktionen vieler Menschen erklärbar macht. Die beginnende Umstrukturierung ist die „Geburt" des neuen Menschen, eine Sensibilisierungsphase für das Nervensystem, der als Wandlungsprozeß bereits begonnen hat, um sich für die Anhebung der Erde bereit zu machen, und um den kommenden Aufstieg besser zu durchlaufen.

Doch zuvor wird das „Regiment des Erzengels Michael", des Streiters und Kämpfers für die Wahrheit, der nach der Zeitenwende dem Erzengel Gabriel folgt und diesen ablöst, den weiteren Auflösungsprozeß aller alten, verstaubten Werte und Wertvorstellungen mit sich bringen. Die dadurch zu erwartenden, weltweiten Erschütterungen werden nicht nur Angst und Betroffenheit in der Menschheit, sondern natürlich auch sehr viel Leid und Schmerz auslösen. Dies durch immer größer werdende Turbulenzen der Erd- und Windkräfte wie auch durch die Verlagerungen der Erdplatten, die zu brechen beginnen. Es beginnen die Pole zu wandern, und dieses Geschehen ist bereits in vollem Gang. Viele Menschen, die die Mahnungen und Ereignisse der Zeit nicht wahrhaben wollen, diese ignorieren oder gar als lächerlich betrachten und so abzustempeln versuchen, werden dann von den Ereignissen überrascht werden, „wie von einem Dieb in der Nacht"! Denn der Sturm wird toben und brausen, die Meere werden sich aufbäumen, und ein gewaltiges Donnern und Grollen mit gewaltigen Lichtblitzen wird sein, welche die Finsternis der Atmosphäre erfüllen. Erst dann, wie es aus der Geistigen Welt heißt, kommen die neue Wärme und das Licht, das neue Keimen: „Denn Er kommt, wahrlich Er wird herabsteigen, glaubt es, Er kommt und Er ist das Licht", so wird ge- und versprochen.

Einst von den Pharisäern gefragt: „Wann kommt denn die Geisterwelt Gottes zu uns?", gab Jesus ihnen zur Antwort: „Die Geisterwelt Gottes kommt nicht so, daß man an der Straße stehen und sie anfassen kann. Auch dürft ihr denen nicht glauben, die euch etwa sagen sollten: Siehe, hier ist die Geisterwelt Gottes oder dort ist sie! Denn die Geisterwelt Gottes ist in eurer Mitte." Die Geisterwelt ist überall, neben, über, unter und um uns. Die menschlichen Herzen haben nur das Bewußtsein der Einheit „draußen vor der Türe" gelassen, sie können die Geisterwelt nicht mehr erkennen. Die ganze Menschheit ist tief in der Dunkelheit der Materie versunken, und sie braucht dringend neues Licht, als ein Akt der Gnade. Würde die Welt nicht neu geformt, so wäre sie in wenigen Jahrzehnten nur noch eine unbewohnbare, öde, radioaktive, verseuchte und verstrahlte Wüste. Diese äußere Wüste, die voraussichtlich in wenigen Jahrzehnten unabdingbar in Erscheinung treten und alles Leben auf Erden vernichten würde, ist dabei lediglich eine Analogie des kollektiven Bewußtseinszustandes der Menschheit dieser Zeit. Es ist die äußere Resonanz auf eine innere Wüste aufgrund mangelnder Liebesfähigkeit, da sie das lebendige Wasser des Lebens „verschüttet" hat und langsam seelisch-geistig austrocknet, da sie ihre geistig-himmlischen Aufgaben, die Gebote der Liebe, nicht erfüllt hat. Die Summe aller kollektiven Schatten-Kreationen bildet den Ausdruck dieser Welt und hier zeigt sich: wie innen so auch außen! In diesem gewordenen Elend und einer daher dringend nötig gewordenen Emporhebung durch Lichtung, die immer näher rückt, wird wieder die Ankunft des Christus auf Erden erwartet. Es wird aber, so heißt es, diesmal nicht so sein wie einst, daß der Menschensohn in einer menschliche Hülle erscheinen wird.

Diesmal, so wird gesagt, kommt Er nicht mehr als Person, wie einst Jesus, sondern es sind die Kraftausstrahlungen und geistigen Fluide Seiner Energien, die sich der Erde bereits immer mehr nähern. Sein Kommen, welches angekündigt ist, wird die nötigen Berichtigungen der Welt wie auch die geistige Gesundheit der Menschheit mit sich bringen. Denn es wurde entschieden, auch wenn der Zeitpunkt noch verborgen ist, die große Reinigung durchzuführen, um den irdischen Planeten in eine neue Dimension des Lebens zu führen; in ein Zeitalter ohne Kriege, in eine Welt ohne Haß, in der es keine Polarität, wie sie heute verstanden wird, mehr geben wird. Die Erde bleibt dennoch ein Lernplanet, wie es heißt, dies aber in einem höheren Sinne – nur eine Klangstufe höher. Die Welt wird nicht untergehen, wie so oft prophezeit, sondern sie verändert sich nur. Die anstehende Neugeburt mit einem dadurch für die Menschheit verbundenen Schmerz ist nur das notwendige Übel der Reinigung. Es wird wieder eingesetzt, was als Bewußtsein in vielen Herzen verloren ist, doch immer Gültigkeit hat und ewig haben wird: die Liebe, die die Menschheit retten wird!

Die Kräfte, die jetzt auf den Planeten einstürmen, können zweierlei Wirkung auf den Menschen haben. Zum einen können sie als sehr angstvoll und bedrohlich wahrgenommen werden, zum anderen auch als ein durchaus freudiges Ereignis, da sie für alle eine segensreiche Energieanhebung darstellen.

Je nachdem, in welch geistiger Verfassung der Einzelne steht. Als bedrohlich werden sie dann empfunden, wenn der Mensch sein Heil und seinen Halt weiterhin nur im Außen, in der Materie, sucht und sich von seinen alten Anhaftungen nicht lösen kann. Dann wird es massive Probleme geben besonders für solche Menschen, die sich nicht anpassen wollen, da diese lichten Energien als sehr beengend empfunden werden. Sie werden geradezu eine zusätzliche Enge erzeugen, die wiederum weitere Aggressionen mit sich bringt. Dann wird der, der schon aggressiv war, noch aggressiver werden, und der, der zu Mord und Unterdrückung neigt, noch mehr Lust verspüren, solches zu tun. Geschieht das, so führt eine Energie, die Segen über die Menschheit bringen soll, zur Erneuerung und Befreiung alter Anhaftungen, um sie im Sinne einer ganzheitlichen Heilwerdung in die Freiheit zu führen, zu einer Energie, die in die falsche Richtung gelenkt wird. Dann besteht wahrlich die Gefahr des plötzlichen Umkippens auch der Pole, einer plötzlich erfolgenden Eruption des ganzen Planeten, mit allen prophezeiten Folgen. Denn dann entsteht in der Menschheit keine seelische Öffnung, nur ein unerträglicher energetischer Druck, der sich auf die inneren Kräfte des Planeten überträgt und die Negativkräfte massiv verstärkt. Das Aufbrechen der geistigen „Blüte" im Wassermannzeitalter erfährt dadurch sozusagen eine Biegung, und anstatt dem eigenen Schicksal positiv entgegenzugehen, wie es sein sollte, um den eigenen Platz für sich zu finden, wird dieses wunderbare Schicksal für die Menschheit nicht nur hinausgezögert, sondern wahrlich ins Ungewisse gestellt mit all ihren Folgen.

Das wäre für die Menschheit eine Katastrophe, denn die Leidenszeit der letzten 2000 Jahre, seit der Verkündigung Jesu, kann dann nicht durch die Auferstehungsphase abgelöst werden, so wie es gedacht ist. Eine Auferstehung kann sehr plötzlich erfolgen, durch die Erneuerung des emotionalen, also des astralen Körpers, wodurch das, was an alten Glaubenssätzen und Dogmen vorhanden war und ist, nicht nur Erneuerung erfährt, nein, es wird gänzlich aufgelöst, und keine Erinnerung an das Alte wird mehr sein. Kein Stein wird auf dem anderen bleiben und es wird die ganze Menschheit viel Mühe kosten, ihre alten Glaubensmuster, die tief in der Seele „eingelagert" sind, in den Griff zu bekommen, um diese loszulassen. Ein jeder Einzelne hat jetzt für sich zu prüfen, inwieweit er mit solchen Strukturen verhaftet geht, die ihn an die Materie binden und fesseln. Denn alles, was an negativen Glaubensmustern nicht gelöst werden kann, bringt dann eruptive Kräfte auf den Plan und damit die Energien des Uranus zum Wirken, des „Aufbrechers", das Qualitätsmerkmal der neuen Zeit. Dies wird sich wie ein Spiegel im Planeten Erde als Resonanz auswirken, denn auch auf diesem werden sich dann solche eruptiven Druckwellen als Kräfte offenbaren. Dann wird es keinen Halt mehr in der Materie geben, nur noch den Halt in sich selbst, durch das Vertrauen in die lichten Christuskräfte.

In der Zeit der Anhebung werden auch zugleich weltweite seelische Reinigungsprozesse vor sich gehen, durch die der Mensch sehr viele Kompensationen im Sinne von Liebe und Opferbereitschaft für andere zu leben vermag. War ein Mensch z.B. bisher sehr egoistisch und hat nur für sich gelebt, sich um nichts und niemanden gekümmert, außer um sich selbst und sein eigenes Wohlergehen, oder war viel Machtmißbrauch durch die Unterdrückung anderer da, so kann in dieser Zeit das aufgebaute negative Konto, welches ansonsten nur sehr mühsam über viele Inkarnationen hätte abgebaut werden können, jetzt in einer einzigen ehrlichen Liebestat durch den Dienst am Nächsten erlöst werden.

Daß der Zeitpunkt der großen Umwälzung naheliegen könnte, zeigt eine astrologische Konstellation, die nachweist, daß das Fischezeitalter jetzt zu Ende geht und der Frühlingspunkt den letzten Grad des Fischezeichens durchläuft, der im Jahr 2010 in das Wassermann-Zeichen eintritt. Wenn diese Phase durchschritten wird, was zwischen 1996 und 2010 geschieht, werden große Veränderungen von weitreichender Bedeutung stattfinden, die für die ge-samte spirituelle Entwicklung der Menschheit von allergrößter Bedeutsamkeit sein werden. Es wird zu einer noch nie dagewesenen Veränderung der Biosphäre kommen, was zugleich zu einer weitreichenden Veränderung des Planeten selbst führen wird, wie auch zur Erneuerung der Menschheit. Der Eintritt in den Frühlingspunkt, der im Jahre 2010 durch den dann endgültigen Eintritt in das Wassermannzeitalter erreicht ist, wird für die nächsten 2160 Jahre, also genau für eine Zeit- und Kulturperiode, den Planeten Erde neu gestalten. Der Prozeß der Transformation kann nur in einer ganzheitlichen Sicht, also von großen evolutionären, von holistischen Zeiträumen des Universums aus gesehen werden, da unser Sonnensystem der zodiakalen Gottheit, im Sinne eines Zwölfersystems (Zwölf ist die Christuszahl), untergeordnet ist, was auch der Grund für die Veränderung der DNS in eine 12er-Struktur ist, denn Ganzheit ist gefragt. Es gibt in unserer Galaxis gewaltige Zentralsonnen, wie z.B. im Sternbild des Orion, des Sirius und anderen, die jeweils von besonderen Strahlenkränzen und Energien umgeben sind, die sich zwar aufgrund ihrer außerordentlich hohen Schwingung bisher radioastronomischen Nachweisen wie auch der Astrophysik mehr oder weniger entzogen, doch vorhanden sind, wie es die Geistige Welt bestätigt. Kommt nun für eine gewisse Zeit unser Sonnensystem bei seiner Umkreisung um den galaktischen Kern in den Einflußbereich dieser Zentralsonnen und ihrer Ausstrahlungskränze, so wird die atomare Schwingung aller Planeten auf eine erhöhte Schwingungsoktave angehoben. Dies wird unausweichlich mit gravierenden Umschwüngen auf unserem Planeten einhergehen, mit einer Wende durch die Veränderung des Periodensystems der Elemente, was sozusagen zu einem „kosmischen Elektronensprung", zu einer Neuordnung mikrophysikalischer Phänomene führt.

Nichts bleibt bewegungslos, wenn die lebendige Kraft des göttlichen Lichtes durch die Schöpfung flutet und alles in Bewegung drängt. Das Licht zieht alles machtvoll an, ob mit oder ohne Wollen des Menschen. Dann kommt auch er, wie alles andere, mit diesem Licht in Berührung, ob er will oder nicht. Alles auf dieses Licht schon Eingestellte, alles, was mit Vertrauen und Liebe bereits zum Christus schaut, wird sich weiten, wird erwachen und erstarken. Alles Dunkle wird hervorgeholt, beleuchtet, kommt ans „Licht des Tages", muß sich zeigen, wandeln und verändern, oder es wird in diesem Licht verbrennen. Die Zeit ist da, die nun geistige Selbstbemühung fordert und erzwingt, in der sich alles Dunkle, Ungesunde und auch geistig Faule in lichte Regsamkeit verwandeln muß, will es nicht untergehen. Wie gesagt, die Liebe Gottes hält zwar die Hand über die Menschheit, doch es liegt bei ihr, wie sich der Fortschritt der geistigen Lichtung für sie weiterhin entwickelt. Es liegt an ihr, wie sehr sie sich dabei selbst behindert und im Wege steht, sich durch weltliche Geschäftigkeit und der Gier nach noch mehr Materiellem selbst begrenzt, sich noch weiter trennt, doch sich dabei nur selber hart bestraft – denn sehet die Zeichen der Zeit!

Alle Menschen haben Anteil an dem, was die Zukunft für sie und den Planeten Erde bringt. Jeder Einzelne erhält, was er für sich säte: „Darum, weil seine Seele gearbeitet hat, wird er die Frucht reifen sehen und die Fülle haben." (Jes., 53:11) Ein jeder hat seine Schatten selbst zu lichten und auch abzutragen, auch die, die maßgebend an der Verschmutzung der Erde beigetragen haben. Nicht hier, auf der dann bereits gereinigten Erde, wie es durch die Geistige Welt heißt, sondern auf anderen, der jetzigen Erde ähnlichen Planeten. Alle, die ohne Einsicht sind, sich an die Materie binden und fesseln, werden auf niedrig schwingenden Planeten nach ihrem Ableben wieder inkarniert, oder leben, sind sie nicht inkarniert, dann in entsprechenden Astralebenen. Sehr ernst und deutlich heißt es, daß der Plan für die Menschheit bereits schon jetzt allumfassend steht, daß diese nun so gut wie keinen Einfluß mehr auf den weiteren Verlauf der Entwicklung hat – es gibt kein Zurück. Die Erde *wird* einen gewaltigen Quantensprung erfahren, und kein Mensch wird sich diesen neuen Gegebenheiten widersetzen können.

Noch erstrahlt die Welt in ihrem Lichte, doch Kälte, Sturm und Dunkelheit werden, so wird gesagt, auf Erden eine Zeitlang herrschen und das Leben in dieser Zeit für alle äußerst schwierig werden lassen. Keine genaue Zeit wird für den Eintritt dieses Geschehens genannt, doch geschieht die Umwandlung in drei Etappen und die zwei anderen folgen bald, so heißt es, und ein jeder sollte sich darauf einstellen. Wir alle wissen, daß viele Voraussagen und Prophezeiungen sich nicht erfüllten, Gott sei Dank, doch können wir dieses Mal nicht darauf hoffen. Was auch immer sei, ob Reinigung oder nicht, die Menschheit geht auf jeden Fall einen Weg des Schmerzes, denn es ist nicht auszumalen, was geschieht, wenn sie die Einbahnstraße in ihr Elend ohne Reinigung des Planeten weitergeht. Schauen wir uns doch an, wie durch die Dominanz des männlichen Prinzips, durch Habgier und Ausbeutung Mutter Erde immer mehr verwüstet wird. Für einen jeden gilt es jetzt, sich innerlich darauf vorzubereiten und sich auf das Kommende einzustellen, das Bewußtsein für die weitere Entwicklung des Planeten zu schärfen. Ein jeder hat das Recht auf diese Informationen, doch auch zugleich für sich die Pflicht der eigenen Prüfung. Ein jeder muß mit seinem Herzen selbst entscheiden, worauf er sich innerlich wappnen möchte, wem und/oder was er Glauben schenken will oder nicht, was für ihn die Wahrheit ist.

Die Reinigung der Erde wird und muß geschehen, doch in welchem Außmaß und Umfange, das weiß nur Gott allein. Es wird in durchaus absehbarer Zeit etwas für die ganze Menschheit Unfaßbares geschehen noch *bevor* die Erde in die große Reinigung geht, doch soll hier nicht zu weiteren Spekulationen Anlaß gegeben werden. Wir alle brauchen keine Angst zu haben, denn was immer auch geschieht, die Liebe Gottes ist für die Menschheit größer, als viele denken und glauben wollen. Wenn die Zeichen am Himmel erscheinen, so wird von dort die Rettung für die Menschheit kommen. Aus den lichten Höhen heißt es: „Erkennt in der Heimholung die große Gnade für jedes einzelne Kind Gottes, erkennt die große Liebe Gottes als Beweis dafür. Es ist die Aufgabe der Wissenden und ihr Beitrag, den Menschen von der bevorstehenden Reinigung der Erde zu berichten, damit diese stark im Glauben werden können oder bleiben, um Seine Liebe in sich aufzunehmen. Es ist ihr Beitrag, die Menschen auf den Quantensprung der Erde vorzubereiten und sie heimzuführen. In zunehmendem Maße geht die Verschmutzung der Erde einher mit dem Raubbau an der Natur und den Dingen, die für die Erde unerträglich geworden sind. Sie steht kurz vor einem Kollaps, und die Menschheit begreift es nicht. Die Kraft der Erde ist erschöpft. Die Erdkruste ist an vielen Stellen bereits sehr brüchig und an verschiedenen Stellen in den Weltmeeren kurz vor dem Reißen. Die Erde ist nicht mehr in der Lage, auf eure Anforderungen zu reagieren. Seht es so, es wurde endgültig entschieden, die Reinigung vorzunehmen. Es gibt kein Zurück. Der Plan wird durchgeführt, und die Kräfte des Alls werden dafür Sorge tragen, daß er entsprechend ausgeführt werden kann. Der Geist der Liebe wird jeden Menschen an seine Hand nehmen, ob gut oder böse, um diesen nach Hause zu führen oder durch diese schwere Zeit."

„Denkt daran, daß Mutter Erde ein neues Kleid erhalten wird, so, wie ihr dies alle einmal bei eurem Übergang bekommt. Dann ist sie gereinigt und erfrischt in jeder Beziehung. Bedenkt, daß solche Reinigungen zu allen Zeiten durchgeführt wurden und nichts Schlechtes in sich tragen. Die Evolution wird vorangebracht, und die Menschheit auf ein höheres Niveau getragen. Bedenkt, daß alles, was hier geschehen wird, im Sinne Gottes geschieht und Er dafür Sorge tragen wird, daß alles seine Richtigkeit erfährt. Er hat euren Lichtgeschwistern geboten, euch in den Tagen der Reinigung beizustehen. Erkennt dies als einen Akt der Gnade Gottes, der euch alle liebt und führt, auch wenn ihr glaubt, Gott wird euch verlassen. Ihr werdet niemals verlassen werden. Wovor wollt ihr euch also schützen? Seid ihr nicht geschützt, wenn ihr Vertrauen lebt? Ihr bedürft keines Schutzes, außer dem Schutz Gottes, und der ist euch sicher. In dem Maße, in dem ihr Vertrauen lebt, in dem Maße seid ihr unberührbar und unerreichbar. Nichts kann euch vernichten! Lebt eure Pflichten und Aufgaben in den irdischen Tagen, vollendet den Dienst auf Erden. Nicht gemeint sind eure materiellen Belange, erfüllt die Liebesaufgaben, den Auftrag, den Gott euch gab, bevor ihr in die Erdenwelt tratet. Wo sind eure Gebete? Euer Glaube wird helfen, euch zu anderen Planeten zu bringen, auf denen ihr über einen gewissen Zeitraum verbleibt."

„Es wurde, wie schon zu alten Zeiten, gegen die Gesetze Gottes verstoßen. Gott kann dies nicht mehr länger hinnehmen, und die Menschen, die die Gewalt und Brutalität in die Welt setzen, werden auf der Stelle treten und ihren eigentlich kurzen Weg zurück zum Licht dramatisch verlängern. Jedem Menschen gibt Gott die Chance, sein Leben zu überdenken und zu verändern. Er liebt seine Geschöpfe und möchte, daß auch wirklich keines verlorengeht. Er wird für euch sorgen. Erkennt die große Liebe Gottes im Licht der Zeit. Der Tag ist nahe, da Christus herniederkommt zur Erde in Seiner vollkommenen Macht und Herrlichkeit. Die Liebe muß sich unter den Menschen immer weiter ausbreiten und zum Rettungsanker der Menschheit werden, denn der Himmel ist voll von Gebeten und Hilfeschreien. Nur so wäre eine Änderung, eine Umkehr möglich, doch ist dies beim besten Willen nicht abzusehen. Die Welt geht mehr und mehr einem Chaos entgegen, gesteuert von den Mächten der Finsternis, die auch in euch herrschen. Angst und Zweifel stellen hier einen wesentlichen Aspekt dieser Mächte dar. Durch die verheerenden Atomversuche und andere Experimente wird die Atmosphäre immer mehr beeinträchtigt. Die Dichtigkeit der Erde wird zunehmend erschüttert, so daß sich in naher Zukunft immer mehr Katastrophen auf Erden ereignen werden. Gewisse Quellen lassen euch glauben, daß es natürliche Gründe für die seismischen Veränderungen und Katastrophen vulkanischer Art gibt. Dies ist jedoch nicht der Fall, denn das Hauptzerstörugswerk, mit allen damit zusammenhängenden Begleiterscheinungen, ist durch Machtmißbrauch an den Naturkräften und durch Zuwiderhandlung gegen das göttliche Gesetz entstanden. Erkennt, daß diese Reinigung zum Wohl der Erde und zum Wohl aller Menschen durchgeführt werden wird, und daß wirklich keine Seele, kein Geist verlorengeht. Alle haben ihre Existenzberechtigung und ihren Weg zur Vollkommenheit. Erkennt in der großen Liebe Gottes das Wunder des Lebens, glaubt an IHN und SEINE Worte, und euch wird kein Haar gekrümmt werden."

„Bewußtsein entsteht nur im göttlichen Zentrum des Lebens. Nur unser allmächtiger Vater kann Bewußtsein übertragen und Leben erzeugen. Leben ohne Bewußtsein gibt es nicht. Es gibt keine tote Materie, alles lebt, damit im Verbundsystem ein Energieaustausch stattfinden kann. Ihr seid ein elektrisches System, ein Lichtsystem, das seine Kräfte durch die Strahlen der Sonne, durch den Sauerstoff und durch feinstoffliche Energien aufrechterhält. Ihr lebt im Verbundsystem mit eurer Umwelt. Schadet ihr eurer Umwelt, dann schadet ihr euch selbst. Jeder Grashalm, jeder Strauch, jeder Baum erhält euer Leben. Erkennt dieses! Nur im Verbundsystem und im ständigen Energieaustausch könnt ihr leben. Durch eure Unachtsamkeit, durch Manipulation in der Gentechnologie entstehen Schäden allergrößten Ausmaßes, erkennt dieses. Durch Veränderungen in den Genstrukturen der Natur greift ihr in die Grundgesetze unseres Vaters ein und verändert diese nach eurem Denken. Das ist ein Großangriff auf den Geist Gottes! Hierdurch entsteht ein gewaltiger Schaden, denn die Feinstofflichkeit wird von euch noch nicht erkannt. Mit jedem Eingriff in die Natur der Gene entstehen Veränderungen, die den gesamten Kosmos betreffen, denn alles ist vernetzt. Gott wird und kann dieses nicht mehr hinnehmen. Eure Wissenschaft glaubt immer noch daran, daß der Menschheit ein Gefallen getan wird, diese Technologie noch zu fördern. Nein, die Menschen und der gesamte Kosmos nehmen Schaden daran. Gott wird nicht mehr lange zuschauen, die große Reinigung wird kommen. Erkennt aber darin die große Liebe, wieder etwas Neues entstehen zu lassen. Neue Ebenen des Seins erwarten euch und viele haben den Ruf bereits vernommen."

„Gott, der euch Menschen liebt, gewährt euch alle Freiheiten, im Denken wie im Handeln. Er gewährt allen Menschen, Tieren und Pflanzen das Recht auf Leben, aber innerhalb der von Ihm aufgestellten Gesetze. Jegliche Veränderung der Strukturen bringt Unheil und Unruhe im Kosmos. Durch die künstliche Züchtung völlig neuer Tierarten und Pflanzen entsteht ein Vakuum im Kosmos. Diese Wesen, die entstanden sind und von Menschenverstand und Hand kreiert wurden, tragen nicht mehr die Gedanken Gottes in sich und können so nicht mehr zugeordnet werden. Diese Fehlschöpfungen des menschlichen Geistes belasten eure Umwelt in unvorstellbarem Maße. Ihr verändert damit die feinstofflichen Strukturen im gesamten Kosmos und erkennt nicht die Hintergründe. Es entwickelt sich bei euch Ähnliches wie einst in Atlantis. Auch hier wurde manipuliert, allerdings auch am Menschen und unter unvorstellbaren Schmerzen der Kreaturen. Menschen wurden zur Energie-Erzeugung für feinstoffliche Strukturen herangezogen und unglaublich gequält. Es entstanden Tiermenschen, Kreuzungen mit verschiedenen Menschen und Tieren, mit Tieren oder Pflanzen. Diese Wissenschaftler kannten keine Skrupel und ergötzten sich an den gequälten Geschöpfen. Dies wird bei euch in dieser Form nicht mehr entstehen, obwohl im einzelnen solche ähnlichen Versuche bei euch schon durchgeführt wurden. Alle Menschen, die das Wort Gottes damals, dann zu Christi Zeiten und nun auch heute verwarfen, werden zur Abrechnung herangezogen und haben bereits das Anrecht auf vorherige Warnung verwirkt. Es blieb den Spöttern und Ungläubigen Zeit genug, sich in den letzten zweitausend Jahren anders zu besinnen. Alles nimmt jetzt seinen Verlauf, und auch dieser Zauber wird sehr bald ein Ende nehmen, und die Geister werden dann erwachen, wenn alles bereits zu spät sein wird."

„Seht es so: Es ist ein konstanter Energieaustausch zwischen Kosmos und Erde notwendig. Verbrauchte Energien werden vom All aufgenommen, regeneriert und diesen Energieströmen wieder zugeführt. Diese Energieströme sind oft so gewaltig, daß auch ganze Planeten damit ummantelt werden können und somit auch einen Schutz für äußere und innere Einflüsse darstellen. Eure Erde wird zur Zeit von einem solchen Kraftstrom getragen. Dieser wirkt sich harmonisierend auf die Schwingungen der Erde aus, und es können damit sehr viele Störungen aufgefangen werden. Somit erreicht die Erde noch eine gewisse Lebens- und Existenzkonstanz. Damit sollen die letzten Jahre überbrückt werden. Gott, unser allmächtiger Vater, sieht vor, am Tage der Reinigung diesen Kraftstrom zu entfernen. Das gesamte Gravitationsfeld und die aurische Hülle der Erde wird sich dadurch verändern. Damit gerät die Erde in ein Ungleichgewicht und die Polarachsen verschieben sich, die Erde kippt sozusagen um die eigene Achse. Durch diesen gewaltigen Stoß wird zugleich alter Ballast fortgeschleudert und die Erde ist dadurch wesentlich schneller in der Lage sich zu regenerieren, um ein Gefäß für das neu einströmende Licht zu werden. Dabei wird auch in entscheidendem Maße der Photonengürtel helfen, denn er wird bei seiner Verbindung mit der Erde diese in eine höhere Schwingungsdimension bringen. Ist der Prozeß der Verschmelzung mit diesem Lichtgürtel abgeschlossen, dann ist die Erde endgültig gereinigt und in die höhere fünfte Dimension eingetreten. Der jetzige Kraftgürtel hat nichts mit eurer Atmosphäre zu tun und auch nichts mit dem Photonengürtel. Der Photonengürtel stellt einen Rettungsring, einen Lichtring dar, der euch in der momentanen Zeit weiterhilft. Er soll einen zusätzlichen Schutz für kosmische Strahlungen, die euer Leben schon jetzt stark verändern würden, darstellen. Die kosmischen Kräfte sind so gewaltig, daß euer Leben, wenn dieser Schutz des Kraftstromes und des Photonengürtels nicht wären, ihr nicht länger als einen Monat existieren könntet. Ihr würdet durch die Kraft der Sonne verbrennen, hättet keine Nahrung mehr, und euer Leben wäre sinnlos. Gott liebt alle seine Kreaturen und möchte jedem Menschen seine Chance belassen, hier in diesem Leben noch seinen Weg zu finden. Ihr könnt euch die Liebe Gottes nicht vorstellen. Ihr habt einen Weg gewählt, den ihr mit euren Gedanken den Weg des Karmas nennt. Jesus zeigte euch einen anderen Weg, den Weg der Liebe, den Weg, der aus dem ewigen Rad der Wiedergeburten heraus in die Freiheit führt. Nehmt diese Liebe an, und ihr seid frei. Ein solcher Öffnungsprozeß wird eure Wunden heilen. Schuldgefühle sind zu gar nichts nütze, denn sie schränken euch nur ein. Denkt daran, wendet euch um, sucht den Weg der Nächstenliebe, den Weg, der euch zurückbringt zur allumfassenden Liebe."

Alle großen Kulturen, sowohl die der lemurischen als auch die der atlantischen Zeitperioden, wie auch die dann nachfolgenden, zerbrachen auf dem Höhepunkt ihrer Epochen an ihrer Pervertiertheit. Auch das Klonen ist eine Folgeerscheinung der stets zunehmenden geistigen Verdunkelung des Menschen, mit einer daraus resultierenden Verdichtung der Materie, einer wachsenden Einkapselung des geistigen Energiebereiches. Aber es gibt eine ganze Reihe weiterer Symptome derartiger Selbstvernichtungstendenzen im Menschen, denn vieles, nicht nur in der Wissenschaft, ist offensichtlich außer Kontrolle geraten, was nun den Menschen und sein Leben ernsthafter gefährdet als die jetzt zurückschlagende Natur selbst. Die Welt ist ein endlicher Planet und hat keine unendliche Oberfläche. So kehren die weggeworfenen Gifte und der Müll auf vielen Umwegen wieder zum Menschen selbst zurück. Auch die gutgemeinten „Verbesserungen" in der Natur haben unglückselige Nebenwirkungen, wie sich an den künstlichen Begradigungen der Flüsse oder den künstlich angelegten Wäldern zeigt wie auch an den Planierungen großer Flächen. Alles das sind Fehlschöpfungen des Menschen, die er ignorant als „Verbesserungen an Gottes Schöpfung" bezeichnet und vornimmt, die ihn nun aber, als katastrophale Folgen für Mensch, Tier und Umwelt, durch Überschwemmungen, Brände und Klimaveränderungen erbarmungslos selber treffen.

Der ganze Ökologiehaushalt ist durcheinandergeraten auch durch die vielen Dünge- und Insektenvertilgungsmittel, die nicht nur den Boden vergiften, sondern ebenso den Menschen, die Natur und Kreatur. Dennoch wird nichts daraus gelernt, denn es geht ja immer weiter mit der Verseuchung, von der Ölpest und dem Atommüll gar nicht zu reden. Die Menschheit wird von offizieller Seite nicht darüber informiert, wie verhängnisvoll die radioaktive Verseuchung der Erde voranschreitet. Vor allem ist in Kürze zu erwarten, daß die durch Erdbeben aufbrechenden Atommüll-Deponien, auch die unter dem Meeresspiegel abgelagerten, durch frei werdende Gamma-Strahlungen (radioaktive, kurzwellige Röntgenstrahlungen), die sich in der Atmosphäre verteilen, sämtliches Leben auf diesem Planeten abtöten werden. Wir lassen uns einschläfern durch die offiziellen, sehr wissenschaftlich klingenden Berichte, daß alles für unsere Sicherheit getan wird oder kommende Katastrophen nichts mit der Verschmutzung der Erde zu tun hätten. Dies mit der Begründung: Katastrophen hat es, wie auch Kriege, schon immer gegeben!

Und selbst die Medikamente vergiften zunehmend den Menschen, es sterben Hunderttausende, wenn nicht gar Millionen jährlich (die Dunkelziffer ist hier groß) an dem Mißbrauch und der Überdosierung von Medikamenten, die eigentlich helfen sollen, doch immer mehr zu tödlichen Arzneien werden. Auch hier zeigt sich, daß es kein unbeschränktes Wachstum auf diesem Planeten gibt, daß der Mensch nicht alles machen kann und darf, so, wie er es will und möchte. Werden die Grenzen überschritten, so kehren sich die Gesetze der Addition um, was nichts anderes bedeutet, als daß wir endlich lernen müssen, uns zu beschränken. Die Zeiten der Ausdehnung und des Größenwahns sind endgültig vorbei. Wir brauchen keine neuen Technologien für den Verbraucherkonsum, was wir brauchen, das sind neue Technologien für den Umweltschutz. Der Mensch ist verantwortlich für die Welt, die ihn trägt und erhält, und er darf sich dieser Verantwortung nicht leichtfertig entziehen, will er nicht mit ihr untergehen.

Wie dringend nötig eine Selbstbeschränkung ist, zeigt und beweist auch eine hochaktuelle Meldung der Weltgesundheitsbehörde, wonach die Wirkung von Antibiotika gegen Krankheitserreger immer schwächer wird. Die steigende Resistenz von Bakterien gegen Medikamente hat sich zu einem globalen Problem entwickelt. Als Hauptursache zeigt sich die übermäßige Anwendung und der Mißbrauch der Arzneien bei Mensch und Tier. Bei Tieren werden solche Antibiotika nicht nur zur Krankheitsbekämpfung, sondern auch als Futterersatz zur Wachstumsförderung eingesetzt. So hat sich die Widerstandskraft von Salmonellen gegen Antibiotika innerhalb von 20 Jahren mehr als verdoppelt. Und auch die Gentechnologie, siehe dazu Kapitel „Das Alpha und das Omega", als sogenannte Wissenschaft, beweist durch ihre weltweite Ausdehnung und ihre, ja, man muß es einfach sagen, Scheußlichkeiten – die auch von der Geistigen Welt mit großer Sorge betrachtet werden –, daß hier jede gesunde Vernunft überschritten wird. Gentechnologie ist eine Wissenschaft, die ohne jeden geistigen Zweck und Sinn verfolgt wird, jegliches moralische und ethische Ziel in ihrem wissenschaftlich Anspruch verfehlt.

Auch hier wird sich, wie immer, der Deckmantel sogenannter Humanität umgelegt, um eine unwissende Bevölkerung bewußt in die Irre zu führen, so, als ob diese Wissenschaftler nur um des menschlichen Fortschritts willen so emsig wären. Doch geht es auch hier, wie fast überall, nur um rein wirtschaftliche Interessen. Allein die stolze Zeitungsmeldung solcher Wissenschaftler, die sich Forscher nennen, wie „Forscher erschaffen Embryos ohne Köpfe", erübrigt jeden weiteren Kommentar. Auch die Verseuchung des Erdbodens, der Luft und der Meere, die Zerstörung der Pflanzen und Tiere, wie auch die jahrzehntelange mineralische Ausbeutung der Erde beweisen, daß zunehmend die Basis und die Lebenserhaltungssysteme der Erde zerstört werden. Alles wird vergewaltigt und mißbraucht, ebenso auch durch die Ausstreuung sogenannter Insektizide, eingesetzt zur Ertragserhöhung und „Ernährung der Welt", wie es offiziell heißt, doch in Wirklichkeit geht es auch hier nur um das liebe Geld. Denn trotz dieser „Ernährung der Welt" sterben zugleich mehr Menschen an Hunger als je zuvor, man schaue sich nur einmal die erbarmungswürdigen Bilder überall an. Moralische und ethische Dekadenz zeigen sich vor allem in höchsten politischen Kreisen, dem sogenannten Establishment, was sich, neben vielem Anderen, auch in der unglaublichen Brutalität, Ignoranz und Verantwortungslosigkeit der Atombombenversuche zeigte. Es sei zur „Aufrechterhaltung des Friedens und des Gleichgewichts der Kräfte", wie es heißt, also „friedensbewahrend", wobei sich die Kriege in der Tat bald erübrigen werden durch die zunehmende radioaktive Verseuchung der ganzen Welt. Auch die Wirtschaftskriminalität durchzieht alle gesellschaftlichen Kreise bis in die allerhöchsten Etagen, dies weltweit, und daraus abgeleitet, entsteht eine zunehmende Verrohung und allgemeine Dekadenz der „Masse Mensch". Alles muß nur noch Gewinn, Lust und Vergnügen bringen, man will immer mehr und mehr, und was einem nicht gehört, das nimmt und holt man sich dann einfach von anderen, wie auch von den Ländern der Dritten Welt, auch wenn diese verhungern – nur nicht daran denken, man ist sich immer selbst der Nächste, ja, man ist ein sich selbst liebender Mensch.

Die ganze Menschheit ist dabei, in dem Strudel solcher Art von „Gewinnmaximierung" unterzugehen, sich selbst durch die sinnlose, selbstzerstörerische Ausbeutung des Planeten und dessen Mitbewohnern den Garaus zu machen. Und diesem, durch politischen und wirtschaftlichen Größenwahn zum „Selbstbedienungsladen" gewordenen kosmischen „Müllhaufen Erde", dem einst heiligen Blauen Planeten, wie er genannt wurde, als er noch harmonisch mit dem ganzen Kosmos im Einklang stand, wird ein solches Ende gleich mitbereitet; einer von den Bewohnern vergewaltigten Erde, die sich einst als ein Kleinod im universellen Raum präsentierte. Doch diese Vergewaltigung wird bald ein jähes, ein für uns alle sehr bitteres Ende nehmen. Man mag mich einen „Schwarzmaler" oder negativen Menschen nennen infolge der Wahrheit, die hier nur ausgesprochen wird, doch die Wirklichkeit zeichnet das wahre Bild noch viel schwärzer und schlimmer. Es steht der Menschheit die ernsteste Krise seit Menschheitsgedenken ins irdische Haus. Anstatt daß die Verantwortlichen der Welt (hier vor allem die Atommächte) einer solchen

Situation mit der nötigen Voraussicht begegnen, ist die Blindheit aufgrund von Macht, Gier, Angst und Größenwahn, wie auch von Schwäche, einfach größer. Es gibt keine Selbstbeschränkung, keinen klaren Blick, um die Zukunft neu zu gestalten. Es wird nichts getan, was das Neue Wassermannzeitalter mit noch viel größeren Schmerzen von selbst erzwingen wird. Die bevorstehende Katastrophe wird alles umkehren, so, wie der Pflug den Boden für eine neue Saat bereitet. Schon jetzt zeigt sich überall die Brüchigkeit der Wirtschaftssysteme, die aufgerichteten Mauern der Kapitalmärkte beginnen zu bröckeln, und sie werden auf sie selbst, die „weißen Westen" fallen, die an den Börsen nur an ihre Gewinne denken, doch wirklich treffen wird es die ganze Welt.

Die Menschheit reist unbeeindruckt weiter und sieht die Signale nicht, die durch den Mißbrauch und die Vergewaltigung von Mutter Erde entstehen, immer vertrauend auf die Wissenschaft und ihre politische Führung. Überall werden weitere Vulkane ausbrechen, von denen nicht vermutet wird, daß sie wieder aktiv werden. Große Erdbeben, gewaltige Orkane und Springfluten sind zu erwarten. Viele Gebiete in der Welt, auch in Deutschland, werden durch Feuer und Überschwemmungen zu einem großen Teil ihrer Schönheit beraubt, wie es heißt. Feuer wird weite Gebiete auf Erden vernichten, und die Luft wird dadurch nicht nur sauerstoffärmer, sondern auch giftiger werden. Was muß noch alles geschehen, um die Tragweite der globalen Katastrophe zu sehen? Es ist die Trägheit und Abgestumpftheit einer überwiegenden Mehrheit der Menschheit für das Elend der Welt, die dumpfe geistige Haltung, die sie nicht reagieren läßt. Sie will die Wirklichkeit nicht sehen, aus Angst vor der Wahrheit und den daraus entstehenden Unbequemlichkeiten. Alles ist ja bisher irgendwie weitergegangen, es wird schon nicht so schlimm kommen. Nur wenige merken, daß die Reise immer tiefer in das Elend führt, je mehr sie sich durch Selbstzerstörung von Mutter Erde trennen. Sie hören das Weinen der eigenen Seele nicht mehr.

Hören wir die Worte aus der Bhagavad-Gita, dem altindischen, klassischen religiösen Werk vedischer Lehrer, welches in ihrer Synthese, wie es heißt, die ganze „Tonleiter des menschlichen Geistes" umfaßt, die uns sagt (und nicht nur diese, denn es offenbaren sich die Zeichen der Zeit): „Immer, wenn die Zeiten ein Dahinwelken des Gesetzes zur Schau tragen, und wenn allerorts Gesetzlosigkeit emporschießt, dann erscheine Ich. Um der Erlösung der Gerechten willen und zum Verderben derer, die Übles tun, der kraftvollen

Aufrichtung des Gesetzes wegen komme Ich wieder in diese Welt, in einer Zeitenwende nach der anderen." (Bhagavad-Gita, Buch IV, 7. und 8. Lehrspruch) Und nicht nur eine Zeitenwende steht nun der Menschheit ins irdische Haus, sondern eine Reinigung großen Ausmaßes. Eine Kulturperiode auf ihrem Höhepunkt ist wieder einmal am Zerbrechen. In den Weisheitslehren offenbart sich, daß durchschnittlich alle zweitausend Jahre ein Avatar (Jesus kam vor zweitausend Jahren), ein Lichtträger Gottes, in der Welt erscheint und daß alle zwölftausend Jahre der Planet gereinigt wird (wie Atlantis, was dieser Zeit in etwa entspricht), um in die Finsternis das Licht zu bringen, um Angst in Liebe zu verwandeln, um der Erlösung der Gerechten willen und zum Verderben derer, die Übles tun. Eine Wiedergeburt des Geistes steht ins Haus, und die beginnenden „Frühjahrsstürme" sind sehr wohl und überall zu bemerken. Es erfüllen sich die Weissagungen, wenn auch nur zum Teil, doch der Menschheit bleibt kein Schritt mehr, der sie von dieser Erfüllung trennt. Es wird wahrlich Zeit für sie, ihre geistige Wirklichkeit als wahre Existenz endlich zu erkennen und auch anzuerkennen, sie dorthin zu setzen, wohin sie gehört: an die erste Stelle!

Das Kreuz des Lebens

Menschliche Ich-Sucht behindert, ein Verhindern gibt es nicht, den weiteren Entwicklungsprozeß der Welt ins Licht. Die zunehmende Verdunkelung des Geistes auf Erden hat in eine negative Ausrichtung von Wachstum geführt, die als entartet zu bewerten ist. Will die Menschheit, und auch der Einzelne, nicht in dieser sich ausbreitenden Zerstörung, im selbstgeschaffenen Chaos, endgültig untergehen, so muß er sich der Wirklichkeit stellen, sich seiner wahren göttlichen Bestimmung zuwenden: dem Licht und Dem, der da einst sagte: „Ich bin das Licht der Welt; wer mir nachfolgt, der wird nicht wandeln in der Finsternis, sondern wird das Licht des Lebens haben."(Joh., 8:12) Wir verschwenden weiterhin unsere so kostbar gebliebene Zeit mit Dingen, die völlig unwichtig sind, mit Dingen, die uns immer tiefer in den Abgrund treiben, anstatt nach dem Geistigen in uns zu streben, um nach dem Anker zu schauen, der uns in die Höhe zieht. Wir sollten endlich erkennen, daß die göttliche Liebe in uns auf Entfaltung wartet, daß wir eins sind mit Gott, ja, daß wir bereits im innersten Kern unseres Wesens göttlich sind und nur die Hand auszustrecken brauchen, um die Liebe und den Weg, den Halt der göttlichen Hand, die uns immer führt, zu finden und zu ergreifen.

Die Hand, die sich uns entgegenstreckt, ist die des Heiligen Geistes, und wir können diese Hand in der Nachfolge Christi mit der unsrigen ergreifen, wenn wir es nur wirklich wollen. Der Stern zu Bethlehem, wiedererschienen im Kometen Hale Bopp, zeigt sich nach zweitausend Jahren als das wieder sichtbar gewordene, lebendige Symbol dieser Nachfolge, welches auch den wahren Hintergrund um das Geschehen von Golgatha nun im Lichte der Wahrheit neu beleuchtet. Es ist kein Zufall, daß die Geburtsstätte Jesu, das „Brothaus des Lebens" und der Ort Seiner Kreuzigung so nahe beieinander liegen, daß Sein Leben in Bethlehem begann und in Golgatha endete, daß beide in Judäa liegen. Es liegt eine Urbildlichkeit des menschlichen Lebenslaufes darin, in der das Leben strahlend beginnt, sich aufbaut und im leiblichen Tode (der Schädelstätte) endet. Der Mensch verläßt die Welt, nachdem er sich selbst gekreuzigt hat, um in das Leben des Geistes zurückzukehren, um sich dann in erneuten Kreisläufen nach dem Gesetz der Wiedergeburt in der Welt zu reinkarnieren. Christus kam, um der Menschheit den Gedanken an eine unsterbliche Seele nahezubringen, daß das Ablegen der körperlichen Hülle nicht das Ende des „Lebens", sondern nur der Beginn eines neuen bedeutet, daß in Ihm,

Christus, das wahre Leben ist, da der Geist unsterblich ist. Die Tatsache der Unsterblichkeit steht nahe vor dem wissenschaftlichen Beweis und ist auf andere Art schon längst bewiesen. Daß der Mensch den Tod überdauert, daß es ein Leben nach dem Tode gibt, ist für viele Millionen Menschen heute schon selbstverständlich. Wenn die Worte Jesu „Liebe deinen Nächsten wie dich selbst", also der Hinweis auf das Ziel rechter zwischenmenschlicher Beziehungen, die unabdingbar mit dem Gesetz von Ursache und Wirkung verbunden sind, Allgemeingültigkeit haben, dann kann nur die Anerkennung der Wiedergeburt als ein Naturgesetz dahinterstehen, ja dann muß Er in Seiner Lehre allen Nachdruck auf die Unsterblichkeit des Geistes gelegt haben. Und in der Tat war dies letztendlich auch das Fundament Seiner Lehre: „Wenn der Mensch nicht von neuem geboren wird, kann er das Reich Gottes nicht sehen." (Joh., 3:3)

Die Seele ist durch das Gesetz der Evolution dem Prozeß der Vervollkommnung unterworfen mit der gottgegebenen Möglichkeit einer dadurch gegebenen Entwicklung, die wahrhaft grenzenlos ist: „Darum sollt ihr vollkommen sein, wie euer Vater im Himmel vollkommen ist." (Matthäus, 5:48) Die Wiedergeburt ist ein Fundament der Lehre Jesu, denn der Mensch wird heute von dem bestimmt, auch in der Begegnung seiner Beziehungen, was er in der Vergangenheit seiner früheren Leben auf Erden aussäte, nicht erfüllte, unterließ oder was ihm fehlschlug; was es nun in einem erneuten Leben zu berichtigen gilt, damit die Seele (dies über den Körper in der Welt) den Geist in die Vollkommenheit führe. Der Mensch auf seinem Weg zurück in des „Vaters Haus", nach Shamballah, der „Stätte, wo man den Willen des Vaters kennt", wie es heißt, entfaltet sich immer mehr in das Licht, wendet sich immer mehr dem Reiche Gottes zu, bis er den Inneren Christus in sich findet, zur Christus-Vollkommenheit in der ganzen Fülle Gottes wird und dann erst vom Naturgesetz der Wiedergeburt endgültig befreit ist.

Nicht die Kreuzigung Jesu bereitete uns vor zweitausend Jahren den Weg in das Licht, sondern Sein Bringen der Wahrheit in diese Welt, und es soll nun durch die Gnade Gottes endgültig aller Irrtum aufgelöst werden, der einst den Weg des Heilands so sehr erschwerte. Christus kam als Jesus in die Welt, um die Saat der bedingunslosen Liebe zu säen und um der Lüge willen, die über das weibliche Prinzip der Schöpfung von der damaligen Kirche verbreitet wurde. Es ist bekannt, daß Jesus ein Freund der Frauen war, sie besonders achtete und deshalb häufig von den Pharisäern angegriffen wurde. Warum? Er wußte, daß die Frau als Repräsentantin der Großen Mutter die Ursache der Schöpfung und spirituelle Wurzel der Liebe in sich trägt, daß das schöpferische Weibliche die Quelle allen Lebens ist, was jedoch zutiefst mißverstanden wurde. Durch die Unwissenheit, Nichtachtung und Verdrängung des weiblichen Prinzips entstand eine tiefe Mißachtung des Lebens. Es entstand eine Disharmonie durch die einseitige Vorherrschaft des männlichen Prinzips, welches das weibliche bekämpfte, und für das die Frau nicht viel galt. Es war vor allem die Kirche, die versuchte, das weibliche Prinzip zu unterdrücken und als Grund für alles Böse in der Welt zu diskreditieren: „Von einer Frau (Eva) nahm die Sünde ihren Anfang, ihretwegen müssen wir alle sterben"(Sirach, 25:24). Die Frau wurde zum Geschlecht zweiter Klasse degradiert, sie wurde nicht als Partnerin, sondern als Lustobjekt und Versorgerin für den Mann betrachtet, denn Gott war für den damaligen Zeitgeist und für die kirchlichen Würdenträger ausschließlich eine männliche Domäne. Dieses falsche Gottesbild, welches das weibliche Prinzip, aus dem die Quelle allen Lebens entspringt, so sehr mißachtete, wollte Jesus berichtigen, und daher nahm er sich der unterdrückten Frauen an. Er lehrte die göttliche Liebe, die in einer Synthese das männliche und weibliche Prinzip miteinander verbindet und gleichberechtigt nebeneinander stellt. Das gefährdete jedoch die männliche Vorherrschaft, denn Schöpfung wurde durch die Kirche nicht mit Liebe und Gefühlen assoziiert, sondern mit den Bedürfnissen nach weltlicher Macht, Unterdrückung und Eroberung als Ausdruck eines verirrten Intellekts. Kein Wunder also, daß der Lebensstrom der göttlichen Liebe nicht geachtet und die weibliche Schöpferkraft durch religiöse Dogmen verleugnet wurde. Jesus wußte um die Habgier und Machtgelüste, wie auch um die Angst und Mißgunst der Kirche, die verhindern wollte, daß die Wahrheit der Liebe Gottes für alle Seine Kinder sich ausbreitet. Doch weder die Pharisäer noch das Römische Reich konnten der Göttlichen Wahrheit, die durch Ihn verkündet wurde, Einhalt gebieten.

Warum wurde Jesus gekreuzigt? Doch nur weil die Menschen ihn nicht verstanden und seine Worte giftig am Selbstwertgefühl einer ausschließlich männlich geprägten Kirche nagte. Diese war frustriert und irritiert, daß es jemand wagte, die für sie unaufhebbaren Insignien ihrer Selbstverabsolutierung anzugreifen. Zwangsläufig entstand eine tiefe Aggression gegen den Nazarener, der ihre Autorität und Wertekategorie der Macht untergrub, diese öffentlich anprangerte. So kam es zur Offensive gegen Jesus, der den Menschen und der Kirche die innere Freiheit und Ganzheitlichkeit der Liebe vorlebte, das, was sie nicht zu erreichen und zu leben vermochten, doch ein Mensch sehr wohl zu leben vermag, der in der Liebe steht. Es entstanden Wut- und Schuldgefühle aufgrund des eigenen inneren Mangels an Liebesfähigkeit, und daraus Aggressionen als Projektionen, da man einen Menschen im Licht der Freiheit hat stehen sehen, was als „Gotteslästerung" betrachtet wurde. Die Kreuzigung wurde zur Projektion des menschlichen Unvermögens, die Wahrheit der Liebe anzunehmen, indem die Schuldlosigkeit der Liebe abgewertet wurde, um sich selbst dem Gefühl der Schuld zu entziehen, um so das eigene Unvermögen aufzuwerten. Das ist der Grund, warum es heißt, daß die Kreuzigung das Symbol des Ego ist, denn die Kreuzigung der Liebe ist immer sein Ziel. Durch das Mysterium der Kreuzigung wurde der Menschheit ein kollektives Schauspiel des menschlichen Egos gegeben, ja es wurde damit bis heute konfrontiert. Christus als Jesus starb den Erdentod am Kreuze für die ganze Menschheit, um dadurch den Kreuzesweg im Inneren, die Auflösung des Ego, die ewige Liebe und Unverletzlichkeit des Geistes und seine Unschuld zu offenbaren, um den Weg aus der Dunkelheit zum Licht symbolisch aufzuzeigen: „Der Geist ist es ja, der das geistige Leben wirkt; das irdische Fleisch hat keinerlei Wert. Die Worte, die ich zu euch gesprochen habe, beziehen sich auf den Geist und das geistige Leben." (Johannes, 6:63, nach Greber)

Zugleich offenbart sich das „Schauspiel der Kreuzigung" als ein Symbol für die Welt, als eine Kreuzigung der vier Elemente, um den Prozeß der Loslösung des menschlichen Egos aufzuzeigen. Jesus wurde stellvertretend für die Menschheit gekreuzigt, um gleichzeitig den ewigen Christus in allen Menschen zu offenbaren. Die Auferstehung am dritten Tage ist die Botschaft dieser Wahrheit: „Siehe, ich mache alles neu!" Sie ist das Symbol der Ab- und Auflösung, der Transformation der feinstofflichen Bewußtseinsträger, da bei jedem menschlichen Tod eine solche Abtrennung in drei Stufen erfolgt, in der sich die Seele selber richtet: in der Ablösung des physischen Körpers, in der eine Rückblende in emotionaler Sicht gemacht wird; in der Ablösung des astralen Körpers, in der eine Rückblende in mentaler Sicht erfolgt, und zuletzt in der Einordnung der Seele in die Ebene, in die sie ihrer Entwicklung nach entsprechend gehört, um sich aus dieser dann auch wieder zu inkarnieren. Das Kreuzigungsdrama als Mysterium, welches durch Jesus von Nazareth manifestiert wurde, trägt also, soweit das Kreuzigungssymbol richtig verstanden wird, auch eine Aussage über die vier Elemente in sich, die in einem gelebten Leben überwunden werden müssen, im Sinne von „Siehe es ist vollbracht!" Der Mensch muß lernen, ein bewußter Schöpfer der Elemente von

Feuer, Wasser, Luft und Erde zu werden, um diese in der Welt richtig zu handhaben, denn das ist die wahre Bedeutung der Botschaft: „Macht euch die Erde untertan!" Erst wenn der Mensch die Elemente wahrhaft beherrscht, erst dann ist er nicht mehr Sklave der materiellen Gesetze des Lebens, die den Geist in seiner Freiheit beschränken, da er dann nicht mehr den Gesetzmäßigkeiten des physischen Körpers unterliegt, der ständig von den vier Aggregatzuständen der Elemente erzeugt wird. Die vier Elemente bilden gleichsam das gleichschenkelige Kreuz des Lebens mit einem inneren Schnittpunkt als Ausdruck des fünften Elements und göttlichen Ur-Äthers allen Lebens, dem göttlichen Akasha, der Kraft der vereinenden Liebe. Das (innere) Gekreuzigtwerden des Egos bedeutet, die Polarität von männlich-weiblich aufzuheben, das einseitige Verstandesdenken abzulegen, um in der Einheit der Liebe beider zu verschmelzen. Es heißt zugleich, sich selbst zu achten und zu lieben, sich treu zu bleiben und seine wahren Gefühle zu leben. Das hat Gültigkeit für Mann und Frau! Es gilt, die Bedingungen dieser Materie zu akzeptieren und anzuerkennen, der Welt nicht zu flüchten oder diese einseitig zu mißbrauchen, was ja auch Jesus nicht tat, sondern sie zu lieben und anzunehmen, wie Er es uns vorlebte.

Durch das Symbol der Kreuzigung wurde durch Jesus ein großes kosmisches Prinzip auf Erden manifestiert, die heilende Botschaft der Unsterblichkeit und der ewigen Liebe, was leider zutiefst mißverstanden wurde. Er brachte die Botschaft, daß der Mensch in Seiner Nachfolge selbst zum Christus wird durch die Überwindung der eigenen niederen Natur. Schließen sich der physische, astrale und mentale Körper als vereinende Macht zusammen, dann tritt die umwandelnde Macht und Kraft der Liebe in Erscheinung. Dann entfaltet sich die Ur-Seele, und es wirkt das Hohe Selbst im Menschen. Aus dem „schlafenden Gott" wird ein selbstbewußter Schöpfer, dem das Himmelreich zu Füßen liegt, da er die irdischen Elemente überwunden hat. Die physische Kreuzigung selbst, das sogenannte „Blutopfer Christi", war nur ein feiger Mord: „Sie aber schrien: „Ans Kreuz mit ihm!" Der Statthalter entgegnete: „Was hat er denn Böses getan?" Sie schrien nur noch lauter: „Ans Kreuz mit ihm!" Zum drittenmal richtete er (Pilatus) die Frage an sie: „Was hat denn dieser Mann Böses getan? Ich habe keine Schuld an ihm gefunden, die den Tod verdiente; machet, was ihr wollt!"(Lukas, 23:21, nach Greber)

Christus kam als ein Avatar, als ein Bote Gottes in die Welt, und nicht mit der bereits geplanten, vorherigen Absicht, sich als ein solcher „stellvertretend" für die ganze Menschheit kreuzigen zu lassen, damit diese weiter sündigen kann, doch wußte er von seinem Tod. Es liegt auch keine Erlösung der Menschheit darin, wie so viele meinen, nein, ganz im Gegenteil, dieses Verbrechen, stellvertretend an Gott selbst, belastete die Menschheit mehr als alle anderen Verbrechen dieser Welt. Jesus war nicht bereit, sich um der Wahrheit willen menschlicher Lüge und Verrat zu beugen, und schon gar nicht, sich diesen feige anzupassen, um des eigenen Vorteils und der eigenen Rettung willen. Er blieb sich und Seinem Vater treu, ja er war sogar bereit, selbst diesen Kelch zu trinken, den Kreuzestod auf sich zu nehmen, um der Notwendigkeit der Lehre Gottes, der Liebe, Wahrheit und Freiheit, um der ganzen Menschheit willen, der er dringend empfahl: „Bittet um die Erkenntnis, und sie wird euch gegeben werden; suchet Gott, und ihr werdet ihn finden; klopfet an das Tor des Geisterreiches Gottes, und es wird euch geöffnet werden. Denn jeder, der um die Erkenntnis bittet, empfängt sie; wer Gott sucht, der findet ihn, und wer an das Tor des Geisterreiches anklopft, dem wird es geöffnet. Oder findet sich jemand unter euch, der seinem Sohn einen Stein gäbe, wenn dieser um Brot bittet? Oder der ihm eine Schlange reichte, wenn jener um einen Fisch gebeten hat? Wenn nun ihr als sündhafte Menschen dennoch die Gesinnung habt, euren Kindern nur gute Gaben zu verabreichen, um wieviel mehr wird euer himmlischer Vater nur Gutes denen geben, die ihn darum bitten. – In allem behandelt eure Mitmenschen so, wie ihr wünscht, daß sie euch behandeln möchten. Das ist der ganze Inhalt der Lehre, die in dem Gesetz und den Propheten enthalten ist."(Matthäus, 7:7, nach Greber)

„Alles ist mir von meinem Vater übergeben worden; und niemand kennt den Sohn so genau wie der Vater, und niemand den Vater so genau wie der Sohn, und der, dem der Sohn es zu enthüllen für gut findet. Kommet zu mir alle, die ihr müde und bedrückt seid: Ich will euch Erquickung bringen. Nehmet mein Joch auf euch und lernet von mir! Denn ich bin sanftmütig und von Herzen demütig. Dann werdet ihr Ruhe finden für eure Seelen. Denn mein Joch ist sanft, und meine Bürde ist leicht."(Matthäus, 12:27, nach Greber) Leicht kann es uns nur werden, wenn wir unsere Bürden durch die Erkenntnis der Wahrheit abwerfen. Sein Joch ist die sanfte, zärtliche Liebe unseres Bruders und nicht die „Nachfolge" einer persönlichen Kreuzigung, die nicht zu teilen ist, wie Er uns sagt.

Dem göttlichen Mysterium Christi in der Menschwerdung Jesu geht vorbereitend die Jordantaufe durch Johannes den Täufer voraus, der Seele, die mit

Jesus schicksalhaft verbunden ist. Johannes, den Jesus besonders liebte, vollzieht an diesem symbolisch die göttliche Taufe und öffnet damit das Tor zur Menschwerdung Christi, die Inkarnation des hohen Gottes-Ichs in Jesus als menschlichem Wesen. Als Jesus nach der Taufe aus dem Wasser stieg „...da tat sich der Himmel auf, und er sah den Geist Gottes wie eine Taube herabfahren und über sich kommen."(Matthäus, 3:16) Er, Johannes der Täufer, bereitet den Weg für Jesus, welcher sich nun in dem Prophetenwort: „Siehe, ich sende meinen Engel vor Dir her, der Dir den Weg bereiten soll" für Jesus offenbart. Die Begegnung mit Jesus am Jordan-Fluß muß Johannes zutiefst berührt und beeindruckt haben, was sich zum einen in seinen Worten spiegelt: „Er muß wachsen, ich aber muß abnehmen", zum anderen in den Worten, die Zeugnis für Jesus ablegen, indem er die innewohnende Göttlichkeit in der Person Jesu offenkundig macht: „Seht, das ist das Lamm Gottes, das von der Welt die Sünde des Abfalls hinwegnimmt! Dieser ist es, von dem ich euch gestern sagte: Nach mir tritt einer auf, der vor mir ins Dasein trat; denn er war eher als ich."(Joh., 1:29, nach Greber) Johannes der Täufer gilt als die älteste Seele der Welt, und diese seine Worte „er war eher als ich" zeigen dies deutlich auf. Zum erstenmal verkörperte sich die Liebe Gottes in dieser Weise auf Erden in einem Menschen, der als Jesus-Christus das Zeitalter der Liebe einleitete, der uns lehrte, daß das Reich Gottes auf Erden in uns zu finden sei und uns ermahnte, zuerst dieses Reich zu suchen und alles andere als zweitrangig anzusehen. Heute, zweitausend Jahre später, offenbart sich der immer lebendig gebliebene Christus erneut in der Welt, doch bevor er endgültig kommen kann, müssen erst die alten, die verstaubten und toten materiellen Ziele der Welt von der gärenden Ich-Sucht befreit werden, damit diese Auferstehung überhaupt sein und gelebt werden kann. Es muß die globale geistige Dunkelheit für die Wirklichkeit des Lebens aufgelöst werden, damit die Menschheit die Göttliche Wahrheit aufnehmen kann.

In der Kreuzigung lehrte Er uns vor zweitausend Jahren die wahre Bedeutung des Geistes in der Verzichtleistung durch die Kreuzigung der inneren Natur. Jetzt, in der Zeitenwende, werden wir das wahre geistige Leben in einer Auferstehung der Liebe, in der Brüderlichkeit von Einheit und Gleichheit erfahren. Jetzt werden die Früchte eingesammelt für eine neue geistige Geburt: „Siehe, ich mache alles neu!" Und Er zeigt uns den Weg durch den Geist der Wahrheit heute ebenso wie damals, denn: „So jemand gewillt ist, den Willen Gottes zu tun, dann soll er wissen!" Wir müssen nur wissen wollen. Er, Christus selbst, gibt uns immer Antwort auf unsere Fragen, wenn wir Ihn um die

Wahrheit bitten, denn ein Mensch, der die Wahrheit wissen will, der wird sie erhalten und geht dadurch, wenn er sie dann noch lebt, in die Vollkommenheit des Geistes ein. Die Vollkommenheit des Geistes ist, wie bekannt, eins in drei und drei in eins. Die Drei beinhaltet daher auch den noch unerlösten Zustand im Menschen, der die göttliche Vollkommenheit in sich trägt, die es für einen jeden als Basisprinzip und Endziel des menschlichen Seins zu erreichen gilt. Im Esoterischen, dem gnostischen Christentum (Gnostik: alle religiösen Richtungen, die die Erlösung durch philosophische Erkenntnis suchen), zeigt sich diese Drei auch als das symbolische Dreieck auf dem Hügel zu Golgatha, in den drei Ansichten der drei Gekreuzigten. Zum einen in der gekreuzigten Person Jesu, dem fleischgewordenen erlösten Gottessohn als das Hohe Selbst des Menschen, dem Christus, der damit die Erlösung der Erde (nicht die Freisprechung der Menschheit von ihren Sünden als Irrtümer), die Vergeistigung der Materie vollbrachte und der Menschheit den Weg zum Licht wieder öffnete. Zum anderen auch in den gekreuzigten Sündern, den Symbolen des niederen und mittleren Selbst, dem materiellen und in der Materie verhafteten Menschen. Der von Gott abgesonderte, verirrte Mensch verurteilt sich selber zum Tode am Kreuz, auf den Balken von Zeit und Raum – er wird von der Welt gekreuzigt. Das Kreuz wird so zum Symbol der Unwissenheit des von Gott abgespaltenen, verdunkelten Geistes, welcher das eigene Höhere Selbst in der Welt der Materie kreuzigt. Erst in der geistigen Wiedergeburt des Menschen offenbart sich das Licht des Lebens, erst durch dieses wird er frei, denn dann gibt es keine Trennung mehr aus der Einheit des Lebens, da er durch das Band der Liebe für immer mit dem Schöpfer verbunden bleibt.

Diese menschliche Vollkommenheit zeigt und/oder offenbart sich durch die drei Ansichten des Egos, als dem zum „Fleisch gewordenen Geist". Zum einen offenbart sich dieser Geist im Höheren Selbst, zum anderen im Lebensgeist, dem Niederen Selbst, dem instinkthaften Willen zum Sein, und ebenso im menschlichen Geist (mind), dem Mittleren Selbst der Persönlichkeit. Diese drei zeigen sich in den Ausstrahlungen höherer geistiger Zentren im Kopfbereich als ein geistiges Prinzip und zugleich als deren Verdichtungsmanifestationen in der Form von Drüsen. Alle drei Prinzipien bilden das Zentrum der sogenannten „dreifachen Persönlichkeit" im Menschen, die er durch Synthese in sich zu verschmelzen hat. In einer solchen Vereinigung, die auch als „chymische Hochzeit" bezeichnet wird, begegnen sich Gott und der Mensch, was durch zwei miteinander verschlungene Dreiecke symbolisiert wird. Wenn alle drei genannten Kopfzentren geöffnet und zum göttlichen Sehen bereit sind, dann geht der Mensch in den Himmel seines Bewußtseins ein, in das Christusbewußtsein. Sobald diese göttliche Begegnung durch die Berührung und Verschmelzung beider Dreiecke stattfindet, entsteht der Tod der niederen Persönlichkeit und es erfolgt die Auferstehung im Geiste, in das ewige Leben. Dann ist das Ego gestorben und der Mensch geht den Weg der Liebe, in den selbstaufopfernden Liebesdienst für andere. Erst dann steht der Mensch in der kosmischen, der wahrhaften Liebe, die sich an alle verschenkt und ausdehnt, die einfach ihr Sein lebt.

Das göttliche Licht, die „Feuerflamme Gottes", dringt auf die dunkle Erde über die Spitze des nach unten gekehrten göttlichen Dreiecks als der Wille Gottes zu Gerechtigkeit und Liebe in der Welt. Jesus sagte damals: „Ich bin nicht gekommen, um Frieden zu bringen, sondern das Schwert."(Matthäus, 10:34). Doch Er meinte das Schwert des Geistes, welches den wahren Geist vom üblen Geist des Materialismus spaltet, beide voneinander trennt. Diese Seine Worte wurden völlig fehlgedeutet als der Christusgeist, der nicht gekommen ist, um Frieden zu bringen durch die göttliche Gerechtigkeit und Liebe, sondern durch das Schwert des Kampfes. Wie so häufig wurde auch hier ein Gleichnis von Ihm allzu wortwörtlich genommen, denn die Geschichte des Christentums hinterläßt eine Blutspur voller kampfeslustiger Konflikte und Aggressivität, vor allem anderen Religionen gegenüber, den sogenannten „Heiden", wie sie von der Kirche genannt werden, doch auch jenen gegenüber, die dem aufgebauten Glaubensdogma der Kirche nicht folgten. Doch so waren die Worte Jesu nicht gemeint.

Auch das Symbol der Kreuzigung wurde und wird oft mißverstanden, und selbst die Apostel haben die Symbolik für sich aufgrund ihrer eigenen Projektionen von Schuldgefühlen und aus Angst heraus nicht richtig wahrgenommen, was sich in den Berichten des Neuen Testaments offenbart als ein zuweilen auf den Kopf gestelltes Denken. Wie sonst hätte das Gegenteil von dem weitergegeben werden können, was Jesus meinte, als er sagte, daß er nicht gekommen sei, um Frieden zu bringen, sondern das Schwert. Es ist eindeutig das Gegenteil dessen, was er lehrte.

Die Kreuzigung steht für das Symbol der Projektion, für das Ego, welches es aufzulösen gilt. Es steht für die Auferstehung als das Symbol des Miteinanderteilens und der Geschwisterlichkeit unter den Menschen in der Einheit des Lebens, weil erst durch die Auferstehung, in der Wiedergeburt des Geistes, der Mensch eine solche Einheit in allen anderen Menschen für sich erfährt. Ebenso wurde die Begegnung zwischen Jesus und Judas nicht richtig wiedergegeben, denn nie wurde Judas von Jesus verurteilt, da ja Jesus selbst lehrte, daß jedes Strafprinzip die Projektion von Schuldzuweisung durch den Gedanken von Angriff beinhaltet, dieses also ebenso im sogenannten „Verrat des Judas", der ein Bruder Jesu war, nicht gerechtfertigt war. Judas, wie alle anderen Jünger Jesu, stehen hier für archetypische Grundprinzipien, wie schon zu erfahren war.

Nicht in der Kreuzigung, dem Kreuzestod selbst, sondern in dem Bringen der Lehre Jesu, in der Aufnahme Seiner Lehre, in der Erkenntnis der Wahrheit und einer daraus folgerichtigen Handlung liegt allein die Erlösung. Die Kreuzigung selbst wurde durch Seine Haltung zu einem Symbol der totalen Ich-Auflösung und zeigte das absolute Selbst-Opfer der eigenen Persönlichkeitsnatur. Es war ein Beispiel jeglicher Aufgabe von Angriff und falscher Abwehrhaltung, ja es war gerade beispielgebend für die Unverletzlichkeit des Geistes. Doch selbstverständlich ist mit der „Nachfolge Christi", es wäre auch gegen alle Liebe und Gesetze Gottes, nicht eine körperliche Kreuzigung der eigenen (äußeren) Natur gemeint, oder daß wir Ihm hierin nachfolgen sollen, wie so viele irrtümlich meinen. Wieviel Leid und Schmerz hat ein falsch verstandenes Asketentum in einer falsch verstandenen und gelehrten „Nachfolge Christi" gebracht, sich wahrlich „selbst gekreuzigt". Doch so war es mit Sicherheit nicht gemeint, daß wir das göttliche Symbol des Lebens zu einem selbstauferlegten Symbol des Todes machen. Denn das oberste Gebot und Ziel Gottes für einen jeden individualisierten Lebensstrom auf Erden ist doch eben der Sieg über den Tod, den Jesus durch seine Lehre der Liebe der Menschheit über die Materie offenbarte, und nicht das Elend einer inneren Vergewaltigung aus einem Mißverständnis heraus. Es gibt eine Deutung der Kreuzigung, die ganz frei von Schuld und Angst ist, wird sie richtig verstanden. Christus zeigt uns mit der Kreuzigung auf, daß selbst der allerschlimmste Angriff nur eine Projektion von Schatten ist und in Wirklichkeit keine Rolle spielt, die Wahrheit der Liebe nicht gekreuzigt werden kann, da es keinen Tod gibt und das Leben ewig währt.

Die Kreuzigung ist ein Symbol für uns, den Weg der Wahrheit bedingungslos zu gehen und die Kreuzigung des Niederen Selbst, des Egos, auf uns zu nehmen. Damit wollte Er uns aufzeigen, daß, wenn wir die Wahrheit erkennen und dieser aufrichtig folgen, dann auch den letzten, den inneren Weg der Kreuzigung, den Weg der Ich-Auflösung durch die Überwindung der Materie zu gehen haben. Womit nichts anderes gemeint ist, als daß der Körper als Begierdenatur überwunden, sterben, ja „gekreuzigt" werden muß, um den Geist in die Freiheit göttlicher Erlösung zu führen. Jesus, als der Christus, mußte als Mensch diesen Weg selbst gehen, den Er damit stellvertretend für uns symbolisch vorbereitete. Die schwersten Stunden für Ihn waren nicht jene, die er am Kreuz verbrachte, an diesem so elendig hing, wie es aus der Geistigen Welt heißt, sondern der Tiefpunkt waren die Stunden zuvor im Garten von Gethsemane. In diesen Stunden des Alleinseins, der absoluten Isolierung und dem Wissen, was ihm nun bevorstand, in dem inneren Todeskampf seiner Verzweiflung, überwand Jesus als Mensch das persönliche Ich und konvertierte dadurch vom Jesus zum Christus – er versank in dem Willen des Schöpfers: „Vater, nicht mein, sondern Dein Wille geschehe" und rief deshalb am Kreuze vor Seinem Tode aus: „Es ist vollbracht!"

Lösen wir uns durch spirituelles Erkennen der Wahrheit aus den Anhaftungen der Welt, so kommt es zunächst zu einem Krisenpunkt durch Spannungen zwischen den Polen, zwischen den niederen und höheren Kräften in uns als Energien. Das Zwerchfell (Diaphragma) trennt Brust und Bauchhöhle und damit die unbewußten niederen von den höheren Energien des Menschen: den Kraftstrom der physischen Lebenskraft und den Kraftstrom des Bewußtseins der Atome als das unterbewußte Zellsystem des Körpers, die den Körper aufbauen. Beide Ströme überschneiden sich im Gebiet der Milz und bilden dadurch im menschlichen Körper ein Kreuz, das dem Kreuz der Materie entspricht, welches es zu überwinden gilt. Das Organ der Milz, welches die irdische Lebensenergie aufnimmt und weiterleitet, steht mit dem Solar-Plexus und dem Herz-Zentrum in enger Verbindung. Der vom Herzen herabfließende Lebensstrom der Seele und der Strom der physischen Lebenskraft von der Milz verbinden sich im Solar-Plexus zu einem einzigen Kraftstrom als Wirbel, wodurch, bei entsprechendem Bewußtsein, die geistigen Zentren (Chakren) angeregt werden und sich mit diesem Energiestrom verschmelzen. Dadurch wird die Kraft des Kundalini-Feuers im Menschen erweckt, wodurch die höheren Energien des Kopf-Zentrums mit den niederen Energien des Wurzel-Zentrums am Ende der Wirbelsäule und der Milz zu einem einzigen Kraftstrom vereint werden. Geschieht das, so hat der Mensch das Kreuz des Lebens bewältigt und seine Begierdenatur und deren Anhaftungen an die Welt überwunden. Er hat sich endgültig selbst besiegt und dadurch die innere Nebelwand seines Unbewußtseins gelichtet, der Ruf des Herzens wurde vernommen, und neue Ebenen des Seins erwarten ihn.

Durch die Auflösung der niederen Natur, unserer materiellen Wünsche und Begierden, durch die damit ebenso verbundene Loslösung von Menschen, kommen augenblicklich auch die üblichen Schwierigkeiten – wir werden an das Kreuz der Welt genagelt. Wendet sich der Mensch durch Einsicht vom gewöhnlichen Leben ab, überwindet es und entsteigt ihm sozusagen, so reagiert die Gesellschaft, wie das ganze bisherige Umfeld und auch die eigene widerspenstige Natur, plötzlich sehr feindselig und wird zum Gegner. Das materielle äußere Leben als bisher so erstrebenswertes Ziel, dem wir lange Zeit so emsig nachfolgten, wird nun zu unserem erbittertsten Feind. Es bestraft uns ob unserer Eigenwilligkeit dieser Absonderung, unserer Abgeschiedenheit von der Welt, ja es bestraft uns wegen des Verrats an ihm. Hier fällt die Entscheidung für den weiteren Weg, doch ist sie einmal wirklich innerlich gefallen, so wird der nächste Schritt klarer, und es zeigen sich auf einmal ganz neue Entwicklungsmöglichkeiten auf, die vorher nicht gesehen wurden. Vor allem tritt ein besonderes Phänomen ein, wir gehen auf einmal die weiteren Schritte völlig angstlos, in der absoluten Gewißheit, daß wir geführt werden. Wir leben innerlich gelöst von allem, was um uns herum passiert, was durch nichts und niemanden gestört werden kann. Und selbst bei aller Feindseligkeit, bei allem Unverständnis von außen, bemerken wir eine zwar langsame, doch stetig zunehmende, positive Veränderung. Alle scheinbaren Probleme und Schwierigkeiten, alle Dinge um uns herum, beginnen sich zum Guten für uns zu wenden, wir werden frei!

Unsere scheinbare „Kreuzigung" führt allen Widerständen zum Trotz nicht in die von so vielen vorhergesagte Dunkelheit des Elends, in das schon sprichwörtliche „Leiden Christi", wie so viele meinen, nein, ganz im Gegenteil, sie wird zu einem Weg ins Licht, zu einem Abrücken von alten Gewohnheiten durch neue Erfahrungen. Die Kreuzigung wird zum eigenen „Sühneopfer", denn wir opfern dabei unser altes Leben der Anbindung und Angst, um in ein neues der Liebe und Freiheit zu gehen. Wir steigen nicht ab, so wie es zunächst den Anschein hatte und von vielen aus Neid und Mißgunst auch gerne so gesehen würde, sondern wir steigen stetig auf, werden in und um uns immer freier, werden zunehmend gelassener und eins mit uns selbst. Dieses Aufsteigen, diese Freiheit des Geistes, symbolisiert auch das wirkliche Geschehen der Kreuzigung, die dahinterliegende Auferstehung in der „Himmelfahrt Christi". Nicht die körperliche Kreuzigung und damit Marter, Elend und Schmerz, als Ausdruck eines falsch verstandenen „guten Christentums", kann und soll der Weg in die Nachfolge Christi wirklich sein. Hierin, in diesem Mißverständnis, liegt die 2000 Jahre alte Angst vor Gott und Christus tief vergraben. Einerseits durchaus verständlich, andererseits sehr tragisch, denn wie vielen Menschen wurde durch eine solche unberechtigte Angst vor Gott – von der Kirche stets gefördert – der bereits durch Christus geöffnete Weg damit zugleich durch sich selbst auch wieder verschlossen?

Diese Angst vor Gott ist die Angst vor der Wirklichkeit, die Ursache von so sehr viel Leid und Schmerz in der Welt. Christus nachzufolgen ist nicht ein Weg des Leidens, sondern ein *Weg der Erkenntnis,* der dann lediglich die Kreuzigung der niederen Natur nach sich zieht. Ein freiwillig gewollter Akt, eben aus dem inneren Erkennen der Wahrheit heraus. Wir lösen uns innerlich vom Tand der Welt, opfern freiwillig und leisten damit lediglich Verzicht auf kindlichen Glanz und Glimmer, auf das, was uns an die Welt, an Leid und Schmerz ankettet und bindet. Immer ist es der Verstand, der Intellekt, der für uns auf dem Weg zur Freiheit zur heimtückischsten Art von Falle wird, zur eigenen Gefangenschaft führt, da der in sich selbst gefangene Verstand die Ketten seiner selbst auferlegten Gefangenschaft nicht erkennt, nicht wahrnehmen kann und will. Innere und auch äußere Freiheit von allen Anbindungen an die Welt (nicht Beziehungen und Freundschaften) sind ein grundlegendes Ziel für alle Menschen, und Er zeigte uns den Weg durch seine Worte: „Ich bin die Auferstehung und das ewige Leben."

Folgen wir dem Ruf der Seele als der wahren Empfindung unseres Herzens, und nicht den gewöhnlichen Vorlieben und Abneigungen unserer Wunsch- und Begierdenatur, so folgen wir uns selbst. Wir sollen nicht in materieller Armut, noch in materiellem Protz leben. Wir sollen einfach sein. Einfach ist der Grundton der ganzen Schöpfung. Unser eigenes Wollen dürfen wir nicht mit dem Wünschen und Wollen anderer Menschen verwechseln, das so oft unserem Denken eingeprägt ist, oder aus einem falschen Gewissen und einer falschen Treue heraus, aus dem die Schuldgefühle erwachsen. Wir dürfen keine Rücksicht darauf nehmen, wie andere oder auch die Welt unser Tun deuten. Allein die Seele ist verantwortlich für unsere Lebensausrichtung und damit für unser inneres Wohl. Wir können beruhigt und gelassen, mit Mut und Freude unseren Weg gehen und die Fülle des Lebens genießen, denn es gibt nur eine wahrhaft wirkliche Sünde: die Sünde der *bewußten* Absonderung vom Göttlichen, also nicht den tiefsten inneren Geboten unseres eigenen inneren Selbstes, den Geboten des Herzens in uns zu folgen. „Es gibt Wege, die nur bis zu Ende gegangen werden können, wenn die Wahl für diesen Weg radikal ist. Nur dann wachsen mir die Kräfte zu, die mich auch durch lebensgefährliche Krisen bis zum Ziel führen können. Wenn ich wahrhaftig den Weg wähle, den ich als den meinen zu erkennen glaube, dann geht die verborgene Kraft Gottes, mich leitend und bewahrend, mit mir."[41]

Die inneren Gebote der Seele sind nie egoistisch, auch wenn wahre Egoisten uns dies als Schuldgefühle gegenüber ihnen selbst und der Gesellschaft immer wieder aufzubürden versuchen. Folgen wir solchen „gutgemeinten" Ratschlägen „liebevoller, besorgter Freunde", der Einmischung anderer Menschen in unserem Leben, so gehen wir nicht unseren eigenen Weg, sondern den Weg der anderen, wir „verkaufen" uns aus Angst vor Liebesentzug oder Disharmonie. Hören und lauschen wir lieber der Stimme des inneren Gebotes unserer Seele, die den Weg der Wahrheit für uns kennt. Das Billigste im Leben sind die „guten Ratschläge" anderer, weshalb wir sie auch so häufig „geschenkt" bekommen. Nicht, daß wir die Erfahrungen anderer Menschen mißachten oder gar gering bewerten sollen, sie können für uns von großem Wert und Nutzen sein, doch entscheiden müssen wir für uns selbst, was für uns gut und richtig ist. Die Wünsche, Bedürfnisse und Gedanken anderer Menschen bringen uns immer von unserem eigenen Wege ab.

Ein jeder Mensch ist eine eigene, für sich selbstverantwortliche Individualität und hat seine eigene individuelle Aufgabe als Lebensthema für sich zu erfüllen, die kein anderer für ihn leben kann, soll und darf. Aber auch wir selbst sollen uns hüten, anderen in ihr Leben hineinzureden. So wie wir andere in ihrem freien Willen binden und beeinflussen, so werden auch wir gebunden werden. Und es sei hier an dieser Stelle sehr deutlich und klar gesagt, daß die göttliche Freiheit des Lebens mißbraucht wird, wenn einzelne Menschen oder ganze Gruppen sich an einen obskuren „Guru" hängen, sich diesem verkaufen oder gar, wie es auch schon geschah, sich in der Hoffnung auf Erlösung das Leben nehmen. Das Leben ist ein Geschenk Gottes, und niemals dürfen wir dieses wegwerfen, da es ein Mißbrauch der Liebe ist. Viele haben nach einer solchen Tat in der astralen Welt sehr gelitten, wie es die Geistige Welt bezeugt. Ein Selbstmord dieser Art kann nur aus einem völlig fehlgeleiteten und verirrten Geist heraus geschehen.

Das „Buch des Lebens", von dem in der Offenbarung gesprochen wird (Off.

---

[41] Bours, Johannes „Der Mensch wird des Weges geführt, den er wählt", Herder Verlag, Freiburg i. Brsg., 1986, Klappentext

22:18-19), ist das „Lexikon Gottes", die sogenannte Akasha-Chronik, und umfaßt den gesamten Kosmos, damit alles beseelte Leben. Denn Gott hat Seine Kinder und damit alle Seelen individuell bei Namen gerufen und ihnen die geistige Freiheit geschenkt, was bedeutet, daß niemand einem anderen dieses Vorrecht der Freiheit nehmen darf, denn ein jeder soll diese als ein göttliches Geschenk für sich zum Aufstieg nutzen und genießen. Es soll auch niemand die Freiheit des Lebens sich selbst oder einem anderen vorenthalten oder entziehen, indem das geschenkte Leben weggeworfen oder es einem Geschwisterteil genommen wird. Denn dann wird das göttliche Gesetz des Lebens wirksam, indem derjenige, der solches macht, die gleiche Beschränkung (in diesem oder einem anderen Leben) für sich selbst erfährt, die er einem anderen durch Gewalt auferlegte. Dagegen wird die Freiheit des Lebens, die wir anderen schenken, uns selbst geschenkt. Die Liebe kann nur in Freiheit leben und möchte andere durch Liebe befreien. Ihre Macht liegt in ihr selbst begründet, in der geschenkten Freiheit eines erkennenden Herzens. Das ist der Grund, warum die Liebe weder zu kreuzigen vermag, noch gekreuzigt werden kann.

Aus innerer Erkenntnis und Überzeugung haben wir unseren Weg zu gehen, weil unser Herz es so will, doch nicht aus Angst vor Schuld und Strafe. Wir sollen Ihm nachfolgen aus eigener Überzeugung und der Wahrheit dessen, wer und was wir sind. Dabei darf und soll uns die Fülle des Lebens, auch die materielle, begleiten. Sein Ausspruch: „Trachtet als erstes nach dem Reiche Gottes und nach seiner Gerechtigkeit, so wird euch solches alles zufallen", sagt doch nichts anderes, als daß wir bereits hier auf Erden die Lösung aller unserer Probleme erlangen werden, wenn wir die richtigen Prioritäten setzen. Für viele klingt das recht fremd, da sie meinen, daß die materiellen Dinge zuerst zu regeln seien, bevor sie sich den geistigen zuwenden können. Doch steht das geistige Leben vor dem materiellen, und leben wir hier Vertrauen, so erhalten wir auch im Irdischen alles, was wir brauchen: „Wendet euch zu mir, und ihr seid aus der Hoffnungslosigkeit erlöst. Wendet euch zu mir, und die Qualen und Sorgen hören auf. Wendet euch zu mir, und der Friede Gottes, der höher ist denn alle Vernunft, strömt in euch ein, eine neue lebensvolle Kraft, eine wahrhaft wunderbare Freude." Nur ein aus innerer Kraft, Liebe und Freude geborenes zu Ihm Hinwenden genügt – die Rettung erfolgt. So verspricht Er es uns, und so dürfen wir ganz auf Ihn vertrauen.

Es bedarf also nicht eines leidvollen, schmerzhaften Weges einer Weltabsage, nicht der Armut eines selbstkasteienden Asketentums und einer falsch verstandenen Kreuzigung, um Ihm nachzufolgen. Die Menschen haben oft eigenartige Vorstellungen und Auffassungen über die Bedeutung Seiner Einladung: „Kommet alle zu mir, für alles!" Oft wird diese Seine liebevolle Einladung als die Bezahlung einer Schuld mißverstanden, die durch das „Opfer einer Kreuzigung", also mit Leid und Schmerz verbunden, zu entrichten sei. Doch dem ist nicht so, denn Sein „Kommet zu mir", bedeutet unendliche Liebe, bedeutet die Lösung eines jeden Problems, die Beruhigung eines jeden Angstgefühls, die Erlösung für alles, was nötig ist, um materiell, seelisch und geistig in die Freiheit zu gehen: für die Kranken, um Heilung zu finden; für die Vertriebenen ein Heim; für die Freud- und Freundlosen ein Freund; für die Hoffnungslosen Zuflucht. Darum sagt Er: „Kommet alle zu mir, die ihr mühsam und beladen seid!" – „Kommet zu mir, für alles", bedeutet, daß wir uns Ihm ganz zuwenden sollen und nicht mit halben Herzen, daß wir nicht mit einem Auge zu Ihm schauen und mit dem anderen heimlich mit der Welt liebäugeln. In der Welt der Dunkelheit, der gekreuzigten Materie, verursacht ein solches Spekulieren mit dem falschen Glanz und Glimmer der Welt nur Verblendung und weitere Illusion, nur eine größere Verfinsterung des Geistes. Damit wird die Wirklichkeit übertüncht und das eigene dunkle Dasein nur zugedeckt und weiter eingekerkert, ja es verschiebt geradezu die Erlösung des Geistes in eine ungewisse Zukunft.

Wird die Wahrheit der Liebe dem weltlichen Glanz und Pomp, dem Besitz um des Besitzes willen geopfert, sozusagen in einer Verbindung von „Thron und Altar", wie es eine verirrte christliche Grundgesinnung aufzeigt, dann wird jedes Glaubensbekenntnis zu einer hohlen Phrase. Das hat dann nichts mehr mit dem Evangelium der Liebe zu tun, sondern offenbart nur den grundlegenden Eckstein eines Denksystems, welches auf Macht und Machterhaltung ausgerichtet ist, damit spekuliert. Pures Machtdenken und Macht-streben sind die katastrophalen Folgen einer solchen allgemeinen Glaubensverwirrung, die die christliche Kirche um jeden Preis zu verdecken sucht. Die vielen Austritte und leeren Kirchen sind nur das äußere Bild einer inneren Hoffnungslosigkeit, welche sich zunehmend abzeichnet, und die einen jeden zutiefst nachdenklich stimmen muß. Sehr nachdenklich, wenn sogar die katholischen Bischöfe des Vatikans erklären, die Kirche habe „das Image der Barmherzigkeit verloren und sich das der harten Herrschaft zugelegt", wie es in einem bekanntgewordenen Brief des österreichischen Bischof Stecher an seinen Nachfolger Alois Kothgasser heißt und dieser erklärte: „Er teile voll und ganz die Sorgen seines

Vorgängers." Doch es liegt nicht allein an der „harten Herrschaft" der Kirche, an ihrer dogmatischen, unbeugsamen, selbstgerechten und lieblosen Haltung, an ihrer Selbstherrlichkeit von Unfehlbarkeit, die jedem Andersdenkenden das Recht auf Lebensglück durch Androhung von Strafe und Höllenqualen nehmen möchte, sondern an einer grundsätzlich mangelnden Inspiration von Liebe, die auch durch das „Image der Barmherzigkeit" nie übertüncht werden konnte.

Kein Wunder, daß die Menschen nach der Wahrheit und Liebe Gottes anderswo Ausschau halten. Die großen Kirchen haben nicht das Symbol der Liebe, die Auferstehung Christi als das Symbol des ewigen Lebens auf den Altar gehoben, sondern allein den leiblichen Teil, das Symbol des gekreuzigten Egos, mit äußerst fatalen Folgen. Es wurde ein toter Christus auf den Altar gehoben und damit das Hauptgewicht auf das „blutbefleckte Lamm", auf das „Blutopfer Christi" und damit auf einen „toten Heiland" gelegt, wie es nach dem tibetischen Meister Djwahl Khul heißt, anstatt auf den ewigen lebendigen, handelnden Christus in der Welt, dessen Mission als Jesus von Nazareth ja nur einen Abschnitt Seiner göttlichen Offenbarung in der Welt darstellt. Kein Wunder, daß sich immer mehr Menschen vom „Leiden Christi" abwenden und für die heranwachsende Generation dieser erbarmungswürdige Christus wahrlich keinen inneren Halt zu geben vermag, der tote und blutbefleckte Heiland sie eher in Angst und Schrecken versetzt.

Wo bleibt der liebende, der ewig lebendige Christus in der Kirche, der sich in den Herzen der Menschen offenbaren möchte? Er ist die ewige Gegenwart, die wir sind, Er ist das Leben, das uns alle miteinander verbindet. Die Kirche verschweigt mehr oder weniger den Christus, der der Welt das „Brot der Liebe" und Gott zu den menschlichen Herzen brachte. Eine solche die Wahrheit verschweigende Darstellung der Kirchen, so nach Meister Khul, kann auch nur folgerichtig eine in sich zerrissene und getrennte, mehr oder weniger neurotische Glaubensgemeinschaft hervorbringen, die an sich verzweifeln muß. Den gläubig Suchenden wird nichts vermittelt und verheißen außer Strafe, Schuld, Buße, Angst und Höllenqualen. Also nichts, was die Menschen in die Hoffnung der Liebe führt. Doch nicht nur das, die Gewalt und Unterdrückung Andersdenkender, die nicht geleistete Hilfe für Millionen unterdrückter und dem sicheren Tode ausgelieferter Menschen, zieht sich wie eine Blutspur durch die Vergangenheit der Kirchen bis in die jüngste Geschichte unserer Gegenwart: „Zweitausend Jahre blieb Christus eine schweigende, passive Figur, weitabgerückt von der Wirklichkeit, durch endlose Debatten einer Armee von Erklärern und Predigern. Die Kirchen haben auf den sterbenden Christus am Kreuz hingewiesen, nicht aber auf den lebenden, arbeitenden, aktiven, gegenwärtigen Christus, der Seinem Versprechen gemäß seit zwanzig Jahrhunderten in Erscheinung bei uns gewesen ist."[42]

Das Christusbewußtsein findet seinen Ausdruck in allen göttlich inspirierten Glaubenslehren und wichtigen Religionsstiftungen als den Offenbarungen des Einen, und damit selbstverständlich in allen Menschen und somit auch in Mann und Frau. Das kosmische Gesetz Gottes gilt für alle Seine Kinder ohne Ausnahme gleich. Die Göttliche Intelligenz und Liebe, die den Kosmos durchdringt, ist das Licht des Lebens, welches für alle gleich scheint und nicht in einer „Stellvertretung Roms" endet, also in der westlichen, christlich orientierten Welt.

Ebenso hat die christliche Kirche die engen Beziehungen und Verflechtungen zwischen dem Osten (Buddha) und dem Westen (Jesus) nicht nur geflissentlich lange Zeit „übersehen", sondern diese geradezu ignoriert (nachdem sie den Buddhismus nicht zum Christentum bekehren konnte) und macht dies mehr oder weniger immer noch, anstatt zu begreifen, daß das neue Zeitalter beide Religionen zu einem Strom von Weisheit und Liebe in dem Einen, in Christus, vereinen wird. Die esoterische Lehre zeigt auf, daß nicht nur Jesus, sondern auch bereits fünfhundert Jahre vor ihm der Buddha, also beide großen Menschheitsführer, die Menschheit aufforderten, sich dem Pfad der Weisheit und Liebe und dem Licht des Lebens zuzuwenden. Der Buddha verkörperte das kosmische Prinzip der Intelligenz, und durch die Verschmelzung dieses Prinzips mit dem Strahl der Liebe brachte er das Intelligenz-Prinzip in der Formenwelt der Materie zum Ausdruck. Jesus brachte dann zur Entfaltung, was der Buddha in sich trug, denn er vermittelte, ebenso wie auch der Buddha, der ganzen Menschheit das Licht und die Weisheit des Lebens. Doch brachte er darüber hinaus der ganzen Menschheit die Liebesbotschaft, die göttliche Verkörperung des Friedens und der Nächstenliebe. Jesus verkörperte die Kraft der Unterwerfung – „Vater, nicht mein, sondern Dein Wille geschehe!" – und übertrug das göttliche Licht auf die Astralebene, auf die Ebene der Empfindungen und Gefühle.

So wurden durch diese beiden Avatare zwei „Licht-Zentren" (im Mentalen

---
[42] Baily, Alice A. „Die Wiederkunft Christi", Verlag Lucis Genf, für Deutschland Karl Rohm Verlag, Bietigheim Wrtbg., S. 67

und Astralen) errichtet, wodurch sich das göttliche Leben im Herabsteigen des Lichtes nun leichter in der Welt zu offenbaren vermochte. Das „Tor zum Himmel" wurde geöffnet, der Weg in das Licht wurde durch das vereinte Werk dieser Gottes-Söhne nun für eine ganze Menschheit frei, wie es nach Meister Djwahl Khul heißt, wodurch der Aufstieg zum Schöpfer für einen jeden, der es will, ermöglicht wurde. Dadurch, daß Christus aufgrund Seiner göttlichen Bestimmung die göttliche Energie auf die astrale Ebene konzentrierte und so näher zur Menschheit kam, wurde Christus in Jesus zum ersten Initiator, und der Meister sagt: „Doch heute ist Christus der Menschheit näher als in allen früheren Zeiten der menschlichen Geschichte; Er ist näher, als es der Jünger in heißestem Sehnen und Hoffen erwartet, und Er kann uns noch viel näher kommen, wenn das hier Gesagte recht verstanden und allen Menschen zur Kenntnis gebracht wird. Denn Christus gehört der ganzen Menschheit, nicht allein den Kirchen und Glaubensbekenntnissen in der Welt."[43]

Das Licht des Lebens und der Liebe scheint für alle gleich, ungeachtet welcher Geschlechtszugehörigkeit, sozialen Herkunft, Rasse und/oder welcher Glaubenszugehörigkeit auch immer. Gott kennt und macht keine Unterschiede zwischen den Menschen, egal ob es sich um Christen oder Nicht-Christen handelt, solange ein jeder treu in seinem Glaubenskern in Gott steht. Er möchte die Menschheit in einer Verbindung der Geschwisterlichkeit, Freiheit und Gleichheit miteinander sehen, so wie es sich auch Christus wünscht, denn diese sind die ewigen Fundamente des freien Geistes. Das Erkennen der Wahrheit, das Bedürfnis, die Seele wachsen zu lassen in diesem Geiste, und nicht das Ego zu stärken, das ist der eigentliche Sinn der Religio, die Möglichkeit einer für uns alle verheißungsvollen Zukunft, die uns, als ein Schlüssel für eine solche, bereits durch das Vorleben und die Worte Jesu geschenkt wurden, der uns sagte: „Liebe deinen Nächsten wie dich selbst!". Der sich für diese Freiheit, Gleichheit und Geschwisterlichkeit der Menschheit kreuzigen ließ, damit diese im Geiste auferstehen kann, eines Geistes wird.

Das Kreuz symbolisiert also zum einen unsere eigene Kreuzigung in der Materie als ein Ausdruck der Polarität des Lebens, in der wir noch stehen; zum anderen die Erlösung durch Überwindung in einer Nachfolge Christi, in der Befreiung und Auferstehung des Geistes, durch die Kreuzigung der Elemente. Das Kreuz mit dem langen, dem symbolisch tief in die Materie hinabreichen-

---

[43] *Baily, Alice A. „Die Wiederkunft Christi", Verlag Lucis Genf, für Deutschland Karl Rohm Verlag, Bietigheim Wrtbg., S. 40*

den Balken, dem Sinnbild des gekreuzigten, sterbenden Jesus, wurde zum Sinnbild einer ganzen Christenheit. Doch im Gegensatz zum gleichschenkligen Schöpfungskreuz mit den gleichlangen Balken, in dem sich die ganze Harmonie der Schöpfung offenbart, zeigt das „Kreuz der Welt" keine solche Harmonie in sich auf. Der senkrecht stehende Balken symbolisiert das aktive, männliche Wirkprinzip des Geistes, der in die Welt fließt und das Leben bringt, während der waagerechte Balken Ausdruck des passiven, des tragenden weiblichen Prinzips der Schöpfung ist, die Abgrenzung der Welt symbolisiert. Beide Balken sind Teil eines Ganzen, welcher sich im Mittelpunkt des Kreuzes durch das Wort offenbart. Erreichen wir diesen Platz, nehmen wir den Schnittpunkt des Kreuzes ein, so entsteht ein Hologramm der Vieldimensionalität, in dem kein Verstand mehr benötigt wird, da ein Herausheben aus der Zeit stattfindet, sich ein Raum-Zeit-Kontinuum manifestiert, welches uns aus der selbstbegrenzenden Gefangenschaft, aus der Angst der Welt befreit, welches uns in eine neue Dimension des Seins emporhebt, die zwar leidfrei, wenn auch nicht lernfrei ist, doch wo wir als bewußte Schöpfer von Welten zu Welten wandern lernen. Eine für uns neue Dimension einer für uns Neuen Welt, die jedoch schon immer da war als der wahre Platz der Menschheit, nur verschüttet.

Hier, in diesem Schnittpunkt des Kreuzes, dort wo die Dualität zur Einheit wird, finden wir das Tor zum wahren Leben. Derjenige Mensch, der dieses Tor erreicht, indem er in seine Mitte findet, der ist „aufgewacht", ist ein in Christus Auferstandener und hat die Welt überwunden. Gehen wir durch dieses Tor, so werden wir zum wahren, zum göttlichen Menschen. Dort im Schnittpunkt des Kreuzes erwartet uns die göttliche Mutter aller Lebenden, die auch Maria ist, die wahrhaft heilige Mutter im Herzen der Welt; dort finden wir Isis, das göttliche Licht, welches unausgesetzt in die dunkle Welt strahlt über Gut und Böse. Sie, die göttliche Mutter des Lebens verkörpert den heiligen Planeten Erde; sie ist die wahrhaftige Weltenmutter, das Licht der Welt, welches sich in Christus offenbart. Denn alles, so heißt es, was der heiligen Weltenmutter entspringt, kommt aus diesem dreifachen göttlichen Zusammenhang, der Trinität des Lebens. Zugleich ist sie auch die Mutter der Gnade, welche symbolisch als Rose oder Lotos dargestellt wird.

Dort, in diesem Schnittpunkt wird das Kreuz zum Rosenkreuz, als ein Symbol der Befreiung aus der Unwissenheit der Maja, der Begrenzung der Welt. In diesem Punkt des Kreuzes offenbart sich das Reich des bewußten Schöpfers.

Und es heißt, wer die Rose oder den Lotos gewonnen hat, der kann nicht mehr fehlgehen, er ist in den Schoß der Mutter heimgekehrt. Er hat in sich die beiden Brüder, hat Christus mit Luzifer, hat Himmel und Erde in sich vereint. Er ist in das ewige Christusreich des Geistes eingetreten, ist ein in Christus Wiedergeborener, ein göttliches Kind der Liebe geworden – ein Heimgekehrter! Das ganze Leben auf Erden ist auf dieses eine Ziel hin, ob wir es nun wissen wollen oder nicht, in uns ausgerichtet, als einer immerwährenden Re-ligio der Heilung. In der Rückbindung an diese einzige Wahrheit, die ewiges Leben ist, finden wir wieder, was wir verloren glaubten, was wir alle so sehr suchen und brauchen, auch bei allen Irrtümern und Ängsten – die Liebe unseres Schöpfers im Himmel!

„Denn wäre der Christus tausendmal in Bethlehem geboren, und nicht in dir, so wärst du doch verloren!" – Ein wunderbares Schlußwort, welches nun so recht zum Ende paßt und zugleich die Worte der Einleitung verbindet. Anfang und Ende, hier schließt sich der Kreis, scheinbar, denn der Anfang unserer Geburt und das Ende (die Kreuzigung des Lebens) als Tod, sind nicht das wahre Leben, nur eine Zwischenstation im großen Kreislauf, bis die Wahrheit uns das neue Leben schenkt, wir in Christus geboren werden. Das bedeutet: Es gibt kein Ende! Nur ein neues Leben im „Fleische", in der irdischen Rückkehr einer Reinkarnation oder das der Auferstehung im Geiste, als das ewige Leben. Er hat uns aufgezeigt, daß wir den Tod nicht zu fürchten brauchen, indem Er den Tod überwand, uns den Weg für das ewige Leben offenbarte, daß es also ein ewiges Leben und Unsterblichkeit nach dem Tode gibt. Die Welt wird nicht durch den Tod verlassen, nur durch Erkenntnis der Wahrheit. Niemand kann von der Anerkennung Seiner Worte loskommen, daß wir fortbestehen werden in einem Leben größerer Fülle, wenn wir uns mit Ihm vereinigen, hier und dort. Christus ist also der Beginn eines neuen, und die Kreuzigung war nur das Symbol für das Ende eines alten Lebens, dem wir in Seiner Nachfolge für immer zu entrinnen vermögen.

Was Er sagte, das war ein Versprechen der Liebe, darauf können wir allemal vertrauen, schon hier, in diesem Leben. Nie waren wir wirklich von der Quelle abgeschnitten, von der Liebe ausgeschlossen und verloren oder wirklich getrennt vom Licht – außer im Glauben, geboren aus dem Traum unserer Gedanken daran. Das ist die ganze Trennung und zugleich der Weg der Erlösung, ist Kreuzigung und Auferstehung. Vertrauen wir also Ihm unsere Wege an und folgen nicht den eigenen, den unserer verirrten Gedanken, dann werden wir in Frieden auf Seinen Wegen aufsteigen, Erlösung finden. Denn gehen wir mit Ihm, dann gehen wir nicht allein; dann gehen Er und Seine Engel an unserer Seite und führen uns durch alle Lebensschwierigkeiten, durch Leid und Schmerz hindurch, auf daß wir sicher heimgelangen.

Ein solches Nachfolgen bedeutet zugleich Vertrauen durch die Kenntnis dieses großen Freundes, der für uns auch Bruder und Erlöser ist. Und hier wird wohl nun endgültig deutlich, daß der, der nicht wissen will, auch jetzt nichts begreifen wird, da er es nicht kann oder geistig blind für die Wahrheit bleiben möchte, da er ihr sich bewußt oder unbewußt verschließt und entgegenstellt. Denn da er die Wahrheit nicht begreift, will er aus Angst vor der Wirklichkeit diese auch nicht wissen, da er sich sonst verändern müßte. Es fehlt einfach das innere Aufnahmevermögen einer magnetischen Resonanz, welches mit Christus verbindet, um mit diesem das eigene Gefängnis zu verlassen und in die Freiheit eines neuen Lebens zu gehen. Denn sobald nur ein wenig Offenheit durch Einsicht vorhanden ist, werden wir dadurch bewußt oder unbewußt mit dem Energie- und Magnetfeld Seiner Liebe in Berührung kommen, was Veränderung mit sich bringen muß, wenn wir dieses geschehen lassen und auch wollen. Durch geistige Öffnung leben wir automatisch ein Schwingungsfeld der Aspiration (lat., „spirare" = atmen, hauchen), welches uns durch Resonanz mit Ihm verbindet und zu Ihm hinzieht, so wie Er einst sagte: „Ich werde, wenn ich erhöht bin, alle Menschen zu mir ziehen." (Joh.,12:32)

Es entsteht, leben wir geistige Bereitschaft, eine Hinstimmung und Aufnahmefähigkeit, die es überhaupt erst ermöglicht, den Geist der Wahrheit in sich zu erkennen. Die Aspiration geht der Inspiration, der Erkenntnis und Erleuchtung, geht dem schöpferischen Gedanken und Einfall, der Eingebung, immer voraus. Vor dem Einatmen von etwas Höherem muß erst das Ausatmen des Niederen erfolgen. Deshalb vermag der Ich-Bezogene, der selbstsüchtige, nur auf sich ausgerichtete Mensch auch die höhere Wahrheit des Geistes, vermag so auch Christus nicht zu erkennen und schneidet sich dadurch vom Leben ab, da er durch seine begrenzende Wahrnehmung und Verhaftung an die Welt seine niedere Natur nicht zu übersteigen vermag. Nicht umsonst lehrte Christus, daß wir uns nicht mit den materiellen Dingen oder Gelüsten des Lebens identifizieren und an diese binden sollen; daß wir irdische Besitztümer und die Fülle des Lebens genießen und haben dürfen, diese jedoch nicht überbewerten sollen; daß wir uns den rechten Sinn für die wahren Werte des Lebens bewahren müssen, da die Beziehung zu Gott das Wichtigste im Leben eines jeden Einzelnen ist.

Es bedarf einer bestimmten Reinheit zur Aufnahme von geistigem Licht, um die Seelenfluide mit dem Wesen der Liebe und des Verstehens zu verschmelzen, sie an sich zu ziehen. Es bedarf des Lichtes im Körper, warum es heißt: „Dein Auge ist des Leibes Leuchte. Wenn nun Dein Auge lauter ist, so ist dein ganzer Leib licht; wenn aber dein Auge böse ist, so ist auch dein Leib finster. So schaue darauf, daß nicht das Licht in dir Finsternis sei. Wenn nun dein Leib ganz licht ist, daß er kein Stück von Finsternis hat, dann wird er so licht sein, wie wenn ein Licht mit hellem Blitz dich erleuchtet." (Lukus, 11:34) Die Erleuchtung, das Licht einer lebendigen Kraft, die wir Liebe nennen, ist das Licht, welches sich im Herzen offenbart, um den verlorenen Sohn wieder in das Haus des Vaters zurückzuziehen, die Sehnsucht nach Einheit, die in jedem Herzen schlummert. Doch der verdunkelte Geist des Menschen fesselt sich, da er sich einzig mit der grobstofflichen Materie identifiziert, immer mehr an diese bindet und trägt so zur Verhüllung der eigenen Wirklichkeit bei, anstatt sich aus dem Irrtum seiner falschen astralen Gefühle zu lösen. Es ist die emotionale Gefühls-Substanz, die der Mensch sich selbst erschaffen hat, die ihn machtvoll in die großen Täuschungen führt, wodurch er zum Opfer dessen wird, was er in sich selbst erzeugte, was ihn aus der Wirklichkeit in die Unwirklichkeit führte.

Ein solches Zudecken und Verhüllen der Wahrheit macht den Menschen geistig blind und taub für die Aspiration und Inspiration, eben für das geistige Erkennen und Erwachen, für die Wirklichkeit. Aber es bindet und kettet ihn zugleich aus Angst vor der Wirklichkeit an die Welt und weiterer Verblendung in die Täuschungen, die er jedoch durch Erkenntnis und Liebe beherrschen könnte. Allein über den Verstand – das gefährlichste Werkzeug des Menschen – ist die Wahrheit nicht zu erreichen, denn Denken allein bedeutet immer noch getrennt zu sein, selbst dann, wenn das denkende Bewußtsein die Wahrheit aufnimmt und zu verstehen vermag, doch nicht wirklich erkennt. Erst erkanntes Bewußtsein bedeutet Verwirklichung des eigenen Selbst, denn solange wir an etwas denken, stehen wir im Außen, sind getrennt davon. Wir können uns nur seelisch zu etwas hinwenden, indem wir uns nach innen zurückziehen, uns ganz darauf einlassen und den Verstand nicht vor die Liebe stellen. Dann verbindet sich der kosmische Klangstrom mit dem unseren zu einem Akkord in das ICH BIN, dann werden wir von Ihm an- und hochgezogen, in das

Licht einer neuen Dimension, dorthin, wo die grenzenlose Freiheit Wirklichkeit ist.

Den Geist der Wahrheit zu erkennen, sich aus den Ketten weltlicher Phantasien und Träume zu erlösen, damit aus Leid und Schmerz, das ist der ganze Sinn des Lebens. Es gibt keinen anderen, da alles in dem großen Kreislauf, in der Gewißheit der Wahrheit Gottes zusammenläuft, in die Quelle des Lebens mündet. Selbst im primitivsten Menschen ist solch ein Kern enthalten, eine Art Dämmerzustand von Wahrheit und Bewußtsein. In Gott bewußt zu werden, Ihn erkennen, ist nicht gleichbedeutend mit „Gott selbst zu sein", wie viele Esoteriker es heute so gerne sehen wollen, denn es würde bedeuten, wahrlich Er zu werden, Gott zu sein. Doch wie könnte der Sohn zum Vater werden? Doch göttliches Bewußtsein zu erreichen, ein Sohn in des Vaters Haus zu sein, eins zu werden im Geiste mit Ihm, das bedeutet, eins zu werden in Christus, denn das ist der Weg und die letztendliche Bestimmung des Lebens. Ein Weg der Wirklichkeit und Wahrheit, der uns in die Freiheit unserer göttlichen Bestimmung führt. Ein Weg, der jedoch nicht vorstellbar, sondern nur leb- und erlebbar ist in der Weisheit des Lebens selbst, denn der Weg ist das Ziel! Die Vorstellungskraft der Gedanken vermag die Wirklichkeit nicht wahrzunehmen, da Gott in seiner Absolutheit und Vollkommenheit nicht vorstellbar ist. Wie könnte also das Endliche das Unendliche, das Zeitliche das Ewige, das Sterbliche das Unsterbliche begreifen, wie könnte das Scheinwesen Mensch das wahre Sein, wie könnte dieser – Gott – verstehen?! Und doch müssen wir zu Ihm finden, und hier hilft uns Christus über den für uns schier unüberwindlichen Graben, über die Kluft hinweg, hier hilft Er uns, der Bruder und Freund, als ein Mittler, denn Er baut uns eine Brücke zu Gott. Eine Brücke des Lichtes, der Liebe und des Vertrauens, durch und über den Heiligen Geist, hin zu Ihm, denn: „Ich bin der Weg und die Wahrheit und das Leben; niemand kommt zum Vater denn durch mich." (Joh.,14:6)

Alles Leben gründet sich auf die Tatsache, daß Gott ist, daß zwischen allem und dieser Ur-Quelle eine Beziehung besteht und daß es für den Menschen einen Weg zu Gott gibt, daß dieser existiert, und der Mensch imstande ist, den Weg zu finden, und, so er will, ihn auch zu gehen, sobald er zur Annahme dieser Tatsache innerlich bereit ist, denn so sagt die Geistige Welt durch Emanuel: „Der Höchste, er hat euch versprochen: Ich will den Hungrigen speisen mit dem Brot der Gnade, und ich will die, die im Durst gehen, tränken an den Quellen des ewigen Lichtes und der Erkenntnis. Und wer Seinen Worten glaubt, wer Seinen Worten vertraut, dem wird Er zeigen, daß auf Seine Worte Verlaß ist. Es zählen nicht die Stunden und Tage des Zweifels und die Tage der Unsicherheit. Was zählt, ist das „Und dennoch, Herr, lasse ich Dich nicht!" – Und Christus spricht:[44]"Ich rufe euch, horcht, hört auf mich, Ich bin euer Herr. Höher als Ich Bin, gibt es keinen anderen. Zieht euch in die Ruhe der Gemeinschaft mit mir zurück. Ruht, ruht, und erholt euch in dieser Ruhe, in diesem Frieden. Das Leben kennt keine größere Freude als die, welche ihr finden werdet im Zwiegespräch und der Gemeinschaft mit mir. Ihr gehört mir. Wenn die Seele ihr Heim in mir gefunden hat, erst dann beginnt das wirkliche Leben. Nicht nach Jahren, wie der Mensch sie zählt, messen wir in meinem Reiche. Wir zählen erst von der ‚zweiten Geburt' an, der Wiedergeburt, von der ich zu Nikodemus sprach, als ich ihm sagte: ‚Du mußt wiedergeboren werden.' Wir kennen kein Leben außer dem ewigen Leben, und erst, wenn der Mensch in dieses eintritt, dann lebt er. Das ewige Leben bedeutet: Gott zu kennen, meinen Vater, und mich, den durch Ihn gesandten Sohn. So unvollkommen, so kindlich, so leer ist alles sogenannte Leben vor diesem. Ich umringe euch mit Liebe, gebt sie weiter. Fürchtet euch nicht. Sich fürchten ist töricht, wie wenn ein kleines Kind eines reichen Vaters, mit einer kleinen Münze in der Hand sich darum besorgt macht, wie Miete und Steuern bezahlt werden könnten und was es dafür zu tun hätte. Ist dies nicht meine Sache? Ihr müßt mir in allem und jedem vertrauen:

ICH BIN BEI EUCH
ALLE TAGE BIS AN DER WELT ENDE –
ICH BIN, DER ICH BIN

---

[44] „Ich rufe euch", Neuer Johannes Verlag, Reinhold Zbinden AG Bern, 1955, S. 70

Ausklang

„Und Gott spricht: ‚Wer mich liebt, sucht mich; und wer mich sucht, der findet mich; und wer mich findet, der tötet das Verderbliche in sich. Und wer das Verderbliche in sich tötet, dessen Lohn bin ich.'" – Doch was ist das Verderbliche im Menschen? Das Verderbliche im Menschen ist der Kleinmut, der Kleinglaube, das Zögern, das Zagen, alles richtig machen zu wollen und darum lieber erst gar nicht zu handeln. Seht, der Mensch, der wahrhaft in der Anbindung an Gott geht, der Gott als die Mitte seines Seins erkannt hat, ein solcher Mensch steht nicht nur in der Herausforderung, sondern in der Aufgabe, sein Vertrauen zu Gott so groß werden zu lassen, daß er endlich den sicheren, den freien Schritt gehen kann. Das Ziel ist Gott, die Rückkehr, die Anbindung an die allumfassende Liebe. Und diese Liebe kann nur erfahren, kann nur gelebt werden, wo Angstfreiheit ist. Und wenn der Mensch Gott als die Quelle, als die Ur-Quelle allen Seins erkannt hat, muß dann nicht alles Sorgen abfallen, die Angst, die Unsicherheit, das Zögern und das Zagen? Wäre da nicht natürlich, sich wie ein Kind in der Wiege zu fühlen – umsorgt, gehegt, behütet und beschützt? Seht, solange der menschliche Geist noch Unbewußtheit lebt, produziert er sein Sehnen nach Gott auf Menschen, auf Lebewesen, auf Gegenstände. Der bewußte Geist aber hat erkannt, daß dieses Sehnen nur gestillt werden kann in dem Finden Gottes; und er macht sich auf den Weg, ihn zu suchen. Wenn aber Gott allumfassende Liebe ist, ist da nicht die Aufgabe des Menschen, zur allumfassenden Liebe zu werden!? Und ist da nicht der erste Schritt, die Selbstannahme zu leben, die Versöhnung mit sich selbst, die Akzeptanz dessen, was ist? Nicht was er sein möchte, was seine Ziele sind, sein Wünschen und Begehren; erst einmal das Ja zu dem sprechen, was ist. Denn seht, wenn dieses Messen und Vergleichen aufhört, dann beginnt bereits der Frieden in den Herzen Einkehr zu halten. Mit dem Potential, das jeder Mensch in sich trägt, Umgang zu leben, dieses auszuschöpfen und mit diesem Potential in Freundschaft zu leben – das ist der Weg in die Freiheit. Der Mensch geht vielfach sehr streng mit sich um, weil er eifrig mit sich ist, korrekt, alles muß seine Ordnung haben, soll überschaubar, überblickbar sein. Bedeutet aber nicht gleichzeitig ‚überschaubar' und ‚überblickbar' ‚unter Kontrolle' halten zu wollen? Doch soll er gütiger, ein wenig zärtlicher, geduldiger, nicht so anspruchsvoll mit sich werden. Das heißt, sich selbst nicht so stark drückend, unterdrückend, die irdischen Themen nicht zu schwer nehmend, sondern in dem Vertrauen der göttlichen Führung gehend, damit er sich sagen kann: „Mein Ziel soll sein, daß ich mir zulächle, daß ich zu mir die Worte der Anerkennung und Liebe spreche." Denn nur so geht der Mensch den Weg der Erlösung. Immer erst einmal sich selbst annehmend, mit sich selbst in die Versöhnung gehend, bevor der Schritt nach außen gelebt, der Mensch Sieger und Gewinner des Lebensspiels werden kann." (Emanuel)

Wie schwer eine solche Selbstannahme ist, wie schwer es ist, der Illusion des irdischen Lebens zu entrinnen, zeigen die Lebensenttäuschungen, zeigen Leid, Schmerz und Krankheit in der Welt. Überall mangelt es an Liebe zu sich selbst, damit an Verständnis auch für andere, mangelt es an Erkenntnis, an der Wahrheit, die uns frei macht. Als die Liebe auf Erden eine Herberge für sich suchte, um den gefallenen Erdenkindern spirituelle Befreiung und Erlösung zu schenken, war für sie kein Platz vorhanden, wie das heilige Mysterium der Geburt Christi aufzeigt. So wurde die Liebe in einem Stall geboren als ein Sinnbild menschlicher Absonderung und Entfremdung von der göttlichen Quelle, der Liebe, die sich in der Dunkelheit des menschlichen Bewußtseins als göttliches Kind auf Erden durch Jesus, den Christus, offenbaren wollte. Es war kein Platz in der Herberge des Herzens, wie sich zeigte, und so ist es mehr oder weniger bis heute geblieben. Es zeigte und zeigt auf, wie geschäftig doch der Mensch im Alltag steht, wie beschäftigt er mit sich selbst und seinen Ängsten und Sorgen, seinen inneren Schatten der Gedanken und Gefühle ist, so daß nichts anderes mehr Platz darin findet.

Doch ohne das Licht der Liebe bleibt das Leben, das Herz, kalt und dunkel, entsteht die zunehmende Angst der Welt als Herzens- und Bewußtseinskälte, ist alles ohne Sinn, ist der Mensch das einsamste und zugleich auch ärmste Geschöpf im ganzen Universum, selbst bei allem äußeren Reichtum, aller äußeren Fülle. Hier liegt der Grund für das Elend, für Leid, Schmerz und Krankheit so vieler Menschen. Denn Krankheit ist der Abwehrmechanismus gegen die eigene innere Wirklichkeit, die als äußere Bedrohung, als die Welt wahrgenommen wird. Krankheit stellt ein Abwehrsystem gegen die inneren Schatten, die nach außen projiziert werden, dar, was wiederum Ärger und Angriff aufbaut als einen Kreislauf von Angriff-Abwehr, Abwehr-Angriff, aus dem es kein Entrinnen zu geben scheint, da es die eigenen Illusionen der inneren Schatten sind, die Vorstellungen, Phantasien und Träume, vor denen wir uns in der äußeren Begegnung eigener Projektionen fürchten. Doch die Wahrheit ist, daß wir in Gottes Fülle, in Seinem Frieden leben, der nicht angegriffen werden kann. Wir glauben an Mangel, Angst und nötige Abwehr, leben so in einer kranken Welt, eben weil es uns an etwas mangelt – weil wir Gott in unseren Herzen nicht erkennen, ja, wir uns vor Seiner Liebe fürchten, wir Angst vor der Liebe, vor dem wahren Leben haben.

Schwer ist es, in der Tiefe des Herzens zu verstehen, daß der Fall der Seele kein göttliches Strafprogramm, sondern notwendig war und ist, erst dadurch Schöpfung möglich wurde. Es bedeutet innere Erkenntnis, daß die Involution des Falls die Möglichkeit einer geistigen Entfaltung war und ist, die freiwillig auf sich genommen wurde, um den Kreis der Involution durch die Evolution zu schließen, um das Ich aus der selbstgewählten Knechtschaft des Egos oder Satans, der eigenen Schatten, zu führen. Und erst am tiefsten Punkt der Entfremdung, als ein Wendepunkt, entsteht wieder die Sehnsucht nach dem Licht, ist das Bewußtsein wieder zur Umkehr bereit, da am tiefsten Punkt des Elends und der Entfremdung die Seele erst erwacht, der „verlorene Sohn" (über das Formprinzip) durch Bewußtwerdung zur Heimkehr bereit ist, um dem geistigen Ursprung wieder Priorität zu geben. Solange wir Satan oder den sogenannten Teufel im Außen bekämpfen, so lange bekämpfen wir die noch nicht in uns aufgearbeiteten, nicht erkannten Schatten als eine nach außen getragene Projektion. Doch mit uns selbst, mit unseren eigenen unerkannten Schatten müssen wir lernen, uns zu versöhnen oder diese aufzulösen, wie es auch Emanuel so deutlich machte. Wir müssen endlich erkennen, daß beide Teile, also Geist und Materie, in uns zu vereinen, daß beide anzuerkennen und zu lieben sind, um den Quantensprung aus der eigenen Ohnmacht zum selbstbewußten Schöpfer als Akt der Erlösung zu vollziehen, um Einheit zu erreichen. Es gilt zu erkennen, daß Christus und Luzifer zwei Seiten der einen Polarität sind, daß wir beide zu lieben und zu achten haben, da beide ein Teil von und in uns sind und Gott als Einheit beide Kräfte in sich vereinigt als das Gesetz des Gleichgewichtes, ja beide in uns Vater-Mutter-Gott-Kraft sind.

Es liegt an uns, die neutrale Kraft der Materie so zu verwenden, daß sie uns bei unserem Aufstieg hilfreich ist, sie so zu verwenden, daß sie sich mit der Christus-Kraft vereinen kann, anstatt, wie es allenthalben geschieht, diese zu mißbrauchen oder Abwehrhaltungen eigener Schwäche aufzubauen, aus dem furchterregenden Bild, welches die Schatten (das Ego) uns als das Übel der Welt so gerne zeichnen. Das ist die Sklaverei des Egos, der wir aus Unkenntnis folgen, wodurch dann auch Krankheit unvermeidlich wird. Mißbrauch führt automatisch in die Verfestigung, in die Angst, dient also dem luziferischen Prinzip der Trennung, da es eine zunehmende Entfremdung von der göttlichen Quelle, der Liebe, beinhaltet. Ohne die Integration des luziferischen Prinzips, ohne die Integration der eigenen Schattenanteile im Menschen, dies im Sinne von Erkenntnis – „Die Wahrheit wird euch frei machen" wie es Jesus ausdrückte –, ist Erlösung nicht möglich. Es gilt, die Schatten, die nicht gelebt, die in Abwehrhaltung aus Angst vor Schmerz verdrängt wurden, wieder durch gelebtes Leben, durch Handeln (in Liebe) in der Welt zu integrieren, insofern als sie die eigenen Produkte innerer unbewußter gedanklicher Fehlschöpfung sind, die wir auch als selbsterzeugte Schatten zu korrigieren, ja wieder selbst aufzulösen haben. Der Mensch muß sich beiden Kräften stellen, muß in beiden Welten wirken, muß den Christus mit Luzifer in sich selbst versöhnen. Und nur der Prozeß des Sich-ganz-Einlassens auf das Leben, des ganz Hineinnehmens, was aus Angst vor Verstrickung und Schmerz lieber „draußen" gelassen wird, erst diese (oft schmerzliche) Erfahrung, die in Erkenntnis führt, versöhnt die beiden „Bruderfeinde", die eigentlich eins sind, macht sie zu Freunden. Diese Vereinigung, diese Symbiose ist das wahre Bindeglied zur Ganzwerdung, wodurch wieder in die Einheit zurückgefunden wird, denn dann erst ist der Himmel bereits im Hier und Jetzt, also auch auf Erden möglich.

Erkenntnis heilt, weil sie die Wahrheit der Liebe zeigt, die ohne Schatten ist. Es heißt also, all das, was im Prozeß der Involution, wo ein Ich aufgebaut wurde, im Prozeß des Sich-nach-außen-Streckens, des Ich-Aufbaus als das luziferische Prinzip, wo der Machtmißbrauch als dunkle Seite, die sogenannte Schattenbildung stattfand, auf Erden wieder zu transzendieren, aufzulösen. Der Ich-Aufbau war und ist ein legitimer Vorgang, der jedoch durch den freien Willen auch den Mißbrauch dieser Macht beinhaltete. Schwer zu verstehen, vielleicht nur zu verstehen durch das göttliche Geschenk des freien Willens. Es gilt, durch Handeln in der Welt die Materie so weit zu durchlichten, daß sie in einem Prozeß der Evolution als Mutter-Formkraft zurückgeführt wird zum Ursprung. Im Prozeß der Involution war und ist es legitim, Macht zu mißbrauchen, denn wie es sich im Gleichnis des „verlorenen Sohnes" deutlich zeigt, ist der, der zu Hause blieb, nicht der, der sich verdient gemacht hat. Erst der Tiefgang der Seele – der Fall – war notwendig, um den Wendepunkt der Evolution zu erreichen, denn erst am tiefsten Punkt, erst dann, wie schon gesagt, beginnt die Sehnsucht nach dem Licht, die Umkehr in des Vaters Haus, um wieder zu erwachen, um zu erkennen, daß am tiefsten Punkt der Entfremdung, also dort, wo der Mensch glaubt, alles zu haben, was Materie zu bieten vermag, er zwar scheinbar alles hat, doch nur keine Liebe, er ohne Liebe nicht zu leben vermag. Erkennt er dies, erst dann besinnt er sich auf seine Ur-Quelle, besinnt er sich der Liebe des inneren Christus-Bewußtseins, beginnt die Rückkehr in des „Vaters Haus". Erst hier beginnt die Seele aus Erkenntnis, also aus tiefstem Herzen heraus, wieder dem Ganzen zu dienen, dem Christus, dem Licht des Lebens, und damit der Schöpfung Priorität zu geben.

Der Mensch ist gerufen, den bewußten Schöpfer zu leben, zu verinnerlichen: Christus und der Mensch ist EINS! Alles, was den Menschen vom ICH BIN trennt, dort, wo er glaubt, es nötig zu haben zu sagen: „Ich bin ohnmächtig, also ohne Macht; ich bin ‚dies' oder ‚das', und dies in einem Ausdruck selbstgewählter Schwäche, alles dies stärkt den Schatten, hilft nicht der Erlösung, der Vereinigung. Um die Ablösung aus dem menschlich-karmischen Zyklus der Inkarnationen zu erreichen, bedarf es der Erkenntnis, daß sich der Mensch als bewußter Schöpfer sieht. Denn es ist ein wesentlicher Unterschied, sich in Eigenautorität als selbstbewußter Schöpfer zu sehen, also als das, was der Mensch eigentlich ist und wohin er sich entwickeln soll, oder als ein ohnmächtiges kosmisches Wesen – Mensch genannt – wie er sich zur Zeit noch sieht. Es ist wichtig, den eigenen Schattenaspekten zu sagen: „Sei still und wisse – ICH BIN!", denn die Arbeit am Schatten müssen wir selbst verrichten, sie wird uns nicht abgenommen! Dies macht nicht Christus oder der Himmel für uns, doch können wir es mit Seiner uns immanenten Kraft und Hilfe.

Ohne die Integration der Schattenanteile durch die Hilfe des Heiligen Geistes, durch das Christusprinzip, durch Geistige Heilung, indem solche Schatten erkannt und umgewandelt werden, dies im Sinne von Erkenntnis eigener Produkte des Irrtums, also selbstproduzierter Schatten von Gedanken-Elementalen – es handelt sich hier um gebundene Energien, die nicht gelebt und ausgelebt wurden – kann Befreiung aus Leid und Schmerz, auch nicht durch die besten Medikamente, kann Befreiung aus der Welt der Schatten und Schemen nicht möglich sein. Krankheit ist die Angst vor der Wirklichkeit! Leid und Schmerz, daraus resultierend Krankheit, sind das Resultat einer nach außen gerichteten Suche nach Wahrheit, die jedoch nur in sich selbst gefunden werden kann. Überall dort, wo innere Erkenntnis der Wirklichkeit ist, entsteht die Freiheit eines Bewußtseins, welches uns in den allerschwersten Lebenssituationen hält und trägt, da die Wahrheit Freiheit von Angst erzeugt, was wiederum innere Stärke und Harmonie aufbaut. Erkenntnis der Wahrheit ist Heilung in ihrer tiefsten Tiefe, aus der zugleich ein Loslassen, also ein inneres Stehenlassen alter überholter oder falscher Glaubenssätze und Verhaltensmuster geschieht, ein Stehenlassen der Welt, ohne Angriff und Projektionen. Die Welt wird nicht mehr wie bisher als „gut" oder „böse" bewertet, ja eingeteilt, da erkannt wird, daß diese lebensneutral ist und wir es sind, die die eigenen Vorstellungen auf diese projizieren, die Projektionen nur auf uns selbst zurückfallen. Natürlich, Veränderungen alter Glaubenssätze sind immer schwierig, da zumeist sehr schmerzhaft, doch gerade deshalb eine Herausforderung in die „Wahrheit, die euch freimacht". Denn aus dem Festhalten solcher Glaubensmuster entsteht der Schmerz der Bindung – Leid. Doch Leid beleuchtet nur das Festhalten, zeigt auf, wo ein Loslassen von Menschen und Dingen notwendig ist, wo ein Stehenlassen in und mit innerer Wertfreiheit geschehen sollte, um sich aus den Illusionen (oft bis hin zur seelischen Prostitution) von Leid und Schmerz zu befreien.

Alle Krankheiten sind letztendlich, dies bis hin zum Tod, nur Erscheinungen des Festhaltens unerkannter, selbsterzeugter Muster, Schatten der Angst als gebundene Energien, die nicht gelebt wurden. Es geht um die Angst vor der Wirklichkeit, die Angst vor der Loslösung alter Glaubensmuster als Selbsttäuschung und „Schein-Versicherung" gegen das Leben, gegen Selbstverletzung. Ein „Vertrag mit der Zeit", in der Scheinstabilität und Sicherheit in solchen Mustern gesucht wird, um sich selbst vor der Wehrlosigkeit der Liebe und Wahrheit zu bewahren. So wird die Wirklichkeit unwirklich gemacht und die Unwirklichkeit als Wirklichkeit angesehen, was jedoch zwangsläufig zu innerer Zerrissenheit wie auch zu Emotionen führt, in die Angst der Welt. Denn Wirklichkeit und Illusion sind nicht miteinander vereinbar. Werden sie vermischt, so werden beide unerträglich, da sie ein chaotisches, ein in sich widersprüchliches Denksystem aufbauen aus einem inneren Zwiespalt, der immer in die Enttäuschung, das Ende von Täuschung, mündet, oder eben als Abwehrhaltung in die Krankheit. Denn aus der Selbsttäuschung entstehen die Wut und der Ärger innerer Kränkung, das Zeichen, daß das Bewußtsein sich nicht mit der Wirklichkeit, sondern mit der äußeren Welt, der Illusion identifiziert, seinen Ärger auf den Körper projiziert, dieser erkrankt. Nicht der Körper wird zuerst krank, sondern es ist immer der Geist (Verstand) mit seinem fehlgeleiteten Bewußtsein, welcher den Körper in die Krankheit stellt, da er die Wirklichkeit nicht für sich erkennen will, an seinen Glaubensmustern festhält, was in die Verfestigung der Form, in die geistige Dunkelheit führt.

Der Weg zu Harmonie, Einheit und Gesundheit ist der Weg des geistigen Wachstums in das Licht der Wahrheit, in die Liebe, hin zu Gott. Geistige Heilung ist der Weg in eine solche Harmonie, ist Rückbindung an die eigene Identität. Im eigentlichen Sinne ist sie Arbeit am Schatten, also die Auflösung solch nicht erkannter gebundener Energien als festgehaltene Glaubensmuster, nicht erkannter Schattenanteile in sich selbst, die Angst und Schuldgefühle verursachen; denen wir uns aus Angst vor innerem Schmerz nicht stellen wollen, eben aus Angst vor der Wahrheit. Eher sind wir bereit, aus Angst vor Strafe oder äußerer Disharmonie, uns selbst zu opfern, also bereit, die eigene Identität zu verleugnen. Doch es gilt zu heilen, was verletzt, und zu vereinen, was getrennt ist. Die Auflösung der Schatten ist die Bedingung für den inneren Frieden, ohne den die Angst der Welt nicht überwunden wird, Erlösung nicht sein kann, da Angst die Liebe blockiert und wir nicht vor, sondern nur in der Liebe Sicherheit und den Frieden des Herzens finden, wie es uns Christus lehrt. Ein Weg der Erkenntnis und des Vertrauens.

Wird beides gelebt, so ist es die sicherste und zugleich schmerzfreieste Heilung, ja, die risikofreieste – zudem noch nebenwirkungsfrei. Wird die Macht der eigenen Gedanken und Wünsche begriffen, so wird erkannt, daß das, was die Kraft hat, uns in Leid, Schmerz und Krankheit zu führen, auch die Kraft hat, Freude und Gesundheit in uns zu bewegen und es an uns liegt, unsere Schwächen zu akzeptieren oder zu erkennen, daß uns die Macht gegeben ist, uns aus den Ketten der Sklaverei zu befreien. Denn ein jeder hat die Macht, der Initiator der eigenen Erlösung in sich zu werden, indem er sich seinem inneren Erlöser zuwendet, der da sagt: „Vergeßt nie, daß wirkliche Heilung von Körper, Seele und Geist von innen heraus kommt, von der innigen, liebenden Berührung eures Geistes mit meinem Geiste!"

Stichwortverzeichnis

A.

Absonderung
- als Traum vom eigen. Ich 80, 507, 532
- als (Selbst-) Bestrafung 64
- als einzig wahre Sünde 482, 540, 590
- aus dem Ganzen 349
- durch Glauben an Sünde 64
- durch den Sündenfall 79, 220
- gibt es nicht wirklich 64, 266
- in der Partnerschaft 531
Irrtum der - 449, 285, 554
Krankheit als - 321
Schlange, Symbol der - 519
selbstgemachte - 211, 212
Sinnbild menschlicher - 604
Sünde der - 147, 228, 241, 257, 322, 483
Tragödie der - 244
- von Gott 322
Achssprung der Erde 435
Adam und Eva 26, 164
    Adam als spinale Kraft (Verstand-Intellekt) 244, 295, 475, 479, 508
    Adam, als erster Lebensstrom 189
    Adam, als Geistiges Prinzip 188, 482
    Adam, als himmlischer Mensch 85, 150
    Adam fiel in tiefen Schlaf 161, 231, 492
    Adam-Kadmon 85, 153, 190, 244
    - als androgyne Einheit 226
    - als bildhaftes Gleichnis 474
    - als Eva noch in Adam war 183, 244
    - als Parabel 227
    - als Sinnbild der Trennung 244
    - als Ur-Ströme/Prinzipien 189, 244
    - bilden die Einheit des Geistes 227
    - der Fall aus dem Paradies 475
    Eva als astrale Kraft (Gefühl-Emotion) des Empfindungslebens 244
    Eva als Dual des Adam 227, 295, 475, 479, 508
    Eva reicht Adam den Apfel 229, 252
    - und die Schlange der Versuchung 242
    - und die Rippe 188
    - und der Sündenfall 146, 150, 183, 189, 483 (als Erkenntnisfall 167)
    Polarität durch - 224, 226, 227
    - stehen für Yin und Yang 244
    Ur-Adam 153
    - Urprinzip des dialekt. Menschen 492
Adrenalin 365, 367
Äon
    Definition 150
Aids 362, 437, 502, 503, 504
Aima
- Welten-Mutter 100, 120, 121
Ajna-Zentrum,
- Stirn-Zentrum 310, 335, 336, 337, 338, 342, 360, 362, 363, 469
Akasha
- als feinstoffl.-ätherisch. Lebensfeld 483
- als Feuer der Kundalini 295
- als Licht des Lebens 252
- als kosmischer Ur-Stoff 254
- als Ur-Grund aller Dinge 83
- als Ur-Kraft des Universums 215
- als Ur-Stoff/Substanz aller Schöpfung 215, 261, 291, 335, 372
- als Kraft vereinender Liebe 582
- Chronik 281, 592
- der Ideenwelt 203, 204, 205, 215, 291
- des Geistes 203
- Prinzip, Ätherprinzip 83, 100, 203, 215, 265, 335, 372, 435
- bildet vier Ätherarten 261, 268, 277
Mental -204
- Stoff der Großen Mutter 254
Akupunktur 275, 447
- Punkte 275
Alkohol 115, 282, 356, 357
Alpha und Omega
- der Anfang und das Ende 83, 372
Angst
    Abhängigkeit und - 49
    - als Blockade der Liebe 31, 38, 62
    - als Depression 59, 52, 489
    - als Emotion 62
    - als astraler Impuls 367

- aus innerer Schwäche 25, 45, 49
Befreiung von - 62
- der orthodoxen Schulmedizin 62
- der Welt 48
- ersetzen durch Liebe 49
Ego und - 51
- Energieform als Hologramm 19
Schwingung der - 21
- sich selbst zu leben 25
Krankheit und - 45, 62
Strafprogr. (inneres) der - 84, 149, 605
- vor dem Erwachen 50
- vor der geistigen Welt 63
- vor der Wirklichkeit 29, 46, 49, 58, 74, 240, 288, 319, 421, 467
- vor Freiheit und Macht 82, 47, 58, 62, 138, 148, 175, 223
- vor göttlicher Strafe 63, 64
- vor Gott 63, 64, 132, 474, 490
- vor dem Leben 409
Lebenslügen aus - 18
- sich zu verstricken 20
- vor der Liebe 48, 50
- vor Liebesverlust 218
- vor Sexualität 523
- vor Sünde und Schuld 175, 438
- vor Vereinnahmung 368
- der Welt 48, 80, 132, 151, 161, 205, 223, 469
- und Abhängigkeit 49
- und Schuld 63
Ur-Angst 20, 135, 200, 219
Antahkarana 256, 325, 326, 329, 342, 365, 440
Anti-Christ 148, 150, 163, 176, 535, 536, 538
- als Herrschaft des Verstandes 128, 148, 163, 176
- erhebt wieder sein Haupt 536
- ist gegen Gott gerichtet 538
Sklaven des - 539
Symbol des - 148, 150
- als Widersacher im Geist 150
Antibiotika 69, 574
Apokalypse 120, 154, 556
- als göttliche Offenbarung 75
apokalypt. Ausmaße/Ereignisse 559, 560
- des Johannes 120, 154, 556

Archangeloi (Engel) 116, 123, 124
Ärger 24, 51, 52, 218, 232, 316, 339
- als zerstörerische Energie 30
- und Krankheit 353, 355, 367, 478, 497
- und Verhärtungen 489
arisch
- als Bewußtsein 438, 439
- als Periode 438, 535
- als Rasse 439
Armut 134, 175, 177, 457, 536, 550
- als Irrtum 179
asketische - 545, 593
- der Welt 176
geistige - 59, 536
materielle - 59, 590
- ist auch arm an Mut 176
selbstgewählte - 177
Arthritis 478
Arthrose 478
Arzneimittel 64, 409
- als Heilmittel getarnt 69
- als tote Heilmittel - 60, 69
Auswirkungen chemischer - 69
gefährliche - 31
lebensfeindliche - 68
Macht und Magie der - 64
„schwarze" - 69
- und Farbenspektrum 68
Unterschied Heilmittel und - 68
wichtigster Zweck eines - 69
Asthma 367, 368, 449
Astral
- Bereich 270, 296
- Bewohner der Astralebenen 209
- Ebenen, Jenseits 77, 86, 102, 106, 169, 207, 210, 239, 266, 271, 279, 568, 595
- Denken und Fühlen 207, 284
- Energien 170, 208, 242, 268, 314, 545
- Fluide 200, 205, 208, 476
- Gewässer des Verlangens 243
- Intelligenz 350
- Nervensystem 227, 295
- Körper 168, 205, 207, 250, 243, 279, 292, 519, 581
- Kraft 189, 247, 312, 347, 530, 565, 475
- Lebensfeld (Jenseits) 168
- Leib 150, 343, 437, 543, 551, 567

611

- Matritze 279
- Reich 276
- Reisende 207, 266, 280
- Spiegelwelt 242, 250
- Substanz 242
- Täuschungen 205, 287
- Welt 160, 193, 207, 250, 266, 269, 279, 281, 475, 591
- Wesen 79, 249, 441
- Winde 255

Astralis (Ida) 365, 469, 481, 508, 524
Astro-Medizin 445
Astrologie 389, 431, 443, 445
- als Hilfsmittel 451, 452
göttliche Gesetze der - 455
Körperorgane und - 447
Medizin und - 446, 448
Asuras
Dämonen, Halb- und Nicht-Götter 150, 151, 169, 178
Aszendent 446, 447
Atheist 48
Äther
Bewußtseins - 269
chemischer - 268
die vier heiligen - 84
- der vier Elemente 204, 211, 582
Lebens - 211, 250, 262, 265, 275
Licht - 240, 241
Wärme - 261, 268
- Arten 261, 268, 277
- Körper des Menschen 95, 204, 211, 243, 260, 271, 421, 439, 541
- Prinzip 100, 203, 215, 265
Atlantis 192, 351, 359, 381, 416, 434, 435, 437, 502, 571
Gebrauch von Schall in - 416, 432
Untergang von - 436
atlantische Periode 432, 438, 440
atlantische Rasse 359, 439
Atom 65, 70, 78, 86, 97, 122, 127, 155, 194, 254, 262, 273, 361, 580, 588, 603
atomische Zellintelligenz 409
Atombombenversuche 380
atomares Lichtwesen Mensch 362
- leben des Körpers 361
Energieaustausch, Intelligenz der - 417
Lichtenergie aus Atomkernen 362
Lichtpartikel und - 78

- kraftwerk Mensch 309
Veränderung durch Licht in den - 30
Verdichtungsprozesse der - 377
- Programm der Atommächte 155
- Ebenen (subatomare) 405
Auferstehung
- Christi 96
- der Welt 399
- im Geiste 586
- in der Himmelfahrt Christi 589
Kreuzigung und - 454
Sühneopfer zur - 120
plötzliche - 565
- und das Tor des Himmels 120
- und das ewige Leben 590
- von den Toten 158, 160
Augen
Balken vor den - 193
degenerative Prozesse der - 349
entzündete - 313
erhöhter Blutdruck und - 344
Farben und - 404, 405
Hypophyse und - 360
Lichtschwingungen der - 406
mit neuen - 260
nicht sichtbare Welt für - 407
optisches Sehen der - 417
Störungen der - 336
verklärte - 353
Zirbeldrüse und - 313
Aura 277, 280
- des Energieleibes 420
Androgynität
androgyne Wesen - 435
- als paradiesische Einheit 226, 237, 243
- als männl.-weibl. in einem 183, 185
- als Ur-Bildnis des Menschen 360
- als Endzustand - 499
- und Doppelgeschlechtlichkeit 500
- und Seelensonnen 198
Autoaggressions-Krankheiten 355
Avatar 100, 102, 120, 182, 184, 327, 577, 595
Definition 181

612

B.

Baum der Erkenntnis 101, 146, 150, 225, 252
  Adam und Eva und der - 229
  - als Gedankensystem der Spaltung 226
  - als Lebensbaum 541
  - als Symbol der Trennungsillusion 212
  das Essen vom - 201, 468
  der Apfel vom - 212, 242, 252
  die Frucht vom - 228
  und der Garten Eden - 241
  Gleichnis vom - 540
Basis-Zentrum, Wurzel-Zentrum, muladhara 364
Bauchspeicheldrüse (siehe „Pankreas") 449
Besetzungen 169, 170, 171
Besitzstreben
  materielles und göttliches - 46
Besserungs-Sphären 226
Besserungs-Stufen 86
  - als Stufenleiter 101, 216, 226, 448
Bewußtsein
  Christus - 19, 57, 98, 131, 237, 429, 468, 558, 607
  Eigen - (als Individualität des Menschen) 197, 219
  erkennendes - (des Geistes) 52
  Fehlschöpfung eines verirrten - 62
  Gruppen - 17, 347, 461
  verdunkeltes - 88, 212, 352
  - im Vergl. zu Wissen 28, 82, 145, 152
  mentales - 202
  physisches - 370
  Seelen - 47, 86, 238, 257, 290, 311, 469
  spirituelles - 370
  Über- /Unter - 370
  - Faden 278, 292
  - Paradies 247, 292, 459, 481
  - Prinzip 237, 324
  - Schlaf 310, 468
  - Stufen 58, 117, 184, 236, 410, 488
  - Träger 239, 267, 269, 469, 581
  - Zentrum 295, 492
Betrug an der Seele als Selbstbetrug 18
Beziehung
  - als Bindung 494, 498, 529
  - als Ehe/Partner 245, 503, 522, 525
  - als Lernprozeß 523, 525
  - außerhalb der Liebe 248, 495

besondere - 496, 522, 525
  - bis daß der Tod euch scheidet 489
  - der Gegensatzpaare 492, 500
  harmonische - 284
  heilige - 530
  intime - 495, 504
  miteinander in - treten 17
  rein körperliche - 248, 491, 505, 507
  - und Krisen 505
  - und Scheidung 526, 530
  wahre - 248, 495, 499, 508, 529
  - zu anderen Menschen 63
  - zu Gott 330, 496, 523, 599, 601
  - zum planetarischen Ganzen 452
  - zur Astralebene 350
  - zur Welt 190
  - zur Umwelt 477
  zwischenmenschliche - 245, 494, 531
  - zum gleichen Geschlecht 248, 499, 501, 502, 503
Bibel
  - als Wort Gottes 113
  bewußte Fälschung der - 115
  - die „ganze" Wahrheit der - 113
  Entstehung der - 110, 113, 183
  Gott Jehova der - 91
  griechische Urkunden der - 112
  Schöpfungsgeschichte der - 57
  - und Neues Testament 114
Bindung
  Abhängigkeit durch - 49
  Illusion der - 18, 30, 48, 57, 133, 217, 248, 269, 284, 297, 333
Biophotonenforschung 313, 414
Blindheit
  geistige - 144, 233
  Farbenblindheit 404
  intellektuelle - 265
Blut
  gerettet durch das - (Christi) 277, 582
  - Kreislauf 244, 276, 356
  - Strom als Träger des Lebensprinzips 282, 344, 353
  - Zusammensetzung 277
  Eigenvergiftung des - (durch negative Gedanken) 478
Bogenmodell der Schöpfung
  - nach A.Young 425
Brahmanische Schnur 295

Brot
- haus des Lebens 521
- der Liebe 119, 322, 521, 527, 533
- des Lebens 521
geistiges - 522
- mit Sorgen essen 88
unser täglich - gib uns heute 522
Symbolik des - 522
Bruderschaft
- des Lichtes 167, 184
- der Elohim 184, 193, 196
- der Meister 325
Universelle - 167, 196
Weiße - 98, 193, 194, 195, 196
Buddha
- ca. 360 Jahre vor Christus 100
- Buddhi-Ebene 181
- Buddhismus und Kirche 595
- als Menschheitsführer 595
- steht für den Osten 182
- verkörpert das kosmische Prinzip der Intelligenz 595
Buch des Lebens als „Lexikon Gottes"
- Akasha-Chronik 591

C.

Chakren
- als Lichträder 119, 155, 307, 274
- als Geisteskräfte - 119
- sieben göttliche Lichtstrahlen 66, 270
- alsVerteilungsstelle von Energie 295
- Arbeit unter unkundiger Leitung 170
- das Basis- oder Wurzel-Zentrum 364
- das Erwecken der - 27
- das Herz-Zentrum 342
- das Kronen-Zentrum 311
- das Kehl- oder Hals-Zentrum 338
- das Sakral-Zentrum 358
- das Solar-Plexus-Zentrum 348
- das Stirn- oder Ajna-Zentrum 335
- und Kundalini-Energie 296
- und spirituelle Verwirklichung 260
- und Wirbelsäule 296
Chemotherapie 61, 69, 70, 412, 413
Cherubim 94, 100, 117, 112, 154, 180, 208
Chi
- als Lebensenergie 307

Christus
- Ankunft auf Erden 564
- als Hohes Selbst 27, 84, 92, 553
- als Göttlich-Wesenloser 214
- als ICH BIN Bewußtsein 136, 376, 469
- als das Licht der Allmacht 418
- Aufstieg aus dem Reich der (geistig) Toten 157, 158, 161
- Ausstrahlung (Thron Gottes) 94, 137
- Jesus, Avatar für den Westen 182
- Bewußtsein 19, 50, 85, 93, 98, 107, 131, 195, 237, 313, 468, 538, 545, 557
- Bewußtsein der Meister 192
- Brücke zwisch. Gott u. Mensch 85, 93
- das himmlische Opferlamm 92, 117
der Mensch ist zum - berufen 151, 217
- dreifach als einer 93, 100, 142
- erste Sohn Gottes 57, 85, 110, 123, 153
- Funke 198
Gott in - 157
kosmischer - 85
- Krone der Schöpfung 86
Lichtkern (wesenlos) des - 122, 181, 372
- Repräsentant aller Glaubensbekenntnisse 596
- Sonne des Lebens (Ur-Geistes) 84, 93, 136, 140, 197, 198, 219, 237
- und der „neu" geborene Mensch 17, 244, 429, 465, 492, 507
- und die zwölf Jünger 119
und Luzifer (siehe Luzifer)
- und Ur-Monade des Menschen 196
- Ur-Prinzip des Geistes 57, 190
- Ur-Sonnenseele 244
von Jesus zum - 22, 86, 91
- Zentrum 126
Chymische Hochzeit 148, 295, 585
Computer im Vergleich zum Geist 383
- Sinnbild d. Psyche als Speicherorg. 23
Correctores
- Fälschergriffel der Kirche 106, 114

D.

Dämonen (siehe Asuras) 150
Darm
- Erkrankungen 316, 350, 353, 355, 358, 362, 368, 449, 450

Demut 26, 36, 320, 412
Denksystem der Trennung 247, 474
Depression 49, 290, 355, 371, 489, 515, 518
- Abkehr von Gott (Ich-Verleugnung) 56
- durch destruktive Lebenshaltung 52
- durch geistig. Lichtmangel 409, 410
- durch inner. Glaubensmangel 314, 321
- durch Störung von Milz und Leber 361

Dhyan-Chohane 251, 254
Dienen 21, 114, 117
Dienst
- als Drang der Seele 347
- als Idee 461
- am Nächsten 81, 178, 338, 460, 520
- am Ganzen 196, 285, 329, 460, 507
- auf Erden 569
- der Liebe 93, 343, 586
Götzen - 31, 49, 143, 347, 379, 496, 535
Gottes - (am Altar des Herzens) 48, 266
in Seinem - stehen 327

DNA 98
DNS
Träger der Gen-Information 98, 125
- als Erbgut 382
- Beziehung zur Jakobsleiter 98
- Codierungen 561
- Manipulation (Gen-Forschung) 379
- Stränge 98, 125
- Struktur (2er-Helix) 561, 566
- und Gitternetz der Erde 98
- und Zellfunktion 382

Disposition für Krankheiten 312, 445, 472
Drogen
- Wirkung 170
Drüsen
Carotis - 316, 339, 341, 360, 477
- und Körperbefinden 293
Lymph - 34, 40, 43, 342, 343, 449, 450

Meister - 336
Schild - 35, 39, 41, 42, 43, 308, 316, 339, 340, 341, 342, 360
- System 292, 308, 406, 449
- und Endokrinum 33, 39, 43, 292, 307, 308, 318, 406, 477

Dual 119
- Geist (Eva als Dual des Adam) 227, 246

Dualität
- als Schöpfungsprinzip 139, 237, 324
- auf Erden 22
- als luziferisches Prinzip 198
- als Sündenfall der Absonderung
- als Vater/Mutter Prinzip 200
- als Wille-Liebe/Verstand-Gefühl 137
- des zweigeteilten Menschen 189
- durch Trennung aus der Einheit 77
- durch Spiegelung 83
- ist lebendige Schöpfung 19
sich in der - verlieren 48
- und Entscheidungen 287

E.

Ego 18, 21, 48, 51, 56, 74, 80, 168, 248, 375, 382, 388, 473, 523, 582
- Auflösung 120
- als Falle des Verstandes 74
- als falsche Glaubensstruktur 105
- Definition 51
Herrschaft des - 147
Kreuzigung des - (Symbol des-) 581
Magie des - 56, 531
Sklaverei des - 605
Täuschung durch das - 50, 52
- Tripp 516
- und Sexualität 498, 512, 525
Vergebungsplan des - 54, 55

Einheit
- allen Lebens 18, 25, 146, 151
- als Dreieinheit von Wille, Liebe und Intelligenz 84, 118, 140, 154
- der Liebe 76, 77, 113, 126
- der Schöpfung 84, 139
- des Lichtes 99
- des Geistes 50, 51, 84, 93, 109
- von Körper, Seele, Geist 57, 61

615

- mit Christus 23, 108
Einsamkeit als beleidigter Rückzug 53
- als Feindbild von Mann/Frau 244
- als Flucht vor der Liebe 332
- als Trennung 490
- als Weg zu sich selbst 517
- Dunkelheit der - 334
Flucht in die - 20
- und All-ein-sein 517
- und Angst vor Bindung 235, 508
- und Verhärtung 317
Elementale 127, 132, 202, 209, 251, 392
Energie
- als ätherische Licht 110
- der Begierde 106
- der Gegenwart 116
- Körper (Elementale)127
- Muster der Seele 106
- Übertragung von Ur-Licht 98
Ur- 103
- Wesen (seelenlose) 127
Elementarwesen
- der Feuers, des Wassers, der Luft, der Erde) 123, 124, 127, 192, 211
Elemente
- des Feuers, des Wassers, des Luft, der Erde 268, 386, 402
Elohim
- als Heiliger Geist (der „Himmlische Mensch") 85, 240, 243
- als Schöpfergötter 77, 137, 154, 180, 240, 250, 263, 310
- Bauherren und Architekten 194, 251
- Erschaffer des Menschen nach ihrem Bild 120, 140, 153, 180, 240
Geist des Ruach - 181, 185
- schufen Himmel und Erde 16, 85, 189
- Söhne von Wille und Yoga 329
Universelle Bruderschaft der - 167, 196
Emotionen
- als egoistische Triebkräfte 284
- als Energiebewegungen im Körper 29
- als unerlöste Schatten 106
Auswirkungen von - 346, 355, 478, 608
Täuschung durch - 484, 498
- werden durch Leiden geläutert 141
Empfindungsprinzip 226, 522
- der Seele 17
Empfindungssinn (siehe „Sinne") 267

Engel
als Devas 251
72 Engel (Jakobsleiter) 117
7 Engel vor Gottes Thron 66, 260, 301, 573, 400, 556
Ebene der - 98, 100, 116, 120, 135, 150
Erzengel Auriel (Uriel) 124
Erzengel Gabriel 123, 558, 563, 610
Erzengel Michael 110, 116, 122, 191, 389, 463
Erzengel Raphael 123
Erzengel Santana 137, 141
Seil der - 575
Sonnen - 242
Schutz - 112, 136
Erde
Achssprung der - 435
- als Schule Welt (siehe „Schule Welt")
Elemente der - (siehe „Elemente")
Erschaffung der - 207
Geburt der - (Schwarzes Loch) 377, 378
Gitternetz der - 195
Zerstörung der - 457
Erbsünde 232, 234, 322, 481
Erkenntnis des Geistes 71
- der Wirklichkeit und Heilung 16, 18, 61
Essen vom Baum der - 101, 146, 150, 201, 212, 225
Innere Befreiung durch - 24
Erlösung 25, 30, 50, 80
- als Plan Gottes 86, 87, 100, 119, 141
- durch Erkenntnis 156
- in das Licht 27
- von Krankheit 31
Weg der - 520, 554, 598, 604
Erzengel (siehe Engel) 94, 100, 110, 116, 122
Michael, Gabriel, Raphael, Auriel 123
- als zodiak. Gottheit 137, 154, 191, 389
- Gabriel, Türöffner in das neue Jahrtausend 125, 558
- bilden die zweite Quadratur der Schöpfung 372, 431
Essener 115
Eva 26, 146, 150, 167, 183, 188, 227, 244, 247
Empfindungsprinzip der - (Astrale

Kraft) 226, 521
seelisch-feminines Prinzip der - 185, 190
Evangelisten 88
   Interpretationen der - 114
   Offenbarungen des - (Johannes) 75, 83, 116, 117, 120, 154, 187, 507
   Symbol der - 97
   - und Neues Testament 88
Evolution 66, 86, 91, 131, 140, 144, 148
   - als geistige Aufwärtsentwicklung 86
   - als Rückreise des Menschen 26
   geistige (R)Evolution - 73
   Involution und - haben nur ein Ziel 86
   Stufen der - 155, 432
   Sprung in eine neue Welt durch - 101, 144, 192, 264, 328

F.

Fall
   - als abgesondertes Ich 482
   - als Involution 86
   - als Realität der Sünde 257
   - als Ursache der Trennung 201
   - aus dem Paradies 135, 147, 220, 242, 249, 257, 468, 475, 483, 519
   - aus der Ur-Schöpfung 236
   - des Geistes 18, 19, 77, 82, 158, 182, 200
   - des Lichtes 150, 400, 425, 426, 464
   - der Seele 84, 605
   - ebene 100
   - in die Materie 16, 78
   - in die Schöpfung 19, 197, 200
   - in die Zeit 85
   - in unendlich viele Sonnen 131
   nach dem - 80, 84
   Sünden - 79, 132, 135, 146, 150, 161, 189, 198, 215
Farben 68, 78, 152, 225, 267, 313
   - als Ausdruck von Frequenzen 315, 336, 403, 406, 408
   - blindheit 404
   Funktion der - 404
   Heilung durch - 406
   - in Arzneimitteln 69
   - in Heilmitteln 68, 69
   - in Lebensmitteln 408

- Schwingung der Chakren durch - 307
- spektrum des Lebens 68
Welt ist Licht, Klang und - 78
Felder
   elektro-magnetische - 126, 195, 414, 418
   morphogenetische - 476
Feuer
   Element (siehe „Elemente")
Fluide
   - als feinstoffliche Substanz 200
   - als Od-Strahlungen 261
   ätherische - 484, 541
   astrale - 200, 205
   astrale Seelen - 208
   - des Akasha 203
   Gedankenformen fluider Art 203
   Geistige - 564
   Grund - (elektro-magnetische) 402
   - in Blut und Nerven 541
   negative Energie - 484
   - in Verdichtungsebenen 78
   planetarische Astral - 476
   Seelen - 477, 542, 543, 600
   Spinal - 477
Fische (Tierkreiszeichen)
   Dispositionen für Krankheiten 312, 316, 445, 447, 451, 472
Freiheit
   - des Geistes 16, 92, 96, 120, 148, 196, 198, 213, 400, 468, 539, 549, 589
   - der Eigenverantwortung 222, 284
   - der Liebe 166
   - der Wahl 53, 196, 289, 549
   innere - 50, 183, 580
   - ohne Zeit und Raum 266
   verlorene - 212
Früchte
   „An ihren - sollt ihr sie erkennen." (Zitat) 28, 55, 72, 219, 262
Furcht
   - als Angst fördernde Energie 133

G.

Galle 345, 350, 353, 355, 446, 50
Geburt 22, 78, 90, 96, 147, 246, 270
- Jesu 283, 351, 457
- Jungfrauen - 90, 322
- geistige - 103, 584
- physische - 273, 275, 279

Gedanken
- als System der Spaltung 225
- erzeugen Resonanz 24, 193, 209, 241, 291
- Kraft der Wünsche und - 105, 392, 509, 601
- Magie der - 45, 56
- mißbrauchte - 155, 293, 313
- vorstellungsgebunde - 18

Gehirntod 276
Gehörsinn (siehe „Sinne") 261

Geist
- am Anfang der Schöpfung 134
- Absond. des - 63, 64, 79, 220, 267, 321
- Ausdruck der Ur-Kraft Gottes 139, 214
- Aspekt 74
- als Christusprinzip 77, 83, 136, 149
- als Formgeber der Materie 17, 258
- des Widerstandes (s. Luzifer) 20, 130
- Bewußtsein (mind) des - (s.Bewußtsein)
- Fall des - (siehe „Fall des Geistes")
- Freiheit des - (s. „Freiheit des Geistes")
- Gespaltenheit, Abspaltung des - 51, 529
- Heiler (siehe „Geistige Heilung")
- Heiliger - 83, 112, 184, 191, 372
- im Gegensatz zum Ego 18, 20, 21, 52
- kranker - 51
- Keim (siehe „Monade") 79, 84, 93, 101, 197, 230, 246, 400
- Leib (siehe „Astralleib") 150
- Prinzip, Prinzip der Ewigkeit 244, 253
- Schwert des - 586
- Trägheit des - 145
- Ur - 77, 83, 116, 120, 122, 142, 153, 181
- Unverletzlichkeit des - 581, 587
- Wiedergeburt im - 103, 395, 493, 496, 522
- des Widerstandes 130, 250, 256, 375

- Prinzip 244, 253
- verfestigter Geist - (Materie) 17
- und Stoff 17, 122, 262
- ist Leben 29
- oder Yang-Prinzip 17, 25, 130, 140, 146, 187, 189, 190, 204, 244, 307, 447
- Geister-Fall (siehe „Fall der Geister")

Geistige Heilung
- Arzt, Klinik, Heiler 31, 42, 67, 71, 413
- Arzneimittel und - 64, 68
- als Gesetz des Lebens 72, 285
- als unschätzbare Hilfe 31, 419
- als Weiße Magie 395
- als Transformationsprozeß 42, 71
- als zukunftsweisende Behandlung 70
- Basis der - 16
- durch das Wort 338
- Erfahrungen der - 27, 30, 546
- Erlösung durch - 29, 30
- Geschenk Gottes a. S. Kinder 31, 547
- in ihrer tiefsten Tiefe 18, 50, 607
- innerer Wille zur - 357
- ist Arbeit am Schatten 30
- ist die heilende Kraft Gottes 265
- kommt von innen heraus 45, 609
- und Christus 55, 57, 63, 75, 91
- und Glaubenskraft 313, 314, 330, 337
- und Heiler 31, 72
- und Krebs (siehe „Krebs")
- und Licht 40, 45, 47, 57, 65, 70, 366
- und Vorurteile 547
- „Wunderheiler" 61, 62, 70, 72, 285, 411
- wirkt tief in molekulare Ebenen, löst emotionale Muster 366, 368

Geld
- als einziges Verlangen 176, 332
- als falsches Sicherheitsdenken 177
- Entwertung des Geldes (heute) 457
- ist Energie 178
- nicht mißachten 179

Genmanipulalion 380, 435
- bei Pflanze (Tomate) und Tier 436

Gen-Technologie 276
Geometrie 126, 155, 372, 373, 374, 376, 377, 378, 387, 455, 561
- des Göttlichen 561
- Figuren 125, 384, 387

göttliche Ordnungsprinzip der - 154, 155, 483
Geruchssinn (siehe „Sinne") 261, 267
Geschlecht 173, 227, 244, 247
　Beziehung zum gleichen - 248
　- funktionen 316
　- Krankheiten 343
　- Personen durch Menschwerdung 227
　- Trieb, Folgen von unbefriedigtem - 173, 316, 362
　- und Sexualität 227
　- und Tragödie der Absonderung 244
　Vereinigung der - 183
Geschlechtsorgane 247
　- Ausdruck der Trennung 482
　Bildung der - 247, 343
　Drüsen der - 558
　Mißbrauch der - 296, 316, 323, 437
　Unterdrückung der - 316
　Verschmelz. der - 17, 359, 394, 493, 495
Geschmackssinn (siehe „Sinne")
Gesetz
　- der Abkühlung 130
　- der Anziehung 359, 491, 499, 506
　- der Liebe und Ordnung 81, 91, 134, 147, 201, 240, 484, 524
　- der gleichen Schwingungsart 219
　- der Gerechtigkeit 147, 159
　- des Geistes 141, 161, 265, 387
　- der Materie 142, 159, 164, 387
　- der Nächstenliebe 62
　- der Resonanz 57, 484, 537
　- der Reinkarnation 74
　- der Schöpfung 225
　- der Universal-Sukzession 483
　- der Zehn Gebote 92
　- des Lebens 24, 64, 72, 81, 133, 144, 158, 263, 285, 484, 491, 527, 592
　- des Lebensprinzips 144, 158, 263
　Karma - 159, 225, 483
　Natur - 130, 142, 144, 159, 248, 322, 378, 386, 433, 502, 576
　- von Ursache und Wirkung 91, 101, 128, 130, 212, 225, 239, 265, 475, 482, 579
Gesichtssinn (siehe „Sinne")
Gesundheit 280, 318, 363, 366, 392, 408, 422, 445, 485, 542, 564, 608, 609
　- als Erkenntnis 29, 34, 64, 71, 156, 286
　- und Welt-Behörde 574

- und Fürsorge 60
- und Markt (obskurer) 67
- und Reform 31, 44
Wesen der - 31, 60, 61, 62, 68, 72
Gewissen als Stimme des Herzens 28, 46, 467
- das im Herzen schlägt 345
gutes - 345, 529
- losigkeit 274, 590
Not des - 47
schlechtes - (Schuldgef.) 487, 489, 490
- und Christus 145
- und Moral 221, 456
Gitternetz der Erde 98
　als ätherisch-globales - 195, 381
　als Energie 194
Glauben
　- an den Tod 474
　Mangel an - 46
　- muster 18, 22, 30, 48, 54, 71, 117, 223, 253, 280, 297, 321, 427, 501, 535, 565
　„Nach Eurem - wird Euch gegeben." (Zitat) 64, 79, 105, 138, 217, 220, 280
Gleichnis 21
　Adam und Eva als bildhaftes - 226
　- für die Einheit des Menschen 525
　Jesus und Gleichnisse 149, 225
　Mißverständnisse von - (in Bibel) 518
　- sie säen nicht und sie ernten nicht 546
　- und heilige Sprache 554
　- vom Kamel und Nadelöhr 177
　- vom reichen Jüngling 34, 177
　- vom Sämann 196
　- vom verlor. Sohn 135, 426, 467, 606
　- vom Weinberg 534, 545
Gnadengaben (geistige) 559
Götzen
　- als Abgott 536
　- Diener der Angst 536
　- dienst 31, 49, 143, 347, 379, 473, 550
　- neue des Menschen 379
　körperliche - 496
　selbstgemachte - 332, 333
　- und Ego 235, 473
　- Schatten von Glaubensmustern 535
　- und Sexualität
　vom Verstand eingesetzte - 551
　was ist ein - 535

Gott
- Angst vor - 63, 64, 132, 474, 590
- der Logos, Licht des Lebens 76
- ist kein Strafender 485
- ist nicht kleinmütig 515
- oder Götze 229
- Schöpfung ein- u. ausatmend 131, 78
- weibliche Form - 84, 245, 247

Großhirn 234, 235, 292, 450

Gruppen
- bewußtsein 17, 347, 456, 461
- schuld 117, 591
- sex 501

H.

Hale Bopp (siehe „Komet") 555, 578
Hals-Zentrum, Kehl-Zentrum, visuddha 316, 338
Hämorrhoiden 368, 449
Hara-Zentrum 348, 352
Heiler (siehe Geistige Heilung)
Heiligenschein 327, 517
Heiliger Geist (siehe „Geist, Heiliger -")
Heilmethoden 61, 64, 67
- der Zukunft 46, 70, 596

Heilmittel der inneren Reinigung 352
- Farbenspektrum von - 68
- schwarze (tote) - 69

Heilsystem
- violettes - 403, 405, 408, 411, 436

Heilung
- Bedeutung des Glaubens für - 16, 19, 29, 64, 79, 105, 138, 217, 220, 280, 313
- durch den Geist 29, 31, 64, 71, 72
- durch Farben 34, 65, 279, 366
- von Krebs (siehe Krebs)

Hellsehen 90, 313, 324, 515

Herz
- die Stimme des - 28, 235, 261, 518
- mit dem - denken 535
- Krankheiten im - 345, 346
- Träger des Lebens 401
- was sich das Herz ersehnt 20

Herz-Zentrum, anahata 342
Hexeneinmaleins (nach Goethe) 396
Himmelfahrt Christi 589
Hirnanhangsdrüse (siehe „Hypophyse") 336

Hirnhöhlen 259
Hölle 26, 27, 132, 149, 150, 152, 156, 159, 164, 203, 209, 321, 536, 594
- als verdunkeltes Bewußtsein 88, 352
- Nicht-Existenz der - 156, 160

Homosexualität 248, 499, 502, 503
Hormone 367, 406, 477
Horoskop 444, 445, 446, 450, 453
Hüter der Tore 194
Hüter der Schwelle 143, 448
- Gesamtsumme der Kräfte des niederen Selbst 143, 448

Hypophyse, Hirnanhangsdrüse, Meisterdrüse 313, 336, 337, 340, 341, 360, 404, 562
Hypothalamus 367

I.

Ida (siehe „Astralis") und Pingala 295, 296
Illusion 18, 25, 50, 63, 106, 144, 152
- als Schutz vor der Wahrheit 79, 84
- der Trennung 63
- Definition der - 104

Immun
- schwäche 362
- stärke 359
- system 62, 69, 70, 314, 342, 353, 362, 409, 478

Individualität des Menschen 197, 198, 538, 591

Inkarnation (Wiedergeburt) 208, 444
- Augenblicke vor der - 273, 275
- als Wachstumsprozeß 213, 311
- als Evolutionsgang 328, 294
- Erfahrungen aus - 224
- Erlösung aus - 223
- mitgebrachte Glaubenssätze aus - 23
- Möglichkeiten zur - 258
- Reinkarnation und Kirche 106
- und Gesetz der Periodizität 239
- und Rad der Wiederkehr 193
- Ziele und Aufgaben der - 421

Instinktleben (als Unterbewußtsein) 370
Involution 19, 26, 66, 86, 131, 142, 239
- als Aufbau des Ego 131, 606

Israel
- Stämme - 118, 119
- Volk - 117, 118, 187

J.

Jakobsleiter 97, 98, 117
Jenseits 20, 106, 209, 266, 280, 426, 547
- der Schwelle (Nah-Tod-Erleb.) 208
- als astrales Lebensfeld 168, 279
- der Astralebene 102, 470
- die andere Seite des Lebens 454, 455
Ebenen des - 208
Geister des - 161
Selbstmörder und das - 283
- und Diesseits 192, 265, 279, 384
Jesus-Christus (Sinnb. für den Westen) 182
- als Reformator des Gottes-Bildes 580
- Jordantaufe 583
- Sühneopfer am Kreuz 120, 554, 589
- Zeugung und Jugend 90
Johannes der Täufer 584
Jungfrau (Tierkreiszeichen) 440, 444, 449, 452
Dispositionen für Krankheiten 449
Jungfrauengeburt 90, 322
Jüngstes Gericht 160
Definition 161

K.

Kabbala 97, 153, 155, 184, 185, 373, 389
Hexagramm der - 389
Lebensbaum der - 117, 119, 124, 171, 185, 257, 395, 541
- von Gott den Juden geschenkt 187, 188
Kanonisation
(ausgeschl. Berichte der Kirche) 115, 116
Karma
22, 292, 304, 482, 485, 572
Gesetz des - 159, 225, 239, 292, 485
Prinzip der Kontinuität 485
Rad des - 22
Weg des - (frei gewählt) 572
Kausal
Definition 85
Denkstoff des - 202
- Ebene, Paradies-Sphäre 214, 225, 468, 481, 482
- Gesetz 483
- Körper 85, 204, 242, 250, 278, 292
Schöpfungssphäre des - 150
- Welt, bibl. Paradies 79, 86, 101, 199
- Welt, raum- und zeitlose Sphäre der Gedanken und Ideen 202
- Welt, auch Entwicklungsgang der Tierseelen hat hier begonnen 205
- Ursachen-Ebene 101, 201, 225, 482
Kehlzentrum (siehe „Halszentrum")
Keuschheit 322
Definition 363
Kinder
- des Lichtes 217
- des Löwen 325
- dieses Äons 184
Energiekinder (Elementale) 210
- eines künftigen Äons 184
eig. Seelenanteile als mißratene - 18
- garten des Universums 214
Geistige - 180
Indigo - 331
noch träumende - (Mensch) 80
segnet die - drinnen 232
- Seelen (kosmische) 195, 288
- Sonnenengel, Kinder Gottes 215
- von Himmel und Erde 18
- vollkommene Kinder Gottes 29
werden wie die - 63
Kirche
- als autoritäre Institution 115
Bischöfe der - 323
des Vatikans erklären 593
Blutspur der - 594
- Christus 88, 92
- des Herzens 47
gezählte Tage der - 113, 323, 561, 593
globaler Einfluß der - 561
Gottesbild der - 253, 580
Inquisition der - 132, 137
Macht der - 91, 561, 580
mangelnde Liebe der - 323, 462, 594
Teufel und - 141
- und Symbol des gekreuzigten Ego 594
Zölibatslehre der - 321, 322
Zweck der - 47
Klang
- der Welt, ein einziges Licht-, Klang- und Farbenspiel 78
- Schwingung 126, 181, 199, 261, 268,

352, 376, 384, 390, 398, 400, 404
- Seiner Liebe 80
Kleinhirn 232, 234, 292, 466, 477
- „Brücke" zum Geist 125
Koma 271
Komet
  - Hale Bopp 555, 578
  - Stern zu Bethlehem 555, 578
Konversion
  - vom Jesus zum Christus 143, 588
Konzentration 273, 307, 313, 336, 358
  Definition der - 358
Konzil
  - zu Konstantinopel 106
Konzil
  - von Nicäa 115
Kopf
  - lastigkeit und Lebenskontrolle 190
  - und Persönlichkeitsbewußtsein 293
  - schmerzen und Migräne 336
Kopf-Zentrum (siehe „Kronen-Zentrum") 312
Körper
  - als Ausdruck des Geistes in der Zeit 65
  Astral - (siehe „Astral") 277
  Äther - 95, 243, 260, 268, 271, 274, 277, 320, 356, 365, 420, 439, 562
  Bildung des - (siehe „Adam und Eva")
  Grund für Sterblichkeit des - 213, 473
  Kausal-Mental - (siehe „Kausal")
  Mental - (siehe „Mental-Körper")
  Mental-Bewußtseins - (siehe „Mental-Bewußtseins-Körper")
  - Od (siehe Od)
Körperorgane
  Entsprechung der Tierkreiszeichen 448
Kraft
  Astrale - (der Gefühle und Empf.) 189
    (des Denkes u. Fühlens) 479
  - Brennpunkte Makro- zu Mikrokosmos: astral (auto.-vegetative Nervensyst.) 247
  spinal (zerebrospinale Nervensyst.) 247
Krankheit
  - als fehlgeleitetes Bewußtsein 478
  - Aids (siehe „Aids")
  - als Angst vor der Wirklichkeit 18, 319, 409, 467, 590

- als Ausdruck von Spannung zwischen Wirklichkeit und Illusion 29, 51, 293, 382, 608
- als Ausdruck von Glaubensmangel 314
- als Erbe 234, 437
- als Strafe 29, 36, 55, 64
- aus selbsterzeugten Mustern 608
Autoaggressions - 355
- der Entleerung, Tuberkulose 369, 438
- der Hemmung, Krebs 437, 438
Disposition für - 312, 316, 445
Dispositionen der einzelnen Tierkreiszeichen für - 448, 449, 450
Dispositionen für - (Familienkrankh.) 512
- durch Energieblockaden 133
- mit Sternenkonstellation 445, 454
- Mangel an Licht 70, 404, 406, 409
- im Herzbereich (siehe „Herz") 164, 345
- infolge von verirrtem Bewußtsein 62
über - zur Demut 412
Ursache von - 18, 31, 60, 70, 81, 133, 293, 315, 337, 350, 369, 405, 478, 574
- zeigt sich in Farben 68, 268, 313, 404
Krebs 61, 314, 316, 318, 320, 412, 420, 437
Behandlungsmethoden von - 69, 70, 293
Behandlungsmöglichkeiten von - 69, 319
Disposition für - 446
- durch geistigen Lichtmangel 409, 410
- Krankheit der Hemmung 271, 281, 390
Bronchial - 316
Brust - 317
Darm - 316, 355
Gebärmutter - 316
Hoden - 316
Knochen - 316
Leber - 316
Lungen - 316
Magen - 316
Nieren - 316
Pankreas - 293, 349
Prostata - 316
Schilddrüsen - 316, 339

Ursachen von - 70, 314, 316, 317, 319, 320, 350, 353, 410, 417, 437, 478
Krebs
   (Tierkreiszeichen) 440, 444, 449, 452
   Dispositionen für Krankheiten 448
Kreis
   - bahnen 400
   - lauf Geburt und Wiedergeburt 461, 462
   - lauf der Involution 101
   - lauf der Schöpfung 21, 101, 102, 142, 224, 238
   - der Ältesten 94
Kreuz
   - des Lebens 221, 388, 467, 578, 582, 588
   Überwindung des - 284, 320, 363, 395, 408, 439, 557, 596
   gleichschenkliges - 142, 597
   Schnittpunkt des - 26, 142, 222, 225, 375, 582, 597
   Symbol des - 88, 133, 507, 512, 522
Kreuzigung
   - als Auferstehung im Geiste 160, 586, 454, 598
   - als Auflösung des aufgebauten Ich 148
   - als eigenes Sühneopfer 589
   - als Mysterium 581
   - als Projektion menschlichen Unvermögens 581, 586
   - als Sinnbild der Erlösung 454
   Bedeutung hinter der - 278
   Bedeutung des Ortes der - 578
   Blutopfer der - 277, 582
   - bedingungslos den Weg zu gehen 587
   - der Begierdenatur 120
   - Deutung frei von Schuld 587
   - Jesu 188, 579
   - Symbol des Ego 581
   - Symbol, den Weg der Wahrheit
   - und das göttl. Opferlamm 92
   - und Wiedergeburt 96
Kristalle 375, 385, 431, 433, 434
   Aufbau der - 375, 385
Kritik 19, 111, 138, 218, 289, 341, 528
   - Sucht 290, 317
Kronenzentrum, Kopfzentrum 311
   sahasrara, Brahmarandhara 311

Kropf 340, 341
Kundalini 27, 146, 208, 252, 253, 256, 257, 324, 329, 337, 364, 482, 585
   Erwecken des - Feuers 296
   Feuer der - 295, 365
   Schlange der - 24, 212
   - treibende Kraft als Lebensprinzip des Geistes 256
   unerlöste - 257, 258
   zusammengerollte Kraft der - 252, 257, 258, 307, 365
   - Seminare 170
   -Yoga 307

L.

Lamm Gottes 92, 96, 120, 277, 584
Larven 210, 211
Leben
   Flamme des -, Dreieinheit 275
   - im Verbundsystem mit der Umwelt 380, 570
Lebens
   - Äther 250, 261, 268
   - Aufgabe der Seele 17, 70, 72, 84, 86, 107, 119, 141, 144, 145, 158, 168, 183
   - Faden 276, 278, 279, 337
   - Prinzip, Prinzip der Endlichkeit 96, 101, 104, 140, 202
Leber 309, 345, 369, 446, 449, 476
   Beschwerden der - 350
   Depression und - 361
   - Krebs 316
   Solar-Plexus und - 356
   Staungsprozeß der - 354, 355
   - und Alkoholiker 356, 357
   - und destrukt. Gedanken/Gefühle 350
   - und Galle-System 345, 353, 354
   - und Seelenleben 360
Leibnitz 418
Leidenschaftslosigkeit 519
Lemuria 263
   - Rasse 359, 432, 439
   - Zeit-Periode 438, 573
Lha
   Sonnen - (schöpferische Geister) 251
Licht
   - als Schwingung 241, 376, 406

- als Teilchen, Welle oder Partikel 417
- Äther 182, 242, 261, 268, 562
- Aufnahme durch das Auge 404, 405
- Ausdehnung im Körper 275
- Ausdehnung in der Schöpfung 76, 77, 81, 121, 275, 384, 400
Definition von - 152
- des Lebens 17, 58, 66, 70, 83, 98, 118, 131, 153, 214, 238, 364, 398, 408, 595
- Energie des Körpers 269, 374, 562
- ist Leben 72, 76, 255, 273, 374, 562
Fall des - 400, 425, 426
Geistiges - 57, 92, 119, 237, 309, 314, 374, 384, 388, 398, 597
- in den Zellen 30, 410
- Mangelerkrankungen (siehe „Krankheit") 70
Mangel an innerem - 152, 409
- Nahrung 408, 409, 422
- Punkt als Zentrum 376
- Stoffwechsel 409
Sonnen - 63, 117, 118, 404, 415
Violettes - 405, 410
Weiß - Gottes 118, 152, 256
Zeitlosigkeit von - 130, 202, 375
Liebe
- als Dienst am Nächsten 81, 460, 520
Bewußtsein von - 102
die „besondere" - 527
Dienst an der - 93, 347
Einheit der - 76, 77, 126, 135, 167, 221, 244, 428, 494, 524, 532, 582
- ist Ausdehnung 49, 50, 62, 530
- ist Erkennen 29
- ist Licht 77
- im Symbol der Sexualität 189, 227, 244, 257, 494
Wahrheit der - 13, 18, 166, 428, 538, 580, 581, 587, 593, 606, 610
Logos 103, 118, 214, 374
- zentrale Intelligenz aller Schöpfung 76
Löwe 92, 94, 96, 154, 329, 556
„Kinder des Löwen" 92, 325, 331 (Tierkreiszeichen) 444, 449, 452, 454
Dispositionen für Krankheiten 445
Ludolfsche Zahl (Pi) 373
Luft 97, 118, 192, 204, 211, 254, 261, 268, 316, 325, 355, 385, 408, 414, 445, 452

Element der - (siehe „Elemente") 123, 193, 402
- Organismus 368
Lunge 316, 340, 341, 345, 360, 367, 368, 369, 449
grüne - 408
Luzifer 20, 22, 84, 87, 100, 130, 156, 605
- als Lichtsohn 141
- als Geist des Widerstandes 20, 130
Personifizierung des - 149
- Prinzip 20, 22, 84, 101, 132, 141, 145, 149, 158, 198, 481, 492, 606
- und Christus als Ergänzungshälften (siehe „Christus") 142
Verführung durch - 136, 146, 147

M.

Magen 293, 309, 316, 348, 353, 355, 358, 450
Magie 45, 156, 390
Bild - 390, 392, 396
Definition der - 348
- der Arzneimittel 64
- des Ego (siehe „Ego") 56, 498
- der Farbe (siehe „Farben")
- der Fruchtbarkeit 394, 396
- der Gedanken 45, 130, 132, 200, 392
göttliche - 393, 394
- der Hexen („Hexeneinmaleins") 396
- der Liebe 397
- der Mystik 394
- der Sexualität (siehe „Sexualität") 394, 395, 498
- der Welt 347
Okkultismus und - 393
Schwarze - 156, 285, 390, 391, 392
Ur - 395
Weiße - 156, 285, 390, 391
Zahlen - 390, 397
Makroko- und Mikrokosmos 17, 85, 122, 192, 256, 257, 506
Gesetz von - 507
- im Baum des Lebens 186, 189
- im Menschen 136, 252, 387, 447, 475
- im Symbol des Pentagramms 389
- in der Astrologie 452
- in der Einheit des Meisters 193

624

- sind letztlich eins 222, 236
- in Tierkreiszeichen 192

Materialist 48, 165, 178, 392, 440, 536
- als geistig Toter 536, 543

Materie
- Bausteine des Lebens 127, 254, 400
- Fall in die - (siehe „Fall") 226
- Gesetz der - (siehe „Gesetz") 142, 159, 163, 387
- Vergeistigung der - 143, 585

Mathematik 155, 313, 373, 376, 377, 378, 379, 383, 395, 397, 424, 455

Max Planck (Atomphysiker) 417, 551

Medikamente
- Wirkung der - 35, 41, 69, 70, 72, 282, 343, 573, 574, 607

Medizin
- Alternative - 64
- Astro - 445
- Ganzheits - 60, 61
- Neue Wege einer kostensparenden
- Schnellversorgung und altbewährte (tote) Heilmittel in der - 60
- Haltung orthodoxer - 36, 60, 62, 69, 74
- und ihre natürlichen Grenzen 31
- und Psychotherapie 45
- und Wissenschaft 65, 276
- und Zusammenarb. mit Geistheilern 42
- Versorgung 60, 68

Medulla oblongata 295, 339, 341
- verlängertes Mark 259, 339, 449, 476

Mental
- Akasha 203, 204, 205
- Bewußtseinsprinzip von Verstand und Intellekt 292
- Ebene 85, 101, 102, 106, 204, 205, 207, 208, 209, 242, 245, 335
- Illusionen astraler Verblendung 287
- Körper 204, 243, 250, 278, 292, 440
- Matritze 203
- Medialität 325
- Od 203
- Welt 150, 160, 201, 202, 226
- Stoff als Leiter der Gedanken 203
- Substanz 326, 335
- und Astralebene als Spiegel der Gedanken und Gefühle 106
- und astrale Fluide als Substanz, die in Zeitstrom der Verdichtung führten 200
- Zentren 232, 234, 282

Mensch
- als dreifache Persönlichkeit 585
- Andersartigkeit des - 17
- Angst vor anderen - 174
- Anhaftungen/Bindungen von - 494, 498, 506, 529
- als Kind von Himmel und Erde 16, 93, 244, 321, 352
- Begegnung mit anderen - 20
- und Beziehungen
    - als Schatten - 496
    - als „besondere" - 496, 522, 525
    - der Gegensatzpaare 492, 493
    - erfüllte - (auch Zölibat) 519
    - „frische" - 509
    - gesegnete - 530
    - gleichgeschlechtliche - 499, 501, 502, 503
    - körperliche - 500
    - mit und ohne Trauschein 522
    - partnerschaftliche - 531
    - Schein - 495
    - sexuelle - 505, 507, 533
    - und Liebesverlust 218
    - und Scheidungen 505, 526
    - und Krisen 505
    - unbefriedigende - 530
    - wahre - 495, 499, 508, 529, 530
    - Wechsel - 492, 500
- zu anderen 63, 245, 503, 523, 525, 530
- zu sich selbst 284, 445
- zu anderen Menschen 17, 63, 245, 248, 249, 256, 395, 491, 493, 494
- zu Gott 496, 523
- zu Christus 244
- zur Ur-Quelle 601
- zwischenmenschliche - 503, 505, 531, 579
- und Eigenverantwortung 26, 46, 149, 203, 213, 263, 298, 464, 499
- der androgyne - 500
- Formwerdung des - 16, 120, 148, 149, 219, 228, 240, 242, 307
- göttliche Aspekte des - 18
- Gottmensch 17, 86, 100, 136, 143, 189

625

„gute" Menschen 25, 166, 173, 174, 291, 489, 498, 516, 528
Gutes und Böses im - 26, 112
Hörigkeit des - 49, 190
Ich-Auflösung des - 211
Ich (kleines) des - 21, 136, 204
- im Dogma eig. Glaubensbewertungen 23, 27, 113, 132, 166, 272, 217, 462, 501, 513, 550, 560, 561, 586
- in der Nachfolge Jesu-Christi 20, 22, 23, 120, 143, 211, 545, 560, 578, 582, 583, 587, 589, 596, 598, 599
- in Zeit und Raum 17
individuelle - 17, 45, 48, 138, 184, 196
- ohne Schuld 19, 63, 468, 496, 533
Schuld- u. Strafhologramm im - 19, 468
Schuldgefühle des - 19, 36, 64, 132, 157, 223, 252, 348, 463, 482, 490, 496, 505, 515, 530, 572, 581, 586, 590, 591, 609
Sich-Ausrichten nach anderen - 217, 297
- und Einweihung 28, 119, 308, 448
- und Selbstbestimmung 18, 264, 325, 548, 552
Selbstkritik im - 19, 289, 317
Spiegelung in anderen - 24, 53, 173, 226, 243, 348, 530
- werdung 20, 131, 223, 227, 583, 584
Weisheit des - 29
- wird neu geboren 17, 28, 106, 260, 294
Meisterdrüse (siehe „Hypophyse") 336, 337, 404
Migräne 336, 338
Milz 309, 358, 360, 361, 364, 368, 449, 588
Mineral 144, 255, 262, 263, 265, 385, 398, 425, 469, 493, 538, 575
- Reich 101, 238
Monade 84, 101, 197, 230, 262
- als das Geistige der Keime 84, 93, 198
Definition der - 230
Mord 276, 565
Selbst - 283, 284, 297, 591
- von Golgatha 582
morphogenetische Felder 476
Mutter
- und Kind 165
- allen Lebens 100
- aller Gotteskinder 120
- als Energiesubstanz des Lebens 97
- als Gestalt- und Formgeberin des Lebens 17, 27, 130, 131
- als göttliche - 17, 85, 120
- gleich dem (göttlichen) Vater 84, 139
- in der dreieinigen Natur 85
- als Große - 83
- als hl. Erlösungs - (Maria) 83, 120
- als Mutter der Gnade 121
- als Shakti 121
- als Ursache allen Seins 87
- als weiblich empfangendes Prinzip 96
- Erde (Symbol kristalliner Dichtheit) 97
- Formkraft als Kundalini 146
- Formprinzip 97, 122
Kraft der großen - 144
- und Empfindungsleben 188
- und Heiliger Geist 87
Schoß der - 107, 121, 141
Welten - 83, 120, 185, 187
Mystik 108, 353, 393, 394, 408

N.
Nächsten
Dienst am - (siehe „Dienst") 81, 178, 338, 340, 347, 460, 461, 520, 566
Gesetz der - liebe (siehe „Gesetz") 81, 91, 134, 201, 240, 347, 348, 484, 524
63, 91, 119, 216, 522, 579, 596
Nadis 292, 295, 296, 307, 411, 420, 477
Natur
- Reiche 78, 101, 238, 263, 420
Verdichtungsgrade der - 266
- Wissenschaft 379, 382, 388, 410
Nerven
- anspannung 562
- entzündungen 336
- fasern 477
- fluid 476
- flüssigkeit 339
- kollaps 34
- Probleme/Störungen 446, 449
- System 29, 71, 226, 247, 257, 268, 282, 292, 307, 315, 349, 356, 367, 411, 449, 461, 475, 524, 563
- Sinnensystem 368

- System, autonom-vegetatives - 247, 295, 475, 479
- System, autonomes - 344, 476, 541
- System, spinales - 189, 226, 247, 257, 259, 295, 475, 476, 479, 484, 540, 541, 543, 544
- System, sympathisches oder autonom-vegetativ 295, 344, 367, 475, 477, 541
- System, parasympathisch 344
- System, zerebrospinales - 247, 295, 476, 477, 479, 541
Sympathikus - 367
Vagus - 309, 344
- Verbindungen 561
- zusammenbruch 257, 263, 268
Neuritis 336
Neurosen 175, 450, 501, 505
Nieren 316, 350, 354, 358, 366, 368, 446, 448
Nebennieren 360, 364, 365, 366, 367, 562
Noradrenalin 367
Numerologie 390, 448

O.

Od
- als Orgon des Lebens (siehe „Orgon") ätherische Fluide als Od-Strahlung 261
- Strahlungen aller Weltkörper 261
- als „Odische Flamme" 277
- als subtil-feinstoffliches Fluid 203
- aus Lebensäther der Erde 250
- des Lebens 250
physischer - 203, 261, 270, 356, 443, 471, 491, 519, 524
- als Leiter der Gedanken 277
- leib (Ätherleib des Physischen) 243
physischer Od als verdichtetes Licht 432
- und Mentalmatritze 203
- und Tod (Erde zu Erde) 262
sidirischer - 277
Verdichtung der Körper - 250, 262, 277
- als Träger des körperl. Gefühls 282
Definition des - 277
- leib (siehe „Körper") 243
Offenbarung 65, 66
Definition der - 75

- des Evangelisten Johannes 75, 83, 117, 120, 154, 187, 492
- des Propheten Ezechiel (Hesekiel) 94, 95, 96, 116, 154
OM
- Klang der Welt (Zeugerton des Einen) 83, 376
Organ
- der Synthese (siehe „Pinealis") 324
- Transplantation 276, 278
- Uhr 113
Orgon
(psychosexuelle Lebensenergie) 422, 433, 480

P.

Pankreas, Bauchspeicheldrüse 293, 316, 348, 349, 369, 475
Paradies 26, 79, 101, 129, 134, 208, 241, 242
- als Garten Eden 109, 227, 241
- als symbolischer Ausdruck 479
Austreibung aus dem - 147, 231, 249, 262, 481, 526
Bewußtseins - 456
- der Bibel 79, 85, 101, 102, 247, 292, 456, 459, 481
- des himmlischen Menschen 168
- Geistiges - 78, 98, 100, 134, 180, 196
- Späre 214, 225
- und Baum der Erkenntnis 146
- und Sündenfall 135
- und verbotene Frucht 201
Persönlichkeitskern 471, 472
Phantom-Schmerz 264
Photon 152, 313, 414, 420, 422, 425
- als Lichtquanten 417
- Biophotonenstrahlung als
- Funkverkehr der Zellen 419
- reparatur (der Zellen) 410
- Sprache der Zellen 410
- u. biologisch. Informationen 410
- und Zirbeldrüse 313
Photonenreparatur 410
Photonen-Gürtel 572
Physisches Bewußtsein (siehe „Bewußtsein") 370
Pingala 295, 296, 365

Pinealis, Zirbeldrüse, "Drittes Auge" 312, 313, 314, 315, 323, 336
Planeten 58, 98, 120, 128, 193, 215, 237, 252, 254, 263, 291
   andere - 192, 328, 398, 400, 407
   - bahnen 441
   Lern - 441
   explodierte - 423
   neue und neu geborene 423, 434
   sieben - 154
   - system 192, 194
   - und Sternensysteme 194
   - durch Schall verschieben 416, 433
   Auswirkungen auf die Energizentren durch - 445, 446
Poltergeister 169
Pralaya (Zwischenzust. nach Tod) 153, 269, 272
Prana 97, 251, 279, 282, 292, 296, 307, 341, 360, 420, 488 (als Summe aller im Universum vorhandenen Energie 251)
Propheten und begnadete Seher 559
Psychologie 288
   spirituelle - 61
Psychosomatische Beschwerden 366
Pyramiden 191, 192, 385, 386, 388, 389
   Mysterium der - 191

Q.

Qumran
   - Höhlen von - 89
Quanten
   - als Energieteilchen (Photonen) (elektromagnetische Strahlung in ganzheitlichen Paketen bestimmter Größe) 417

R.

Re-Ligio 26, 45, 46, 172, 238, 459, 598
   Definition der - 57
   Wesen der - 459
Realist
   materieller - 58, 74
Reinigung
   - der Erde 192, 193, 416, 426, 435, 460, 555, 556, 560, 563, 564, 566, 568, 569, 670, 572
Reinkarnation 74, 106, 193, 271, 437, 598
   - als kosmisches Gesetz 74
Religion
   christliche - 48
   jüdische - 90, 186, 187
   - und Konfessionen 47
   - und Mathematik 378
   wahre - 47, 48
   Sinn der - 522
Resignation 16, 71, 317, 319, 465, 486, 489, 526
Ritual 46
   das Symbol im - 47, 395
   - der Fruchtbarkeits-Magie 389, 394
   - der Sexual-Magie 394
Rosenkreuzer 328, 329, 525
Rückerstattungsprozeß (beim Sterben) 269, 276

S.

Sananda, Sanaka, Sanatana, Sanat-Kumara 373
Sakral-Zentrum, Unterleibszentrum, svadhisthana 358
Satan 463, 482, 535, 536, 605
Schall
   - als Energiequelle (siehe „Atlantis") 274, 415, 416, 432, 433, 434
Schatten des Unbewußten 18
Schicksal 24, 33, 53, 150, 156, 210, 232, 240, 286, 369, 391, 438, 442, 526, 549, 565
   - durch Gedanken 105
Schicksalsfrage 319, 320
Schicksalsrad 442
Schicksalsschläge 159, 232, 291, 292
Schicksalsuhr 450
   - und Sterne 450
Schilddrüse 35, 39, 308, 316, 339, 340, 342
   - als Schildwache 342
Schlange 107, 146, 254, 257
   - als Drache 252
   - als listigste aller Tiere 26
   - als Satan und der Teufel 27

- als Seil der Engel 375
- als Sinnbild 120
- als Symbol 122
- der Verführung 132
- der Versuchung 137, 242, 253, 257
erlöste und entartete - 257
Feuer der Kundalini - 296
gefesselte - 257
- Gottes 256, 365
Regenbogen - 27, 164, 364
seid klug wie die - 253
- symbolisiert die Seele 257
- der Weisheit 164, 253, 256

Schöpfung
  hl. Quadrat der - 137
  Ausgangspunkt der - 95
  Entstehung der - 259
  Nach - 199, 202, 399
  Ur - 16, 77, 81, 83, 88, 130, 139, 153, 181, 214, 236, 373, 384, 485

Schuld
  Abwehrhaltungen aufgrund von - 64
  Anhäufung von - 157
  - als bedürftiger Seelenanteil 53
  - als Glaube 132
  - durch Trennung von Gott 19
  ehrliche Annahme von - 26
  Glaubensmuster von - 48
  Gruppen - 117
  - im Außen suchen 27
  - der Sünde heiligster Zweck 63
  Kirche und - 132
  kollektives Syndrom der - 132
  - losigkeit des Menschen 63, 468, 496, 511, 533, 581
  Luzifer-Hologramm der - 143, 149, 167
  Macht der - 47
  Projektion von - 55
  Sünde und - 53, 175
  Stufen der - 118
  Un - des göttl. Opferlammes 92
  Un - der Liebe 92
  Ur-Angst als - 200
  Wurzel vieler Gefühle der - 132

Schule
  Welt 58, 65, 166, 332, 474
  Funktion der - 136, 158, 213, 524, 538

Schütze (Tierkreiszeichen)
  Dispositionen für Krankheiten 440, 444, 449, 452

Schwarzes Loch und Geburt der Erde 421, 424

Schwingungen
  - der Atome 121
  - der Gedanken 98, 126
  - des Klanges (siehe „Klang") 101
  - des Lichtes (siehe „Licht") 180, 241
  - als Wellenträger 127, 433

Sehnsucht
  - als größte Kraft im Menschen 104, 105

Seele(n)
  - abgespalt. Anteile der - 18, 19, 22, 24
  androgynität der - 183
  - als anziehende Kraft des Geistes 17
  - als „Braut" (Christi) 107, 119, 557
  - als Entwicklungsprinzip 54
  - als Informationsspender 470
  - als Wesenheit ohne Form 17
  - als unsterblicher Teil 25
  Aufstieg der - 168
  Bildsprache der - 149
  Botschaft der - 70
  dürstende - 119
  Evolution der - 369
  Exegese der - 114, 183
  Fall der Geist - 84
  Fallstricke der - 465
  - Familie 25
  formbildende Kraft der - 17
  Freiheit der - 22, 143
  gefallene - 20, 149
  geistiges Programm der - 470
  geborene - 202
  große - 195
  herumirrende - 170
  höllische Seelenzustände 164
  - Hüllen 16
  hohe - 127
  - im Irdischen 183
  - in Raum und Zeit 84
  Kausalkörper der - 85
  Kinder - 195
  Kleid der - 101, 199
  Lebens-Prinzip der - 104
  Mangel dcr - 25
  Mensch als Geist und - 79, 166
  Natur der - 107
  - potential 26

- Prinzipien 370, 585
- Realität von drei Energien 204
Seele(n)
   reine - 19, 86, 110
   Ruf der - 51, 106, 590
   Schlaf der - 144, 145
   - reife 18, 280
   - sonnen 79, 198, 200, 240, 242
   - stoff 201
   - wanderung als Wiedergeburtslehre („Exegese der Seele") 106, 107, 114
   Tier - 264
   Tod und - 443, 444
   - und Geist als Einheit 61, 74
   - und ihr Ziel im Leben 183
   Ur-Angst der - 20
   Ur - 187
   verführte - 132
   Verkauf der - 26
   Verschmelzung von - 17, 238, 244, 326
   Verschmelzung der - (Paare) 359
   Wechselbeziehung der - 493
   Welten - (Anima-mundi) 17, 85
   Wesen der - 153, 600
   Zerrissenheit der - 205, 225, 471, 492, 532, 540, 545
   - Zyklen 22
Selbst
   - beschränkung als neues Bewußtsein 614, 576
   - erhaltungstrieb 210, 312, 360, 364
   - kasteiung 19, 25, 27, 505, 514, 516
   - liebe als Annahme des eigenen Ich 19, 63, 80, 119, 289
   - wert 176, 290, 298, 316, 356, 391, 407, 497, 526, 529, 530, 580
   - heilungssystem 69
   Höheres - 17, 27, 84, 136, 240, 246, 252, 427, 469, 522, 560, 585, 582, 585
   Mittleres - 469
   Niederes - 469, 522
Sephirah 153, 556
Sephiroth 140, 141, 153, 155, 160, 259, 309, 375
Seraphim 94, 100, 122, 180
Sexualität (siehe „Gesetz der Anziehung") 359, 491, 499, 500, 506
   Angst vor - 218, 315, 316, 318, 319, 323, 332, 368, 438, 490, 496, 503

- als Geschenk Gottes 513
- ist Liebe 512, 499, 506
Magie der - 394, 395
Sitz der - 212
unterdrückte - 175, 316, 371, 505
Kraft der - 257, 363, 519, 531
Shamballah 312, 328, 331, 557, 579
   geistiges Zentrum von - 325, 329
   Rat von - 324
Silberschnur 276, 278, 279
Sinne
   Empfindungs - 267
   Gehör - 261
   Geruchs - 261
   Geschmacks - 261
   Gesichts - 261
   Tast - 261
Skorpion (Tierkreiszeichen)
Dispositionen für Krankheiten 440, 444, 449, 452
Sohar
   - der Kabbalistik 188
Solar-Plexus, Nabel-Zentrum, manipura 348
   - als Sonnengeflecht 310, 325, 344, 353, 470, 476
Sonnengeflecht (siehe „Solar-Plexus")
Sonnensystem
   Anfang unseres - 152, 424, 434
   - aus sieben Strahlen und Kräften 155
   kosmische Kräfte und Aufbau des - 434
   Hierarchie des - 309
   Millionen von Planeten im - 398, 400
   sich verdichtendes - 148
   Sonne unseres - 152
   - und stoffliche Welt 76
   unser - 77, 118, 399
   verschiedene - 398
   Zentralsonne (galaktischer Kern) und - 441, 567
   Welten und Universen mit ihren - 66
   Weltenseele und das - 237
   zodiakale Gottheit u. das - 149, 566
Sphäre
   - blaue, als geistiges Sanatorium 281
Spirituelles Leben
   - als eitle Begehrlichkeit 170, 174
   - als Bewußtsein 136, 310, 370, 492, 520

- als Disziplin 179, 280
- als Entwicklung 171, 178, 294, 351, 411, 421
- als Entrücktsein 211, 296
- als Erkenntnis 25, 285, 588
- als göttliche Intelligenz 181
- als Heilsstreben 171, 174
- als Psychologie 61, 288
- als Lebenskraft (auch Sexualität) 253, 296, 514
- als Weg der Selbstfindung 216, 297
- als Werkzeug (Medium) 325
- als Wert 57
- als Wohlbefinden 292, 353

Stammbaum
- der Menschheit 264

Steinbock (Tierkreiszeichen)
  Dispositionen für Krankheiten 440, 444, 449, 453, 454

Steißbein-Zentrum (Basis-Zentrum) 310, 368

Sterben
  Sinn des - 65, 211, 213, 272
  Vorgang des - 169, 208, 269, 270, 271, 272, 274, 275, 279, 281

Sterne 78, 137, 143, 198, 419, 424, 431, 441
- als Konstellation bei Geburt 442

Stier (Tierkreiszeichen)
  Dispositionen für Krankheiten 440, 444, 448, 452

Stirn-Zentrum (siehe „Ajna-Zentrum") 335

Stoffwechsel 68, 308, 340, 343, 349, 354, 356, 365, 367, 368, 369, 449, 475
  Licht - 354, 404, 409, 421, 562

Sublimation
- als Versuch der Umbildung 173, 174

Sünde
  23, 53, 54, 63, 96, 147
  Absonderung als einzige - (siehe „Absonderung") 590
  Angst vor - 175
- als Illusion des Ego 63, 241
- als Irrtum des Geistes 63
- des Abfalls 87, 132, 135
- des Fleisches 132
- der Welt 92
  Erb - 232, 234, 322, 481
  Glauben an - 64, 132

Krankheit und - 156
Tod als Sold der - 57, 70
- und Selbstschöpfung 79
- und Schlange der Versuchung 137
- und Theologen 55
Sündenfall 79, 132, 135, 146, 150, 160, 167, 183, 187, 198, 220, 221, 232, 242, 492, 540

Suras
- als Quantengötter 150
- Asuras (von Asu=Atem) 150, 151, 169, 178

Sushumna 295, 365
Sympathikus 367
Symbole
- als Körper von Mann und Frau 494, 502, 524, 586
- als Magie der Sexualität 394, 395
- als stellvertretender Ersatz 47
- als wirkungsvolle Bildekräfte 392
- der Liebe 92
- der Wahrheit 73
- des Lebensbaumes 187
- des „Opferlamm" 96
- gegen Gott 56
Ur- des Lebens 186
- der Wahrheit im Ritual 47
zwei göttliche - (Lamm u. Löwe) 92

T.

Tabak
- als Wirkung 282
Tastsinn (siehe auch „Sinne") 261
Tetragrammaton 95, 96, 97, 117, 122, 372, 389
Tetraktys
- als hl. Schöpfungsquadrat 372, 389
- als Tetragrammaton 95, 96, 97, 117, 122, 372, 389
- als göttliche Lichtquadratur des Kreises 372
Thron Gottes 94, 95, 97, 100, 117, 119, 214, 309, 372, 385
Thymus-Drüse 342, 343
Tier
- und Beziehung zum Menschen 206
- heilige - 154

631

- ohne Willensfreiheit 549
  listigste aller - 26
- opfer 115
  Reich der - 101
- Symbol für Evangelisten 97
  Verantwortung des Menschen für - 206
  vier geflügelte - 94, 96
- haltung 206
- seele (siehe auch „Seele") 205, 206
- versuche 206
Tierkreiszeichen 118, 192, 389, 431, 432, 440, 444, 445, 446, 447, 452, 453, 454, 455
Tod
  Baum des - 147, 225
  - der Sünde Sold 57, 70
  - der Persönlichkeit 294
  - des Ego 103
  - durch Arzneimittel 69
  - durch Krankheit 490
  endgültiger - 269, 270, 271, 275, 276
  Eintritt des - (siehe „Sterben")
  es gibt keinen - 279, 557, 587
  Frei - 283
  Geburt und - 266, 279, 283, 443
  Gehirn - 251, 276
  geistiger - 88, 160, 161, 226, 315, 557
  Glauben an den - 279, 280, 474
  langsamer - 515
  Leben und - 540
  - Nahtod-Erlebnisse 208
  - nicht fürchten 598
  physischer - 102, 208
  - und Sterbevorgang 33
  Sieg über den - 587
  Totenbuch 272
  Todeskampf 588
  - als Trennung von Gott 166
  Treue bis zum - 510
  - und Unsterblichkeit 376, 598
  überdauern des - 579
  Wesen des - 33
  Zell - 275, 315, 419
Trennung
  Glaube an die - (siehe „Glauben") 428
  Illusion der - 63, 106, 242
  - im Vergleich zur Wirklichkeit 52, 55, 145, 246
Trinität (Dreifaltigkeit)

Göttliche - 84, 100, 116, 141, 142, 154, 155, 187, 214, 259, 389, 431, 597
- der Finsternis 214
Tuberkulose 438
Tumor (siehe Krebs)

U.

Überbewußtsein 370
Universelle Bruderschaft 167, 196
Unterbewußtsein 71, 173, 288, 289, 292, 293, 312, 314, 323, 364, 366, 370, 437, 443, 454, 478, 531
Ur-Knall des Universums 121
Ur-Quelle 21, 79, 93, 123, 153, 181, 196, 200, 214, 236, 253, 384, 389, 526, 532, 560, 601, 603

V.

Vagusnerv 309, 344
Vergeben heißt vergessen 54, 489
Vergebung 54
  Kraft der - 542
  - der Sünden 348
  Selbst - 80
  Vergebungsplan des Ego 55
Verstand
  - als Adam im Menschen 295
  - als Einheit des Lebens 161
  - als höhere Erkenntnis 397
  - als Intellekt 536, 232
  - als „kleine Ich" (siehe"Ego, niederes")
  - als physisches Bewußtsein 370
  - als spinale Nervenkraft 295
  - als Trennung des Geistes 148
  dialektischer - 536
  Wissen und - 232, 233
Vier
  - geflügelte Wissende 95, 96, 154
  - Gesichter Gottes 85, 94, 96, 99, 116, 122, 125, 126, 127, 137, 154, 309, 372, 431, 433, 557
Violettes Heilsystem 405, 410, 411, 436
Vollkommenheit
  - unvereinbar mit Krankheit 56
Vorderhirn 125, 232, 234, 465, 466

W.

Waage (Tierkreiszeichen)
Dispositionen für Krankheiten 440, 444, 449, 452
Wahrnehmung 48, 49, 56, 59, 62, 79, 80, 82, 102, 103, 123, 147, 172, 212, 235, 238, 241, 248, 251, 286, 312
- als Eigenbewußtsein 267
- des Verstandes 469
- der Welt 493, 494
- und Gefühl 466
- und Phantasie 466
Herz, Organ der - 401
- als Selbstbewußtsein 328
- der Sinne 261
- des Selbstwertes 530
selbsterzeugter Bilder der - 479
über die Vorstellungskraft der - 475
- von Wirklichkeit 466, 493, 524, 539, 548
Definition der - 466
Wärme-Äther (siehe „Äther") 261, 268
Wasser
Element (siehe „Elemente") 268, 402, 403
Wassermann (Tierkreiszeichen)
Dispositionen für Krankheiten 440, 444, 450, 453
Wassermann-Zeitalter 73, 193, 224, 260, 328, 460, 558, 565, 576
Weiße Bruderschaft 193, 194, 195, 196
Weißlicht-Gottes 118, 152, 256
Welt
Astral - (siehe „Astral")
Magie der - (siehe „Magie")
Mental - (siehe „Mental")
Reinigung der - (siehe „Reinigung")
Wertfreiheit 527, 528, 529, 608
Wesenskern 16, 58, 335, 400, 471, 473
Widder
- als Schöpfungsgeistiges des Selbst 96
- als Symbol der geistigen Erneuerung u. Wiedergeburt allen Lebens 96, 454
der wissende - 96
Kreuzigung im Zeichen des - 454
Null-Grad - 454
- mit Menschenangesicht 154, 556
- Dispositionen (Tierkreiszeichen) für

Krankheiten 440, 444, 448, 452
Widerstand
Geist des - (siehe „Geist")
Wiedergeburt 246, 271, 438, 506, 538
- als Abbild - (geistige) 183, 264
- als Fundament der Lehre Jesu 579
- und Gespräch mit Nikodemus 602
- als Naturgesetz 579
(siehe auch „Geburt" u."Reinkarnation")
Beendigung des Kreislaufes der - 462
- des Menschen 585
- im Geiste 103, 395, 493, 496, 522, 577, 586
- in diesem Leben 107
körperliche - 183, 246
Lehre der - 74
Rad der - 193, 209, 572
- und Kreuzigung Jesu 96
- und Reinkarnationslehre 106, 119, 271
- und Seelenwanderung 106
Willensfreiheit 196, 539, 549
Wirklichkeit 16, 18
Absonderung von der - 64, 260, 266
Albtraum und - 84
Annahme der - 18, 74
Angst vor der - 18, 29, 58, 74, 240, 288, 319, 421, 467, 474, 480, 576, 590, 600, 607, 608
Auslegung der - 287
Bewußtsein der - 307, 464, 491
Christus und die - 561
- und Ego 51, 473, 542, 548
Durchschauen der - 290
Einsicht in die - 465
Erwachen in die - 59, 332, 600
Erkenntnis der - 86, 103, 221, 285, 287, 424, 427, 464, 542, 607
eigene - 79, 173, 198, 221, 600
Einheit der - 243
einzige - 160, 494
falsches Bild der - 233
hausgemachte - 173, 249, 393
Gott und - 378, 457
Glauben und - 535
Flucht vor der - 321
Freiheit und - 223, 600
geistige - 158, 228, 240, 453, 530, 577
innere - 205, 604

irdische - 212
und Illusion 29, 51, 55, 84, 145, 183, 246, 382, 608
umgedrehte - 536
Wissenschaft und - 425
lebendige - 132
im Licht der - 56, 152, 387
Mangelndes Bewußtsein von - 70
objektive - 428, 441
Projektion und - 498
selbsterzeugte - 242, 269, 480, 498, 535
Schein - 48, 53, 59, 71, 80, 130, 133, 144, 146, 166, 202, 217, 235, 467, 479
Selbstbildnis und - 393
Spiegel der - 158, 173, 259, 536
Sünde als - 482
Tod und - 279
Traum und - 104, 231, 467
Umschreibung der - 242
übertünchte - 593
Verdrängung der - 246, 487, 537
Verleugnung der - 49, 57, 60
Verstand tötet die - 75, 551
Verstehen der - 538
verzerrte - 233
Wahrheit und - 28, 75, 269, 283, 290, 429, 466, 509, 553, 560, 601
Wahrnehmung der - 103, 286, 493, 524
wahres Bild der - 575
was ist die - 414
Welt der - 285
Wunsch und - 56, 233, 491
Zerrbild der - 160
Wissen im Vergleich zu Bewußtsein (siehe „Bewußtsein")
Wohlstand 73, 175, 176, 177, 217, 485, 550
Würfel 126, 143, 259, 372, 375, 384, 385, 386, 387, 388, 389
Wurzel-Zentrum, Basis-Zentrum, muladhara 364

Y.

Yin und Yang 17, 130, 146, 187, 204, 244, 307
Yoga
    Kundalini- (siehe „Kundalini")

Z.

Zahlen 0 (Null) 155, 372, 374, 387, 388, 396, 437, 454
1 (Eins) 139, 155, 186, 374, 375, 383, 389, 390, 396
2 (Zwei) 155, 374, 375, 384, 396
3 (Drei) 155, 375, 396
4 (Vier) 155, 375, 396
5 (Fünf) 155, 375, 396
6 (Sechs) 155, 375, 396
7 (Sieben) 155, 259, 375, 396
8 (Acht) 155, 375, 396
9 (Neun) 155, 375, 396
10 (Zehn) 155, 375, 396
11 (Elf)
12 (Zwölf),
    - Christus-Zahl 119, 191, 192, 432, 447
21 (Einundzwanzig)
    - Fäden 273
    - Lichtpunkte 273, 275, 309
24 (Vierundzwanzig)
    - Älteste 116, 327
    - Throne 116, 327
49 (Neunundvierzig)
    - Feuer 273
    - Lichtpunke 309
72 (Zweiundsiebzig)
    - Engel 117
    - Namen Gottes 97, 117
    - als Jakobsleiter 97
300 (Dreihundert),
    - als Einheit 186
    - als Geist der Elohim 186
    - als Zahl der Götter 186
300.000 Lichtgeschwindigkeit 416
Zeit 17, 18, 30, 45, 65, 66
- abschnitte 119
alter 64, 68, 73
- alter der Liebe 323
- alter des Wassermanns 73, 193, 224, 260, 328, 460, 558, 565, 566
- als sie geboren wurde 242
- als Energiequalität 78
- auf Erden 192
- des Sich-Beugens 224
- der Rückerstattung 275
- ebenen 239

- als Notwendigkeit 159
Beginn der - 189
- der absoluten Ruhe (Pralaya) 153
Ende der - 193
Funktion der - 78, 130
- geist 91
Involution der - 223
- ist Luzifer 130
kritische - (der Welt) 182
- losigkeit ist Christus 130
- Raum-Kontinuum 78, 98, 142, 143, 255
Schoß der - 154
Licht und - 78
- lose Sphäre 202
neue - 73
- punkt der Menschwerdung 227
- qualitäten 239
- rechnung 45, 73, 125, 271
Reifung in der - 171
Strom der - 79, 135, 200
Trennung in der - 247
- und Lebensprizip 225
- und Raum 76, 84, 96, 128, 159, 237, 266, 272
- und Ewigkeit 120
- und Kulturperioden 124
Ur - 239, 328
vor der - 214
- wende 182
Welt der - 78
- Zone „Welt" 267
Zentrum
   des Sonnengeflechts (siehe „Solar Plexus")
   geistiges - (siehe „Shamballa")
Zirbeldrüse (siehe „Pinealis")
Zodiak
   Ausstrahlungen des - 431
   - als Uhrwerk Gottes 261
   Gottheiten des - 100, 137, 142, 149, 154, 191, 195, 389
   großer - 452, 454
   Hierarchie des - 328
   Himmelsgewölbe des - 123, 389, 442
   kosmischer - 440, 442, 444, 452
   Rad des - 441
   Schöpfergötter des - 240
   Sonnensystem des - 566

Sternenbilder des - 431
Sternengewölbes des - 137
Tierkreiszeichen des - 118, 192, 389, 440, 445, 455
- Weltuhr Gottes 431
Zellgift 69
Zölibat 316, 321, 322, 323, 519
- und Selbstkasteiung 505
zu frühes - 514
Zuckerkrankheit 349, 368
Zufall 126, 193, 286, 316, 377, 389, 454, 455, 555, 578
Zwillinge (Tierkreiszeichen) 440, 444, 448, 452
   Dispositionen für Krankheiten 447, 448
Zwitter 247
Zytostatika (siehe Zellgift)

Die esoterische Reihe im Edel Verlag

Die esoterische Praxis

Seit über 70 Jahren führt Dr. Stylianos Atteshlis, „Daskalos", Suchende in die Reichtümer und den Trost esoterisch-christlicher Wahrheiten ein. Er betont die ausgewogene Entwicklung unseres ganzen Wesens; dabei gibt er dem rechten moralischen und esoterischen Verhalten sowie spiritueller und mystischer Entfaltung großen Wert. Theorie ohne Praxis ist nutzlos, wie „der Glaube ohne Tat tot ist" (Jakob 2:26). Und dennoch ist das nicht von Lehren geleitete Üben gefährlich, weil sich der übereifrige Sucher möglicherweise ohne das Handwerkszeug, die sich ergebende Erfahrung zu verstehen und zu kontrollieren, unbekannten Energien aussetzt.

Dieses Buch wurde in der Absicht erarbeitet, um als Ergänzung mit dem früher veröffentlichten Buch, „Die esoterischen Lehren" desselben Autors, benutzt zu werden. Die Übungen sind in bestimmten Kategorien zusammengefasst. Sie enthalten: Lernen zu visualisieren, Innenschau, Reinigen der Körper, Auflösen innerer gefühlsmäßiger und gedanklicher Konflikte und – z.B. für Heiler – den Gebrauch der ätherischen Arme zu entwickeln. Mit enthalten sind ein Überblick über die Lehren und ein umfassendes Gespräch mit Daskalos über Meditation und Üben.

Zusammengestellt unter der Leitung von Dr. Stylianos Atteshlis, einem Lehrer dessen, was innen ist.

ISBN 3-925609-03-2 · 194 Seiten · 12,50 €

Daskalos Meditationen • Tore zum Licht

Jede der 22 Übungen wird genau erklärt und ausführlich illustriert. Der Leser wird Schritt um Schritt in die göttlichen Sphären geführt.

Panayiota hat viele Jahre mit ihrem inzwischen verstorbenen Vater, Dr. Stylianos Atteshlis (Daskalos), zusammengearbeitet. Daskalos unterrichtete seine Lehre durch Vorträge in der Stoa und Panayiota ergänzte den Unterricht durch geführte Meditationen.

ISBN 3-925609-07-5 · 82 Seiten · DIN A4 · 18 €

Die esoterische Reihe im Edel Verlag

Joshua Immanuel der Christus

Dr. Stylianos Atteshlis hat das Manuskript zu diesem Buch in den letzten Jahren seines Lebens geschrieben. Es beschreibt, was sich vor zweitausend Jahren in Palästina zugetragen hat, aus seiner Sicht als christlicher Mystiker.

Der Leser kann Joshua Immanuel auf seinen Reisen in Palästina begleiten. Er erlebt die Heilungen und Wunder, die Joshua wirkte, und hört die geistigen Lehren, die er seinen Jüngern gab. Der Autor beschließt das Buch mit den Worten: „Dies ist Joshuas Lehre: Liebet Alaha, den Vater aller Menschen, mit eurem ganzen Herzen, mit eurer ganzen Seele, mit eurem ganzen Denken, mit eurem ganzen Wesen, und liebet alle Menschen, die Kinder Alahas, wie euer eigenes Selbst."

Bei Bestellung dieses Buches beträgt der Versand 2,50 €

ISBN 3-925609-13-X · 227 Seiten · 32 €

The Symbol of Life • Das Symbol des Lebens

Als der bekannte zyprische Mystiker und Heiler Dr. Stylianos Atteshlis, bekannt als Daskalos, im August 1995 aus diesem Leben schied, hinterließ er einige Manuskripte. Das «Symbol des Lebens» ist einer dieser Texte. Er ist nun als Faksimile in seiner Handschrift (mit zehn von ihm gezeichneten Farbtafeln) zusammen mit einer englischen Umschrift und einer deutschen Übersetzung veröffentlicht worden.

Der Autor beschreibt den Anfang des menschlichen Lebens auf dieser Erde, das Leben im 13. und 14. Jahrhundert v. Chr., im alten Ägypten sowie Episoden aus dem Leben von Moses. Er verfolgt die Geschichte des «Symbols des Lebens» und erläutert die Symbolik. Die ernsthaften Studenten dieses Symbols der christlichen Mystik werden Inspiration und Führung für die meditative Arbeit finden, die erforderlich ist, um ihr Bewusstsein auf höhere Ebenen zu bringen.

Fadenheftung in Efalin-Einband · 10 Farbtafeln
ISBN 3-925609-12-1 · 538 Seiten · DIN A4 · 110 €

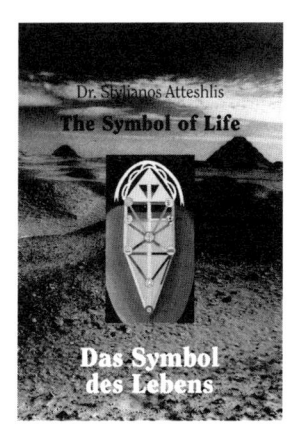

Die esoterische Reihe im Edel Verlag

Hilarion
gechannelt von Maurice B. Cooke

Schwarze Roben • Schwarze Brüder

Was verbirgt sich eigentlich hinter den unzähligen Mythen und Erzählungen von Teufeln, Versuchern und Dämonen? Von schwarzen Kräften und den »Mächten der Finsternis«? Handelt es sich hier um Schwarzmalerei? Sind diese Gestalten von jeher nur Symbol für die finsteren Seiten in unserem eigenen Inneren, oder stecken tatsächlich eigenständige Wesen dahinter, die uns von außen attackieren können?

In diesem kleinen Handbuch spricht Hilarion durch das kanadische Medium Maurice B. Cooke über die Ursprünge, Ziele und Techniken jener Wesensgruppe, die man auch die Schwarze Bruderschaft genannt hat. Der Leser erhält detaillierte Informationen, in welchen Lebensbereichen es am häufigsten zu Versuchungen kommt und wie man sich schützen kann.

Nach der Lektüre des Epilogs wird der Leser das Leben mit anderen Augen sehen.

ISBN 3-925609-09-1 · 112 Seiten · 8 €

Schwarze Roben Schwarze Brüder
... oder die Suche nach dem Licht im Dunkeln
und verwandte Themen
aus dem Englishces von K. H. Holland

Eine neue Art zu sehen

Martin Brofman erfuhr im Alter von 34 Jahren, dass er unter einem bösartigen inoperablen Tumor im Knochenmark der Halswirbelsäule leide, der zudem von Fachleuten als unheilbar eingestuft wurde. Dadurch entdeckte er die – in jedem Menschen – schlummernde Kraft des menschlichen Bewusstseins und nutzte sie zur Selbstheilung. Als „Nebenwirkung" ergab sich, dass er von dem Moment an auf seine Brille gänzlich verzichten konnte.

Durch seine eigenen Erfahrungen und Erfolge motiviert, unterrichtet er seit 1976 seine Methoden der Heilung und entwickelte das „Körper Spiegel System". Dieses wird seitdem von vielen Menschen – darunter auch viele anerkannte Heilkräfte und Lehrpersonen – angewendet.

ISBN 3-925609-01-06 · 154 Seiten+Lesetafel · 10,50 €

Martin Brofman
EINE NEUE ART ZU SEHEN
Sehend wissen – wissend sehen
Ihr innerer Weg zu klarer Sicht

Die esoterische Reihe im Edel Verlag

Aus Liebe zum verlorenen Sohn

Mit diesem Buch fordert Günther Schumacher den Menschen unserer Zeit auf, die ewige Wahrheit auch in den biblischen Texten zu suchen. Er zeigt am Gleichnis vom verlorenen Sohn, dass der Mensch die göttliche Einheit freiwillig verlassen hat, um in der Welt der Dualität Erfahrungen zu sammeln. Der Mensch ist der verlorene Sohn, der sich in der Fremde verloren hat. Er hat vergessen, wer er ist, und doch schlummert in ihm die Sehnsucht, sich selbst wieder zu finden. Immer wieder sucht er nach Sinn und Ziel des Lebens und verfällt dabei so manchen Süchten. Dabei fühlt er sich zwar oft von Gott verlassen, in Wirklichkeit aber kann der Mensch nie aus dem Absoluten Sein herausfallen, denn er ist ein göttliches Wesen.

Ganz praktisch berichtet Günther Schumacher von seiner Arbeit als Psychotherapeut. Er versucht, den intellektuellen Universitätsmuff und den dogmatischen Staub der Kirche von den biblischen Texten zu wischen, um hinter den Buchstaben die Wahrheit zu finden. Von der Krise bis zur Veränderung für die Welt von morgen werden in diesem Buch Lebensthemen auf dem Hintergrund des Gleichnisses vom verlorenen Sohn behandelt. Auch ein so heißes Eisen wie die Lehre von der Wiedergeburt packt Günther Schumacher an und beleuchtet dieses Thema anhand von Bibelstellen und Erlebnissen aus seiner Praxis.

Ein mutiges Buch mit der Aufforderung, die Liebe als Wesen des Göttlichen in unserem Alltag zu verwirklichen.

ISBN 3-925609-14-8 · 216 Seiten · 18 €